Anna Maria Zetterstrands Kok- Och Hushållsbok: Grundad På 80-årig Öfning Och Erfarenhet I Kokkonsten Och Hushållningen. Sjätte Omarbetade Och Förbättrade Upplagan Med 4 Planscher Öfver Styckning Af Slaktdjur...

Anna Maria Zetterstrand

Nabu Public Domain Reprints:

You are holding a reproduction of an original work published before 1923 that is in the public domain in the United States of America, and possibly other countries. You may freely copy and distribute this work as no entity (individual or corporate) has a copyright on the body of the work. This book may contain prior copyright references, and library stamps (as most of these works were scanned from library copies). These have been scanned and retained as part of the historical artifact.

This book may have occasional imperfections such as missing or blurred pages, poor pictures, errant marks, etc. that were either part of the original artifact, or were introduced by the scanning process. We believe this work is culturally important, and despite the imperfections, have elected to bring it back into print as part of our continuing commitment to the preservation of printed works worldwide. We appreciate your understanding of the imperfections in the preservation process, and hope you enjoy this valuable book.

ANNA MARIA ZETTERSTRANDS
KOK- OCH HUSHÅLLS-BOK

GRUNDAD PÅ 80-ÅRIG ÖFNING OCH ERFARENHET
I KOKKONSTEN OCH HUSHÅLLNINGEN

SJÄTTE OMARBETADE OCH FÖRBÄTTRADE UPPLAGAN
MED 4 PLANSCHER ÖFVER STYCKNING AF SLAKTDJUR

STOCKHOLM
FR. SKOGLUNDS FÖRLAG
(SEELIG OCH C:IS FÖRLAGSFIRMA)

STOCKHOLM
CENTRALTRYCKERIET
1905

FÖRORD

*A*tt omarbeta en gammal kokbok med så berättigadt anseende som den föreliggande, är ansvarsfullare än man först är benägen att tro. Efter att ytligt hafva genomsett boken i fråga, gick jag till arbetet med den uppfattning, att hälften af innehållet kunde uteslutas och den andra hälften i språkligt afseende omarbetas. Fogades så härtill en redogörelse för de förbättrade arbetssätt, synpunkter och redskap, som de senare åren medfört till arbetets underlättande, så skulle uppgiften vara löst.

Men det visade sig vid närmare granskning, att det icke var så särdeles mycket, som saklöst kunde uteslutas. Det var i hufvudsak en del tillägg, som gjorts vid den sista upplagans utgifvande, hvilka voro utan någon vidare betydelse. Däremot var det städse med stor tvekan, som något af det ursprungliga uteslöts, ty nästan alltid var det något af värde att taga vara på, om det också mången gång var så uppblandadt med bagateller, att det väsentliga ej framträdde klart nog.

Äfven med tanke på att en kokbok hufvudsakligast är afsedd för dem, som hafva ringa erfarenhet på området, äro alltför minutiösa bestämmelser vid recepten dock ej uteslutande en fördel, detta i synnerhet icke vid de dagligen återkommande rätterna, då hufvuduppgiften är, att med till buds stående medel åstadkomma bästa möjliga resultat. Däremot äro vid de rätter, som så fordra, proportionerna noggrant angifna och alla recepterna afprofvade och pålitliga, äfven de som äro intagna för att ersätta några föråldrade uteslutna.

Då för en husmoder på landet ofta ej tillfälle finnes att erhålla en del af de föreskrifna tillsatserna, hafva äfven andra angifvits, som ersättningsvis kunna användas.

För undvikande af det tröttande upprepandet af samma sak, har i början af hvarje olika art af rätter utförligt redogjorts för dess beredning och vid recepten hänvisats härtill.

De mera tidsenliga synpunkter, som förekomma vid bakning, konservering m. m. hoppas jag skall blifva till gagn och öka intresset för arbetet.

Den gamla, som ursprungligen skrifvit boken, säger i sitt förord: »Mitt hufvudsyfte vid all matlagning har varit att hushålla sparsamt med Guds gåfvor och att aldrig förkasta något, som med ringa möda kan användas»... Som lite hvar kan hafva nytta af detta syfte, hur mycket man än fått af denna världens goda, har jag sökt framhålla detta och önskar, att jag lyckats därmed.

I hopp att äfven för mig skall gälla hennes slutord: »att ingen människa kan åstadkomma något, som till alla delar är fullkomligt», öfverlämnas härmed boken i allmänhetens händer.

Stockholm i November 1905.

CARLINA LILLJEKVIST
Innehafvarinna
af härvarande husmodersskola.

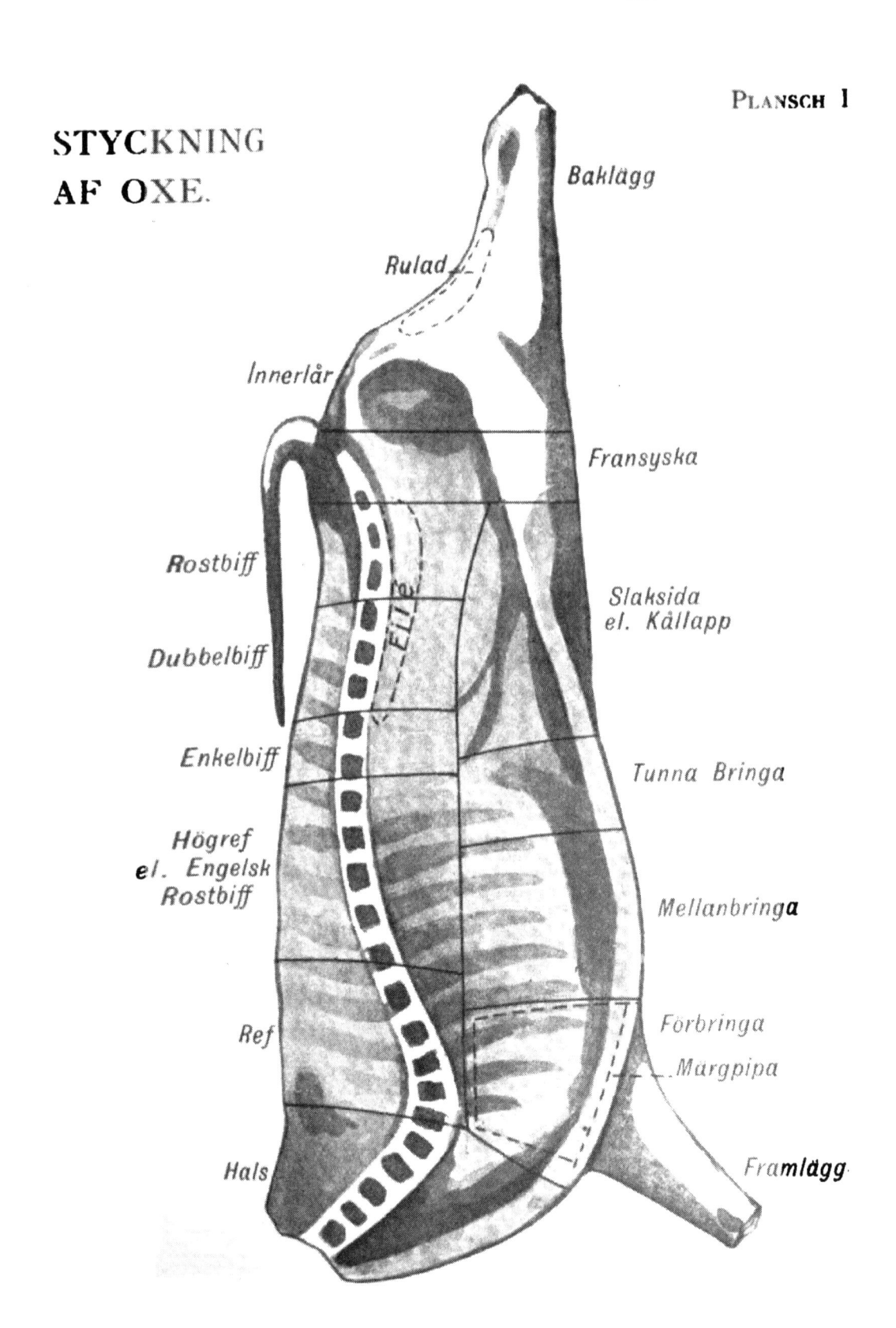

STYCKNING AF OXE.

PLANSCH 1

- Baklägg
- Rulad
- Innerlår
- Fransyska
- Rostbiff
- Filé
- Slaksida el. Kållapp
- Dubbelbiff
- Enkelbiff
- Tunna Bringa
- Högref el. Engelsk Rostbiff
- Mellanbringa
- Ref
- Förbringa
- Margpipa
- Hals
- Framlägg

PLANSCH

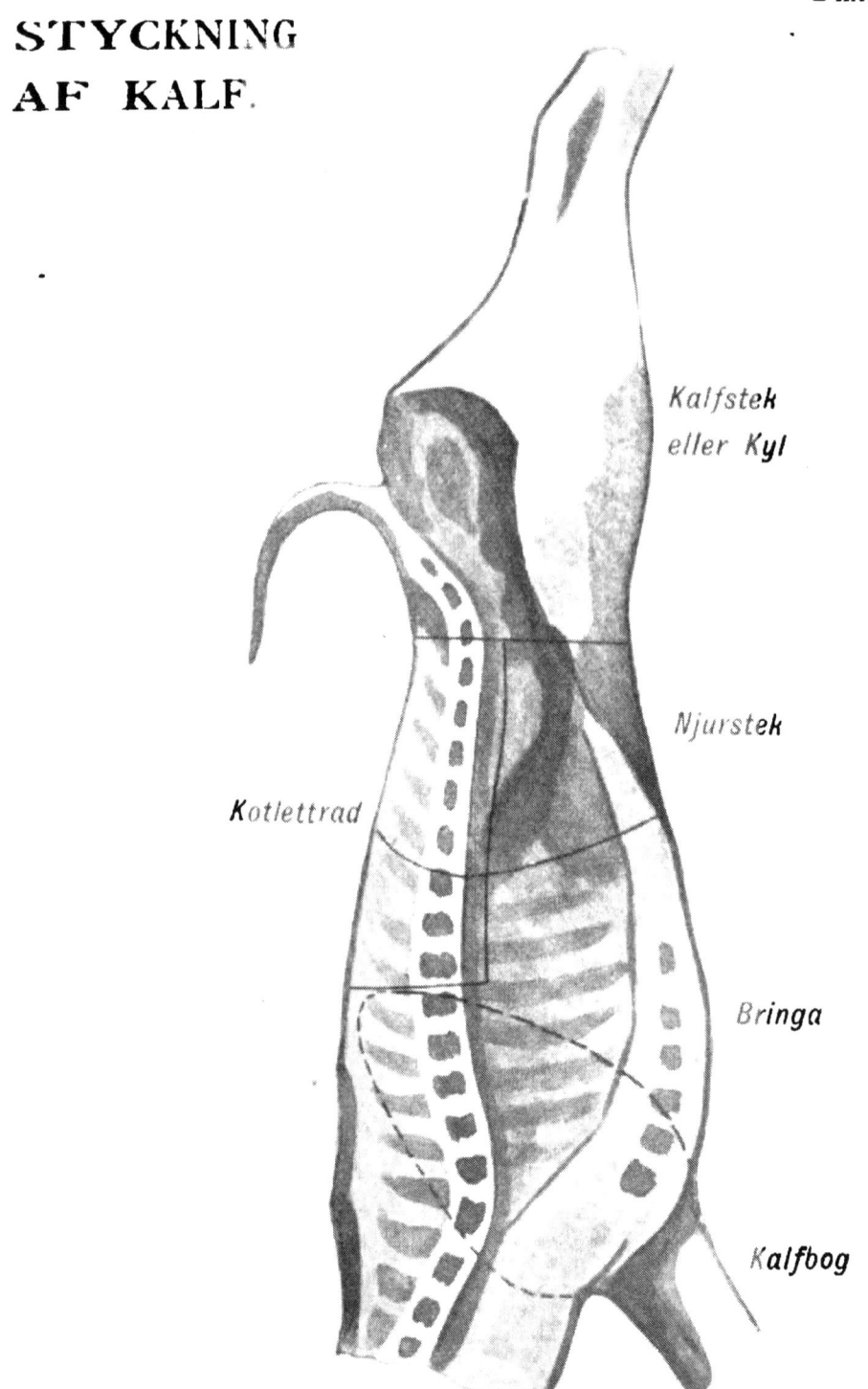

STYCKNING AF KALF.

Kalfstek eller Kyl

Njurstek

Kotlettrad

Bringa

Kalfbog

THE NEW YORK
PUBLIC LIBRARY

ASTOR, LENOX AND
TILDEN FOUNDATIONS
R L

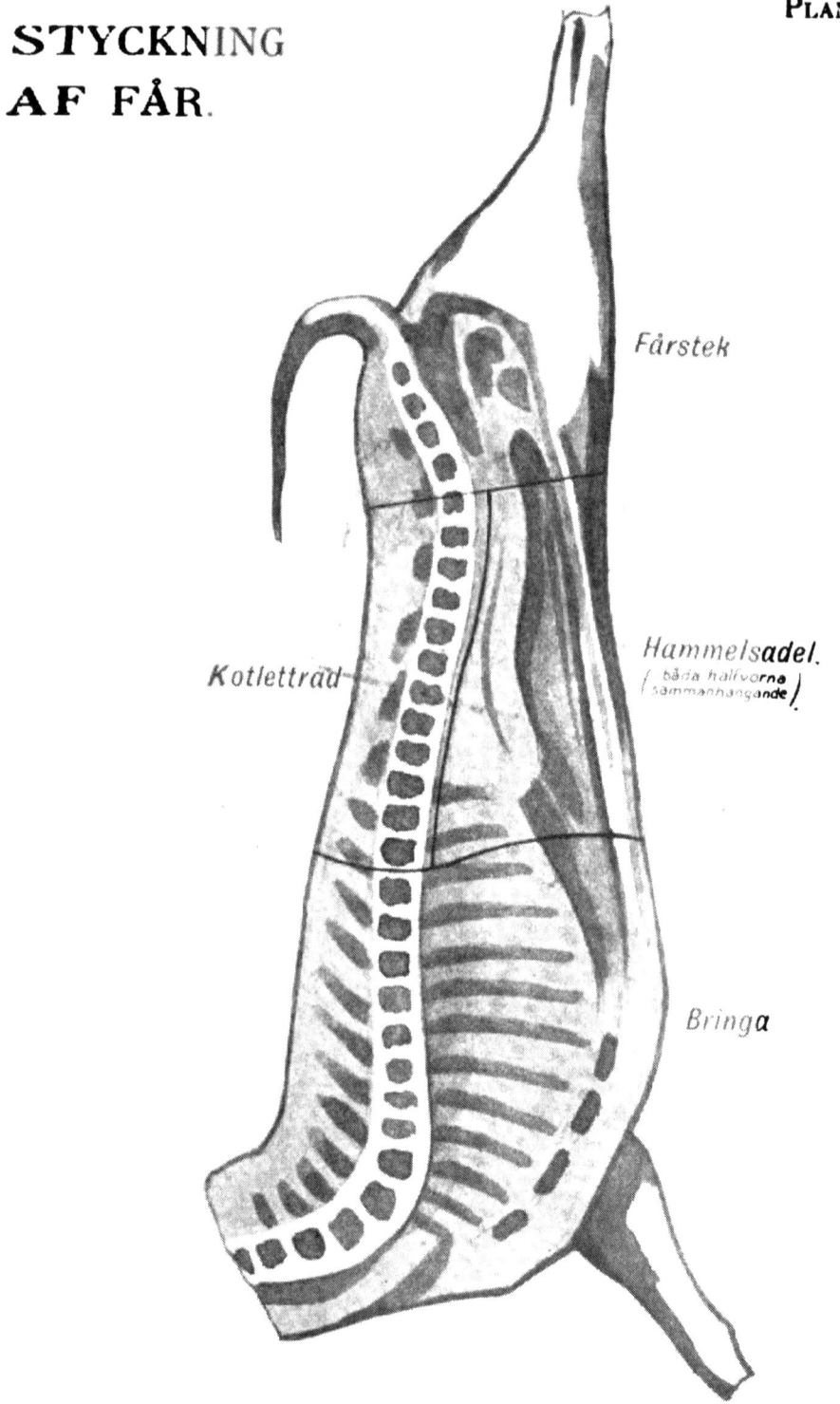

STYCKNING AF FÅR.

Plansch II

Fårstek

Hammelsadel.
(båda halfvorna sammanhängande)

Kotlettrad

Bringa

THE NEW YORK
PUBLIC LIBRARY

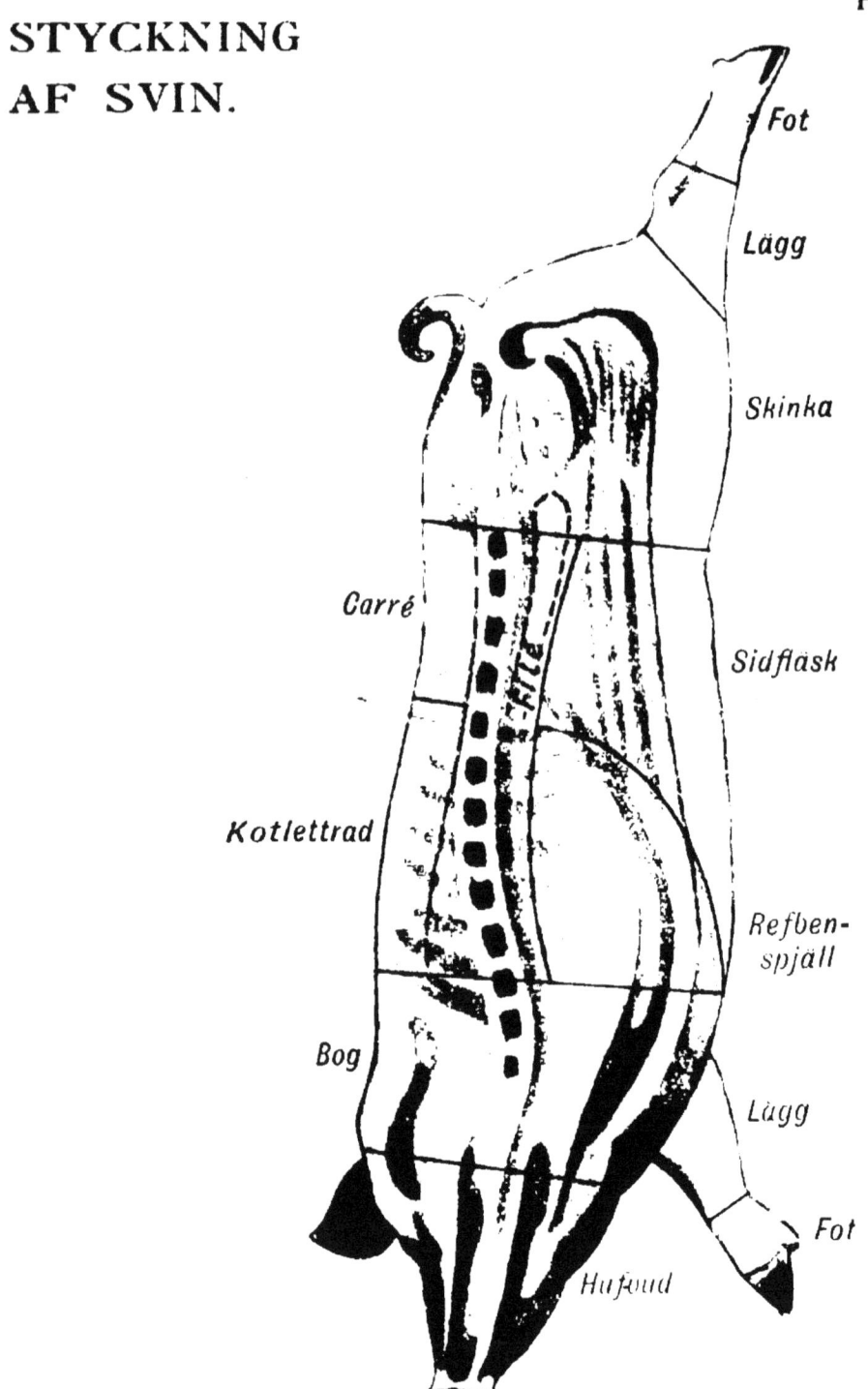

STYCKNING AF SVIN.

Plansch

Fot
Lägg
Skinka
Carré
Sidfläsk
Kotlettrad
Refben-spjäll
Bog
Lägg
Fot
Hufvud

INNEHÅLLSFÖRTECKNING.

Förord.

Styckning af slaktdjur, 4 planscher.

Soppor.
	Sid.
Allmänna regler för kokning af buljong	1
Köttsoppor. Soppor med buljong	2—19
Fisksoppor och soppor utan buljong	19—24
Vin- och fruktsoppor	24—28
Mjölksoppor och gröt	28—34
Frikadeller, klimp m. m. till soppor	35—38

Kötträtter.
Köttet och dess behandling	41—43
Oxkött	43—54
Hästkött	55
Kalfkött	55—65
Fårkött	66—71
Svinkött	72—80
Förskärning o. uppläggning	80—83
Villebråd	84—89
Om behandling af fågel före anrättandet	89
Vildfågel	89—94
Sjöfågel	95—96
Tama fåglar	96—106
Färs	107—114

Fiskrätter.
Några anvisningar vid behandling af fisk	117
Fiskrätter	118—141
Saltvattenfisk	132—141
Skaldjur	141—145

Såser.
	Sid.
Beredning af sås	146—147
Såser till kötträtter	147—150
Såser till kött- o. fiskrätter	150—151
Såser till fisk	152—154
Kalla såser	155—158
Söta såser	158—161
Köttgelé, soja och ättika	162—165

Aladåber. Korf. Raguer.
Beredning af aladåb	169
Aladåber	170—173
Korf	174—180
Raguer	180—182

Kokning i flottyr. Pastejer och andra rätter med deg. Chartreuser.
Kokning i flottyr	185—186
Kroketter och risoller	186—190
Bakverk i flottyr	191—194
Pastejer och andra rätter med deg	194—201
Timbal och chartreuser	201—206

Ägg- och Mjölrätter.
Äggrätter	209—215
Mjölrätter	215—221
Våfflor och rån, kroppkakor m. m.	222—225

Växträtter.

	Sid.
Rotfrukter	229—237
Kål	238—241
Grönsaker	242—251
Svamp	251—256
Sallader	256—260

Smårätter o. användning af rester .... 260—266

Puddingar.

Puddingar till förrätter	269—277

Efterrätter.

Efterrätter	281—296
Souffléer	296—299
Geléer	299—302
Krämer o. krämpuddingar	303—310
Frukträtter	311—315
Glass	315
Gräddglasser	316—317
Vattenglasser	317—320
Sockerkokning	320—326

Bakning.

	Sid.
Anvisning vid bakning	329—337
Bröd	338—352
Finare bakverk	352—367
Bakelser	368—376
Småbröd	377—387

Drycker .... 388—400

Konservering.

Syltning	403—416
Saftning	417—424
Fruktgeléer	425—427
Marmelader	427—431
Frukt och grönsaker inlagda till sallad	432—438
Hermetisk konservering	439—441
Anvisn. till konservering af frukt- och bärkompotter	441—445
Hermetisk konservering af grönsaker	445—449
Konservering af kött o. fisk	449—450
Torkning, saltning och förvaring	450—462
Konservering af ägg	460
Några anvisningar för nybörjaren	463
Husmodersskolan	464

Se det utförliga registret i slutet af boken!

SOPPOR.

Allmänna regler för kokning af buljong.

Oxkött lämnar den kraftigaste buljongen; härtill kan användas hvilket stycke som helst af djuret, dock äro lårstyckena att föredraga, i synnerhet om buljongen skall serveras som klar sådan. Buljong är i förhållande till sitt näringsvärde ett af våra dyraste födoämnen, men som den anses ligga till grund för hela den finare matlagningen, bör tillredningen af densamma ske med stor omsorg, så att man af det använda köttet åtminstone får största möjliga nytta.

Under det att man till stekning låter köttet hänga slaktadt någon tid, innan det användes, är det af vikt att till buljong endast använda färskt kött af fullvuxet djur, dock ej för fett, ty detta meddelar buljongen en mindre angenäm smak.

Köttet tvättas väl, men får ej kvarligga i sköljvattnet, ty då utdrages i detta den värdefulla köttsaften.

Köttet sönderskäres i mindre bitar, benen krossas, och det mesta fettet bortskäres, hvarefter det lägges i grytan, och kallt vatten påhälles, omkring $1^1/_2$ à 2 l. till hvarje kg. kött, och tätt slutande lock pålägges. Uppvärmes långsamt, så att vattnet ej kommer i kokning förrän efter 1 à 2 timmars tid och får koka helt sakta, så att de smakande beståndsdelarna i köttet utdragas. Buljongen skummas, innan den kokar upp, och detta fortsättes den första timmen, så snart något skum synes på ytan. Litet kallt vatten kan ihällas, så att kokningen upphör, skummet flyter då upp, när buljongen åter kokar. Grytan bör hela tiden koka mycket sakta, tills köttet är urkokt utan att dock gå sönder. Då buljongen är skummad, tillsättas salt och sopprötter (selleri, purjolök, morötter och palsternackor), ej sönderskurna. Noga tillses, att de ej koka sönder utan upptagas, sedan de meddelat sin smak till buljongen.

Buljong bör kokas dagen innan den skall användas, så att flottet kan väl aftagas. Ännu ett afkok kan göras på köttet, då salt och sopprötter ånyo tillsättas. Denna buljong kan användas till afredda soppor och puréer; fördelaktigare är kanske dock att använda köttet till enklare anrättningar, såsom sillbullar, hackis, korfkaka o. s. v.

1. Klar buljong af oxkött.

Till hvarje kg. oxkött:

$1^1/_2$ l. vatten,   sopprötter efter smak.
salt,

Kött af lår är bäst, äfven kan med fördel användas kött af framdelen, såsom ref, hals eller lägg, dock ej för mycket ben.

Då buljongen är kokt, som i föregående är beskrifvet, och kallnad, aftages flottkakan, och buljongen afhälles försiktigt i en panna, så att ej bottensatsen medföljer. Ägghvitor uppvispas med ett par matskedar vatten och vispas i buljongen jämte de sönderkramade skalen; ungefär 1 hvita till hvarje liter buljong. Pannan sättes öfver frisk eld att under ständig vispning uppkoka; tages från elden, locket pålägges, och pannan ställes i närheten af elden 10 min., så att den hålles varm utan att koka. Buljong klaras äfven med rått kött, som skäres i små bitar. Härtill kan användas kött af hals eller annat mindre värdefullt kött, och man tillvägagår som vid klarning med ägghvita.

Därefter hälles buljongen genom en i varmt vatten urvriden sildduk, lagd i en sikt. Är det första som rinner igenom icke tillräckligt klart, hälles det åter tillbaka i silduken, och detta måste ibland upprepas flera gånger.

Den klarade buljongen uppkokas nu åter och afsmakas; om så behöfves, färgas den, helst med brynt socker, dock försiktigt, ty hellre svag färg än minsta bismak.

Klar buljong kan serveras med:

Pastejer.	Fiskfärs.
Ostbollar.	Förlorade ägg.
Makaroni.	Äggstanning.
Brödcroûtons.	All slags klimp.
Grönsaker.	

2. Redning af klar buljong.

Buljong, som kokas på hufvudsakligast benfritt kött, blir kraftig i smaken, men förefaller tunn, då den serveras. Detta afhjälpes genom att reda buljongen med helt litet potatismjöl utrördt i några skedar buljong, hvarmed denna endast får ett uppkok.

3. Mörk buljong.

Till hvarje kg. kött:

3 l. vatten,	en nejlika,
en större lök,	något muskotblomma,
en morot,	salt,
en bit selleri,	peppar.

Köttet skäres i bitar, och öfver frisk eld brynas dessa i smör tillsammans med löken och rötterna, äfven dessa sönderskurna, hvarefter kokande vatten påhälles, kryddorna tillsättas, och det hela får koka ungefär 5 timmar.

Silas och befrias från fettet. — Mörk buljong kan serveras som föregående.

4. Julienne.

Stark buljong,	peppar,
sopprötter,	salt.
jordärtskockor,	

Rötterna skäras trådfint, brynas försiktigt i smör; het buljong tillsättes, hvarmed strimlorna få koka en stund på sakta eld, kryddas; om så behöfves, färgas den med sky eller brynt socker.

Serveras mycket het med eller utan croûtons.

Af den under namnet Julienne i handeln förekommande grönsaksblandningen kan man i hast få en god soppa. Den lägges i kokande buljong, och man beräknar en matsked torr blandning för hvarje person.

5. Kalfbuljong.

Kalfbringa, persilja,
lägg, salt.
sopprötter,

Beredes som buljong af oxkött, men bör ej koka mer än omkring 3 timmar.

Köttet kan användas till enklare måltider, griljeradt eller med tomatsås, alltid med iakttagande af att det kryddas starkt eller serveras med något syrligt. Begagnas äfven till kalfsylta.

Kalfbuljong serveras ej som klar annat än till konvalescenter; däremot är den lämplig till många slag af ljusa redda soppor, såser m. m.

6. Fårbuljong.

Fårhals, sopprötter, salt.

Tillredes som föregående. Har kraftigare smak och kan serveras utan att afredas, dels med för sig särskildt kokta grönsaker, dels med frikadeller eller fiskfärs.

7. Enkel buljong.

Som buljong i förhållande till sitt näringsvärde är en dyr anrättning, och dess fina smak ofta döljes genom de kryddor och saker, man använder vid tillredandet af en mängd soppor, bör man uti ett hushåll, stort eller litet, taga vara på rester och däraf koka s. k. enkel buljong.

Ben af rostbiff, ox-, kalf- och fårstek, rester af såväl kokt som stekt kött, hönsskrof, rester af steksåser m. m. kan härtill användas. Fläskben böra dock kokas för sig, och spadet tages till kål, ärter o. d., där fläsk brukar användas.

Benen sönderhuggas och påsättas som vanligt i kallt vatten med litet salt, uppkokas långsamt, skummas, få koka, tills all must kan anses urkokt, då det slås upp och får kallna, så att fettet kan borttagas.

Rötter böra ej användas, såvida man ej afser buljongen till ändamål, då detta passar; den kan användas till redda soppor, och blir ofta billigare än en frukt- eller mjölksoppa.

Dessutom kan buljongen användas till spädning af fågel o. d. samt att koka grönsaker uti.

Om man så vill kunna benen, och då äfven soppråtter, först brynas uti litet fett, som nämndt är vid mörk buljong.

8. Hönsbuljong.

Till hvarje höns:

En kalflägg,	peppar,
en liten morot,	salt,
lök,	1—1$^1/_2$ l. vatten.

På hönsen, som böra vara fullvuxna, borttages bröstköttet, som kan användas till färs eller frikadeller till soppan.

Hönsen jämte kalfläggen påsättas i saltadt kallt vatten i en djup panna, så att vattnet står öfver köttet, utan att för mycket vatten behöfver användas, ty hönsen tåla vanligen ej längre kokning än 2 timmar.

Som vanlig buljong bringas den långsamt till uppkokning och skummas noga under tiden. Kryddor, lök och rötter tillsättas (dessa uteslutas, om buljongen afses för konvalescenter), får långsamt koka tills köttet är urkokt, slås upp, och det feta borttages. Kan användas som klar buljong eller redas. Den serveras med frikadeller eller färs, gjord af hönsköttet, och det som är nämndt vid vanlig buljong.

Till omväxling kan man gå till väga som med mörk buljong, den vinner därpå i både smak och utseende.

9. Köttextrakt.

Till alla de beredningar, hvari buljong ingår, kan köttextrakt med fördel ersätta denna.

Äfven ur ekonomisk synpunkt är köttextrakt att beakta; enligt senast gjorda analyser innehåller en burk köttextrakt à kr. 1.30 de närande och välsmakande beståndsdelarna ur $2^2/_8$ kg. färskt kött. Detta har endast sin giltighet i det afseende, att fullgod vara erhålles; som sådan räknas för närvarande Liebigs och alla från Södra Amerika kommande preparat. Prof. C. Mörner, från hvilken ofvanstående är hämtadt, säger i en artikel om köttextrakt i Tidskrift för Hemmet: »Vid val bland handelns talrika köttextrakt äro Liebigs eller andra därmed jämbördiga, fasta sydamerikanska fabrikat att föredraga. Särskildt böra de europeiska (inklusive svenska) produkterna, fasta eller flytande, hvad namn de än må äga, undvikas.»

10. Drottningsoppa.

1 höns,	äggulor,
buljong,	grädde,
smör,	smördeg.

Hönset kokas i buljong, bröstköttet borttages, så snart det är kokt, och resten får fullständigt urkoka, silas, och det feta afskummas, hvarefter buljongen redes med smör och mjöl. Bröstköttet skäres i bitar och lägges i soppan att blifva varmt. Af mindre bitar af bröstköttet jämte något af det öfriga köttet göres en färs, som stötes med smör och tillsättes med äggulor och grädde samt kryddas med salt och obetydligt med peppar. Smördegen utkaflas tunt i fyrkanter, färsen lägges midt på, och hörnen öfvervikas, gräddas i varm ugn och serveras till soppan, som ytterligare redes med äggulor och grädde.

11. Hönspuré.

1 höns,	grädde,
kalfbuljong,	peppar,
smör,	salt,
äggulor,	socker.

Bröstköttet frånskäres till frikadeller eller kan användas till annat ändamål; det öfriga af hönset kokas i buljongen, tills köttet lossnar från benen. Köttet skrapas fullständigt af och hackas eller drifves genom kvarn samt stötes därefter med litet smör (om man så vill, kan en i mjölk blött skifva hvetebröd eller några skedar i buljong kokta risgryn tillblandas), litet af buljongen tillsättes, så att massan lättare kan drifvas genom sikt. Buljongen redes med smör och mjöl, hvarefter puréen tillsättes, och soppan får koka 15 min.; kryddas försiktigt och redes med äggulor och grädde.

12. Svartsoppa.

Gåskrås,	äpplen,
gåsblod,	katrinplommon,
ingefära,	socker eller sirap,
krydd- och starkpeppar,	ättika,
nejlikor,	portvin,
salt,	mjöl.

Hufvud, hals, vingar, fötter, jämte hjärta och kräfva, kallas med ett gemensamt namn för gåskrås. Af lefvern göres korf (se gåskorf!), som serveras till soppan.

Sedan kråset är synnerligen väl rengjordt, påsättes det i kallt vatten tillsammans med kryddorna och i bitar sönderskurna sura äpplen. Då köttet kännes kokt, tages det upp, spadet silas och får koka upp, då tillsättes under ständig vispning blodet (ungef. 1 l. till 5 l. gåsbuljong), som förut blifvit uppvispadt med ett par kaffekoppar mjöl; detta fortsättes, tills soppan kommit i kokning, hvarefter den får koka 10 min., socker eller sirap, ättika och vin tillsättas.

Serveras med kråset och för sig förvällda äpplen och katrinplommon samt korf.

13. Svartsoppa af gris- eller kalfblod.

I stället för gås kan spädgris användas till svartsoppa. Tillredningssättet är detsamma som i föregående. Äfven af kalf kan denna soppa lagas på samma sätt, dock behöfver kalfbuljongen tillsättas med något köttextrakt eller stark buljong af oxkött.

14. Oxsvanssoppa.

Oxsvansar,
buljong,
sopprötter,
lök,
persilja,
mjöl,
peppar,
salt,
scherry.

En större eller ett par mindre oxsvansar skäras efter lederna. Smör lägges på bottnen af en kastrull, däri iläggas svansbitarna jämte grönsaker, kryddor och ungefär $1/2$ l. buljong.

Sättes på stark eld, omröres, tills buljongen afdunstat, då elden minskas. Man fortfar att röra, tills det börjar att bildas sky liksom vid stekning af kött, då tillsättas ett par skedar mjöl, som väl inblandas, vatten eller enkel buljong jämte salt, omröres, tills det kokar upp. Skummas väl och får sakta koka, tills svansbitarna äro färdiga och köttet lossnar från benen; härtill åtgå ofta 4 à 5 timmar. Svansbitarna upptagas och hållas varma, soppan vispas och hälles genom en sikt. Skulle den vara för tunn, redes den med smör och mjöl på vanligt sätt; dock bör man tillse, att den ej blir för tjock. Vin efter smak tillsättes.

Något slag af grönsaker, såsom blomkål, jordärtskockor eller selleri, sönderskuret och kokt för sig, serveras jämte svansbitarna i soppan, om man så vill.

Oxsvanssoppa kan äfven tillredas klar, då mjölet uteslutes.

15. Soppa på oxhufvud.

Ett halft oxhufvud,
morötter,
lök,
sellerirötter,
persilja,
timjan,
ingefära,
peppar,
salt.

Oxhufvudet skäres i bitar, och benen krossas. Påsättes i helt litet vatten att koka en timme, hvarefter mer vatten tillsättes, omkr. 4 l., jämte sopprötter och kryddor. Får koka, tills köttet är mört, då det upptages, skäres i mindre bitar och serveras i soppan, som blifvit silad och afredd som vanligt med smör och mjöl.

16. Hotch-Potch.

Fårbringa,
sopprötter,
lök,
smör,
mjöl,
grönsaker,
peppar,
salt,
scherry.

Fårbringan påsättes i kokande saltadt vatten och får halfkoka, skummas, upptages och skäres i bitar af ett halft hönsäggs storlek. Buljongen slås upp och befrias från fettet. Till hvarje kg. kött tagas 2 medelstora lökar, helst portugisiska, som skäras midt itu och tillika med köttbitarna brynas i smör. Därefter tillsättes peppar och en matsked mjöl, buljongen påspädes och får sakta koka, tills köttet är mört. Skakas under kokningen, men omröres ej, så att löken går sönder, ty den bör tagas bort, när köttet är färdigt.

Morötter, selleri och palsternackor brynas särskildt i smör, samt läggas därefter bland köttet att färdigkoka.

Grönsaker, hvad årstiden tillåter, såsom blomkål, socker- och spritärter, sparris och jordärtskockor, kokas för sig i litet buljong.

De frånskrädda benen afkokas, och med denna buljong tillökar man soppan, som, om den är för tunn, redes med smör och mjöl. Afsmakas om mera peppar och salt behöfves, skummas ånyo, vinet tillsättes, och soppan serveras väl varm.

En för hvardagsbordet förträfflig anrättning, som ju på en gång är både soppa och kött, hvarefter en stadig efterrätt är tillräcklig.

17. Soppa på fårhufvud.

Fårhufvud och fötter,
risgryn,
ärter,
selleri,
persilja,
peppar,
salt.

Hufvud och fötter rengöras väl, klyfvas, och hjärnan tages ur hufvudet. Alltsammans får ligga i vatten ett dygn, hvarefter det kokas på sakta eld, tills köttet blifvit mört, då det tages upp och skäres i bitar.

I spadet kokas en tekopp risgryn och lika mycket gula ärter, selleri och persilja samt kryddor. Får koka, tills det kan passeras, hvarefter köttet ilägges och allt uppvärmes. Soppan serveras mycket varm med köttet i soppan.

18. Fårsoppa på sur grädde.

Till 3 liter fårbuljong:
2 äggulor och en kopp sur grädde.

Äggulorna och grädden vispas tillsammans; den kokande buljongen tillsättes under ständig vispning, hvarefter soppan serveras.

Om man vill hafva rotsaker däri, kokas dessa för sig och slås i soppskålen.

19. Kocksoppa.

Ox-, kalf- eller fårbuljong, jordärtskockor,
morötter, potatis,
selleri, frikadeller.

Rotsakerna kokas för sig i saltadt vatten eller buljong, skäras i lagom små bitar och serveras tillika med frikadeller i den uppkokade buljongen.

20. Sköldpaddsoppa.

Att beskrifva hur en sköldpadda slaktas och ansas för att blifva till soppa, är tämligen onödigt, då den som haft energi att anskaffa en dylik, säkerligen har nog kvar för att skaffa sig någon gammal lunta, hvari denna föga angenäma och humana sysselsättning beskrifves.

En låda konserverad sköldpadda, persilja,
ett höns, smör,
en kalflägg, mjöl,
en bit färskt fläsk, peppar,
$1/2$ selleri, salt,
mejram, vin,
körfvel, citron.

Bröstköttet från hönset borttages till frikadeller.

Hönset skäres i bitar och brynes med den sönderhuggna kalfläggen och fläsket, skuret i skifvor, beströs med mjöl; rotsaker och kryddor tillsättas tillika med det spad som är i sköldpaddslådan.

Det hela får koka tills köttet och grönsakerna äro färdiga. Soppan silas, det feta afskummas, och den redes på vanligt sätt och får koka 10 min.

Hälles i soppskålen, där man förut lagt det uppvärmda och i bitar sönderskurna sköldpaddsköttet. Vin och saft af citron tillsättas efter smak.

Serveras med hönsfrikadeller och hackad tryffel.

21. Falsk sköldpaddsoppa.

Ett gödkalfhufvud, peppar,
buljong, ingefära,
morötter, socker,
selleri, salt,
lök, vin.

På kalfhufvudet och grönsakerna kokas buljong på vanligt sätt, eller också brynes det som föregående. Skummas väl, och kryddorna tillsättas, silas upp och spädes med stark buljong eller köttextrakt. Löken hackas och brynes i smör, buljongen tillsättes, och soppan uppkokas åter; vin efter smak. Om man så önskar, kan soppan redas med smör och mjöl eller ägg och grädde.

Serveras med bitar af kalfhufvudet, frikadeller eller fiskfärstärningar.

22. Gula ärter.

Ärter, färskt eller rimmadt fläsk.

Ärterna påsättas i kallt vatten att långsamt uppkoka, spädas med kallt vatten, hvilket underlättar skalens lossande. (Om man misstänker, att ärterna äro hårdkokta, läggas de i vatten några timmar, innan de kokas.) Locket bör sitta tätt till.

När skalen börja lossna och flyta upp, bortskummas de. Ärterna få koka, tills de blifvit mjuka, då så mycket fläkspad tillsättes, att soppan blir lagom tjock. Uppkokas, afsmakas och serveras med skuret fläsk eller fläskkorf.

Om vattnet är hårdt, kokas det upp före användandet med en liten bit soda af en bönas storlek till ett par liter vatten och får kallna.

23. Ärtpuré.

Öfverblifna ärter kunna anrättas som puré. Ärterna passeras då, spädas med buljong eller fläskspad och få koka upp. Blir soppan för tunn, kan den redas som andra puréer.

Serveras med stekta brödtärningar.

24. Brynt hvitkålssoppa.

Kålhufvud,
buljong eller fläskspad,
smör,
sirap,
krydd- och hvitpeppar,
frikadeller eller fläsk i skifvor.

De yttre bladen borttagas, kålen skäres i bitar och förvälles i kokande saltadt vatten några minuter, upplägges därefter på sikt att afrinna.

Smör, omkr. 3 msk., smältes i en järngryta, lika mycket sirap, eller mindre efter smak, tillsättes och omröres, kålen ilägges under flitig omrörning, tills den fått ljusbrun färg. Den uppkokta buljongen tillsättes jämte kryddorna, och soppan får sakta koka 2 à 3 tim. under tätt slutande lock. Serveras med frikadeller eller fläsk.

25. Får i kål.

Fårbringa,
hvitkål,
peppar,
salt,
smör,
mjöl.

Köttet skäres i bitar, alla småben borttagas noga. Kålen skäres groft; en redning göres af smör, mjöl och litet buljong, utspädes med kallt vatten. I en panna med tätt slutande lock nedläggas kål och kött hvarfvis jämte malen peppar och salt, redningen tillslås och bör stå jäms med kålen, i annat fall tillspädes mera vatten, får sakta koka omkr. 2 tim., eller tills anrättningen är färdig. Det feta afskummas noga.

Serveras som hotch-potch.

26. Surkål.

Buljong eller fläskspad, mjöl,
smör, sirap.

Inlagd surkål sköljes i kallt vatten och får afrinna. I smör och sirap påsättes kålen att koka i slutet kärl, tills den är mör och brun; omröres ofta, så att den ej brännes. Spädes med buljong eller fläskspad. Afredes med smör och mjöl, serveras med frikadeller eller korf.

27. Nässelkål.

Till hvarje liter nässlor:

$1/2$ l. buljong, 1 msk. mjöl,
något körfvel o. gräslök, peppar,
smör, salt.

Nässlorna sköljas omsorgsfullt och förvällas i saltadt kokande vatten omkr. 15 min., öfverspolas därefter med kallt vatten och läggas på sikt att afrinna. Nässlorna jämte gräslök och körfvel hackas fint eller drifvas genom kvarn, beströs med mjölet. Smöret smältes utan att brynas, nässlorna iläggas och omröras, tills de äro genomvarma, då den kokande buljongen tillsättes och får sakta koka omkr. $1/2$ tim., kryddas och skummas. Serveras med förlorade ägg.

28. Grönkål.

Grön- och blåkål användes ej, förrän den är frostbiten. Den lägges i vatten, och isen borttages; kålen repas från hufvudnerven, förvälles och behandlas som nässlor, men bör koka något längre tid. Serveras med frikadeller eller korf.

29. Puré.

Till omväxling kan åstadkommas en mängd soppor af buljong med tillsats af hvad smak och tillgång medgifva; öfverblifna legymer och det vatten, hvari dessa kokats, böra tillvaratagas och användas, rester af steksåser likaså.

Har man användt enkel buljong och finner den färdiga soppan svag i smaken, bör icke denna höjas med peppar, utan kan soppan tillsättas med köttextrakt eller afredas med ägg och grädde.

Här nedan meddelas några soppor med kända namn, dock bör hvar och en anpassa sig efter förhållandet för tillfället och ej tro sig strängt bunden vid recepten, utan själf anrätta dem efter egen smak.

Puré benämnes soppan, då det som gifver den namn, passeras genom sikt och afredes.

30. Jordärtskockspuré.

Till hvarje liter jordärtskockor:

2 l. buljong,
smör,
salt,
peppar,
2 äggulor,
2 msk. grädde.

Jordärtskockorna skrapas och läggas i vatten, tillsatt med något ättika, för att de skola hålla sig hvita.

Med legymjärn eller helt enkelt med en tratt formas så många jordärtskockor, man anser sig behöfva i soppan; dessa kokas i buljong och hållas varma. Resterna påsättas i kall buljong att kokas, tills de kunna passeras, utspädas med buljong, få koka omkring 10 min. på sakta eld, kryddas svagt och afredas med gulorna och grädde; något smör, jämte de kokta jordärtskockorna, ilägges.

Serveras, om man så vill, med croûtons, då jordärtskockorna i purén kunna uteslutas.

Under enklare förhållanden kan soppan redas med smör och mjöl i stället för med äggulorna.

31. Sparrispuré.

Sparris, äggulor eller smör,
buljong, mjöl.

Sparrisknopparna afskäras, kokas i buljong och läggas i soppskålen. Det öfriga af sparrisen påsättes i kall buljong och får koka mjukt samt passeras. Soppan afredes som föregående.

Serveras med croûtons. Får- eller kalfbuljong anses bäst härtill. Då konserverad sparris användes, medtages det vatten, hvari den förvarats.

32. Blomkålspuré.

Blomkål, salt,
buljong, peppar,
redning, socker.

De vackraste bitarna af blomkålen utväljas och kokas i buljong; det öfriga sönderkokas och passeras, redes med smör och mjöl, buljong tillsättes, kryddas och hälles öfver blomkålen.

33. Puré af morötter.

Morötter, smör,
buljong, mjöl eller risgryn.

Morötter förvällas, rifvas och få sedan koka i buljong samt drifvas genom sikt, hvarefter soppan redes med smör och mjöl, eller ock, i stället för afredning, kokas risgryn i buljong, passeras och tillblandas, hvarigenom soppan får mildare smak. Serveras med croûtons.

34. Puré på bruna bönor.

Till 1 liter bruna bönor:
En lök, litet selleri.

Bönorna kokas, uppsilas och stötas i mortel, passeras och kokas med buljong, hvaruti man lagt en lök och litet selleri.

Man beräknar en liter bönor till 10 personer.
Serveras med croûtons.

35. Soppa på ärter.

Till 1 liter ärter:

    3 l. buljong,   en liten morot.
    (ett par palsternackor eller jordärtskockor).

Ärterna och moroten kokas färdiga. Ärterna passeras, buljong tillsättes, och soppan redes med smör och mjöl, om den är för tunn. En bit smör ilägges och omvispas. Enkel buljong kan användas.

Serveras med:

    Frikadeller.
    Rostadt bröd.
    Kokta risgryn.

36. Soppa på kastanjer.

Till ½ kg. kastanjer:

    omkr. 3 l. mörk buljong,   redning.

Kastanjerna läggas några minuter i kokande vatten, tills skalen och den inre hinnan kunna borttagas. Kokas sedan mjuka i buljong, drifvas genom sikt under påspädning af buljong.

En redning göres af smör och mjöl, soppan tillsättes och får ett uppkok. Är vinsmak omtyckt, kan något scherry tillsättas.

Serveras med glaserade kastanjer och rostadt bröd, frikadeller eller fågelkött.

37. Potatissoppa.

Till 1 liter potatis:

    3 l. buljong,   peppar,
    redning,   salt.

Den skurna potatisen kokas i hälften af buljongen med salt och peppar, passeras genom sikt, hvarefter den öfriga buljongen tillsättes. Redes som jordärtskockspuré.

Zetterstrand, Kokbok.

Serveras med stekta brödtärningar, vackert skurna morötter, sparrisknoppar eller dylikt.

Sist ilägges en bit smör, och soppan vispas kraftigt, innan den serveras.

38. Puré af vildt.

Rester af allt slags vildt kunna användas, sopprötter, peppar.

Köttet frånskäres, benen krossas och påsättas tillika med sopprötter och något peppar i enkel buljong eller vatten. Köttet stötes fint, så att det kan passeras, hvarvid man tillspäder buljong.

Redes med smör och mjöl, och soppan får ett uppkok. Vin tillsättes, om man så önskar.

Kan serveras med frikadeller af vildt eller brödcroûtons.

39. Spansk soppa.

Beredes som föregående med den skillnad, att det passerade köttet uppblandas med urbenad ansjovis, ägg och grädde, bredes på hvetebrödsskifvor, som stekas i smör och serveras till soppan.

40. Kejsarsoppa.

Stark buljong, redning, ägg, grädde, vin, peppar, salt och socker.

Den uppkokta buljongen redes först med smör och mjöl på vanligt sätt, tillsättes sedan med vin, socker, salt och peppar efter smak. Afredes ytterligare med ägg och grädde. Serveras med croûtons eller fiskfärs.

41. Makaronisoppa.

Makaroni,	redning,
buljong,	rifven ost,
smör,	omkr. 1 msk. till hvarje
peppar,	person.

Smal makaroni kokas i tillräckligt med buljong, ungefär $1/2$ timme, upptages och skäres i jämna bitar.

Buljongen afredes, rifven (helst schweizer- eller parmesan)ost, ivispas efter smak, peppar och salt om så behöfves. Hälles öfver makaronibitarna, serveras varm. Enkel buljong kan användas.

42. Passerad grönsoppa.

| Sopprötter, | grönsaker, |
| buljong, | redning. |

Rotsakerna brynas, påspädas med enkel buljong, färdigkokas och passeras. För sig kokas de grönsaker man önskar i soppan, såsom sparris, blomkål, ärter, ärtskidor; soppan afredes och hälles öfver grönsakerna, afsmakas.

Kan kokas med endast vatten i stället för buljong, då smör, ägg och grädde tillsättas.

Fisksoppor och soppor utan buljong.

I. Fisksoppor.

Där god tillgång på fisk finnes, bör all möjlig småfisk, som ej kan användas till annat, tillvaratagas och kokas till buljong, hvaraf soppor sedan kunna anrättas. Äfven ben och hufvud af fisk, användt på annat sätt, duga härtill.

43. Fiskbuljong.

Fisk, sopprötter, salt.

All slags fisk kan användas härtill, af torsk blir en utmärkt buljong. Den rensade fisken jämte sopprötter påsättes i kallt vatten och behandlas som kött till buljong. Den färdiga buljongen kan användas till soppor på samma sätt som buljong af kött: redes och serveras med grön- och rotsaker, kokta risgryn, champinjoner, fiskfärs, klimp, m. m.

44. Fiskpuré.

Fisk,　　　　　　　smör och mjöl eller äggulor,
sopprötter,　　　　salt.

Fisken och sopprötterna kokas, tills allt kan passeras. Afredes med smör och mjöl eller vispas tillsammans med ett par äggulor i soppskålen, som vid vanlig puré. Vin tillsättes, om så önskas.

Serveras med fiskfrikadeller eller fiskfärs.

45. Soppa på lax.

Hufvud och ben af lax,　redning,
persilja,　　　　　　　vin,
lök,　　　　　　　　　skifvor af lax.
smör,

På hufvud, ben och rom af lax jämte persilja och något lök kokas buljong, som får kallna, så att det feta noga kan afskummas.

Redes med smör och mjöl, men man tillser, att den ej blir för tjock; kryddas med vin, peppar och salt.

Serveras med laxskifvorna stekta i smör och i vatten kokt ris, upplagdt på särskildt fat.

46. Soppa på ål.

Beredes som föregående. Mera vin, som tillsättes vid kokningen af ålen.

Det gamla sättet att servera soppan med katrinplommon och äpplen kan äfven användas.

47. Kräftsoppa.

Till hvarje tjog kräftor:

| 1 l. buljong | 100 gr. smör, |
| (af fisk eller kött) | redning. |

Kräftorna kokas i salt vatten. Stjärtarna borttagas, inälfvorna rensas ifrån, och allt det öfriga stötes i mortel, så tillsättes smöret, och arbetet fortsättes, tills det är fint. Därefter fräses massan i en kastrull; när det är genomhett påspädes vatten och får långsamt uppkoka. Det hela slås genom sikt, får stå en stund, hvarefter det röda kräftsmöret afskummas. Kräftbuljongen slås till den öfriga buljongen. Kräftsmöret fräses med mjöl, spädes med buljongen, uppkokas och kryddas.

Serveras med stjärtarna och, om man så vill, vackert skuren fiskfärs.

48. Soppa på ostron.

Till 40 à 50 ostron:

| 3 l. buljong, | smör, |
| 2 l. vatten, | ägg. |

Ostronen brytas, skägget och vattnet samlas i en kastrull; ostronen läggas uti ett durkslag, som ställes öfver kastrullen och 2 l. kokande vatten hälles öfver dem, därefter läggas de i soppskålen.

Skägget kokas några minuter med en tesked citronsaft, silas och blandas med fisk- eller vanlig ljus buljong; afredes med smör och mjöl. Äggulorna sammanvispas med något af den kokande buljongen och tillsättas, afsmakas med hvitt vin och hällas öfver ostronen; serveras med fiskfärstärningar.

SOPPOR

II. Soppor utan buljong.

Af alla slags grönsaker kunna utan buljong med tillsats af ägg, grädde och smör göras förträffliga soppor. Som smöret i dem har stor betydelse, bör man dela den tilltänkta mängden i två delar, hälften till redning och den andra hälften att iläggas, då soppan är färdig. Kunna äfven passeras, men blifva kanske smakligast med grönsakerna hela i soppan.

49. Grönsoppa.

Grönsaker, grädde,
smör, mjöl.
äggulor,

Sprit- och sockerärter, blomkål, sparris, morötter eller hvad årstiden bjuder, kokas i saltadt vatten med iakttagande af, att alla grönsakerna ej fordra lika lång tid för att blifva mjuka.

Grönsakerna upptagas och hållas varma. Spadet afredes med smör och mjöl; äggulor och grädde sammanvispas och slås till soppan, som ej får uppkoka därmed utan endast hettas upp under vispning; kryddas svagt, och smör ilägges, slås öfver grönsakerna och serveras genast.

50. Soppa på färska ärter.

Spritärter, smör,
morötter, redning,
persilja, äggulor,
mjölk, grädde.

Ärterna och de skurna morötterna kokas i litet vatten med något smör, hälles upp genom sikt; spadet afredes med smör och mjöl, tillsättes med mjölk och uppkokas på nytt. Kryddas med salt och något socker. Ägg och grädde (som äfven godt kan undvaras) sammanvispas och tillsättas, sist en bit smör. Grönsakerna och fint hackad persilja iläggas.

51. Soppa på bondbönor.

Beredes som föregående. Om bönorna äro mycket mogna, är det rådligt att först förvälla dem i ett vatten, koka dem färdiga i ett annat och förvissa sig om, att inte äfven detta är beskt, innan det användes till soppan.

52. Soppa på spenat med mjölk.

Spenat,   redning,
smör,   äggulor.
mjölk,

Spenaten skäres, dock ej för fint. Påsättes i kokande vatten och något smör. När den är färdig, tillsättes kokande mjölk, redes med smör och mjöl, kryddas med socker och salt. Äggulor vispas i soppskålen, det tunna af soppan påhälles och vispas väl, hvarefter allt sammanblandas.

53. Fransk spenatsoppa.

Spenat,   äggulor,
salad,   mjöl,
redning,   salt,
smör,   peppar.

Spenaten och saladen skäras i strimlor och fräsas i smör, hvarunder mjöl samt salt och peppar påströs. Kokande vatten tillsättes, hvarefter soppan får koka.

Ett stycke smör och äggulor röras tillsammans, och däröfver slås soppan, hvilken ej får koka mera.

Serveras med rostadt bröd.

54. Hvitkål med mjölk.

Hvitkål, mjölk, redning.

Af smör och mjöl göres en redning, som spädes med mjölk, häri lägges den sönderskurna, förvällda kålen, som förut väl fått afrinna, att koka, tills den är mör; kryddas med salt och peppar.

55. Löksoppa.

¹/₄ kg. ung, färsk lök, hvetebröd,
2 l. vatten, peppar,
100 gr. smör, salt.

Löken skäres och förvälles några minuter och får afrinna, brynes i något af smöret, kokande vatten påhälles och får koka omkr. 1 tim., hvarefter soppan silas.

Några hvetebrödsskifvor stekas lindrigt i smör jämte en sönderskuren lök, den silade lökbuljongen påhälles och får sakta koka, tills brödet kan passeras, kryddas och om så fordras, redes den med smör och mjöl eller ägg och grädde, serveras med stekt bröd och rifven ost.

56. Champinjonsoppa.

Champinjoner, redning, smör.

Champinjonerna, rensade och sönderskurna, fräsas i smör med litet salt och peppar.

Vatten slås på, och svamparna få långsamt koka, tills soppan har god smak, hvarefter de silas ifrån. Soppan afredes med smör och mjöl. Vin (om så önskas) och champinjoner i äggstanning eller stekta i smör tillsättas.

Andra ätliga svampar såsom stolt fjällskifling, rörsopp, kantarell, riska m. fl. kunna användas på samma sätt.

Vin- och fruktsoppor. (Kallskål.)

57. Vinsoppa.

Vin, äggulor,
1 citron, 2 à 3 till hvarje l. soppa.

Två tredjedelar vin och en tredjedel vatten, det gula af citronskalet och socker efter smak uppkokas och slås öfver äggulorna under vispning. Citronsaften tillsättes.

Önskar man soppan något simmig, kan den afredas med litet potatismjöl, tillsatt till den kalla blandningen.

I stället för citronsaft kan söt grädde tillsättas.

Serveras med biskvier eller finare småbröd.

58. Vinskumssoppa.

$1/2$ l. franskt vin, citronskal,
4 hela ägg, socker efter smak.

Allt blandas kallt och sättes öfver elden under ständig vispning. Pannan lyftes af elden några gånger, men vispningen fortsättes. Soppan får ej komma i kokning, endast upphettas och är färdig, då den utgör ett fint skum.

Serveras genast och som föregående.

59. Snabbsoppa.

Hveteskorpor, citronskal,
vin, kanel,
socker, potatismjöl.

Skorporna kokas med socker i vin och vatten, det gula af citronskal och kanel. När skorporna kokat sönder, passeras de. Soppan afredes med potatismjöl, upplöst i kallt vatten.

Russin och katrinplommon kokas särskildt och läggas i soppan.

60. Sagosoppa.

Sagogryn (ungefär 1 msk. pr person),
socker, russin,
vin, citronskal,
kanel,

I kokande vatten ivispas grynen, så att de ej klimpa sig, citronskal och kanel iläggas; får koka tills grynen äro klara. Redes med potatismjöl, om den blir för tunn. Förvällda russin, socker och vin tillsättas efter smak.

Serveras kall eller varm.

SOPPOR

61. Nyponsoppa.

Till 1 liter nypon:

4 l. vatten,	russin,
socker,	citron,
mandel,	potatismjöl.

Nyponen påsättas i kallt vatten att koka på sakta eld, tills de kunna passeras genom fin sikt, hvarefter soppan får koka med citron och russin en stund. Afredes med potatismjöl, upplöst i kallt vatten.

Socker och i strimlor skuren mandel tillsättas.

Serveras med vispad grädde, skorpor eller biskvier.

62. Klar äppelsoppa.

Till hvarje liter äpplen:

1 liter vatten,	citron,
socker,	potatismjöl.

De sönderskurna äpplena påsättas i kallt vatten, få sönderkoka och upphällas att afrinna. Massan afkokas ännu en gång. Den klara saften uppkokas åter med citronskal och socker. Klyftor af skalade äpplen kokas häri, eller, om frukten är sur, i särskildt vatten med mera socker och vin. Soppan afredes med litet potatismjöl. Äppelklyftorna iläggas.

Serveras soppan kall, iläggas små klimpar af något rödt gelé.

63. Passerad äppelsoppa.

Beredes som föregående. Massan passeras, afredes eller ock kokas risgryn i vin och vatten och tillsättas. Denna och föregående kunna äfven afredas med äggulor, men skära sig lätt, serveras därför genast.

64. Bärsoppa.

Af alla slags bär, såsom hallon, blåbär, vinbär och körsbär, hvarje art för sig eller blandade, kokas saft med iakttagande af att bären afkokas minst två gånger.

Saften afredes med potatismjöl, och socker tillsättes efter smak.

Då krusbär användas, böra de passeras genom sikt.

Körsbären stötas sönder, så att stenarna krossas, kokas något längre än andra bärsorter.

Äfven af rabarber kan soppa på samma sätt tillredas; bör färgas med någon röd saft.

Serveras med:

Biskvi. Små skorpor.
Rostadt bröd. Kokta risgryn.

65. Plommonsoppa.

Tillredes som klar äppelsoppa med urkärnade plommon i stället för äpplen, behandlade på samma sätt.

66. Soppa på torkad frukt.

All torkad frukt bör ligga i vatten flera timmar och sköljes, innan den ilägges, så att det vatten, hvari den ligger, kan användas till soppan.

Kokas försiktigt och upptages, innan soppan redes. För öfrigt som af färsk frukt.

Kallskål.

67. Vinkallskål.

Hvitt vin, citron,
socker, is.

Socker upplöses i vatten, citronskifvor och is iläggas, vin och citronsaft efter smak tillsättas.

Serveras med skorpor eller biskvier.

68. Saftkallskål.

Som föregående.

69. Drickskallskål.

Dricka, sirap,
citron, muskot.
socker,

Drickat, som kan blandas med öl, vispas med sirap efter smak; citronskifvor och is tillsättas, socker och rifven muskot, om så önskas.

Serveras med kryddskorpor.

Mjölksoppor och Gröt.

70. Hafresoppa.

3 à 4 dl. hafregryn, mandel,
2 l. mjölk, russin,
smör, grädde.

Grynen kokas i ungefär 3 l. vatten under slutet lock, tills de äro kokta, och passeras; kokande mjölk vispas till hafrepurén, som härmed får koka några minuter, då förvällda russin, smör och salt samt skuren mandel tillsättas.

Grädden slås till skum.

Serveras med eller utan croûtons.

71. Korngrynssoppa.

Korngryn, kanel,
smör, socker,
äggulor, salt.
russin,

Grynen kokas i vatten, tills de kunna passeras genom sikt, spädas med kokande vatten. Förvällda russin, smör, salt, socker och kanel efter smak iläggas. Soppan afredes med äggulor.

Om man så vill, tillsättes vin.

72. Drickssoppa.

$^1/_2$ l. dricka,
2 l. mjölk,
sirap,
ingefära, 1 pomeransskal,
mjöl.

Drickat uppkokas med sirap och kryddor. Af mjölken och hvetemjöl kokas en tjock välling, hvari drickat slås under stark vispning. Soppan bör härefter ej komma öfver elden, utan serveras genast.

73. Risgrynsvälling.

2 dl. risgryn,
3 l. mjölk,
kanel,
socker.

Grynen skållas i hett vatten, hvarefter de spolas med kallt. Mjölken uppkokas med en bit kanel, grynen vispas och få sakta koka under slutet lock, tills de äro mjuka. Salt och socker tillsättas.

Kan redas med litet ris- eller potatismjöl, om man önskar den simmig.

74. Mannagrynsvälling.

2 dl. mannagryn till 3 à 4 l. mjölk.

Grynen vispas uti den kokande mjölken, kokas omkring 20 minuter under jämn omrörning. Saltas och kan för öfrigt kryddas med mandel, kanel, vanilj eller enbart med socker.

75. Potatisgrynsvälling.

Som föregående. Något smör bör tillsättas.

76. Stänkvälling.

Till hvarje ägg:

1 msk. mjöl,
1 dito smält smör,
kanel,
socker.

Mjölken uppkokas med en bit kanel och socker. Äggen vispas med mjölet och smöret iblandas; i den kokande mjölken stänker man smeten med en visp eller bättre att genom ett groft durkslag pressa ut massan, hvarigenom man erhåller jämstora gryn.

Pannan lyftes af elden, får stå öfvertäckt 10 min. på spiseln utan att koka.

77. Slätvälling.

Mjöl, smör, mjölk.

Smör smältes i en panna utan att brynas, så mycket mjöl, som detta tager till sig, ivispas, spädes med kokande mjölk under jämn vispning, så att den blir lagom tjock. Saltas.

Kan enklare tillredas utan smör, då mjölet vispas i något kall mjölk och hälles i den kokande mjölken.

78. Hafremjölsvälling.

Som föregående. Smöret ilägges, då vällingen serveras.

79. Marängmjölk.

Till hvarje liter mjölk:

| 2 ägg, | vanilj eller citronskal, |
| socker, | 1 tesked potatismjöl. |

Hvitorna vispas till hårdt skum, och socker inblandas; med en sked läggas bollar häraf i kokande mjölk, som sakta kokas ett par minuter, och upptagas med hålslef.

Potatismjölet blandas med litet kall mjölk och sättes till mjölken, som uppkokas och slås öfver gulorna; kryddas.

Serveras med de öfversockrade bollarna. Mjölken kan äfven smaksättas med choklad.

80. Äggmjölk.

Till hvarje liter mjölk:

2—4 äggulor, socker.
vanilj eller citronskal,

Mjölken uppkokas med den krydda man använder, slås öfver de med socker rörda gulorna och hettas upp under vispning, men får ej koka.

Önskas mjölken simmig, afredes den med en tesked potatismjöl, då den uppkokas.

Kan varieras med olika smak, såsom i varm mjölk, draget te eller kaffe (bönorna krossas groft) eller mandelmjölk (rifven mandel afkokas för sig i litet mjölk).

81. Hetvägg.

Till 10 semlor:

3 dl. grädde, lika mycket socker,
2 äggulor, citronskal,
2 matskedar smält smör, korinter.
70 gr. mandel,

Mandeln rifves och stötes med socker och något grädde, sedan tillsättes allt det öfriga tillika med inkråmet af semlorna. Massan röres öfver elden eller blandas kall. Härmed fyllas bullarna, som därefter insättas i ugn att blifva genomvarma.

Serveras med gräddmjölk, hvilken man gifver smak af vanilj, kanel eller mandel.

82. Ölost.

Till det växande släktets uppbyggelse må nämnas, att härmed förstås en dryck af mjölk och dricka, uppkokta hvar för sig och sedan blandade, och som är mycket nyttigare för kroppen än kaffe och te tre gånger om dagen.

83. Filbunke.

Söt mjölk upphälles i lagom stora glasbunkar och får stå på varm plats att surna. Serveras med finstött ingefära och socker.

Genom att tillsätta nysilad mjölk, medan den ännu är ljum, med sur grädde och ställa den på varm plats, kan filbunke erhållas på mindre än ett dygn.

Kokt filbunke. Mjölken uppkokas och får svalna, sur grädde, 1 dl. till hvarje liter mjölk, vispas till skum och nedröres försiktigt i den ljumma mjölken, som upphälles i bunkar och är stannad följande dag.

84. Jäs- eller filmjölk.

På filbunke aftages grädden, mjölken stjälpes varsamt upp i en silduk, som upphänges så, att vasslan kan afrinna. Den sura grädden vispas med söt mjölk eller grädde; med en sked tagas klimpar af osten i silduken och läggas häri.

Serveras som föregående.

85. Risgrynsgröt.

Omkr. $1/8$ l. risgryn till 3 l. mjölk.

Risgrynen skållas med kokande vatten och spolas därefter med kallt. Sättas på elden med mjölk och litet smör och få koka, tills de äro mjuka, spädas under tiden med kall mjölk. Då gröten tages från elden, saltas den.

Serveras med kanel och socker.

Borde förekomma oftare än hvar julafton.

86. Krossgrynsgröt.

$1/4$ l. krossgryn till 4 l. mjölk.

Mjölken uppkokas, grynen ivispas och få koka under flitig omrörning; spädas om så behöfves. Tagas från elden, saltas. Serveras som föregående.

Grynen kunna äfven kokas i vatten och smör. När grynen äro nästan färdiga, tillspädes mjölk, och då den kokat in, saltas gröten.

I gröten kunna sönderskurna äpplen, kanel och socker kokas; den har då namn af Sörmlandsgröt.

87. Hafregrynsgröt.

Grynen påsättas i kallt vatten att långsamt uppkoka, spädas med mjölk, tills de äro kokta; 2 à 3 tim. tid åtgår för vanliga gryn, ångpreparerade däremot färdigkoka på omkr. 1 tim. I stället för med mjölk kan gröten hela tiden spädas med vatten; saltas då den är färdig.

88. Mannagrynsgröt.

Till hvarje liter gryn 3 l. mjölk.

Då mjölken kokar, ivispas grynen. Får koka tills gröten är lagom tjock. Kryddas med finstött bittermandel. Serveras med mjölk, kanel och socker.

89. Smörgröt.

Smör, mjöl, mjölk.

Smör smältes, och däruti inarbetas så mycket mjöl detta tager till sig; varm mjölk tillspädes under jämn vispning, tills gröten blir lagom tjock; saltas.

Serveras med mjölk och socker.

90. Snargröt.

Till 2 liter mjölk:

1 sked smör, 3 skedar potatismjöl.
3 skedar hvetemjöl,

Mjölken uppkokas med smöret. Mjölet, som upplösts i litet mjölk, vispas i den kokande mjölken. Ett par äggulor kunna tillsättas, hvarigenom gröten får vackrare färg.

Afsmakas, öfverströs med socker.

Zetterstrand, Kokbok.

SOPPOR

91. Sjuskinnsgröt.

Risgryns- eller krossgrynsgröt bredes ut tunt på ett fat eller en karott och öfverströs tjockt med socker, blandadt med kanel.

Ett karamelljärn eller en pannkaksspade glödgas och därmed brynes sockret, hvarefter åter ett hvarf gröt bredes ut och beströs med socker och brynes; på samma sätt fortfares, tills man fått sju hvarf, däraf namnet. Gröten serveras med mjölk,

92. Bohvetegröt.

Bohvetegryn, väl skalade, skållas och läggas sedan i kokande vatten och få väl genomkoka, tillsammans med ett stycke smör och litet salt, under jämn omrörning.

Gröten bör blifva så tjock och stadig, att den kan packas i våt form och uppstjälpas på fat. Öfverströs med socker och kanel; litet smält smör hälles öfver.

Serveras med mjölk.

93. Rågmjölsgröt.

Vatten uppkokas och saltas, godt rågmjöl ivispas med iakttagande af, att gröten ej blir klimpig. Den arbetas därefter med slef och får koka omkring $1/2$ timme.

94. Stekt gröt.

Öfverblifven kall gryngröt af hvad slag som helst, kokt vare sig med mjölk eller vatten, skäres i skifvor, som doppas i mjöl och stekas i smör.

Serveras med mjölk eller sylt.

Frikadeller, klimp m. m. till soppor.

95. Köttfrikadeller.

¼ kg. kött,	mjöl,
50 gr. smör,	1 ägg,
2 msk. stötta skorpor,	salt och peppar.

Hälften fläsk och hälften kalf är en god blandning till frikadeller; enbart kalf- eller oxkött kan äfven användas.

Köttet skrapas eller drifves många gånger genom kvarn, stötes därefter i mortel tillsammans med de i litet mjölk blötta skorporna och smöret, kryddorna och ägget tillsättas, och färsen arbetas, tills den blir smidig, spädes med litet vatten.

Af färsen formas små frikadeller, som läggas i en med smör bestruken panna, kokande buljong eller vatten tillhälles och får koka några minuter; vid längre kokning blifva de torra.

På samma sätt beredas frikadeller af:

Hönskött.	Vildt.
Fågel.

96. Frikadeller af kokt kött.

Stekt eller kokt kött hackas fint. En redning göres af smör och mjöl och spädes med grädde, buljong eller öfverblifven sås till en tunn gröt.

Sedan det blifvit kallt, stötes det i mortel tillsammans med köttet till en simmig färs och tillsättes med ägg; formas till frikadeller, som kokas ett par minuter i saltadt vatten.

Af kokt fisk kan på liknande sätt anrättas frikadeller.

97. Queneller.

Med detta namn förstås små fina klimpar af allahanda slag, men färsen måste alltid passeras, så att klimparna bli lätta. De användas såväl till garnering som till soppor.

Färsen tryckes genom en sprits direkt på en smörbestruken långpanna, kokande vatten eller buljong öfverslås, och quenellerna få sakta koka 5 à 6 min.

Till queneller af fiskfärs (se beredning däraf!) tillsättes något mera grädde, än då färsen kokas i form. Hvilken färs man än använder, bör man profva dess fasthet, innan quenellerna formas.

98. Brödklimp.

Fint hvetebröd, 75 gr. smör,
mjölk, 3 ägg.

Från brödet bortskäras kanterna, och mjölk påhälles, det uppblötta brödet bör utgöra omkr. $^1/_8$ l., blandas med smöret, äggulorna och sist med de till skum slagna hvitorna. Med en sked formas klimpar, som kokas i vatten och äro färdiga, då de flyta upp. Eller massan slås i preparerad form, som gräddas i vattenbad i ugn. Då den är färdig, slås den upp och serveras i skifvor.

Kan äfven gräddas i små, väl smorda pastejformar utan vattenbad; serveras till såväl söta soppor som till soppor af buljong.

99. Mannagrynsklimp.

$^1/_2$ l. mjölk, bittermandel,
mannagryn, citronskal.
socker,

Mjölken, socker, några rifna bittermandlar och litet citronskal sättas på elden att koka, däri vispas så mycket mannagryn, att man får en stadig gröt. Denna slås upp, skäres i rutor och serveras till saft- och fruktsoppor.

100. Spritsklimp.

30 gr. smör, 2 ägg,
60 gr. mjöl, (socker o. bittermandel).
1 dl. mjölk,

Smöret lägges i mjölken, som uppkokas, mjölet tillsättes och omröres, tills det släpper pannan, uppslås och får kallna, äggen inarbetas jämte litet socker; bittermandel eller annan krydda tillsättes. Med en sked tagas små klimpar, som kokas i buljong. Serveras till buljong.

101. Ostbollar.

Till samma proportioner som föregående tillsättas 4—6 msk. rifven schweizerost, innan äggen nedröras, formas till helt små bollar, som kokas i flottyr, få väl afrinna och öfverströs med rifven ost. Serveras till soppor af buljong.

102. Smördegsstänger.

Färdigberedd smördeg belägges med rifven ost och hoplägges, utkaflas åter, och ost öfverströs ånyo; detta upprepas 3 à 4 gånger. Degen utskäres därefter i smala stänger, som gräddas i varm ugn. Serveras varma till buljong.

103. Ost-croûtons.

Rifven schweizerost och lika mycket smör blandas väl tillsammans, bredes tjockt på brödskifvor, som sättas på en med smör bestruken plåt eller panna och rostas hastigt i het ugn. Är ugnen ej het, blifva de lätt hårda.

Serveras varma till buljong.

104. Bröd-croûtons.

Brödet, som kan vara en dag gammalt, skäres i tunna skifvor eller uttages med form, stekes i smör på båda sidorna och lägges på papper att afrinna. Serveras till soppor och användas som garnering. De kunna beläggas med någon fin ragu, såsom kalfbress, kalfhjärna m. m.

105. Rostadt bröd.

Nybakadt bröd skäres i tunna skifvor, som rostas ljusgula på båda sidorna öfver koleld på halster. De kunna äfven rostas i en väl upphettad stekpanna öfver frisk eld.

Brödet rostas ej, förrän det skall serveras, och skifvorna få ej läggas på hvarandra, ty då blifva de mjuka.

Serveras till klar buljong.

106. Stekt bröd i ugn.

Mjuka skorpor eller hvetebröd i skifvor rostas något, doppas, medan de äro varma, i grädde, läggas på en med smör bestruken plåt och insättas i varm ugn, tills ytan är gulbrun.

Serveras varma.

107. Profiteroler.

Små hvetebullar urtagas så godt som fullständigt, fyllas sedan med någon färs eller stufning af vildt, kräftor, champinjoner eller dylikt. Doppas i vispadt ägg och rifvebröd, öfverösas med smält smör och sättas i varm ugn att genomhettas.

Serveras till soppor eller vid tesupéer.

108. Sandwiches.

Till sandwiches är formbröd bäst, emedan det lämnar de jämnaste skifvorna. Det mörka formbrödet går i handeln under namn af pumpernickel, men vanligt svartbröd kan äfven användas. Helst begagnas både ljust och mörkt bröd; kanterna afskäras, bröden skäras på längden i tunna skifvor, som påbredas med smör och beläggas fullständigt med kallskuret kött, ost eller dylikt, som passar samman i smak och färg. På den andra sidan af brödskifvorna bredes tunt med smör, hvarefter de läggas på hvarandra, 7—9 eller flera, bvarannan ljus och mörk; om man börjar med hvit skifva, bör äfven den sista vara hvit. En press pålägges omkr. 3 tim. Skifvorna afputsas och skäras i smala stycken. Serveras till soppor och te.

KÖTTRÄTTER.

Köttet och dess behandling.

Oxkött bör hafva klar röd färg med insprängdt fett mellan muskeltrådarna, och talgen bör vara hvit. Förhållandet är detsamma med kött af får, af hvilket tackan är bäst. Af de ljusa köttslagen, kalf och svin, är köttet bättre, ju hvitare det är; späcket på fläsk bör dessutom vara fast och svålen tunn.

Kött af medelgödda djur är bäst; öfvergödda förlora mycket vid stekning och kokning genom fett som smälter ut, om också köttet är förträffligt. Magert kött innehåller betydligt mera vatten än fett och därigenom mindre näringsvärde. Vid kokning och stekning blir sådant kött torrt och smaklöst, medan det feta däremot blir mört och välsmakande.

Allt kött bör hänga några dagar, beroende på årstiden, innan det användes. Allt för färskt kött är ej lämpligt till stekning, men kan det däremot användas till kokning. Kött, som skall användas till stekning, bör hänga någon tid, hvarigenom det blir mörare och fordrar kortare stekningstid.

Köttet bör tvättas med en duk, doppad i ljumt vatten, och endast då omständigheterna så kräfva, nedlägges det i vatten till sköljning. Som köttets mest närande beståndsdelar äro lösliga i vatten, utdragas dessa i sköljvattnet och förspillas därvid.

Vid kokning af kött är det ett oeftergifligt villkor att hålla grytan i sakta och jämn kokning, att upptaga köttet då det är färdigt och ej låta det kvarligga i spadet.

KÖTTRÄTTER

Kött kokas i tvenne syften: 1) då alla i detsamma befintliga näringsämnen skola bibehållas, och 2) då man vill utdraga dessa ur köttet. I det första fallet bör det vid påsättningen läggas i kokande vatten, och i det senare i kallt. Se vidare om buljong!

Vid stekning af kött afser man att fullt bibehålla dess närande beståndsdelar; då man vid stekning i gryta bryner köttet på alla sidor, stelnar köttets ägghvitämne på ytan och bildar ett skyddande lager, som innesluter köttsaften. Detsamma sker äfven, då man i en upphettad ugn insätter en stek. I båda fallen tillspädes vatten, dels för att ersätta det vatten, som genom afdunstning bortgår från köttet, dels för att sänka temperaturen hos det kokande fett, hvari köttet stekes; härvid tillses noga att ej så mycket vatten tillsättes, att köttet kokas i stället för stekes. Äfven vid kokning är en jämn, ej för häftig värme af vikt. Såväl vid stekning som kokning bör träsked eller stekspade användas, gaffel begagnas ej förrän vid förskärningen af köttet, då det placeras på ett fat, som möjliggör tillvaratagandet af den utrinnande köttsaften. Den tid, som åtgår för kokning af oxkött, beräknas till omkring 1 timme för hvarje kg., hvilken tid dock kan få ökas om det gäller endast 1 kg. och betydligt minskas vid kokning af ett större köttstycke. Kalf och får fordra något kortare tid.

Vid stekning i ugn beräknas omkring 1 à 1$^{1}/_{2}$ timme till 1 kg. med 15 min. mer för hvarje kg. ökad vikt.

Till stekning i gryta åtgår något längre tid. För rostbiff beräknas omkring $^{1}/_{2}$ timme till hvarje kg. Emellertid är det svårt att i allmän regel bestämma tiden för vare sig kokning eller stekning, i synnerhet det senare. Dels är det beroende på köttets beskaffenhet, dels på ugnens värme. Bästa sättet att öfvertyga sig om att köttet är färdigstekt, är att trycka fingret mot den tjockaste delen däraf, då det blott gör föga motstånd, om det är färdigt.

Vid inköp af kött beräknas omkring $^{1}/_{4}$ kg. för hvarje person; af benfritt kött, såsom biff eller filé, anses 1 kg. tillräckligt för 6 personer.

Spettstekning förutsätter apparater, som inte stå alla tillbuds. I en öppen spis framför en frisk lågeld kan detta visserligen försiggå; men spettet, på hvilket köttet är uppträdt, måste kringvridas under stekningen; härtill finnas särskilda automatiska apparater, så att man endast har att under tiden ösa öfver steken med det fett, som uppsamlas i ett under densamma stående kärl.

I utlandet finnas bekväma ugnar, afsedda för spettstekning, till hvilka träkol användas, och där stekens öfverösning och för öfrigt hela proceduren försiggår ytterst lätt. Den nyaste apparaten går under namn af »rôtissoire arroseuse» och säljes till ett jämförelsevis billigt pris samt kan här hemma rekvireras genom någon större firma för husgeråd. Beskrifning öfver apparatens användning medföljer. Det är att hoppas, att den kommer att finnas af inhemsk förenklad tillverkning, då spettstekningens fördelar sålunda skulle bli allmännare kända. Dessa äro: bibehållande af köttets närande beståndsdelar jämte en aptiten tilltalande lukt och smak med ett enkelt förfaringssätt.

Halstring af kött försiggår bäst vid koleld, och äfven för detta finnas särskilda apparater, dock icke för närvarande i handeln härstädes; troligen därför att träkolens användning i hushållet hos oss är så litet känd. Däremot finnas halster för gaslåga, hvilket sätt snarare är ett slags hastig stekning. Kött utsatt för hettan från glödande kol under några minuter är en förträfflig anrättning, som bör försöka åstadkommas på enklare sätt.

109. Rostbiff.

Rostbiffen, som bör hafva hängt så länge årstiden medgifver, bultas lätt på den köttiga sidan, lägges med filéen uppåt på en långpanna med något smör i, insättes i varm ugn; efter en stund påspädes kokande vatten, och rostbiffen betäckes med ett smörbestruket papper. Steken begjutes ofta med det smälta fettet, och vatten tillspädes då och då, så att steken ej brännes af det heta fettet. Rostbiffen kan saltas, innan den sättes in i ugnen, eller en halftimme, innan den är färdig; eller ock kan salt tillsättas det vatten, hvarmed rostbiffen spädes. Man beräknar att rostbiffen behöfver en halftimmes stekning till hvarje kg. kött, hvilken tid afknappas då steken är mycket stor. Då rostbiffen är färdig och upplagd, afhälles det feta, och skyn spädes med buljong eller vatten och serveras som sås. Angående förskärning af rostbiff se om förskärning och uppläggning!

Kan serveras med:

Griljerad potatis.   Makaroni.
Helstekt lök.   Potatiskroketter.
Grönsaker.   Salader.

110. Kall rostbiff.

Rostbiff serveras kall med potatissalad eller salad af grönsaker med eller utan majonnäs.

Af det som är blodigt kan biffpaj eller kalops anrättas; se vidare smårätter och användning af rester.

111. Grytstek af oxe.

Innanlår eller annat köttstycke,   rödlök,
fläsk,   smör,
buljong,   salt och peppar.

Innanlåret lämpar sig bäst, men hvilket annat köttigt stycke som helst ur lår eller bog kan äfven användas. Köttet späckas med fläsk skuret i strimlor, brynes därefter i smör (angående dess behandling se grytstek af kalf), spädes med buljong eller vatten. Steken saltas, hel peppar och skuren rödlök tillsättas; stekes, tills den kännes mör. För stekning af en stek på 3 kg. beräknas ungefär 3 timmar. Sås: se behandling af sky till steksås.

112. Bœuf à la mode.

4 kg. innanlår,	litet citronsaft,
späck med svålen,	några nejlikor,
1 kalffot,	hel kryddpeppar,
3 medelstora portugisiska lökar,	salt,
	1 l. buljong,
6 stora morötter,	$^1/_2$ l. hvitt vin,
1 lagerbärsblad,	2 dl. konjak.
1 knippa persilja,	

Köttet späckas med i peppar och salt rullade späckstrimlor, ombindes med segelgarn och nedlägges i en kastrull tillsammans med kalffoten, svålen, kryddorna, buljongen, vinet och konjaken. Detta kokas upp och skummas väl. Sedan iläggas löken och morötterna, och det hela får sakta koka med väl tillslutet lock i 5 timmar. Då köttet är mört, upplägges det med den skurna kalffoten, löken och morötterna. Såsen silas, hopkokas, skummas väl och slås öfver köttet, som blifvit lagdt på ett djupt anrättningsfat. Portugisiska lökar, stekta för sig, serveras till och kunna äfven begagnas som garnityr.

113. Oxhare.

Oxhare, späck, smör.

Oxharen förvaras slaktad så länge årstiden tillåter, köttet lossas försiktigt från ryggbenet och refbenen, så att det ej rispas sönder, utan biffraden blir slät och jämn, späckas i jämna rader och brynes i smör i en långpanna på spiseln. När den är brynt på båda sidor, insättes den i het ugn att stekas en knapp timme; spädes om så behöfves och öses flitigt. Då haren är färdig, skummas allt fett bort, och af skyn göres sås med grädde eller mjölk (se: behandling af sky till steksås). Tillredd på detta sätt, utan kryddor eller tillsatser, bibehåller köttet sin ursprungliga smak.

Champinjon- eller tomatsås kan äfven användas härtill. Vid finare anrättning späckas oxharen med tryffel. Oxhare kan äfven anrättas som oxfilé.

114. Oxfilé.

Oxfilé,
späck eller tryffel,
smör,
buljong,
madera.

Oxfilé kallas det långa smala köttstycke, som, skyddadt af njurfettet, ligger på biffens inre sida, och är den del af oxen, som betingar det högsta priset, vanligen dubbelt så mycket som oxharen. Filéen befrias från hinnor, späckas obetydligt med fina strimlor af späck eller tryffel, brynes lindrigt i smör och insättes i varm ugn att stekas omkring 30 minuter. Köttsky eller hopkokad buljong blandas med madera, och härmed öfvergjutes filéen under stekningen. När den är färdig, afskummas noga det feta, efter smak tillsättes mera vin och, om man så vill, afredes såsen något. Filéen kan glaseras med köttsky, sedan den är vackert skuren och åter hoplagd.

Vanligen begagnas flera filéer; dessa upplåggas på en sockel af bröd, som formas så att filéerna passa in därpå. Sockeln kokas ljusgul i flottyr; garneras rundtom med rikligt med grönsaker, champinjoner, tryffel, kroketter o. s. v.

Oxfilé kan äfven anrättas som oxhare.

115. Surstek.

Lårkött af oxe,
svagdricka,
ättika,
salt,
peppar,
lagerblad,
späckfläsk,
smör,
grädde eller mjölk,
socker.

Benen frånskäras, och köttet ingnides med salt och hvitpeppar. Till svagdricka blandas ungefär $^1/_5$ ättika; lagerblad och hel peppar tillsättas. Köttet nedlägges i denna lag och kan användas efter 3 à 4 dagar, men kan vintertiden hålla sig 2 à 3 veckor. När köttet skall användas, afsköljes det väl i ett par vatten och får afrinna, späckas med fläskstrimlor rullade i salt och peppar, brynes väl i smör i en het gryta, så att det våta får afdunsta, innan steken spädes med litet vatten; får steka med tätt slutande lock. Mot slutet af stekningen spädes med mjölk eller grädde, och steken öföröses ofta. När den är färdig, bortskummas det feta, och såsen redes och spädes med grädde.

116. Mjölkstek.

I stället för i dricka som i föregående kan köttet nedläggas i mjölk att blifva surt. Köttet späckas, innan det nedlägges; stekes som föregående.

117. Kalops.

Lår, ref eller märgpipa, peppar,
lök, mjöl.
salt,

Köttet med det feta kvarsittande skäres i skifvor och bultas. I en stekgryta brynes sönderskuren lök lindrigt, härpå läggas köttskifvorna hvarftals med salt och hela pepparkorn samt litet mjöl mellan hvarje hvarf; litet kokande buljong eller vatten tillspädes, och grytan ställes öfver frisk eld att hastigt uppkoka. Köttet kokas med tätt lock på sakta eld omkring 3 timmar. Då köttet är mört, afskummas det mesta fettet, såsen spädes, om så behöfves. Serveras med potatis.

118. Oxfilé i gryta.

Filé, buljong,
champinjoner, grädde.
smör,

Filéen späckas med champinjoner, brynes i smör (användas champinjoner i smör, tages detta härtill) och spädes

KÖTTRÄTTER

med buljong, får steka på sakta eld omkr. 1 timme, om filéen är på 1 à 1½ kg. Såsen beredes af den från fettet befriade skyn uppvispad med tjock grädde, i smör fräsvta champinjoner iläggas.

119. Marinerad oxhare.

Tillredes som marineradt rådjur, men till marinaden blandas något krossade enbär.

120. Oxrullader.

Benfritt kött,	salt,
späck,	peppar,
smör,	buljong.

Innanlår eller fransyska skäres i tunna skifvor, hvilka bultas väl; tunna skifvor af späck påläggas och kryddas, rulladerna hoprullas och ombindas hårdt; brynas i smör, öfverströs med mjöl och påspädas med kokande buljong. Få sakta steka 1 à 2 tim. eller tills de kännas möra. Såsen vispas och slås öfver rulladerna.

121. Oxjärpar.

Benfritt kött,	persilja,
lök,	smör,
ansjovis,	köttfärs.

Köttet skäres i skifvor, hvilka bultas; en köttfärs beredes af det som frånskäres och tillsättes med litet i smör fräst lök, hackad persilja och ansjovis efter smak. Färsen bredes på köttskifvorna, som hoprullas, ombindas och stekas som i föregående. Såsen vispas upp med grädde. I stället för att göra små oxjärpar kan en större tillredas på samma sätt, men behöfver då längre tid att stekas, 2 à 3 timmar.

122. Biffstek.

Biffstek, lök,
smör, salt och peppar.

Ett oeftergifligt villkor för att biff skall bli mör är, att köttet skall ha hängt slaktadt så länge årstiden tillåter. Biffens saftighet beror mest på tillagningssättet; äfven det bästa kött förstöres och blir torrt, om det stekes länge och i ljum panna. Det bästa köttet till biff är naturligtvis filéen, dock lämpar sig äfven utskuren biff härtill; låndstycket, fransyskan och innanlåret kunna lämna bra biffar, om köttet skäres tvärs öfver fibrerna.

Tages annat kött än filéen, skäras tjocka skifvor, som bultas lätt, tills de få önskad tjocklek, men få ej bultas sönder. Då filéen användes, bultas icke köttet, utan klappas endast ut med en knif. Biffpannan upphettas öfver frisk eld, ett stycke smör ilägges och därefter biffarna, som böra bli bruna på 2 minuter, vändas och beströs med salt och peppar, uppläggas, hvarefter pannan urvispas med buljong eller vatten till sås, som slås öfver biffarna. Skola biffarna serveras med lök, stekes denna i smör för sig, emedan den behöfver längre tid än köttet för att blifva färdigstekt.

123. Halstrad biffstek.

Till halstrad biff bör filé användas; sedan köttskifvorna äro utplattade, doppas de i smält smör och få ligga ett par timmar. Halstret upphettas och skifvorna påläggas, stekas 3 à 4 min., vändas och halstras äfven på andra sidan, men vändas endast en gång; beströs, då de äro färdiga, med salt och peppar, uppläggas på värmdt fat, begjutas med varm köttsky eller serveras med champinjon-, tomat- eller ostronsås.

124. Chateaubriand.

Härmed förstås egentligen en tjock skifva filé halstrad som föregående, men belagd med sammanblandad persilja

Zetterstrand, Kokbok.

och smör. Den kan äfven stekas hastigt i het panna. Ursprungligen belades den med förvälld oxmärg och dragon.

125. Biff i biffkokare.

Biffkött,	smör,
potatis,	salt,
scherry,	peppar,
lök,	mjöl.

Rikligt med portugisisk lök skäres i skifvor; biffarna beströs med salt och peppar, kokaren bestrykes med kallt smör och däri nedlägges ett hvarf biffar med smör och lök. Då alla biffarna äro nedlagda, lägges därpå hel råskalad potatis, men kokaren bör ej fyllas ända till locket. Lika mycket scherry och vatten blandas, däri vispas litet hvetemjöl; vinblandningen nedhälles. Locket påsättes, och kokaren ställes på spiseln, samt bringas hastigt i kokning, hvarefter den får sakta koka 1—1$^{1}/_{2}$ tim., allt efter köttets beskaffenhet och mängd. Serveras i kokaren.

I stället för vin kan buljong användas; potatisen kan skäras i skifvor och läggas hvarfvis med köttet.

I en kopparform med tätt slutande lock kan anrättningen kokas i brist på biffkokare.

126. Engelskt oxkött.

Innanlår,	lagerblad,
fläsk eller njurtalg,	spansk lök,
peppar,	selleri,
ingefära,	surt vin eller ättika,
salt,	mjöl.

Af innanlåret skäras 3 decimeter långa stycken, så tjocka som en oxtunga, och dessa brynas på halster öfver koleld, tills de få vacker färg på alla sidor, uppläggas att kallna, späckas rundt om, längs med rullarna, med fina fläskstrimlor eller njurtalg. Af det afskrädda köttet och senorna kokas en stark buljong med peppar, ingefära, salt, lagerblad, spansk lök och en bit selleri samt så mycket vatten, att det knappt står öfver. Får koka, hvarefter spadet silas på det halstrade köttet i en kastrull och sättes på frisk eld att koka med tätt lock. Då köttet är nära kokt, slås därpå ett glas surt vin eller en matsked ättika, och då det kännes mört, tagas rullarna upp och något mjöl vispas i den kokande såsen. Rullarna, hela eller skurna i skifvor, serveras med såsen öfver och ätas ensamt eller med griljerade kålrötter.

127. Rullader af slaksida.

Slaksida,
salt,
ättika,
peppar,
ingefära,
nejlikor,
spansk lök.

Det tunna köttet, som sitter vid refbenen, afskäres och gnides med fint salt och ättika, hvarmed det får ligga en dag; det tvättas och torkas därefter på linne och beströs med stött peppar, ingefära och nejlikor samt finhackad spansk lök. Det sammanrullas hårdt i mindre rullar, hvilka lindas med segelgarn och kokas i så litet vatten som möjligt. Då de äro halfkokta, tagas de upp och tillknytas hårdare, hvarefter de fullkokas. Då de kännas riktigt möra, läggas de på ett fat med bräde och tyngd öfver, och då de äro kalla, aftages segelgarnet, och de nedläggas tätt i en kruka. Det kalla spadet, hvari de kokt, hälles på dem, och krukan öfvertäckes och förvaras i kallt rum. Då det serveras, skäras tunna skifvor, hvilka garneras med rödbetor och förlorade ägg. Serveras med skarpsås.

Slaksida af kalf och får kan användas på samma sätt.

128. Kokt färsk oxbringa.

Bringa, salt, persilja.

Bringan knäckes, sammanrullas och ombindes, nedlägges i kokande vatten, kokas upp och skummas väl, salt tillsättes, och bringan färdigkokas. Köttet upplägges och skäres i bitar, öfverströs med hackad persilja. Garneras med morötter eller lägges inom en bård af potatispuré. Serveras med pepparot-, kapris-, oliv- eller gurksås.

129. Kokt hamburgerbringa.

Den rökta bringan lägges några timmar i kallt vatten, påsättes i rikligt med vatten och bör koka 4 à 5 timmar. Får kallna i sitt spad. Då den skall serveras, uppkokas spadet, de skurna bitarna nedläggas att blifva genomheta. Serveras till grönsaker eller till blandad kötträtt tillika med filéer, kalfbress m. m., äfven till stufvad potatis.

130. Kokt rimsaltad bringa.

Den rimsaltade bringan (om saltning däraf se: fårbringa!) afsköljes, påsättes i kokande vatten med tätt slutande lock, hvarefter kokningen sker helt sakta omkring 5 timmar. Köttet upptages och skäres i jämna bitar. Kan serveras lika som färsk bringa eller helt enkelt med potatispuré och spadet befriadt från fett.

131. Salt lårkött.

Till saltning lämpar sig ytterlår (se vidare: om saltning!). Om köttet legat i salt endast ett par veckor eller tills det är genomsaltadt, kokas det, utan att behöfva urvattnas. Köttet sättes på i kallt vatten som bör stå öfver det, kokas hastigt upp, men sedan fortsättes kokningen sakta och utan afbrott, tills köttet är färdigt, slås då upp tillika med spadet i ett stenkärl och får kallna däri.

Ett oklufvet lårstycke med benpipan kvarsittande och saltadt på vanligt sätt kallas rundbiff. Den omlindas med segelgarn rundt om för att få vacker form och behöfver 5 à 6 timmars långsam kokning.

132. Rundbiff.

Ett oklufvet lårstycke af oxe med benpipan kvarsittande saltas på vanligt sätt (se vidare: om saltning). Ett oeftergifligt villkor för att det skall blifva godt är, att köttet är af utmärkt beskaffenhet och fullkomligt genomsaltadt, hvartill åtgå 6—7 veckor. Under tiden vändes köttet dagligen. Med benpipan i midten omlindas köttstycket med segelgarn för att få rund form.

Rundbiff kokas som salt lårkött och behöfver 6—7 timmars långsam kokning.

133. Kokt, salt tunga.

Äfven om tungan ej är hårdt saltad, bör den ligga i vatten ett par timmar för att uppmjukas. Kokas som föregående och är färdig, då skinnet kan afdragas; får kallna i sitt spad.

134. Kokt, färsk tunga.

| Kokt tunga, | peppar, |
| salt, | nejlikor. |

Tungan lägges i vatten ½ timme, påsättes i varmt vatten med kryddorna, får långsamt koka omkring 3 timmar, tills skinnet kan aftagas. Serveras med champinjon-, murkel-, oliv- eller pikantsås. Passar äfven till blandad kötträtt.

135. Rökt oxtunga.

Behandlas som salt tunga, men får ligga i vatten närmare ett dygn. Kan serveras som färsk, anses fin till blandad kötträtt.

136. Glaserad tunga.

Tunga,	späck,
buljong,	persilja,
vin,	peppar och salt.

En färsk eller lindrigt saltad tunga förvälles, späckas fint med fläsk längs efter, kokas därefter i buljong med persilja och peppar jämte salt, om tungan är färsk; späckningen kan uteslutas, och späckskifvorna iläggas, då tungan kokas; vändes ofta. Då buljongen afdunstat, spädes tungan med vin och buljong. Då tungan är färdig, afdrages skinnet, spadet skummas och hopkokas. Tungan lägges åter i pannan och öfveröses med spadet, som glaserar den. Skäres och hoplägges åter, serveras på ris- eller brödsockel, garneras med salad eller annat grönt. Det öfverblifna spadet tillsättes med litet tomatpuré och buljong, men så att vinsmaken blir öfvervägande.

Serveras med potatiskroketter eller grönsaker.

137. Sylta af oxhufvud.

Oxhufvud, peppar,
salt, ättika.

Hufvudet klyfves, hjärnan borttages, och hufvudet urvattnas väl; det kokas i vatten, som endast får stå i jämnhöjd med det. När köttet är kokt, upptages det, allt odugligt borttages, och köttet skäres i tärningar. Spadet silas, peppar, salt och ättika tillsättas, och spadet hopkokas, tills det utgör en stadig substans, då ilägges köttet och får koka en stund, slås upp i form och får stelna. Serveras med rödbetor och ättika eller skarpsås. Kan förvaras i lindrig saltlake. Om fläsk tillsättes, blir syltan betydligt bättre.

138. Oxgommar.

Oxgommar, smör,
ingefära, mjöl,
peppar, äggulor,
salt, ättika.

Gommarna tvättas mycket väl och kokas sedan i buljong eller vatten med en bit ingefära, några korn peppar och helt litet salt. Då de kännas mjuka, tagas de upp och få afrinna, hvarefter de väl skrädas och putsas samt skäras i vackra jämna strimlor. Den buljong, hvari de kokt, silas upp; färskt smör fräses i pannan tillika med något hvetemjöl, hvarefter buljongen slås därpå och vispas väl om. Två eller flera äggulor (efter myckenheten af gommar) vispas tillsammans med en sked buljong, en sked kryddättika, $1/_2$ sked socker. Därmed afredes såsen, men får ej koka. De skurna oxgommarna läggas däri och skakas om, tills de bli varma. Serveras med brödcroûtons.

139. Kallun.

Kojufver, lagerblad,
salt, ägg,
peppar, rifvebröd.

Ett kojufver kokas med salt, peppar och ett par lagerblad, tills det blir mört, skäres sedan i skifvor, hvilka doppas i vispade ägg och rifvebröd samt griljeras. Det kan äfven saltas, rökas och därefter kokas. Det användes då kallt för smörgåsbord och liknar i smak rökt tunga.

140. Hästkött.

Hästkött af ett friskt djur kan användas på samma sätt som oxkött till stek, färs, biffstek och kalops. Som kokt är det mindre smakligt, emedan det är för fett. Späckadt med fläsk och stekt som älg är hästkött särdeles godt. Till metvurst är det att föredraga framför oxkött. Likaså saltadt och rökt som spickekött.

Kalfkött.

Sedan förbättrade kommunikationer och mejerihandteringens ökade omfång gifvit mjölken ett högre värde, har, äfven gödkalf stigit i pris. Ett par veckor gammal kalf, spädkalf, är däremot mycket billig och är ingen läckerhet; den har ej ens motsvarande näringsvärde till sitt låga pris. Dess stora limhalt fordrar att det förtäres tillsammans med något syrligt, då det sålunda bättre tillgodogöres genom matsmältningen.

141. Kalfstek i ugn.

I en uppvärmd långpanna fräses smör. Kalfsteken ilägges med innanlåret uppåt, pannan insättes i riktigt varm ugn och får stå några minuter, innan kokande saltadt vatten tillspädes. Steken öfveröses ungefär hvar tionde min.

KÖTTRÄTTER

eller oftare, om ugnen är varm; om steken redan i början blir brun, öfvertäckes den med ett smörbestruket papper. En stek på 4 à 5 kg. behöfver 2—2 $^1/_2$ timmars stekning allt efter ugnens värme. När steken är färdig uppsilas skyn, det feta afskummas noga och spädes med grädde eller buljong till sås; se: behandling af sky till steksås.

Serveras med grönsaker, gurkor eller salader.

142. Grytstek af kalf.

Härtill lämpar sig en mindre stek eller en del af en större. I handeln delas steken vanligen så att med det ena stycket följer läggen och med det andra lårbenet; med läggen följer, om den är rätt delad, det största och redigaste köttet; dessa båda bitar kunna äfven med fördel ugnstekas. Delas steken som oxlår först i ytter- och innerlår och dessa i mindre stycken, är stekning i gryta att förorda, ty i ugn blifva mindre bitar lätt torra.

Grytan uppvärmes långsamt, så att den är genomvärmd, smör ilägges, och steken brynes, så att på alla sidor bildas en fast yta, som innesluter köttsaften. Steken saltas, hvarefter kokande vatten tillspädes, ett tätt slutande lock pålägges, grytan flyttas på svag eld, och det tillses noga, om vatten behöfver tillspädas. Köttet öses öfver eller vändes, tills det är färdigt. En stek på 2 à 3 kg. kan vara stekt på 1 $^1/_2$ à 2 timmar. Skyn silas och skummas fri från allt fett, afredes med något mjöl, spädes med mjölk eller grädde.

143. Kalfsadel.

5 à 6 kg. för 12 personer.

Tillredes som fårsadel med uteslutande af peppar; såsen spädes med grädde. Garneras längs efter sidorna med grönsaker. Till större middagar kan en hel kalfsadel användas. Sås: se behandling af sky till steksås.

Det öfverblifna köttet kan användas till hackis, rulader, kött med ris m. m.

144. Stekt kalfbringa.

Kalfbringan knäckes, brynes på bägge sidor, saltas, hoprullas och stekes som grytstek. Såsen afredes och spädes med mjölk. Till omväxling kan såsen tillsättas med passerade selleri eller jordärtskockor.

Sedan bringan är brynt, kan den beläggas med äpplen skurna i skifvor, innan den hoprullas; såsen afspädes då helst med grädde.

145. Färserad kalfbringa.

Bringa.
kalffärs,
smör,
citron,
salt och peppar

Benen utskäras, och bringan uppskäres, så att den utgör ett jämntjockt stycke, på detta bredes kalffärs tillsatt med fläsk; färsen får ej vara för lös. Bringan hoprullas hårdt och sys väl tillsammans, så att färsen ej tränger ut. Den brynes lindrigt och stekes i ugn eller gryta omkring 2 timmar och öses flitigt under tiden. Tråden drages ut och köttet skäres i skifvor, garneras med citron. Skyn skummas och behandlas som kalfstekssås.

I stället för att stekas kan bringan kokas i saltadt vatten och serveras med tomat- eller kaprissås, kokad af spadet, hvari bringan kokat.

146. Färseradt kalflår.

Kalfspäck, champinjoner, tunga.

Innanlåret frånskäres på en gödkalfstek och späckas med fläsk, hvarefter man uppskär den späckade sidan och borttager ungefär en tredjedel af köttet, af hvilket göres en färs. Härtill blandas hackade champinjoner eller tryffel och kokt salt tunga, skuren i tärningar, eller också kapris och oliver, hvarefter köttet sys tillsammans öfver fyllningen. Stekes sedan i gryta och öföröses ofta med sin sås. Serveras med grönsaker. Se behandling af sky till steksås!

KÖTTRÄTTER

147. Kalfkotletter.

Kotletter, smör, salt och peppar.

Då kotletterna blifvit lossade från ryggbenet, utskäras de, så att ett refben blir kvar i hvarje; den yttre hinnan borttages, benen jämnhuggas, och köttet lossas från spetsen af refbenet. Kotletterna bultas och gifvas en vacker form, beströs med salt och peppar, stekas på bägge sidorna i hett smör; pannan flyttas på svagare eld, ett lock pålägges och om värmen är stark, påspädes något hett vatten. Kotletterna upptagas, såsen uppvispas med buljong eller grädde och kan redas om så önskas.

Kotletter kunna äfven doppas i ägg och rifvebröd, men stekas då färdiga utan lock.

Serveras till grönsaker eller med tomatsås.

Äro kotletterna ej af bästa gödkalf, kan en matsked smör och en äggula sammanblandas, och därmed bestrykas kotletterna, innan de doppas i rifvebröd.

148. Wienerschnitzel.

Innanlår eller kotlett, salt och peppar,
smör, rifvebröd.
citron,

Härtill användes innanlår af kalf eller utskuren kotlettrad. Det skurna köttet klappas ut, beströs med salt och peppar, doppas i rifvebröd, stekes hastigt i smör; till sås urvispas pannan med buljong. På hvarje skifva lägges en citronskifva, en hoprullad benfri ansjovis och däruti några kapris. Serveras med eller utan äggulor.

149. Wienerkotletter.

Kalf och fläskfärs, smör,
salt, ägg.
peppar,

Kalffärs blandad med något färs af fläsk formas till kotletter, beströs med salt och peppar, samt doppas i ägg och rifvebröd, hvarefter de stekas i brynt smör. Till sås urvispas pannan med buljong. Serveras som vanliga kalfkotletter.

150. Späckad kalfbiff.

Skifvor af lårkött, salt,
späck, peppar.

Köttet späckas med fina späckstrimlor, hvilka stekas i smör på den späckade sidan, vändes för att få färg på andra sidan. Späcksidan vändes åter ned, och buljong påhälles, hvarefter biffarna färdigstekas under lock; såsen afredes och spädes med buljong eller grädde.

151. Kalffilé.

Kalffilé, salt,
smör. vinsås.

Filéen skäres i tjocka skifvor, hvilka utplattas med knif. Smöret fräses i en stekpanna, men får ej bli brunt; köttskifvorna iläggas, vändas, innan de blifva bruna, uppläggas och saltas. Serveras med färska grönsaker.

Filéen kan äfven stekas hel i ugn, behandlas då som oxfilé, men stekes ej fullt så länge.

152. Kalfrullader.

Kalf, grädde,
smör, salt och peppar.

Kalfköttet skäres i skifvor och klappas ut; af öfverblifna mindre bitar göres en fin färs, som bredes öfver skifvorna tämligen tjockt, hvarefter dessa hoprullas, sammanfästas med en sticka eller ombindas med tråd, brynas i rikligt med smör, spädas med buljong eller gräddmjölk, få därefter koka på sakta eld, tills de äro färdiga. Såsen uppvispas och spädes, om så behöfves.

Förvällda murklor kunna blandas i färsen och såsen, hvilken senare då bör vara beredd med buljong.

153. Kalfjärpe.

Kalflår, smör,
späck, salt och peppar.

Skifvor af kalf utklappas och späckas med fina strimlor af späck doppade i salt och peppar, hoprullas och ombindas. Järparna brynas i rikligt med smör, spädas med buljong afkokt på kalfbenen. Såsen uppvispas med grädde eller mjölk och om den är för tunn, kan något mjöl tillsättas. Se vidare: behandling af sky till steksås.

154. Kalfkyckling.

Kalflår, smör,
persilja, peppar och salt.

Behandling som föregående, men i stället för späckning lägges på hvarje skifva sammanblandadt smör och hackad persilja.

155. Kalfkalops.

Kalfkött, persilja,
smör, salt och peppar.

Det rediga köttet af kalfbringa och bog kan användas. Köttet skäres i skifvor, klappas ut och brynes hastigt i smör, beströs med salt och peppar och nedlägges i en panna. Den af senor och ben kokta buljongen slås i stekpannan, sedan det bruna smöret sammanfrästs med något mjöl, slås öfver köttet, och finhackad persilja tillsättes; får koka på sakta eld $1/_2$ timme. Serveras med köttet i såsen.

156. Kokt kalfbringa.

Bringan knäckes väl, påsättes i kokande saltadt vatten, ej mer än att det står jäms med köttet; skummas väl. Då köttet är kokt, upptages det och frigöres från alla ben, som lossna, skäres i bitar och hålles varmt. Det feta bortskummas från spadet, som silas och användes till sås.

Till kalfbringa serveras sås med:

Kräftor.
Ostron.
Champinjoner.
Murklor.
Kapris.
Tomater.
Oliver eller dill.

157. Gratin på kalfbringa.

Kokt kalfbringa,
smör,
makaroni,
rifven ost,
äggulor,
salt och peppar.

Den sönderskurna bringan lägges i en låg form eller ett eldfast fat. Förvällda makaroner bredas öfver köttet. En redning göres af en matsked smör och en d:o mjöl till hvarje äggula, spädes med spadet, äggulorna tillsättas och redningen slås öfver anrättningen, öfverströs rikligt med rifven ost och begjutes med smält smör, insättes i ugn att få ljusgul färg.

158. Kalfbringa med grönsaker.

Då bringan är kokad som föregående, kokas i spadet sparris, sockerrötter eller jordärtskockor, som läggas kring det upplagda köttet; garneras med kräftstjärtar och serveras med kräftsås, som beredes af spadet.

159. Kalffrikassé.

Kalfbringa,
smör,
mjöl,
äggulor,
grädde,
citron.

Köttet behandlas som kokt kalfbringa. Såsen, som bör vara tjock, redes med smör och mjöl, spädes med spadet och när den kokat upp, afredes den ytterligare med äggulor och grädde, vispas öfver elden, men får ej koka, citronsaft tillsättes efter smak, hvarefter såsen hälles öfver köttet, som garneras med citronskifvor.

160. Kalfbress.

Bressen är en körtel på främre delen af kalfvens hals. Den bör vara hvit och fast samt fullkomligt färsk. Den anses för en läckerhet och betingar ett pris, som på långt när ej motsvarar dess näringsvärde.

Bressen vattlägges ett par timmar eller mer, befrias från ådror, förvälles några minuter i saltadt vatten, rensas från hinnor. Lägges sedan i kallt vatten, tills den fullständigt kallnat.

Hur bressen än skall anrättas, bör den först undergå denna behandling.

161. Stekt kalfbress.

Den förvällda bressen skäres i skifvor, marineras med citronsaft och salt, doppas i ägg och rifvebröd och stekes i hett smör; eller ock penslas skifvorna med smör och insättas i varm ugn omkring 15 minuter. Serveras med tomatsås eller användes som garnering. Äfven till blandad kötträtt.

162. Stufvad kalfbress.

Förvälld kalfbress,   persilja,
smör,   champinjoner,
äggulor,   buljong.
grädde,

Kalfbressen skuren i skifvor fräses i smör med champinjoner och persilja, litet buljong påhälles, uppkokas och afredes med äggula och tjock grädde.

Champinjonerna kunna ersättas af murklor och då tages vin i stället för eller tillsammans med buljong.

Kalfbress kan vidare användas till:

Krustader.   Små pastejer.
Kroketter.   Vol-au-vent.
Risoller.   Gratiner.
Timbaler.   Snäckor.
Piroger.

163. Stekt kalflefver.

Kalflefver,　　　　gråddmjölk,
späck,　　　　　　peppar och salt.
smör,

Lefver lägges 1 timme i mjölk, klappas in i linne, späckas tätt med fläskstrimlor rullade i salt och peppar, sys in i maghinnan af kalf, som bör medfölja vid inköp af lefvern, stekes i smör och spädes småningom med gräddmjölk. Då lefvern är färdig aftages hinnan, det feta bortskummas, såsen vispas upp med grädde och redes med mjöl, om den är för tunn.

164. Kalflefver på italienskt sätt.

Lefver,　　　　rifvebröd,
salt,　　　　　smör.
peppar,

Rå kalflefver skäres i tjocka skifvor, klappas ut, doppas i vispade ägg och sedan i rifvebröd blandadt med stött hvitpeppar och salt; skifvorna stekas helt litet i smör i en stekpanna med lock och serveras med råskalad kokt potatis, som är beströdd med hackad persilja. Kan äfven som biff serveras med lök.

165. Njurbröd.

Stekt njure,　　　bröd,
kött,　　　　　　grädde,
smör,　　　　　　mjölk,
ägg,　　　　　　 salt och peppar.

Njuren med sitt fett och litet kött finhackas och blandas med ägg; till hvarje ägg tages en matsked grädde, men smeten får ej bli för tunn; kryddas. Tunna hvetebrödsskifvor doppas i mjölk, beläggas på bägge sidor med smet och stekas hastigt i hett smör.

166. Kalfhjärna.

Kalfhjärna, grädde,
smör, citron,
mjöl, persilja,
ättika, salt och peppar.

Sedan kalfhjärnan genom vattläggning blifvit hvit, förvälles den i med salt och ättika tillsatt vatten. En redning göres af smör och mjöl, spädes med grädde; hjärnan hackas och ilägges, kryddas med salt och peppar, citron och persilja.

Garneras med stekta brödskifvor eller användes som fyllning i krustader o. d.

167. Kokt kalfhufvud.

1 kalfhufvud, champinjoner,
1 citron, vin,
1 större lök, ägg.
persilja,

Kalfhufvudet klyfves, tungan och hjärnan borttagas, och hufvudet lägges i vatten några timmar. Det kokas därefter jämte tungan i vatten med citron, lök och persilja samt peppar och salt. Upptages då det är kokt, och köttet tages från benen. Spadet redes med smör och mjöl, champinjoner iläggas. Det kallnade köttet skäres i tärningar, som läggas i såsen att blifva varma, kryddas. Såsen afreses med äggula; litet vin kan tillsättas; uppslås och beströs med hackad persilja.

Med köttet finare skuret kan det som ragu läggas i krustader eller vol-au-vent.

168. Falsk sköldpadda.

1 kalfhufvud, vin,
queneller af kött- och hårdkokta ägg.
fiskfärs,

Kalfhufvudet behandlas som i föregående. Spadet hopkokas och redes med smör och mjöl samt kryddas väl.

Köttet skuret i strimlor ilägges att blifva varmt, litet scherry tillsättes, hvarefter köttstufningen upplägges och garneras med queneller af kött- och fiskfärs, färgade gröna med spenatfärg. Kan dessutom garneras med hårdkokta ägg, murklor och skifvor af citron.

169. Kalfsylta.

Kalfkött, rödbetor,
kryddor, salt och peppar.

Af kalfbringa och af allahanda öfverblifna köttbitar vid användandet af kalf göres kalfsylta. Köttet kokas, tills det är färdigt; ben och senor frånskrädas, köttet hackas, men ej för fint och blandas med spadet, kryddas med salt och peppar, slås upp i formar, som stjälpas upp sedan de kallnat, och garneras med rödbetor.

170. Lungmos.

Hjärtslag, ättika,
smör o. mjöl eller rödlök,
korngryn, salt och peppar.
sirap,

Hjärtat och lungorna uppskäras och läggas i vatten, tills blodet är urdraget, kokas i saltadt vatten, hvarefter luftrören bortrensas och köttet finhackas. En redning göres af smör och mjöl som spädes med något af spadet, köttet ilägges, kryddas med salt och peppar, och om lungmosen önskas sötsur, tillsättes sirap och ättika.

Ett enklare men i fleras tycken smakligare sätt är att i spadet koka korngryn, som färdiga utgöra ungefär lika rymd som det hackade moset och sammanblandas därmed samt kryddas, om man så vill, med i smör brynt rödlök

Fårkött.

På hösten är fårköttet smakligast till följd af det fria lif djuren fört under sommaren och det saftiga höstbetet. Tackans kött är bäst. Sex månaders dilamm är ansedt som en läckerhet.

Till stek användas lår, njurstek och kotlettraden af större får. Framdelen lämpar sig bäst för kokning ehuru äfven bog af får kan användas som stek.

171. Fårstek i ugn.

Läggen frånhugges, och om njursteken ej är fråntagen, knäckes ryggen på undre sidan med passande mellanrum för att underlätta förskärningen, men så att ryggen förblir hel. Med en spetsig knif göres hål längs ryggen och i steken, och persilja sammanknådad med smör instickes häri. Något smör lägges under steken på långpannan, som insättes i varm ugn; när den stått ungefär 10 minuter, tillsättes kokande vatten med salt, och steken öses flitigt under stekningen med den sky, som är i pannan. Blir steken för hastigt brun, täckes den med ett smörbestruket papper. En större fårstek kan behöfva 2 à 3 timmar till stekning; en lammstek på 3 à 4 kg. kan vara färdig på 1 $^1/_2$ timme, beroende på ugnens värme och hur länge köttet förvarats slaktadt. Steken upptages; sås, se: behandling af sky till steksås; såsen blir bäst med grädde. Serveras med grönsaker efter årstid och smak.

172. Fårsadel.

Fårsadel,
späck eller smör och persilja,
buljong,
salt och peppar.

Med fårsadel förstås nedre ryggstycket af ett får med bägge kotlettraderna sammanhängande, köttet bör förvaras slaktadt ett par dagar, innan det användes. Passar till en större middag och anses som en fin rätt. Som det är föga kött och mycket ben, måste närmare $^1/_8$ kg. beräknas pr person. Det öfverblifna kan senare användas till ragu och andra rätter.

Njurarna borttagas, slaksidorna afjämnas och rullas inåt, sadeln ombindes med snören; hinnan som omger kotlettraden afdrages försiktigt, och späckas med fläskstrimlor om detta skall ske, hvilket mycket väl kan uraktlåtas, om steken öses flitigt. Sadeln kan äfven späckas med persilja som fårstek.

Steken insättes i varm men ej för het ugn; efter några minuter spädes den med buljong eller vatten och öfveröses ofta under stekningen samt skyddas mot för stark hetta af smörbestruket papper; mot slutet kan den spädas med litet grädde. Till stekningen beräknas ungefär 1 tim. Vid serveringen frånskäras köttstyckena på båda sidor om ryggraden, skäras tvärs öfver i jämna skifvor och placeras åter på sadeln, så att den får sitt ursprungliga utseende, garneras längs sidorna med grönsaker, potatiskroketter m. m. Den kan garneras med köttsky, men ett oeftergifligt villkor är att den serveras varm. Sås som föregående.

Dessutom kan den serveras med tryffel-, champinjon- eller olivsås.

173. Half fårsadel.

Ett större stycke af en half fårsadel benämnes äfven carré, mindre bitar häraf karbonader. Kotlettraden behandlas och stekes som nämnts i föregående. Motsvarande stycke af en kalf kan anrättas på samma sätt och serveras då helst med tomatsås. Mindre stycken kunna med fördel stekas i gryta.

174. Dubbel lammstek.

Då enkel stek anses för liten för tillfället tager man båda låren och sadeln sammanhängande, men knäcker ej ryggraden. Den skäres vid anrättningen som fårsadel och som vanlig stek, så att den ser hel ut, då den är upplagd.

175. Grytstek af får.

En mindre stek späckas med fläsk eller persilja och smör, brynes och färdigstekes; såsen redes och kan likaväl spädas med buljong som grädde. Se vidare: grytstek af kalf.

176. Får som vildt.

Får som förvarats slaktadt några dagar,
marinad, mjöl,
späck, salt,
smör, rödlök,
grädde, portugisisk lök eller tomater.

I en marinad gjord af lika mycket ättika, vin och vatten, tillsatt med några stora rödlökar, $1/_2$ selleri skuret i tärningar, lagerblad, nejlikor, en matsked stötta enbär, peppar och salt, nedlägges köttet, som kan vara stek eller sadel, under två à tre dagar och vändes några gånger. Upptages därefter och får afrinna. Späckas, brynes i gryta öfver elden, stekes därefter i ugn på vanligt sätt, spädes med vatten och, om den ej är tillräckligt sur, med något af marinaden. Sista halftimmen spädes den med grädde. Såsen afredes med mjöl och spädes med grädde. Serveras med stekt portugisisk lök eller tomater.

177. Fårkotletter.

Får- eller lammkotletter skäras och anrättas som kalfkotletter samt serveras som dessa.

178. Halstrade fårkotletter.

Sedan kotletterna äro ordnade som till stekning, kryddas de, doppas i smält smör eller olja, stekas på halster öfver frisk koleld 8 à 10 minuter. Uppläggas därefter på varmt fat, öfverströs med köttsky eller serveras med maître d'hôtel-smör, härtill grönsaker eller potatispuré.

Fårfilé skuren i skifvor lämpar sig bättre än kotletter för halstring.

179. Fårfilé.

Behandlas som oxfilé, men stekes endast 30 minuter.

180. Kokt fårbringa.

Behandlas vid kokningen som kalfbringa med tillsättande af persiljerötter, om smaken däraf passar samman med det, som bringan skall serveras med.

Skall bringan användas till dillkött, kokas den med något dill. Som fårkött har kraftigare smak än kalf, behöfver ej allt spad, hvari bringan kokat, användas till sås, utan kan det med fördel användas till soppor. Innan spadet användes, vare sig till sås eller soppa, måste det fullständigt befrias från fett.

Kokt fårbringa serveras dessutom med kapris-, dill- eller champinjonsås.

181. Får med grönsaker och ris.

Fårkött, smör,
ris, mjöl,
grönsaker, salt och peppar.

Då bringan är färdigkokt och skuren i bitar, upplägges den högt på ett fat och hålles väl varm.

Häromkring läggas grönsaker såsom: jordärtskockor, brysselkål, sockerrötter, morötter, sockerärter o. s. v. tillika med kokt ris. Af spadet göres en redd sås, men ej för tunn. Riset kan, om man så vill, kokas i spadet, men detta är ej nödvändigt.

182. Griljerad fårbringa.

Sedan bringan är kokt, lägges den upp, att spadet får väl afrinna, lägges i en långpanna med köttsidan upp,

KÖTTRÄTTER 70

öfverpenslas med sammanvispadt ett ägg, en sked smör, litet salt och peppar; sammanblandadt rifvebröd och finhackad persilja strös därpå, och bringan insättes i varm ugn att bli ljusbrun. Serveras med champinjonsås.

183. Färserad fårbringa.

Behandlas och tillredes som färserad kalfbringa.

184. Lammfrikassé.

Behandlas som kalffrikassé, men serveras med champinjon- eller murkelsås.

185. Marineradt lammkött.

Stek, marinad,
fläsk, peppar och salt.

Lårstycket, hvaraf läggen och det tunna äro frånhuggna, späckas med fläskstrimlor (doppade i peppar och ingefära) och nedlägges sedan i en kruka. Man tillagar en marinad af 2 deciliter ättika, 4 skedar matolja, 4 skedar vatten, 1 sked salt samt litet peppar, ingefära och en liten lök skuren i skifvor; allt detta slås öfver det späckade köttet, som därmed får stå några dagar, och vändes 2 gånger dagligen samt kokas sedan med marinaden och så mycket vatten, att det knappt står öfver. Då köttet kännes mört, tages det upp att kallna, skäres i tunna skifvor, som garneras med kokta eller förlorade ägg; ätes kall med majonnäs-, kapris-, oliv- eller skarpsås. Spadet användes till sås.

186. Fårlefver.

Kan anrättas som kalflefver, men bör man förvissa sig om att lefvern är smaklig, genom att steka en mindre bit däraf, innan den anrättas.

187. Fårhjärna.

Behandlas och tillredes som kalfhjärna.

188. Fårnjure.

Njuren skäres i tunna skifvor, som stekas i smör och beströs med salt och peppar. Af smör, mjöl, hvitt vin och buljong göres en redning, som blandas till njuren. Champinjoner eller murklor, ungefär hälften så mycket som njuren, kunna sättas till denna under stekningen.

189. Fårhufvud.

Hufvudet klyfves, vattlägges och färdigkokas; benen urtagas, och köttet skäres i så rediga bitar som möjligt, får kallna. Doppas i ägg och rifvebröd samt stekas i smör; serveras till grönsaker. Fårfötter kunna anrättas på samma sätt.

Köttet af hufvud och fötter kan äfven användas till hackis eller ragu.

190. Griljerade fårtungor.

Buljong, persilja,
ägg, salt och peppar.
smör,

Då tungorna äro kokta och kallnade, skäras de i skifvor på snedden; de doppas i ägg och rifvebröd blandadt med peppar, salt och hackad persilja, stekas i rikligt med smör, serveras till grönsaker eller med champinjon- eller kaprissås.

191. Stufvade fårtungor.

Fårtungor, citron,
smör, äggulor.
mjöl,

Sedan tungorna äro väl rengjorda, kokas de i stark och kryddad buljong. Då de kännas möra, tagas de upp och skäras i långa strimlor; smör och mjöl fräsas i en panna, buljongen slås därpå, afredes med äggulor och grädde, socker och citron tillsättas och vispas väl om, så att såsen blir tjock och simmig; men den får ej koka. Den skurna tungan lägges i såsen och skakas om, så att den blir väl upphettad, hvarefter anrättningen garneras med frästa murklor och kräftstjärtar.

Svinkött.

Vid inköp af fläsk bör man tillse, att det magra är ljust och fintrådigt, det feta hvitt och fast; svålen bör vara tunn och slät. Fläsk, tillredt på hvilket sätt som helst, måste vara fullkomligt stekt eller kokt och ej lämna någon röd saft, då det uppskäres.

192. Stekt färsk skinka.

Skinkan skrapas på svålsidan; med en skarp knif skäres svålen i rutor, men ej så att det tränger ned i späcket, hvarefter svålen ingnides med fint salt. På långpannan läggas några späckskifvor; därpå insättes skinkan i het ugn med svålen uppåt och får stå 5 à 10 minuter, då skinkan vändes; kokande vatten och salt tillsättas. Nu fortsättes stekningen omkring en timme, och skinkan öses flitigt, man tillser att svålen ej fastnar vid bottnen, utan förblir hel. Nu vändes svålsidan upp och gnides med en bit späck eller öfveröses med smält smör, hvaraf den blir spröd; detta upprepas, tills skinkan är färdig, och då den öfveröses, får intet komma på svålen. En skinka på 5 à 6 kg. bör stekas omkring 3 à 4 timmar. Allt fett bortskummas från skyn, som serveras till skinkan med eller utan tillsats af vin eller citronsaft. Skinkan serveras med salader, potatis eller grönsaker.

193. Kokt och stekt skinka.

Färsk eller rimsaltad skinka nedlägges i kokande vatten med svålsidan uppåt, får sakta koka, tills den i det närmaste är färdig. Skinkan lägges upp och befrias från svålen, hvarefter den beströs med sammanblandadt senap, socker och stötta, finsiktade skorpor, insättes i ugn att få vacker färg; något af spadet hälles i pannan, men skinkan öses ej därmed; den kan före griljeringen späckas med nejlikor.

Om skinkan kokas endast en timme, kan svålen bibehållas och blifva spröd trots kokningen; stekningen fortsättes, tills skinkan är färdig; denna behandlas som föregående.

194. Skinka med vin och tryffel.

Skinka,
socker,
salt,
hvitpeppar,
tryffel,
champagne eller rhenskt vin,
scherry,
stötta skorpor,
murklor,
gröna bönor.

En mindre skinka, färsk eller lätt rökt, afputsas och gifves vacker form, ingnides med socker, salt och hvitpeppar samt får ligga ett dygn. Är skinkan rökt, lägges den i vatten några timmar. Skinkan aftorkas och späckas med finskuren tryffel, så tätt som ekonomi och samvete tillåta, nedlägges i en kopparpanna, ej större än som kräfves; 2 buteljer champagne eller rhenskt vin samt en butelj scherry slås till, och bör vinet stå jäms med skinkan; tätt lock pålägges och tilltäppes väl med en krans af deg. Pannan bringas till kokning, omskakas allt som oftast, så att skinkan ej fastnar; får koka sakta omkring 3 timmar, efter hvilken tid man pröfvar om skinkan är färdigkokt, upplägges i så fall; svålen aftages; öfver skinkan lägges en linneduk, som tager till sig upplöst fett. Därefter öfverströs skinkan med sammanblandadt socker och stötta skorpor, insättes några minuter i het ugn att få färg. Spadet skummas från allt fett, hopkokas, och hackad tryffel ilägges. Skinkan garneras med i smör frästa murklor och späda gröna bönor. Kan serveras med kastanjepuré och stufvade murklor.

195. Skinka som vildsvin.

Skinka,	rödlök,
vin,	selleri,
ättika,	salt,
enbär,	peppar.

En färsk mindre skinka kan nedläggas i en marinad af vin, vatten och ättika, lika mycket af hvardera och så att det täcker skinkan, samt härtill 2 dl. krossade enbär, rödlök och selleri, sönderskurna, salt och peppar; får ligga i marinaden 5 à 6 dagar; upptages därefter och kokas eller stekes på vanligt sätt eller finare som skinka af vildsvin.

196. Fläsk-carré.

| Carré, | buljong, |
| salt, | grädde. |

Härmed förstås ett benfritt stycke af halfva sadeln, befriadt från allt fett och skuret i fyrkant; detta lägges i långpanna och insättes i varm ugn; kokande vatten tillslås och carrén öses flitigt; saltas, när den är halfstekt, stekes färdig, hvartill beräknas ungefär $1^1/_2$ à 2 timmar, beroende på carréns storlek. Skyn utspädes med buljong till sås med eller utan tomater. Då carrén stekes i gryta, brynes den lindrigt och såsen uppvispas med grädde.

Serveras med tillbehör som till skinka.

197. Marinerad fläsk-carré.

Carré,	rödvin,
peppar,	mjöl,
salt,	grädde.

Carrén befrias från fett, ingnides med litet peppar och salt, nedlägges i ett kärl, ej större än behöfligt är, samt öfverhälles med rödvin och får ligga häri högst ett dygn, insättes i het ugn, spädes med vinet, hvari den legat, och öses flitigt. Såsen redes med litet mjöl och spädes med grädde. Serveras med vinbärsgelé eller griljerad potatis.

198. Fläsk med äpplen och plommon.

Kotlettrad eller filé,
äpplen,
katrinplommon,
späckskifvor,
salt,
buljong l.
grädde.

Härtill kan användas kotlettrad med eller utan ben och filéer; dessa späckas då midtuti med äpplen och sviskon, köttet omlindas med tunna späckskifvor och stekes i gryta. Användes den urskurna kotlettraden, på hvilken något fett kvarlämnas, uteslutas späckskifvorna, späckas i två rader, en med äpplen och en med sviskon, insättes i varm ugn, spädes med vatten, saltas och öses flitigt. Tager man kotlettraden med ben, lossas köttet från refbenen och frukten inlägges, hvarefter köttet hopsys eller ombindes, stekes i ugn eller gryta. Det feta skummas från skyn, som spädes med buljong eller grädde; såsen vinner i smak, om litet äppelmos tillsättes.

199. Refbensspjäll.

Refbensspjäll,
peppar,
salt,
äpplen,
katrinplommon,
buljong.

Refbensspjället knäckes väl, ingnides med salt och peppar, insättes i het ugn med den köttiga sidan uppåt, spädes med vatten och öfveröses flitigt, eller också brynes det hastigt, ena hälften belägges med äppelskifvor och förvällda, väl urkärnade katrinplommon, den andra hälften vikes öfver, innan det insättes i ugnen; skall det stekas i gryta, hoprullas det och ombindes med segelgarn. Skyn befrias från fett, spädes med litet buljong. Serveras med syrliga salader.

200. Fläsk-kotletter.

Vanligen huggas kotletterna så att ett ben följer med hvarje kotlett, men äro de för stora härtill, kan en kotlett utskäras utan ben. De bultas något och afrundas, beströs med salt; pannan genomvärmes, innan smöret ilägges, och kotletterna stekas hastigt häri på bägge sidor öfver frisk eld, pannan drages från elden, och lock pålägges några minuter, så att köttet blir genomstekt; litet vatten kan tillspädas.

Kotletterna kunna äfven doppas i ägg och rifvebröd och stekas på samma sätt, men lock pålägges ej, utan vänder man dem ett par gånger. Till sås urvispas pannan med litet buljong eller vatten. Serveras till grönsaker eller potatis.

201. Fläskhare.

Härmed förstås sedan gammalt filé af svin; det är ett dyrt och fint köttstycke, men drygt och användbart. Filéer kunna brynas i smör och stekas i ugn eller gryta som annat kött. Skyn hopkokas och därmed glaseras filéerna, som serveras med någon syrlig salad. Små filéer uppskäras längs efter, smör och finhackad persilja instoppas, skåran hopsys och filéerna brynas i smör, spädas med grädde som kalfkyckling och som fläsk med äpplen och plommon. De kunna marineras några timmar i vin och stekas begjutna med vin som marinerad fläsk-carré. Kunna skäras i skifvor, griljeras och stekas som kotletter, men endast 3 à 4 minuter.

202. Stekt fläsk.

Färskt fläsk skäres i skifvor, beströs med salt och får ligga ett par timmar. Rimsaltadt fläsk skäres i skifvor, svålen borttages alltid, stekes på het panna och vändes ett par gånger, tills det är genomstekt. Låter man det bli så hårdt att det knaprar, hvilket är omtyckt af många, har det blifvit än mer hårdsmält än det förut är. Salt fläsk lägges någon timme i ljumt vatten, klappas upp i linne och stekes. Rökt skinka, skuren i skifvor, bräckes endast så länge, att den blir varm.

Serveras med bruna bönor, blodmat, grönsaker eller potatis.

203. Helstekt gris.

Digris,	äpplen,
salt,	smör,
peppar,	buljong.
ingefära,	

En ej för ung digris gnides invändigt med salt och peppar eller ingefära, fylles därefter med råa syrliga äpplen, så att den behåller sin form, och hopsys sedan. Knäna vikas, i nacken skäres en skåra, och grisen lägges på knä i en långpanna, som insättes i varm ugn. Salt, peppar och kokande vatten tillsättas, ett vått papper lägges öfver grisen. I början öfveröses den flitigt, men efter ungefär halfva tiden (1 timme) gnides svålen med ett stycke späck eller smör, inknutet i en linnelapp.

Då grisen är färdig, bortskummas det feta, skyn redes och spädes med buljong. Serveras med äppelmos och syrliga salader.

Om grisen serveras kall, upphälles skyn, får kallna, befrias från det feta och användes som garnityr vid serveringen.

204. Fylld gris.

Digris,	katrinplommon eller
limpbröd,	syrliga äpplen,
smör,	socker,
	ägg.

Till en digris, ej för ung, tages en dryg halfliter rifvet limpbröd, som stekes i rikligt med smör, en halfliter katrinplommon kokas med något socker, urkärnas och blandas jämte det spad, som de kokats uti, till det stekta brödet och 3 à 4 vispade ägg. Därmed fylles grisen, hvarefter den hopsys, stekes och behandlas som föregående nummer anger; serveras med fyllningen. Tillsammans med eller i stället för katrinplommon kunna syrliga äpplen användas.

205. Galantin på gris.

Digris,
1 kg. kalfkött,
3 dl. mjölk,
3 msk. mjöl,
4 äggulor,
salt,
peppar,
2 dl. rödt vin,
3 dl. späcktärningar.

Hufvud och fötter afskäras, grisen skäres upp utan att delas, svålen aftages försiktigt, så att den ej går sönder; något af fettet bör kvarblifva på svålen. Från benen afskrädes allt kött; af detta och ett kilogram kalfkött göres en fin färs, som uppblandas med mjölken, mjölet, äggulor, salt, peppar och rödvin, sist inblandas 3 dl. finskurna späcktärningar. Grisens hufvud och fötter kokas tillika med ett stycke fläsk; då detta är färdigt, upptages fläsket och skäres i skifvor. På grisens inre sida bredes nu på ena halfvan ett lager färs, som belägges med fläskskifvor, så åter ett färslager o. s. v. tills allt är användt, då vikes den andra halfvan öfver och grisen hopsys i buksvålen, insys därefter hårdt i glest linne och kokas i fläskspadet. Efter en half timme vändes galantinen och kokas tills en späcknål går lätt igenom den; upptages och lägges i press samt får kallna. Skäres i skifvor och serveras med skarpsås eller geléer.

Till finare tillredning af galantin användas skifvor af tryffel och pistacie samt sötmandel skuren i strimlor; en butelj hvitt vin slås till spadet, hvari den kokas.

KÖTTRÄTTER

206. Fläskrygg med klimp.

Fläskrygg,
mjölk,
ägg,
muskot,
socker,
salt,
hvetemjöl.

Saltad eller rimsaltad fläskrygg knäckes väl och färdigkokas. Af en half liter mjölk, 3 à 4 ägg, litet muskot, socker och salt samt hvetemjöl vispas en smet. Fläsket upplägges och i spadet, som ej får vara för salt, kokas klimpen, hvarvid man går tillväga så, att man tager af smeten med en sked och lägger i klimpar att koka så lösa som de kunna hålla ihop. Fläskryggen upplägges och däromkring klimpen samt ytterst en bård af äpplemos.

Fläskrygg med klimp är en gammal tysk rätt.

207. Svinhufvud.

Kan saltas och rökas eller behandlas på alla sätt som skinka. Som det är mera ben, svål och späck än kött, lämpar det sig kanske bäst att användas till sylta.

208. Pressylta.

Svinhufvud,
nejlikor,
peppar,
salt.

Hufvudet klyfves, hjärnan uttages och kan användas som kalfhjärna, hufvudet lägges i vatten, som ofta ombytes, kokas därefter med salt och hel peppar i kort spad. Då hufvudet är färdigt, upplägges det och spadet befrias från fett samt hopkokas. Svålen aftages från hufvudet och utbredes på en i vatten urvriden linneduk. Från hufvudet borttages allt odugligt, såsom ögonen, det inre af örat, skinnet af tungan; köttet och tungan skäras i skifvor, som läggas i det hopkokta spadet, upptagas och läggas hvarfvis på svålen med stötta kryddor och salt mellan hvarfven; sist pålägges den andra halfvan af svålen; skulle den ej

KÖTTRÄTTER

räcka till att betäcka syltan, kan man taga tunt skurna skifvor af det feta härtill. Dukens hörn sammanföras och syltan ombindes hårdt, lägges på ett fat, och ett skärbräde med tyngd pålägges syltan. Då den är kall, lossas den ur servetten och förvaras i kokt, lindrigt salt lake.

Jämte hufvudet kan en bit kalf kokas, som med fläsket blandas till syltan. Af fläsklägg blir syltan lika bra som af hufvud. Man kan också helt enkelt skära fläsket i stora tärningar, hvilka omskakas i spadet, kryddas och behandlas på samma sätt.

209. Kokta grisfötter.

Grisfötter kokas med salt och peppar, tills de äro mjuka, klyfvas midt itu, få kallna i sitt spad och serveras med rödbetor.

210. Griljerade grisfötter.

Då grisfötterna äro kokta, urtages det stora benet och de läggas i press att kallna, hvarefter de doppas i ägg och rifvebröd, stekas i smör och serveras varma.

Förskärning och uppläggning.

Vid förskärning bör man hafva till förfogande en skarp knif och en stadig, spetsig gaffel, med hvilken köttstycket bekvämt kan fasthållas, vid sönderstyckning af fågel en förskärarsax. Dessutom erfordras någon kunskap om beskaffenheten af det som skall förskäras, i synnerhet om detta skall försiggå vid bordet.

Skall köttet skäras i köket, bör man se till att det ej kallnar under arbetet, alltid hafva fatet väl varmt och tillvarataga den utrunna köttsaften, som påhälles strax innan köttet serveras.

Köttet skäres i tunna skifvor, tvärs öfver muskeltrådarna och, om så fordras för prydlighetens skull, något på snedden.

Rostbiff. Kan rostbiff skäras vid bordet, är det fördelaktigt, ty dels bör den serveras så het som möjligt, dels förlorar den något af sitt prydliga utseende vid uppskärandet. Då den skäres i köket, förlorar den minst i utseende, om köttstycket först borttages från benet och därefter skäres i tunna skifvor (allt det feta bör ej aflägsnas), hvilka åter läggas som stycket låg.

Kalfstek. Före stekningen lossas köttet från läggen, så att benet kan frånsågas, hvilket ger den färdiga steken ett prydligare utseende. Ämnar man först uppskära ytterlåret, bör steken vändas med denna sida upp mot slutet af stekningen. Köttet på innanlåret anses finare, ehuru skillnaden är obetydlig, isynnerhet på gödkalf. Köttet skäres i tunna skifvor, som åter läggas på steken. En mindre kalfstek kan skäras som fårstek.

Fårstek. En större fårstek kan skäras som kalfstek. På en lammstek utskäres den tjockaste delen, utgörande ytter- och innanlår, sammanhängande, skäres därefter i skifvor, som åter inpassas på sin plats.

Sadel af kalf eller får: köttet lossas från benen med en spetsig knif, skäres därefter i ej för tunna skifvor, något på snedden, och lägges åter på sin plats. Filéen kan utskäras och skuren i jämna skifvor blandas med garnityret.

Skinka. Svålen aftages endast på något mer än halfva skinkan, synnerligast på rökt, och kanten utskäres i uddar. Skinkan skäres i ej för tjocka skifvor; det feta får kvarsitta.

Hare. Är harens ryggrad jämnt knäckt före stekningen, uppskäres den lätt i bitar tvärs öfver; låren skäras i 2 à 3 delar. Endast på stora harar kan rygg- och lår-

KÖTTRÄTTER

köttet utskäras i skifvor, hvilka placeras på en sockel af bröd eller ris.

Fågel. Större fågel, såsom gås, kalkon, tjäder, tupp och anka, böra om möjligt skäras vid bordet. Bröstköttet kan skäras både tvärs öfver muskeltrådarna och längs med dem. Det senare är lättare att få prydligt, men är köttet ej oklanderligt mört, är det bättre på förstnämnda sätt. Vingen med en mindre bit af bröstköttet vidsittande afskäres i båda fallen först; benet afklippes jäms med knäleden, och låren bibehållas hela vid serveringen; om så behöfs, kunna de skäras i skifvor, hvilka läggas på bröstköttets plats, då man bjuder om. — Medelstora fåglar skäras i fyra delar, låren utskäras och delas midt itu; de båda brösthalfvorna lossas från benet, men få kvarligga. Mindre fåglar, såsom järpe och kyckling, klyfvas endast midt itu på längden. Om förskäraresax användes, kunna fåglarna åter hopläggas så att de se hela ut.

För att gifva ett prydligare utseende åt fågel så väl som åt andra rätter med mindre dimensioner, såsom filé af kött, blandad rätt af tunga och lammkotletter, filéer af fisk, som serveras med såsen särskildt, m. m., användes en sockel, som höjer rätten. Den kan göras af bröd, ris eller potatis och är ej ämnad att ätas. Ätbara garnityr kunna göras i form af bårder, som passa till det serverade, dessutom garneras räster med brödcroûtons, utskuren smördeg, kroketter m. m. Tryffel är naturligtvis alltid en gärna sedd prydnad och läckerhet, bevisande påståendet, att det bästa är godt nog. Frisk salad af alla slag är äfven för finare bord en gärna använd garnering.

Att uppställa regler för garnering och uppläggning är obehöfligt, ty med litet urskillning kan man anpassa sig efter de för handen varande förhållandena. Vid de olika recepten äro som vägledning förslag till garnering nämnda, som hvar och en kan ändra efter egen smak och tillgång. Dessutom kan icke nog varmt rekommenderas, att alltid vid serverande af äfven den enklaste måltid ägna någon tid till dess försköning, och därtill kunna de enklaste medel användas. Mången gång behöfs endast ordnande af rätten för att ett godt resultat skall vinnas, t. ex. potatispuré lagd som bård kring köttet, en med legymknif skuren morot där det passar, en matsked hackade murklor öfver en färglös stufning m. fl. obetydligheter, som vore meningslöst att upprepa.

Sockel af bröd. Af ett större bröd afskäras kanterna och brödet gifves den form, som lämpar sig för det som skall serveras därpå; brödet kokas i flottyr eller bestrykes med äggula och torkas i ugn. Fästes vid fatet med litet ägghvita eller karamell.

Sockel af ris. Risgryn kokas med vatten till en stadig massa, som formas efter fatet till den höjd man önskar. Kan bibehållas hvit eller bestrykas med ägghvita och öfversiktas med stött bröd samt gräddas ljusbrun i ugn. Utgör det mest praktiska och billiga underlägg, kan vara färdigberedd långt förut och hållas varm.

På samma sätt kan potatismassa användas.

Gelésockel kan beredas för kalla rätter af gelatin och vatten, tillsatt med den färg, som passar för rätten. (Se gelé.)

Dekoreringsbård. Degen härtill göres af ägg och hvetemjöl och bör vara tämligen fast. Den utkaflas till en omkr. 5 cm. bred remsa, ganska tunn och så lång att den går rundt om fatets innerkant, utskäres med bakelsesporre i uddar, eller ock kan ett håligt mönster uttagas med ett rör; bården torkas i underugnen och får blifva styf. Den fastsättes vid fatet med ägghvita eller karamell. *Smördeg* kan användas härtill, men ser ej så luftig ut; har dock den fördelen att kunna ätas.

Villebråd.

211. Hare.

Då haren skall flås, lossas skinnet rundt om vid knäleden, den upphänges vid bakbenen, skinnet uppklippes, i det man börjar på innersidan af låren och klipper upp till halsen, hvarpå det afdrages. Hufvud och tassar afhuggas, alla hinnor borttagas noga och inälfvorna urtagas. Haren sköljes fri från blod, refbenen knäckas, äfvensom ryggraden på inre sidan för att underlätta förskärningen. Den späckas på rygg, lår och bogar med fina späckstrimlor, benen sammanbindas, hvarefter den brynes i smör. Då haren fått färg, läggas några späckskifvor under den, man saltar och späder första gången med buljong eller vatten, sedan med mjölk, öses ofta och vändes. Då den är färdigstekt, hvartill beräknas 1 à 1$^1/_2$ timme, afskummas det feta, och såsen tillsättes med grädde. Serveras med potatis och vinbärsgelé eller annan syrlig salad. Om haren är gammal, tål den att steka ända till 2 timmar.

212. Hare med vin.

Då en hare är späckad som föregående och väl brynt, läggas i grytan 3 à 4 fint hackade, inkokta spanska lökar, litet socker, mjöl och salt sammanblandade strös öfver haren, och det feta, som är under den, öses en stund däröfver, hvarefter påhällas en halfbutelj rödt vin och lika mycket buljong eller vatten, hvarmed den får koka, tills köttet är mört, då haren upplägges på fat, hel eller skuren. Såsen vispas väl och silas. Serveras med salader.

213. Renstek.

Af det i handeln förekommande frusna renköttet äro lårstyckena bäst, men äfven bogen kan behandlas som stek. Renstek kan marineras som skinka eller nedläggas som surstek, detta dock endast med afsikt att förvara det någon tid, ty köttet vinner ej därpå. Det frusna renköttet upptinas utan att läggas i vatten, och ej mer än som är nödvändigt, för att det skall kunna späckas. Det sköljes hastigt och aftorkas på torrt linne, brynes i smör, spädes första gången med buljong eller vatten, sedan med grädde eller mjölk, vändes och öses flitigt. Såsen uppvispas med grädde.

214. Biff af ren.

Af knappt upptinadt renlår skäras tjocka skifvor, som lätt bultas och inklappas i linne. De doppas därefter i smält smör, få ligga ett par timmar, stekas hastigt i smör i het panna. Serveras med maître-d'hôtelsmör.

215. Rådjursstek.

Rådjuret bör för att vara saftigt ej vara äldre än 2 à 3 år, vägande omkring 15 à 20 kg.; det bör som annat kött hänga några dagar, innan det anrättas. Killingen är utmärkt, innan den är årsgammal, behandlas och stekes som hare. — Skinnet afdrages (se hare) och djuret styckas som får. Steken, befriad från hinnan, späckas fint, brynes i smör och stekes i gryta samt spädes med grädde. Den kan äfven ugnstekas som annan stek, bör stekas 2 à 3 timmar, allt efter storlek. Såsen vispas upp med grädde, vinbärsgelé lägges däri, när den serveras. — Lårstekarna kunna saltas och rökas och äro särdeles välsmakande.

216. Rådjurssadel.

Refbenen på sadeln afhuggas, och alla hinnor borttagas, utan att något kött får medfölja. Den späckas därefter fint, öfveröses med smält smör och insättes i varm ugn, stekes, behandlas och serveras som fårsadel. Garneras med små tarteletter med vinbärsgelé.

VILLEBRÅD

217. Marineradt rådjur.

Rådjur, späck,
smör, marinad,
lök, persilja,
kryddor, ansjovis,
grädde och socker.

Man tillblandar en marinad af lika delar vin, ättika och vatten, jämte ett par skedar matolja, lägger däruti några nejlikor, litet ingefära, salt, lök, persilja och ett par lagerblad. Häruti lägges steken, som förut är späckad med fläsk och får ligga ett par dagar, under hvilken tid man ofta vänder den. Sedan lägges den i en kastrull och brynes; man slår därpå något af den marinad, som är kvar, och tillägger ett par urbenade ansjovisar, hvarmed den får småkoka. Grädde tillspädes, och, om såsen skulle vara för sur, tillsätter man litet socker. Köttet upptages, då det är mört. Såsen afredes och man ilägger ett par skedar kapris. Härtill kan användas stek, sadel, bog eller utskuren hare.

218. Utskurna kotletter af rådjur.

Af sadeln utskäras tämligen tjocka skifvor. Benen sönderhuggas, brynas lindrigt i smör samt afkokas i vatten. Kotletterna bultas, beströs med salt samt stekas i smör öfver frisk eld. Den afkokta buljongen redes med smör och mjöl, smaksättes med rödt vin eller vinbärsgelé.

Anrättningen kan varieras med tillsats af kastanjepuré, stufning af murklor eller champinjoner. Såsen gifves då smak af garnityret, och vin och gelé uteslutas.

219. Stekt lefver af rådjur.

Behandlas och anrättas som kalflefver på italienskt sätt.

220. Hjort.

Då hjorten är ung, är köttet förträffligt, som äldre är det hårdt och bör liksom elgkött helst marineras, innan det användes. Dofhjort är mer sällsynt hos oss, är finare och kan användas på alla sätt som rådjur.

Hjortsadel af ungt djur, som hängt några dagar, kan anrättas utan att marineras, ugnstekes och skyddas genom smörbestruket papper; sås som till stek.

Hjort som kalops. Kött af bog och lägg kan anrättas som kalops på vanligt sätt. Såsen afredes med ägg och grädde och tillsättes med citron och vin.

221. Älg.

Köttet är groft som oxkött och kan användas på nästan alla sätt som detta. De unga kalfvarna anrättas som vanlig kalf eller som rådjur.

Särskildt lämpar sig älg till:

Bœuf à la mode.	Bringa kokt som kalfbringa.
Rostbiff.	Biff som ren.
Surstek.	Marinerad oxhare.

222. Vildsvin.

Vildsvinets kött värderas högt, det förenar med äkta villebrådssmak svinköttets saftighet. Det anses bäst i åldern af 1 à 2 år. De mest ansedda delarna af vildsvinet äro hufvud och skinka, ehuru äfven bog och sadel duga till stek. Köttet kan dels tillredas som vanligt svinkött och dels på alla sätt som rådjur med eller utan föregående marinering. För finare anrättning marineras skinka eller sadel i rödvin tillsatt med lök, citron, lagerblad, salt, hela pepparkorn, och om man så vill, några enbär. — I en sålunda tillblandad marinad tillsatt med litet köttsky kokas äfven hufvudet.

VILLEBRÅD

Vildsvinsskinka. Svålen aftages, innan skinkan lägges i marinaden. Efter 2 à 3 dagar upptages den, belägges med smör och inställes i het ugn, samt begjutes under stekningen med den silade marinaden. Till stekning i ugn beräknas omkring 3 timmar. Skyn silas, redes något och serveras som sås. Sadel kan anrättas lika, men fordrar kortare stektid.

Vildsvinshufvud. Hufvudet afskäres jäms med bogarna, så att halsen blir lång och utgör det egentliga köttet, då hufvudet mer är att betrakta som dekoration. Det får ligga några timmar i vatten, rensas omsorgsfullt, svålen uppskäres i pannan mellan ögonen, hvarpå det inknytes i tunt linne och kokas ungefär 3 timmar i marinad som ofvan beskrifvits. Får kallna i spadet. Linnet aftages försiktigt, hufvudet afputsas och svålen glaseras med ister, färgadt med mörkt brynt socker eller färgadt köttgelé. Upplägges på en sockel af ris eller bröd. Skåran i pannan betäckes med smör, som dekoreras med utskuren tryffel och gelé. På ögonens plats kan insättas gelé, som fått stelna i ett par äggkoppar, kring hufvudet garneras med grönt. Något af spadet hopkokas till en kraftig sky, som tillsättes med citronsaft och rödvin, om smaken så fordrar; senap och peppar efter smak.

223. Stekt kanin.

Kanin är ej att betrakta som vildt, utan tillhör husdjuren. Den flås och behandlas som hare, men tål kortare tid att steka; kan äfven anrättas som hare med vin.

224. Frikassé på kanin.

Väl rengjorda kaniner sönderhuggas och nedläggas i en kastrull, med späckfläsk. Emellan hvarf af kött strös mjöl och peppar, hackad lök och persilja, salt samt finskurna champinjoner. Öfversta hvarfvet bör vara späckfläsk. Litet vatten och ett par glas hvitt vin slås öfver, och kaninerna få koka, tills de äro möra. Serveras med såsen.

225. Kanin med jordärtskockor.

Kaninerna rengöras och sönderstyckas samt få koka i kort spad med litet salt. När de kokt en stund, tilläggas så mycket sönderskurna jordärtskockor, att såsen blir simmig. Jordärtskockorna böra alldeles få koka sönder. Kaninerna upptagas och såsen får passera genom durkslag, hvarefter litet grädde jämte peppar och salt sättes till, och såsen får åter uppkoka. Slås sedan varm öfver de upplagda kaninerna.

Fågel.

Om behandling af fågel före anrättandet.

Fågeln plockas försiktigt, så att ej skinnet skadas, svedes öfver en gas-, sprit- eller halm-låga; vingar och fötter afhuggas. På ryggsidan af halsen köres skinnet upp, så att halsen kan utdragas, hvarefter den afhugges vid bröstet, och skinnet får kvarsitta, kräfvan och luftstrupen uttagas, och matstrupen lossas. En liten inskärning göres vid gumpen, så att inälfvorna kunna uttagas, och man tillser noga, att ej tarmen går sönder, så att dess innehåll kommer i beröring med köttet; lefvern befrias från gallan, hjärtat klyfves, likaså muskelmagen, och den inre muskelväfnaden borttages. Nu sköljes fågeln väl, och man tillser, att lungorna äfven komma bort. Endast om fågeln är gammal, eller om den varit frusen, bör den läggas i vatten eller mjölk några timmar och därefter torkas. Om det är en större fågel, gnides den invändigt med litet

FÅGEL

salt. Därefter uppsättes fågeln, så att bröstet framträder högt och prydligt. Vingarna läggas i kors öfver ryggen, halsskinnet nedskjutes, fågeln lägges med bröstet upp, och låren hållas nedtryckta. En uppsättningsnål med groft garn stickes genom vingen, benstommen och ut genom den andra vingen, hvarefter nålen föres genom låret och kroppen och ut genom det andra låret. Snöret tilldrages, och de båda ändarna sammanbindas. Om fågeln skall späckas, doppas bröstet ett ögonblick i hett vatten, eller svedes åter öfver en låga, så att köttet blir fastare. Späcket måste vara fint skuret och hafva legat på is, så att bröstet ej onödigt sönderstickes med misslyckade stygn af späcknålen. I stället för att späckas kunna fåglarna beläggas med späckskifvor på bröstet och ombindas med snören. Fågeln aftorkas med en våt duk och är färdig för stekning.

226. Fasan.

Tuppen anses bättre än hönan, äfven om fjäderskruden ej användes till dekoration. Fasan måste först hänga några dagar, innan den tillredes, dess kött är som färskt obetydligt och utan den fina smak af vildt, för hvilken den så högt värderas.

Hufvudet med halsen och vingarna samt stjärten tillvaratagas. Fågeln plockas och uppsättes på vanligt sätt; se föregående. Den späckas fint på bröst och lår, brynes i smör i gryta, kråset ilägges och fågeln spädes först med buljong och sedan med grädde, eller ock göres en redning af brynt smör, mjöl, grädde och buljong, hvarmed fågeln spädes. Sedan skyn fått färg, tillspädes rikligt af redningen, att fågeln ej må blifva torr. Stekes omkring en timme under flitig öfverösning. Såsen silas och tillsättes med litet mörk sky eller grädde, beroende af dess färg.

Fågeln upplägges på en sockel af bröd eller ris. Hufvudet, genom hvilket man stuckit en ståltråd, böjes och fastsättes med små späcknålar, vingar och stjärt placeras; garneras med citronskifvor och grönt.

227. Fasan med tryffel.

Fasanen plockas och behandlas som i föregående, men späckas med tryffel och fylles inuti med en färs af vildt, hvaruti man blandat hackad tryffel. Därefter får den hänga i minst ett dygn. Sedan ombindes fågeln med skifvor af späckfläsk, och man lägger den i en smord kastrull, där den stekes, och något franskt vin påspädes härunder. Serveras som föregående, men garneras med glaserad tryffel.

228. Rapphöns.

De unga rapphönsen igenkännas därpå att benen äro gula, på de äldre går färgen i rödt. De gamla rapphönsen fordra längre stekning, men köttet är lika saftigt och förträffligt. De späckas eller inlindas i späckskifvor och stekas som annan fågel, ungefär en timme. Dock gäller äfven om dem, hvad som säges om järpe. Se för öfrigt: om behandling af fågel före anrättandet.

229. Rapphöns med champinjoner.

Unga rapphöns stekas hastigt och vändas ofta, hvarefter man slår på grädde, och de få koka ett par minuter häruti. Champinjoner fräsas i smör och läggas i såsen. Har man champinjoner konserverade i smör, kan detta användas till stekningen.

230. Stekt tjäder.

Af tjäder är hönan bäst. Då den är ordnad till stekning (se: om behandling af fågel före anrättandet!), fint späckad, brynes den i smör, saltas och spädes första gången med buljong och sedan med grädde eller mjölk. Den öfveröses flitigt samt tål att steka 2 à 3 timmar. Såsen beredes med grädde. Om fågeln varit frusen,

FÅGEL

lägges den i mjölk öfver natten. Tjäder kan äfven stekas i ugn; öfveröses ofta och täckes med ett smörbestruket papper, ofvanpå detta lägges ett i vatten doppadt papper, som ofta ombytes.

231. Stekt orre.

Orre kan användas äfven till en finare middag, synnerligast hönan, hvars kött är ljust och fint. Den tillredes som tjäder, men är stekt på kortare tid.

232. Järpe.

Järparna, som hafva hvitt kött med starkt utpräglad smak af vildt, böra anrättas utan några tillsatser. Såsom alla fåglar äro de fattiga på fett, men smaken af späck är ej så tilltalande. För att undvika denna smak, och för att fåglarna ej skola blifva torra, bör tillredningen ske på följande sätt: Man tager rikligt med smör, hvari de lindrigt brynas, därefter läggas de på rygg och spädas med buljong, stekas på sakta eld, ösas flitigt under loppet af en halftimme. Då de äro upplagda, vispas obetydligt med mjöl i smöret, och tjock grädde tillsättes, denna sås blir ljus men förträfflig.

Frusna järpar upptinas, plockas och iordningställas (se: om behandling af fågel före anrättandet), läggas i ett kärl ej större än nödvändigt är, och varm mjölk påhälles, hvari de få ligga några timmar, upptas och torkas, beläggas med tunna späckskifvor, brynas i litet smör samt spädas med den mjölk, hvari de legat. Fåglarna ösas flitigt. Såsen uppvispas med grädde. Dessutom kan till såsen sättas tryffel eller i smör frästa murklor. Järpe i gelé: se aladåb!

233. Järpfilé med färs.

Tillredes som hönsfilé med färs. Denna rätt kan med fördel tillredas af hvilken fågel som helst.

234. Snöripa.

Ripor ha mörkare kött och värderas mindre än järpar, men kunna stekas lika som dessa.

235. Moripa.

En från Skottland till Sverige införd fågel med särdeles fint kött. Stekes som rapphöns, men behöfver ej steka fullt så lång tid.

236. Skogsdufva.

Behandlas och anrättas som tam dufva.

237. Kramsfågel.

Härtill räknas de flesta vilda småfåglar såsom vaktel, trast, sparf m. fl., som borde skyddas både af moralisk och juridisk rätt.

De plockas, eller kunna saklöst helt enkelt flås, urtagas och beläggas med späckskifvor, brynas i smör, och stekas 15 min. i gryta med tätt lock, saltas, spädas med grädde och öfverösas. Såsen uppvispas med grädde. De kunna fyllas med färs såsom rapphöns eller begagnas som garnityr kring större fågel.

238. Kramsfåglar i gelé.

Kramsfåglar stekas som i föregående nummer och uppläggas för att kallna. Små formar fyllas med gelé, som får stelna. Sedan urskäres geléet, och en kramsfågel lägges i hvarje form, hvarefter det urtagna geléet upplöses och åter ihälles. Användas till att garnera aladåber på vildt med. Man kan färga géleet rödt med vinbärssaft eller rödbetsättika i somliga formar och behålla det ljust i andra.

239. Morkulla.

Morkulla anses som en stor läckerhet och är bland det dyraste och mest eftersökta vildt vi äga. För att den

FÅGEL

vilda smaken skall framträda, måste morkullan hänga några dagar, innan den anrättas. Inälfvorna värderas högt och användas till färs. Morkullan plockas på vanligt sätt; skinnet på hufvudet afdrages, och ögonen uttagas. Då fågeln är uttagen och sköljd, afhuggas fötterna, och den uppsättes på så sätt, att hufvudet böjes bakåt, låren tryckas mot kroppen, och nålen stickes in i det ena låret, föres genom kroppen och ut genom det andra låret. Bröstet ombindes med tunna späckskifvor; den brynes i smör och spädes med grädde, stekes i gryta omkring $1/_2$ timme. Kråset, utom lefvern, hackas fint, med späck eller smör samt persilja, lefvern drifves genom sikt och blandas härtill, därefter brynes det lindrigt i smör, kryddas med salt och peppar och afredes med äggula och litet rödt vin. Tunna hvetebrödsskifvor stekas i smör, och på dessa utbredas färsen. De insättas i het ugn, så att färsen hastigt gräddas. Härmed garneras de upplagda fåglarna. Användes ej färsen härtill, kan den blandas med annat vildt och serveras som ragu, på sätt som nämnts vid brockfågel.

240. Beckasin.

Beckasiner kunna på senhösten vara feta och äro då särdeles läckra. De behöfva då ej späckas eller ombindas med späck, utan stekas som järpe endast i smör. Stektid 15 à 20 minuter.

241. Brockfågel.

Brockfågeln kallas äfven åkerhöna. Den stekes som rapphöns, och dess inälfvor tillvaratagas och tillredas som morkullans. Man kan äfven uppblanda färsen med färskt söndersmuladt hvetebröd, hvarmed fåglarna fyllas.

Sjöfågel.

242. And.

Som af simfåglar endast de unga äro välsmakande, bör man se till att simhuden lätt kan sönderdragas, är den hård, är fågeln gammal. Af änder äro de brednäbbiga bäst, de med spetsig näbb måste behandlas som knipa. Änder, synnerligast ungar, böra användas strax de äro skjutna, emedan de fort skämmas. De späckas eller beläggas med späckskifvor och stekas som annan fågel, helst i gryta. Man gör en redning af smör, mjöl och buljong och späder därmed. Stektid 1 à 1 $^1/_2$ timme.

243. Andungar.

Andungar kunna stekas som kycklingar med persilja eller omlindas med späckskifvor och stekas som järpar. De tåla ej steka mer än $^1/_2$ timme.

244. Årta.

Denna art har ett utmärkt kött med fin vildsmak. Anrättas som andungar.

245. Kricka.

Liknar gräsand och har äfven ett mycket godt kött. Lagas som föregående.

246. Svan.

Är som äldre föga användbar för sitt sega kött, men ungarna kunna stekas som and.

247. Vildgås.

Äfven af den äro ungarne bäst, och kunna de anrättas som änder eller som tamgås.

248. Knipa.

Knipor och andra sjöfåglar, som alltid hafva smak af tran måste, sedan de äro plockade, behandlas på följande sätt: skinnet med allt det feta afdrages, ty det är hufvudsakligast detta, som innehåller den traniga smaken; allt fett, som finnes både in- och utvändigt, aflägsnas, hvarefter fågeln sköljes i ljumt vatten och torkas. Bröstet belägges med späckskifvor, och fågeln stekes på vanligt sätt. Den kan äfven fyllas med äpplen. Vill man använda simfågel, som företrädesvis vistas i hafvet, såsom ejder, dopping m. fl. är det nästan nödvändigt att, sedan skinnet är afdraget, förvälla och lägga dem i mjölk ett par dagar, innan de användas.

Tama fåglar.

249. Höns.

Till stekning användas endast unga höns, som hafva hvitt skinn, äro korta, köttiga och feta; knappt fullvuxna kycklingar äro bäst. Är man nödsakad att använda äldre höns, är det fördelaktigast att koka dem.

Kapun kallas unga, snöpta och gödda tuppkycklingar, som ej få vara årsgamla för att anses tillräckligt läckra. *Poularde*, ung öfvergödd höna med ännu finare kött; slaktas vanligen innan den börjat värpa. Poulardes betinga ett mycket högre pris än vanliga höns.

250. Stekt kapun i ugn.

Då hönsen äro uppsatta och skola ugnstekas, läggas de på ett galler i långpannan, så att de ej komma att ligga i det fett, som samlas i denna. De öfvergjutas med smält smör och vändas ofta. Man tillser noga, att smöret ej blir brynt, utan späder med litet vatten för att minska hettan. Fåglarna öfverösas ofta och beströs med salt en stund, innan de äro färdiga. Stektid 40 à 50 min. beroende på ugnsvärmen och fåglarnas storlek. Det feta afhälles, och skyn blandas till såsen, eller utspädes med buljong och användes till sås. Kan äfven serveras med kastanje- eller champinjonsås.

251. Ångstekt kapun.

De uppsatta hönsen ombindas med tunna späckskifvor, stekas i smör och spädas med buljong, få ej steka längre än nödvändigt är. Serveras med skyn skummad och spädd med buljong. Härtill kan serveras makaroni eller ris tillsatt med ost eller med sås af tryffel, ostron, champinjoner, kapris. Se vidare höns.

252. Stekta kycklingar.

Kycklingarna torkas inuti efter sköljningen; groft hackad persilja, en rågad matsked till hvarje kyckling, blandas med smör och inlägges i denna, hvarefter de uppsättas och brynas lindrigt i smör. Då de fått ljusgul färg, läggas de med bröstet uppåt, saltas, och buljong tillspädes, öses flitigt. När de äro färdigstekta, till hvilket åtgår omkring $1/_2$ tim., läggas de upp, delas i två eller fyra delar, hopsättas åter och garneras med salad. Såsen redes med mjöl och beredes med grädde eller buljong.

253. Kyckling med champinjoner.

Små kycklingar skäras i fyra, fullvuxna i flera delar, stekas öfver hastig eld i smör. Då de fått ljusgul färg, tillsättes litet mjöl, och kokande stark buljong ivispas, såsen får dock ej blifva för tunn; champinjoner, salt och litet peppar ilägges, får koka några min. tills köttet är mört. Kycklingarna uppläggas, och såsen redes med äggula och kryddor, med vinättika efter smak, samt slås öfver kycklingen.

Zetterstrand, Kokbok.

254. Hönsfilé med färs.

Hönsfiléer utskäras och delas därefter i små kotletter, som utplattas med en knif, stekas hastigt i smör och få kallna. Af det öfriga hönsköttet göres en färs med ägg (se färs), smör och grädde, som kryddas lindrigt med kajennpeppar. Kotletterna bestrykas med färs och läggas på ett eldfast fat med smör; färs lägges äfven på den öfre sidan, garneras med tryffel, kokt tunga eller hackade murklor frästa i smör; insättes i ugn, tills färsen är färdig. Den skyddas hela tiden med ett smörbestruket papper, garneras med sparrisknopp och serveras med champinjonsås. Af skrofvet kokas buljong.

255. Kokt höns.

Till hvarje höns:

| En lök, | persilja, |
| 2 nejlikor, | peppar, salt o. buljong, |

Hönset uppsättes (se om behandling af fågel före anrättandet) och nedlägges i en panna, ej större än nödvändigt är. Buljong och kryddor tillsättas, får ett hastigt uppkok, skummas och får sakta färdigkoka med slutet lock. Härtill åtgår omkring 1 timme, om hönset är ungt; ett gammalt höns kan ibland fordra 3 à 4 timmars kokning. Om ett höns är magert, belägges det under kokningen med späckskifvor. Färdigt, upplägges det och hålles varmt, bäst i en panna med litet buljong, så att det ej torkar. Buljongen hopkokas i en vid panna, tills ej mera återstår, än som behöfves till sås. Antingen skäres hela hönset i vackra bitar och upplägges inom en risbård, eller också afskäras låren och delas i tre delar, bröstet skäres i skifvor och får kvarligga på sin plats, de skurna låren ställas däromkring. Som finare anrättning kan kokt höns serveras med kastanjepuré, kräft- eller hummerstufning och garneras med tryffel, tuppkammar och champinjoner. Serveras med sås af tryffel, tomater, champinjoner eller ostron.

256. Höns med grönsaker.

Kokas som föregående utan späck. Då hönset är nästan färdigt, iläggas de grönsaker, som skola användas, såsom: blomkål, sparris eller sockerrötter. Hönset med grönsakerna upplägges, såsen hopkokas, afredes med smör och mjöl, och vid serveringen med ägg och grädde. Anrättningens utseende förhöjes genom att den garneras med kräftstjärtar.

257. Poulardes med tryffel.

Sedan hönsen äro uppsatta, späckas de i täta rader med fint späckfläsk och fina strimlor af tryffel samt läggas i en kastrull med tätt lock, och kokas i stark buljong af höns eller kalf. Då de kännas kokta, afhälles buljongen, och hönsen ställas i vattenbad att hållas varma. I en vid kastrull och öfver stark eld sammankokas buljongen hastigt, och om den därvid synes för mörk, slås helt litet grädde däri och vispas väl om, hvarefter tryffel ilägges skuren i fina strimlor, hvarmed såsen omskakas. Hönsen skäras i två eller fyra delar och sammanfogas åter samt läggas på djupt fat med såsen under. Se vidare höns!

258. Hönsfrikasé.

Till ett höns:

En mindre lök,   persilja,
ett lagerblad,   peppar och salt.
1 nejlika,

Hönset skäres i jämna bitar, lägges en stund i vatten, kokas därefter jämte lök, persilja och kryddor i vatten, ej mer än nödvändigt, skummas och får sakta färdigkoka. De bitar, som först bli färdiga, upptagas och hållas varma i vattenbad. Då alltsammans är färdigt, afhälles buljongen, som redes med smör och mjöl. Hönsstyckena tagas upp och läggas i såsen, omskakas öfver elden, upplägges, och

FÅGEL

såsen redes nu med äggulor och grädde; serveras särskildt. Till denna rätt kan äfven ris användas. Garneras med tryffel, tuppkammar eller champinjoner.

259. Höns med ris.

Höns kokas med litet peppar och salt i kort spad. Risgryn skållas i flera vatten och kokas sedan i nytt vatten med litet salt, och man påspäder af hönsbuljongen, men iakttager, att de icke få koka sönder. Då de äro kokta och hönset äfvenså, sammanfräser man smör och mjöl och påspäder med hönsbuljongen. Sedan skäres hönset i vackra bitar och upplägges på ett fat med ris omkring. Såsen serveras särskildt.

260. Galantin på höns.

Tillagas som galantin på kalkon.

261. Tuppkammar.

Sedan tuppkammarna legat några timmar i vatten, förvällas de ett ögonblick, upptagas, och skinnet afdrages. De kokas därefter i stark, ljus buljong med smör, peppar, salt och citronsaft omkring en halftimme, användas hufvudsakligast som garnityr.

262. Pärlhöns.

Pärlhöns plockas och urtagas, uppsättas och späckas fint samt stekas som fasan, hvarom de påminna i smaken, eller också som vildt med grädde. Till stekningen åtgår ungefär en timme. De kunna äfven beläggas med fläskskifvor och stekas i ugn eller på spett. Glaseras och skäras, så att de se hela ut. Serveras med fina salader.

263. Kalkon stekt i ugn.

Kalkonen slaktas några dagar, innan den skall anrättas (se vidare om behandling af fågel före anrättandet!);

när den är uttagen, tillvaratagas hjärta, lungor och kräfva. För att bröstet skall få rund form, krossas bröstbenet med en köttklubba, men som skinnet ej får skadas, betäckes bröstet med en hoplagd handduk. Bröstbenet nedböjes, kalkonen uppsättes, så att bröstet får rund form, beströs med salt och belägges med späckskifvor. I en långpanna lägges smör, 2 à 3 dl. vatten eller buljong, kalkonen nedlägges, öfvertäckes med smöradt papper och därpå en deg af groft rågmjöl, insättes i varm ugn att stekas 2 à 3 timmar. Om så fordras, spädes med vatten eller buljong. Det så kallade kråset kan iläggas under stekningen och bidrager till såsens smak, eller kan det kokas för sig till buljong, hvarmed spädes under stekningen. Degen aftages, kalkonen beströs med salt, öfveröses med skyn några gånger, men får ej bli brun, utan bör bibehålla sin ljusa färg. Skyn silas och skummas, serveras som sås. Kalkonen upplägges och garneras med salad.

264. Kalkon på spett.

Kalkonen ordnas som föregående, utanpå späckskifvorna bindes ett smörbestruket papper, den uppträdes på spett och fästes stadigt. Se vidare om stekning på spett! Stekningen bör försiggå sakta omkring 1 $1/_2$ à 2 timmar; $1/_4$ timme, innan kalkonen är färdig, aftages papperet och späcket, så att fågeln får stekfärg. Den beströs med salt och öfvergjutes flitigt med sin sås, litet köttsky tillsättes, och såsen silas och skummas.

265. Kalkon i gryta.

Den iordningställda kalkonen nedlägges i en gryta med smör, vatten och salt, får sakta koka med slutet lock 1 $1/_2$ à 2 timmar, tills den är nästan färdig, då spadet afhälles och späcket borttages. Ett stycke smör ilägges, och grytan flyttas öfver elden, eller insättes i varm ugn, så att fågeln blir ljusgul, men utan hård yta. Något af spadet

FÅGEL

tillsättes och härmed öses flitigt, tills kalkonen är färdigstekt. Skyn skummas och tillsättes med tjock grädde.

266. Tryfferad kalkon.

Till en kalkon på 5 kilogram tar man 3 kg. kalfkött, hvaraf en färs (se färs!) göres med tillsats af oxmärg eller njurtalg, fint sönderskuren tryffel, ett spetsglas konjak och 3 ägg. Kalkonen späckas med tryffel på bröst och lår samt fylles invändigt med färs, och tryffelskifvor stoppas äfven ofvanpå färsen under hullet, hvarefter kalkonen hopsys och får ligga ett par dagar i svalt rum. Stekes i ugn eller på spett. Serveras med tryffelsås. I stället för tryffel kunna champinjoner användas.

267. Kokt kalkon.

Äldre kalkoner, som ej äro lämpliga att stekas, kunna användas till kokning. Kalkonen, som fått hänga slaktad några dagar, uppsättes och insvepes i en smörbestruken duk, lägges i kokande, svagt saltadt vatten, skummas och får sakta koka, tills den är färdig. Anrättas som hönsfrikassé med ris och grönsaker och med ostron eller champinjonsås.

268. Kalkonfilé med färs.

Af unga kalkoner utskäras filéerna och beredas på samma sätt som hönsfiléer, men i stället för sparrisknopp bör tryffel tagas till såsen.

269. Galantin på kalkon.

Då kalkonen är plockad, urtagen och väl tvättad, skäres den upp i sidan, bröstbenet skäres varsamt bort, tillika med något af köttet, men så att öfversidan blir hel, hvarjämte ryggbenet frånskäres. En fin färs göres (se färs!) af omkring $1/2$ kg. kalfkött eller fläsk som kryddas och blandas med tärningar af tryffel, salt, tunga eller pistacie;

färsens fasthet profvas, innan den användes. Kalkonskinnet utbredes med köttsidan uppåt och fylles hvarftals med färs och tunna skifvor af kalkonköttet, som man skurit från bröstet, hvarefter den hopsys, så att den ser hel ut, nedlägges i en panna och fräses i smör, men får ej bli brun. Buljong tillsättes kokad på de frånskurna benen, hals, vingar och kräfva och en kalflägg, och kalkonen får sakta koka ungefär två timmar, spädes med mera buljong, om så behöfves. När den är färdig, lägges den i press till följande dag, då tråden borttages och kalkonen skäres i skifvor. För att dessa ej skola bli för långa, göres ett längdsnitt öfver bröstet. Skifvorna placeras så att det ser så helt ut som möjligt, och alltsammans öfverstrykes med upplöst starkt köttgelé. Garneras med hackadt gelé, serveras med majonnäs eller skarpsås. Man kan äfven garnera med kokta morötter, gröna bönor, blomkål och sparris. Då dessa grönsaker äro kalla, blandas de med majonnäs och uppläggas i grupper omkring galantinen.

270. Stekt gås.

En nyslaktad gås bör hänga en vecka, om årstiden tillåter; vid inköp af gås bör man tillse, att skinnet är slätt med tydligt markerade rutor. Är den oupptagen, bör man vara förvissad om att den är nyslaktad, annars hellre välja en urtagen. När gåsen är omsorgsfullt plockad och svedd, afhugges hufvudet med halsen samt vingar och fötter; (se om fågels behandling före anrättandet). Istret tillika med det feta på tarmarna tillvaratages och lägges i saltadt vatten; lefver, hjärta och kräfva likaså. Då gåsen är rengjord, gnides den invändigt med salt och peppar, fylles med skalade äpplen och urkärnade katrinplommon, hopsys och lägges i långpanna. Den insättes i varm men ej för het ugn, får stå en stund, innan saltadt vatten påspädes, stekes under flitig påösning af det fett, som bildas i pannan. Till stekning beräknas 2 à 3 timmar; $^1/_2$ timme innan gåsen är färdig, kan den beströs med salt och spädas med mjölk, hvarefter den färdigstekes. Det feta i pannan afhälles, och skyn tillsättes med hopkokt buljong eller köttextrakt, emedan den är föga kraftig. Frukten inuti gåsen är genomdränkt af fett, hvarför den af många ej fördrages, utan garneras med särskildt kokad frukt. Kråset af gåsen kan, då det ej användes till svartsoppa, användas till ragu, lefvern till pastej. Istret smältes och blandas med $1/4$ njurtalg för att erhålla fasthet, då det kallnat.

271. Gås stekt i gryta.

Då gåsen är ordnad och fylld som föregående, brynes den på bröstet i het gryta, lägges sedan med detta uppåt och spädes med saltadt vatten, öses och behandlas som vanlig stek. Serveras som föregående; såsen kan spädas med grädde.

272. Gås med kastanjer.

I stället för med äpplen fylles gåsen med förvällda kastanjer, på hvilka den bruna inre hinnan är aftagen, ugnstekes och behandlas som stekt gås; garneras med kastanjer och serveras med skyn.

273. Fylld gås.

En gås kan fyllas med samma fyllning, som är beskrifven till fylld gris, hopsys samt stekes i ugn eller gryta. Då gåsen är färdigstekt, serveras den med sin fyllning samt med eller utan den väl skummade skyn.

274. Kokt gås.

Äldre gäss, som måste användas, lämpa sig ej för stekning, ty allt det feta smälter ur gåsen, och den blir torr under den långvariga stekningen. Den kokas hel i kort spad med slutet lock på sakta eld, tills köttet kännes mört, då den saltas. Spadet hopkokas och användes till sås, som kan afredas med ägg och grädde samt tillsättas med murklor. Kan serveras med ris. Man kan också använda pepparrotssås. Surkål anses äfven passa härtill.

275. Gåssylta.

Sönderskuren gås kokas i vatten med nejlikor, krydd- och starkpeppar, ett par lagerblad, jämte ättika och salt. Får koka med slutet lock, tills köttet är mjukt. Spadet befrias från fett, tillsättes med gelatin eller afkok på kalfföttter, så att det erhåller nödig fasthet, klaras med ägghvita, silas och hälles öfver gåsköttet, som ställes att kallna. — Om man vill förvara syltan, smältes gåsister däröfver; förvaras på kallt ställe. Då man utskär bröst till rökning, kan återstoden af gåsen användas till sylta.

276. Galantin på gås.

Tillredes som galantin på kalkon. Färsen bör göras af kalfkött (se färs).

277. Ragu på gåskrås.

Allt, som hör till kråset, kokas med lök, persilja och salt. Bitarna upptagas, hvarefter de äro färdiga, och då allt är färdigt, skäres det i strimlor och brynes i smör jämte finhackad lök, om så önskas. Spadet befrias från allt fett och afredes med smör och mjöl, köttet jämte finhackad persilja ilägges och får ett uppkok, citronsaft efter smak tillsättes. — Öfverblifven gås kan anrättas på samma sätt.

278. Gåslefver.

Lefvern skäres i skifvor och kryddas med salt och peppar. Ett eldfast fat smörjes med smör samt belägges med champinjoner och litet finhackad lök. Härpå läggas lefverskifvorna, som beströs med finhackad persilja och sönderskuren citron, på hvilken skalet borttagits. Tunna brödskifvor doppas i smält smör och läggas däröfver. Den insättes i ej för varm ugn omkring en halftimme, öses flitigt med den sås, som bildas, afsmakas, om mera citronsaft behöfves. Därpå öfverströs den med hackade champinjoner och serveras.

På liknande sätt kan lefver af höns, annan fågel och hare användas.

279. Anka.

I motsats till gåsen värderas icke ankans fett särdeles högt. En nyss fullvuxen anka, innan den hunnit bli fet, är en utmärkt anrättning. — Anka tillredes på alla sätt som gås, men fordrar ej mer än omkring en timmes stekning. I såsen, eller förvällda till garnering, användas oliver.

280. Stekta dufvor.

Dufvor måste vara unga och färska för att kunna anrättas. Om dufvan är ung, är näbben böjbar uppe vid roten. De ansas som annan fågel, bröstet späckas eller belägges med späckskifvor, stekas i smör omkring 1 timme och spädas med buljong. Lefver, hjärta och kräfva stekas bredvid. Då de äro färdiga, klyfvas de och hopläggas åter, garneras med grönt. Skyn skummas, redes och spädes med buljong till sås.

281. Dufvor som vildt.

Behandlas som föregående, men spädas med mjölk, och såsen vispas upp med grädde, litet rödvin tillsättes jämte vinbärsgelé. — Dessutom kunna dufvor användas till frikassé som höns samt som kyckling med champinjoner.

Färs.

En väl beredd färs kräfver mycket arbete, ihärdighet och omtanke. Den kan tillredas af det bästa kött för finare anrättningar; men äfven af rester, som erhållits, då de bästa styckena användts till andra rätter, kan göras färs. Ett hufvudvillkor är, att köttet skall hafva hängt slaktadt några dagar; nyslaktadt kött försvårar det förut dryga arbetet med en färs; ett annat villkor är, att icke koka färsen längre än nödvändigt är, ty den blir då torr och hård. Innan färsen användes, bör man koka ett prof däraf för att utröna, om fasthet och kryddning äro tillfredsställande.

282. Panad till färs.

På mjukt hvetebröd afskäras kanterna, varm mjölk, grädde eller buljong påhälles, öfvertäckes och får stå, tills det är uppblött, då allt öfverflödigt vått frånhälles. Panaden arbetas smidig öfver elden och får stå öfvertäckt, tills den kallnat, hvarefter den blandas till köttet. Stötta skorpor uppblötta i mjölk användas i enklare rätt, men gör ej färsen så smidig. Då mjöl användes i färs, bör det väl inarbetas i köttet; färsen kan spädas mer, då mjöl användes och blir därigenom lättare.

283. Färs af oxkött.

1 kg. oxkött (skrapadt eller malet), 150 gr. späck eller njurtalg,
150 gr. panad eller 3—4 msk. mjöl, 3—4 ägg,
omkr. 1 l. mjölk eller buljong,   lök,
salt,   peppar.

Köttet skäres i skifvor, bultas med köttklubba, då senorna lättare frånskiljas, sönderskäres och drifves genom kvarn, tills det är fint, späcket males för sig, hvarefter kött och späck tillsammans få gå genom kvarnen. Färsen stötes därefter i en stenmortel tillsammans med panad eller mjöl, tills den är smidig, då äggen tillsättas jämte kryddor och i smör fräst lök. Nu spädes färsen med buljong, mjölk eller vatten, men endast så småningom, ty annars skär den sig. Man kokar ett prof af färsen, innan den spädes för mycket; är den då för hård, är det lättare att späda vidare, än om den är för lös och flera ägg måste tillsättas, hvilket ingalunda förbättrar den. Vill man hafva färsen ännu finare, passeras den genom en grof sikt.

Användes till köttpudding med eller utan tillsats af grönsaker och makaroni eller till köttfärs stekt i ugn och enklare pastejer.

284. Färs till pastejer.

$1/_2$ kg. oxkött, lika mycket kalf och fläskkött,
250 gr. späck eller smör, 4—5 ägg,
omkr. 2 dl. panad l. 2 msk. mjöl, salt och peppar.

Färsen spädes med buljong eller grädde, kryddas efter den anrättning till hvilken den är afsedd.

285. Färs af kalfkött.

$1/_2$ kg. kalfkött, 150 gr. smör,
omkr. 2 dl. panad, 4—6 ägg,
peppar och salt.

Det hackade eller malda köttet stötes fint med panaden, smöret och ett par ägg samt kryddas. Gulorna af de kvarblifna äggen nedröras och sedan de till skum slagna hvitorna. Skall färsen vara finare och därför passeras, måste detta ske före hvitornas nedrörande. Kalffärs användes till frikadeller, pastejer och finare anrättningar. Kan dessutom tillsättas med tryffel, champinjoner eller murklor. Till enklare färs tages späck i stället för smör, hälften ägg och mer panad; då färsen spädes något och profvas.

286. Färs af svinkött.

Köttet härtill bör vara af den öfre kotlettraden, som består af både fett och magert; användes skinka, som är betydligt hårdare, tages något af det feta med. $^1/_2$ kg. svinkött, 1 ägg, 2 matskedar mjöl, salt och peppar. Spädes med mjölk och tillredes som färs af oxkött. Är en användbar färs till fyllning i fågel, då kråset och synnerligast lefvern på fågeln tages med i färsen.

287. Färs af höns.

250 gr. hönskött,
lika mycket panad
2 äggulor,

100 gr. smör,
eller en matsked mjöl,
salt, peppar och grädde.

Bröstköttet skrapas eller sönderskäres, hackas och drifves genom kvarn; stötes sedan i mortel med smöret och panaden; drifves genom sikt, spädes, om så fordras, med grädde och tillsättes med kryddor. När färsen är pröfvad, fylles den i väl smord och brödbeströdd form med lock, kokas omkr. $^3/_4$ timme i vattenbad. Det öfriga af hönset kan användas till buljong, frikassé eller kroketter o. d.

288. Färs af fågel.

250 gr. skrapadt bröstkött,
4 äggulor,
1 matsked mjöl,
peppar och salt.

100 gr. smör,
2 hvitor,
2 à 3 dl. tjock grädde,

Det skrapade köttet stötes med smöret, tills det är smidigt, mjölet inarbetas; därefter gulorna och kryddorna, spädes med grädden, sist tillsättas de till skum slagna hvitorna. Profvas och behandlas som föregående. Hönsfärs kan behandlas lika, om därtill tages ett ungt höns med mört kött.

289. Randig färs.

En hönsfärs beredes och blandas med finhackad tryffel. Fågelfärsen spädes med buljong, kokt på benen, i stället för med grädde. Färserna nedläggas hvarfvis i en väl preparerad form med lock och kokas i vattenbad $^3/_4$—1 timme eller tills den är färdig, hvilket kan profvas med en vispkvist. I stället för en kakform kan en vanlig aflång brödform användas, öfver hvilken bindes ett smörbestruket papper i stället för lock. På detta sätt erhållas vackrare skifvor. Af ett mindre höns och en orrhöna blir en färs som räcker för 12 personer. Af enbart fågel kan äfven göras randig färs, om en särskild färs göres af det ljusa köttet i bröstet och spädes med grädde, och en färs af det mörkare köttet, spädd med buljong.

Fågelfärs kan användas som blandad köttratt; som särskild rätt serveras den med grönsalad eller tomater med oljesås.

290. Färs af vildt.

Kött af hare, rådjur eller annat vildt tillredes som färs af oxkött. Till $^1/_2$ kg. kött tages 125 à 150 gr. späckfläsk eller smör, 2 matskedar mjöl och 2 ägg. Spädes med buljong kokt på benen eller med grädde.

291. Färs af kokt fågelkött.

Resterna af fågel, då färs beredes, kokas i litet vatten eller buljong, skrapas fritt från senor, hackas fint och stötes med smör och panad i proportioner som hönsfärs. Färsen bör koka mycket sakta i vattenbadet. Serveras som varm rätt med champinjonsås.

292. Köttfärsbård.

En bårdform smörjes med smör och fylles med färs, insättes i ugn i vattenbad omkr. $^1/_2$ timme. Vid serveringen uppstjälpes bården på anrättningsfatet; inom den lägges det hvarmed den skall serveras, såsom grönsaker, stufvad blomkål, makaroni m. m. Bården garneras med persilja, morötter eller tomater.

293. Köttfärssockel.

I stället för af ris eller bröd kan en sockel af färs göras, som i enklare fall kan utfylla rätten. På ett fat, som tål ugnsvärme, formas sockeln så stor, som den behöfver vara, fatet ställes i långpanna i vattenbad och skyddas med ett smörbestruket papper. En färssockel är lätt att garnera och kan sedan användas till enklare måltider.

294. Köttfärs i ugn.

Af en färs tillredd som färs af oxkött eller som till köttbullar, formas en aflång rulle, som strykes slät, penslas med ägg och beströs med stötta skorpor, stekes omkring 1 timme i ugn, spädes med vatten; såsen redes något och göres af buljong eller grädde.

295. Köttfärs i form.

En köttfärs som föregående, göres något lösare genom att spädas med grädde eller vatten. I färsen kan blandas skurna ättiksgurkor, oliver eller champinjoner. Kokas i form med lock i vattenbad 1—2 timmar, efter formens storlek. Serveras till grönrätter eller med oliv- eller skysås.

296. Falsk hare.

$1/2$ kg. oxkött,
100 gr. rökt skinka,
1 à 2 dl. stötta skorpor,
peppar,
rifven ost.

$1/2$ kg. svinkött,
2 ägg,
salt,
lök,

Skorporna blötas i mjölk och blandas till köttet; behandlas som färs, se färs af oxkött.

Färsen formas och späckas med fläskstrimlor, bestrykes med ägg och öfverströs med rifven ost. Stekes i ugn och spädes med mjölk. Såsen uppvispas med grädde, garneras med brynt potatis.

297. Köttbullar.

1 kg. köttfärs,
2 à 3 dl. stötta skorpor,
peppar,
2 à 3 ägg,
salt,
lök.

Köttfärs (se färs af oxkött!) eller färs af hälften fläsk och oxkött blandas med de i mjölk uppblötta skorporna, äggen, kryddorna och den finhackade löken fräst i smör; arbetas, tills det är en smidig deg, som efter behof spädes med vatten eller buljong. Bullarna formas runda och stekas i smör, sedan man först profstekt en bulle. Då de äro färdigstekta utvändigt, pålägges ett lock, litet vatten påhälles och får koka, tills köttbullarna blifva genomstekta. Såsen i pannan tillsättes med litet mjöl och spädes med buljong, kryddas och slås öfver köttbullarna.

298. Kåldolma.

Risgryn kokas nästan färdiga med mjölk; få kallna. En köttfärs beredes; drygt med fett. Lika mycket färs och kokta risgryn blandas, peppar och salt tillsättas. Från ett kålhufvud lossas bladen och förvällas några minuter, tills de äro böjliga; det tjockaste af hufvudnerven bortskäres. I hvarje blad lägges en sked färs, bladet hoprullas och omknytes med en grof tråd eller sammanfästes med en fin sticka. Dolmarna brynas i smör i en stekpanna; kunna därefter läggas i flera hvarf i en gryta, vatten eller buljong påhälles, salt och litet mjöl tillsättas och dolmarna få sakta steka 2 timmar. Grytan skakas och, om så behöfves, spädes med buljong. Då kåldolmarna äro upplagda och befriade från tråd, uppvispas såsen med buljong eller grädde. I stället för risgryn kan färsen tillsättas med bröd som till köttbullar.

299. Färsfylldt kålhufvud.

Kålhufvudet förvälles helt, tages upp och får afrinna. De yttre bladen aftagas och hufvudet urhålkas uppifrån, fylles med en väl arbetad färs, ej för hård, helst af svinkött. De lösa bladen läggas öfver hufvudet, som ombindes och brynes i smör. När hufvudet är brynt på båda sidor, placeras under det ett par skifvor späck, njurtalg eller en fläsksvål; buljong eller vatten påhälles, och hufvudet får koka sakta omkring 2 timmar. Serveras med den sås, som blir under stekningen. I stället för att brynas kan hufvudet läggas i kokande saltadt vatten, kokas sakta omkring 3 timmar; serveras då med smält smör eller smörsås.

Mer ekonomiskt är att böja ut bladen på ett kålhufvud och börja inifrån och lägga färs på hvarje blad samt åter lägga dem till rätta; på de yttersta bladen lägges ingen färs.

300. Färsfylld lök.

Jämnstor portugisisk lök skalas, förvälles något, ett lock afskäres på hvar lök, hvarefter den urholkas. De fyllas med en väl kryddad färs (se färs!) och locket pålägges. Smör upphettas i en kastrull, lökarna nedsättas häri med locket uppåt, de öfverösas en stund med smör, hvarefter buljong tillspädes, dock ej mer än som behöfves till sås.

Få koka med slutet lock och öfverösas, tills de äro färdiga. Uppläggas, och såsen redes med litet mjöl samt spädes med buljong. Serveras med såsen öfverhälld.

301. Färsfylldt selleri.

Släta jämnstora sellerier skalas och kokas halffärdiga i saltadt vatten. Toppen afskäres och selleriet urholkas samt fylles med färs (se färs!), hvarefter locket påsättes. Kokas färdiga i buljong, men ej mer än som åtgår till sås. Såsen afredes med äggulor; sellerierna garneras med persilja och serveras med såsen öfverhälld.

302. Färsfylld gurka.

Härtill användas färska hvita gurkor, hvilka skalas och klyfvas; kärnorna urskrapas med en sked, hvarpå gurkorna fyllas med färs, helst af kalf. Hopläggas och ombindas, hvarefter de sakta kokas i buljong. Som garnityr till kötträtten användas de skurna i skifvor. Serveras de som särskild rätt, uppvispas såsen med litet tjock grädde.

303. Färserad blomkål.

Stora fasta blomkålshufvuden förvällas några minuter i saltadt vatten, beläggas därefter med ett tjockt lager af fiskfärs och inknytas i ett stycke tunt tyg samt ombindas vid stjälken. Kokas därefter i saltadt vatten omkr. $1/_2$ tim. eller tills kålen känns mjuk, då den profvas med en vispkvist. Uppläggas, garneras med kräftstjärtar och öfverhälles med kräftsås.

FISKRÄTTER.

Fisk.

Några anvisningar vid behandling af fisk.

All fisk bör om möjligt inköpas, strax efter det den blifvit infångad och slaktas genast; man låter blodet afrinna, rengör fisken utvändigt, hvarefter den bör förvaras på svalt ställe några timmar, innan den anrättas.

Är fisken död, måste den för att vara lämplig till föda, hafva klara ögon och röda gälar, vara fast i köttet, samt hafva frisk fisklukt.

Samma försiktighet som iakttages då ett däggdjur eller en fågel urtages, den: att intet af tarminnehållet får komma i beröring med köttet, är äfven vid öppnandet af fisk en stor nödvändighet.

Sedan fisken är rengjord utvändigt, och, om den skall fjällas, detta är undangjordt med iakttagande af att gallan ej sönderklämmes, lägges fisken på rygg, medan man med en spetsig knif skär upp den. På detta sätt undviker man bäst att komma i beröring med tarm och galla eller skada rom och lefver, som ofta anses för en läckerhet.

Sedan fisken är urtagen, lossas gallan försiktigt från lefvern, fisken sköljes väl i flera vatten, helst under rinnande; får aldrig kvarligga i vatten, utan sköljningen bör försiggå hastigt, hvarefter den upplägges att afrinna, helst på silfat.

Fisk likaväl som kött bör kokas med hänsyn till bibehållande af sitt näringsvärde; således påsättes den i kokande vatten, och ej mer än som är nödvändigt för kokningen, detta vatten användes sedan till såsberedning.

FISKRÄTTER

Detta gäller dock endast smärre fiskar eller större sådan skuren i bitar. Vid kokning af hel större fisk som t. ex. lax vid en större middag måste den påsättas i kallt vatten och så mycket, att det står jäms med fisken. Den bringas hastigt till uppkokning, skummas och får sedan endast koka helt sakta med locket något på glänt, hvilket är nödvändigt för att att fisken skall blifva genomkokt och bibehålla ett prydligt utseende.

För kokande af hel fisk är en fiskkittel med sil bäst, men det kan äfven försiggå på så sätt, att man ställer ett fat på bottnen af kitteln och därpå breder en grof handduk i hvilken fisken lägges, hörnen vikas öfver, om de räcka utom pannans kant, ty då kan fisken lätt upptagas utan att gå sönder.

Tiden, som åtgår för kokning af fisk, beräknas ungefär till 10 à 15 minuter för hvarje kg., dock är man naturligtvis beroende af fiskens storlek och öfriga egenskaper. De sorter, som hafva löst kött, tåla ej ens dessa minuter, utan fordra stor uppmärksamhet vid kokningen.

Af fisk beräknas i allmänhet $1/4$ kg. per person, lax något mindre ungefär $1/2$ kg. för tre personer och vid större middagar icke fullt så mycket.

304. Kokt lax.

Laxen rensas utan att uppskäras mer än nödvändigt är för dess rengöring. Salt, hel peppar och om man så önskar, dill tillsättes det kalla vattnet. Tillvägagåendet vid kokningen se föregående. Om man vill hafva två fat klyfves fisken, benet borttages, och halfvorna kokas då på kortare tid än hel fisk. Såsen slås i detta fall öfver fisken, då denna serveras.

Fisken kan äfven skäras i skifvor. Vid serveringen hoplägges fisken i sin ursprungliga form, garneras med grönt eller citronskifvor.

Lax bör, sedan den är färdigkokt, kvarligga en stund i sitt spad, innan den serveras. Skall den serveras kall, får den kallna däruti.

Kokt lax kan serveras med:

Holländsk sås.   Kräftsås.
Majonnäs.   Kaprissås.

305. Helstekt lax.

Lax,   salt,
olja,   ägg,
ättika,   bröd och smör.
peppar,

Härtill är en mindre lax eller laxöring bäst. Rensas som föregående, torkas på linne, skåras på bägge sidor, så att den ej spricker under stekningen. Fisken lägges på ett fat och begjutes med sammanblandad olja och ättika, salt och peppar, samt får ligga så några timmar, hvarunder man ofta öfveröser och vänder den.

Därefter öfverstrykes den med ägg och beströs med rifvebröd.

Laxen ugnstekes i rikligt med smör, öfveröses ofta härmed, tills den får vacker brun färg; pröfvas om den är genomstekt med en sticka eller späcknål, skyddas, om så behöfves, med ett smörbestruket papper. Serveras med kaprissås.

306. Marinerad lax.

Lax,   salt,
2 dl. ättika,   socker,
1 dl. olja,   peppar.
1 dl. vin,

Ett stycke lax på 1 à 2 kg. befrias från skinn och ben, nedlägges ett par timmar i en marinad, gjord af ofvanstående ingredienser. Därefter nedlägges laxen jämte marinaden, salt, hel peppar och obetydligt med lök i en pas-

FISKRÄTTER

sande kastrull, något vatten tillspädes, om marinaden ej räcker till; tätt lock pålägges, och pannan bringas att hastigt uppkoka. Då laxen är kokt, upptages den varsamt, såsen silas, redes med äggulor, slås öfver; laxen serveras med förlorade ägg.

307. Laxkotletter.

Af färsk lax utskäras 2 cm. tjocka stycken som afjämnas och utplattas med ett knifblad, beströs med salt och något peppar, doppas i ägg och rifvebröd, samt stekas hastigt i smör. Serveras med brynt smör tillsatt med vinättika eller citronsaft. Ett elegantare sätt är att belägga hvarje kotlett med fiskfärs som färgats gul med kräftsmör. Garneras därpå med vackert skuren tryffel. Ett eldfast fat eller en stekpanna smörjes med kallt smör, kotletterna nedläggas; fatet eller pannan sättes öfver lindrig eld, kokande buljong eller vatten påspädes men får ej stå öfver kotletterna, öfvertäckas med ett smörbestruket papper, insättes i ugn ungefär $1/_2$ timme. Serveras med holländsk- eller ostronsås.

308. Öfverblifven lax.

Lax, som blifvit öfver efter serveringen, kan anrättas på följande vis:

Med majonnäs, äkta eller falsk, som slås öfver de redigaste bitarna.

Som salad med skurna grönsaker och kapris.

Som gratin, då äfven de minsta bitar äro användbara; blandas med annan fisk, kräftstjärtar eller hummer.

309. Graflax.

Till hvarje kg. lax:

| 4 msk. salt, | en knifsudd kalisalpeter, |
| hälften så mycket socker, | dill. |

Laxen klyfves, befrias från ben, torkas, men får ej sköljas, ingnides med ofvanstående blandning, lägges med köttsidorna mot hvarandra med färsk dill emellan, resten af saltblandningen strös öfver, täckes och ställes svalt. Efter 6 timmar är den färdig att serveras med sås af olja, vinättika, peppar och salt, som göres vid bordet.

Skall laxen förvaras några dagar, bortskäres skinnet, och laxen gnides öfverallt med blandningen.

Lax skuren i tunna skifvor kan grafvas på en halftimme.

310. Salt lax.

Salt lax, väl urlakad i mjölk, kan griljeras och stekas som annan fisk samt serveras med sötsur sås.

Skuren som den är, kan den serveras till stufvad potatis eller morötter.

Den kan äfven halstras, skäres då i något tjockare skifvor, hvilka, innan de halstras, doppas i smält smör. Serveras med rördt smör med persilja.

311. Laxöring. Forell. Tajmen. Röding.

Kunna beredas och serveras alldeles som lax. Forell och röding fordra kortare tid till kokning.

312. Sik.

Kan användas på alla sätt som lax, men dessutom äfven stufvas som aborre; är mycket fort kokt.

Rökt sik anses som en läckerhet.

313. Siklöja.

Behandlas på samma sätt som strömming.

314. Harr, örval, vala.

Dessa fiskslag, som hafva hvitt och fast kött, fetast om hösten, närmar sig något i smaken till laxöringar eller sik och kan anrättas som dessa.

315. Kokt braxen.

Braxen kokas på några minuter i saltadt vatten med krydd- och hvitpeppar, lagerblad och dill. Rommen, som anses för en läckerhet, kokas längre tid, serveras varm med grädde och rifven pepparrot.

316. Inkokt braxen.

Fisken skuren i bitar kokas som föregående, spadet silas öfver den upplagda fisken och får stelna till gelé.

317. Braxen med vin.

Braxen,	salt,
smör,	socker,
mjöl,	äggulor.
rödt eller hvitt vin,	

Af smör och mjöl, salt och socker göres en redning, som spädes med vin, 2 dl. till hvarje kg. fisk; fisken nedlägges, och pannan ställes öfver svag eld, omskakas ofta. Färdig upplägges den, och såsen afredes med äggulor.

Som bierfisk anrättas den på samma sätt med öl i stället för vin och med tillsats af något sirap och lök.

318. Ugnstekt braxen.

En fet stor braxen fjällas och rensas, sköljes samt aftorkas på linne. En långpanna smörjes med smör och däri lägges fisken, som öfverstrykes med vispade ägg, rifvebröd och fint hackad persilja, hvarefter små smörbitar läggas på fisken, sättes i ugn att stekas. Den öfveröses flitigt med sås, och man aktar noga, att den icke får stå för länge i ugnen, ty den blir snart torr. Den som vill, kan späda till vin i såsen. Serveras med den sås, som uppstår vid stekningen eller med champinjonsås.

319. Asp. Id. Mört.

Äro föga värderade fisksorter. Kunna anrättas som braxen och serveras med gräslökssås; griljeras och stekas som annan fisk.

320. Karp.

Karp kan anrättas på alla sätt som braxen.

321. Ruda.

Bäst anrättad som braxen med vin; kan äfven stufvas som lake.

322. Sutare.

Fisken skrapas och doppas ett par minuter i kokande vatten, så att slemmet lättare aflägsnas; lägges sedan $^1/_2$ timme i kallt vatten. Kan sedan anrättas som braxen eller griljeras och stekas. Kanske fördelaktigast inkokt.

323. Ål.

Ålen bör slaktas som annan fisk, genom att ryggbenet afskäres uppe vid gälarna; blodet får afrinna, och först sedan man förvissat sig om, att ålen är död, flås den. Skinnet lossas uppikring hufvudet, hvarefter man med en grof duk fattar om ålen, som man säkert fastgör genom en snara slagen om ryggbenet och denna fäst vid något föremål. Sedan skinnet är afdraget, bortklippas fenorna, ålen rensas och, om ryggbenet skall borttagas, användes en hvass mindre knif, så att ryggköttet ej går sönder.

324. Kokt ål.

Ålen sönderskäres, kokas i vatten med salt och peppar. Serveras med citron, smör och griljerad potatis.

325. Ugnstekt ål.

Ålen rensas, fläkes och ryggbenet urtages, hvarefter den saltas och får ligga ett par timmar. Den lägges sedan utbredd i en smord långpanna, öfversmörjes med vispade ägg och rifvebröd samt stekes i ugn. Den, som vill, kan koka en gröt af risgryn med vatten, hvitt vin och korinter, och däraf lägga ett hvarf öfver ålen, som sedan öfversmörjes, liksom ofvan är sagdt, och stekes i ugn. Serveras med stekt persilja och skarpsås.

326. Griljerad ål.

Den från ryggbenet befriade ålen beströs med salt och får ligga ett par timmar, aftorkas, griljeras och stekes på vanligt sätt. Serveras med skarpsås eller ättika.

327. Marinerad ål.

Sedan ål är fläkt, skäres den i bitar, hvilka läggas i en marinad af ättika, salt och stött peppar. Efter en tim. tagas bitarna upp, klappas i linne och griljeras som föregående samt serveras likaså.

328. Halstrad ål.

Sedan kokt ål kallnat, doppas den i smält smör, rullas i rifvebröd, därefter i ägg och åter i rifvebröd, salt och peppar, stekes sedan på halster på båda sidorna.

Ålen kan äfven halstras utan att först kokas, men blir ofta hård, hvilket kan afhjälpas genom att en stund upphetta den i en stekpanna, då något smör tillsättes. Garneras med stekt persilja.

329. Ål med curry.

Sedan ålen är kokt, skummas det feta noga bort, en rifven lök brynes lätt i smör, mjöl tillsättes och spädes med ålspadet; curry efter smak och, om man önskar, litet ättika; såsen hälles öfver ålen som serveras med potatispuré. Såsen kan äfven redas med äggulor, då persilja tages i stället för lök.

330. Inkokt ål.

Ålen skuren i jämnstora bitar kokas med salt, peppar och dill, får kallna i sitt spad. Ett prydligare sätt är att befria ålen från ryggbenet, belägga den med dillkvistar, salt och peppar, rulla den från stjärten och ombinda rullen hårdt med grof tråd, kvarefter den kokas i kort spad. Är ålen stor, kunna däraf göras två rullar. Sedan den kallnat, skäres den i skifvor tvärs öfver.

Skifvorna kunna läggas i form och behandlas som vid aladåb är beskrifvet.

331. Salt ål.

Sedan salt ål är väl urvattnad, kan den tillredas på alla sätt som färsk.

332. Nejonögon.

Nejonögon flås och urtagas (hvarvid blodet tages till vara); fisken sköljes, skäres i bitar och kokas lyckt med rödt vin, salt, hel peppar, lagerblad och skuren lök. Blodet gnides väl sönder med litet potatismjöl och kryddättika, fisken lägges på karott, litet af spadet hälles till blodet, som röres väl om och hälles i pannan till det öfriga spadet att upphettas, aflyftes och vispas, tills mesta hettan afgått, då såsen hälles öfver fisken, som serveras varm eller kall.

Nejonögon kunna för öfrigt anrättas som kokt eller stekt ål.

333. Kokt gädda.

Gädda, som förekommer i såväl sött som salt vatten, har fast hvitt kött.

Som den är mager, fordrar den rikligt med smör vid tillredningen.

Fisk som väger mer än 4 kg. har groft kött, men är användbar till färs.

Då gädda iordninggöres för kokning, kan man fjälla den eller låta fjällen kvarsitta, det sednare anses fördelaktigast för både smak och färg, i så fall bör ättika blandas i vattnet hvarmed den sköljes för att lättare aflägsna slem.

Gäddan skäres i bitar, påsättes i saltadt kokande vatten ej mer än som åtgår till sås, eller ock sammanbindas hufvud och stjärt, fisken lägges i kallt vatten med ryggen ned, bringas hastigt till kokning, flyttas sedan på sakta eld och är färdig, då fenorna lossna. Lefvern anses som en läckerhet; mjölken användes ej, rommen ätbar men hårdsmält.

Serveras med pepparrotssås kokt af spadet eller smält smör och rifven pepparrot, kapris- eller smörsås.

334. Ugnstekt gädda.

Sedan gäddan är urtagen, klyfves den och benet borttages; halfvorna läggas med skinnsidan mot en bräda, då man med en hvass knif lätt kan befria dem från skinnet.

Fisken beströs med salt och får ligga ett par timmar; aftorkas och doppas i smält smör, beströs med rifvebröd lägges på eldfast fat eller långpanna, insättes i varm ugn, öfveröses ofta med smör, pröfvas med en knifspets, om den är färdig och får ej kvarstå i ugnen längre än nödvändigt är, ty blir då torr. Serveras med champinjon- eller kaprissås. Buljong till denna kokas af hufvud och ben.

Gäddhalfvorna kunna späckas med fina strimlor af späckfläsk.

De kunna äfven späckas med ansjovis och gurkor, doppas i smör och beströs med hackad gräslök och persilja. Ugnstekt gädda serveras med äppelmos, kapris- eller olivsås.

335. Färserad gädda.

En medelstor gädda fjällas och urtages, ryggbenet utskäres men hufvud och stjärt få kvarsitta. Af det kött som följer med benet och smärre bitar af fisken (eller om man vill, af en annan fisk) göres fiskfärs. Gäddan saltas invändigt, färsen ilägges, och fisken hopsys; stekes som föregående eller kokas på sil i saltadt vatten. Före serveringen utdrages tråden.

Serveras med holländsk sås eller champinjonsås.

336. Gädda på franskt sätt.

Gäddan rensas och urtages så väl som möjligt samt flås, fylles sedan med fiskfärs och späckas med tryffel samt belägges äfven utvändigt med fiskfärs, vid hvilken fasttryckas bitar af salt kokt tunga, tryffel och oliver eller champinjoner. Fisken lägges sedan i en fiskkittel att koka i vin och vatten. Den upplägges därefter på ett fat och garneras med stufvade kräftstjärtar och champinjoner.

337. Gädda med fågelsås.

En större gädda rensas och fjällas samt späckas med fläsk och stekes i en smord kastrull med lock på sakta eld. Fisken öfveröses flitigt med den sås, som blifver under den. Då den är nära stekt, påspädes såsen med grädde; men sedan får man vara varsam, så att gäddan ej blir för lös i köttet och faller sönder. Den upplägges på ett fat, såsen afredes med litet mjöl och serveras särskildt. Serveras med ångkokt potatis och salader som till stek.

338. Gäddstufning med blomkål.

Kokt gädda,	grädde,
kräftsmör,	blomkål,
kräftstjärtar,	salt och peppar.

Fiskköttet skäres i tärningar. En redning göres af kräftsmör, mjöl och grädde, jämte något af spadet från gäddans eller blomkålens kokning. Fiskköttet nedröres i redningen, som upplägges och garneras med kräftstjärtar; blomkålshufvudet placeras i midten. Serveras varm.

FISKRÄTTER

339. Gäddkotletter.

Från skinn och ben befriade gäddhalfvor stekas i smör, få kallna, skäras i form af kotletter, beläggas med fiskfärs och öfverpenslas med ägghvita samt garneras med utskuren tunga, kräftstjärtar o. d. Smör smältes i en panna, en sked fiskfärs ilägges och omedelbart därpå en iordninggjord kotlett, som försiktigt sammantryckes med fiskfärsen, spädes med litet buljong, och lock pålägges. Serveras med kräft- eller champinjonstufning eller sås däraf.

Enbart fiskfärs kan formas som kotletter, stekas då på bägge sidor och en bit makaroni instickes däri, föreställande ben.

340. Stekt gädda.

Fisken klyfves, befrias från skinn och ben, saltas och får ligga 20 min. Bitarna aftorkas, doppas i ägg och rifvebröd, stekas i smör eller kokande flottyr, få afrinna på löst papper. Serveras till spenat eller annan grönrätt eller på smörgåsbord.

341. Kokt gös.

Gösen är en högt värderad fisk med hvitt fintrådigt kött och angenäm smak, som det är skada att förstöra med en mängd främmande tillsatser.

Sedan fisken är fjällad, urtagen och sköljd samt fenorna bortklippta, kokas den vanligen hel, i saltadt vatten. Man tillser noga att den ej får gå sönder, ty den är fort kokt.

Serveras med:
> Smält smör och hårdkokta ägg.
> Holländsk sås eller ostronsås.

342. Fylld stekt gös.

Tillredes som färserad gädda.

343. Ugnstekt gös.

Filéerna befrias noga från ben, saltas och få ligga 1 tim. bestrykas med äggula och smält smör, öfverströs med rifvebröd, stekas i varm ugn, begjutas ofta med smält smör och litet vin och kunna serveras med denna sås eller med holländsk sås, som slås öfver fisken, när den serveras.

344. Gös med kräftsmör.

Fisken behandlas som i föregående; bland brödet hvarmed fisken beströs blandas rifven parmesanost, ungefär hälften så mycket som brödet, hvarefter filéerna läggas i den smörbestrukna pannan, öfvergjutas med kräftsmör och grädde, insättas i varm ugn, tills de fått ljusbrun färg och öfverösas ofta under tiden. Spadet i pannan silas, och däraf beredes kräft- eller champinjonsås.

345. Färserad gös.

Från gösen borttagas jälarna och inälfvorna lossas och uttagas försiktigt. Sedan fisken är sköljd, borttages skinnet och fint salt påströs; färs beredd af gös eller gädda (se fiskfärs!) fylles i fisken, som äfven utvändigt belägges härmed, och därefter bestrykes med ägghvita. Tryffel uttages med formjärn och fasttryckes i färsen, hvarefter fisken kokas i franskt eller annat hvitt vin. Då den är färdigkokt, upplägges den på en sockel af ris (se sockel!), garneras med kräftstjärtar, queneller af fiskfärs eller champinjoner; serveras med kräft- eller champinjonsås.

346. Gös som kallrätt.

Öfverblifven gös befrias från ben, fräses hastigt i smör, spädes med vin, får kallna. Garneras med salad och kräftstjärtar samt serveras med majonnäs.

347. Lake.

Saltsjölake har mörkt skinn och anses bättre än insjölake, som är ljusare och ofta seg i köttet. Lake flås som ål; lefvern anses som en läckerhet; äfven rommen användes, men bör kokas för sig, ty den går ofta sönder. Fisken styckas vanligen innan den tillredes.

348. Stufvad lake.

Lake,	lök,
hvitt vin,	mjöl,
smör,	salt och socker,
citron,	citronskifva.

Rikligt med smör smältes i en panna, fisken nedlägges, och mjöl strös därpå, salt, litet socker och obetydligt med lök tillsättes, vin blandadt med hälften vatten slås på, så att det står jäms med fisken. Får hastigt uppkoka under det pannan ofta omskakas, flyttas på sakta eld. Då köttet lossnar vid benet, är fisken färdig, upplägges och garneras med lefver och rom jämte citronskifvor. Skulle såsen vara för tunn, afredes den på vanligt sätt och slås öfver fisken. I stället för med vin och vatten kan laken stufvas med grädde.

349. Simpor.

Förekomma i handeln flådda och säljas tjogvis. Den obetydlighet med kött som finns på fisken är välsmakande, lefvern och rommen utgöra det hufvudsakliga på dem.

Kokas i saltadt vatten; smörsås göres af spadet och persilja eller citron, samt hälles öfver fisken. Den kan stufvas som abborre eller lake.

350. Kokt abborre.

Bäst är saltsjöabborren med bjärta klara färger. Fjällen aflägsnas lättast med rifjärn. Då fisken rensas, tillvaratages rommen, som kokas för sig, fenorna bortklippas, de röda kunna kvarsitta som prydnad. Fisken kokas i saltadt vatten ej mer än som åtgår till sås, upplägges försiktigt, öfverströs med hackad persilja, om man ämnar servera den med persiljesås, i annat fall kan af spadet göras kapris- eller smörsås, hvarmed fisken serveras.

351. Stufvad abborre.

Abborre, salt,
smör, mjöl.
persilja,

Smör och persilja blandas och inläggas i hvarje fisk. En kastrull bestrykes med smör, fisken nedlägges med ryggen uppåt med persilja, smör, mjöl och salt; vatten påhälles, så att det står jäms med fisken, som får hastigt uppkoka under det pannan ofta omskakas, färdigkokas på sakta eld. Serveras med såsen öfver fisken.

Om till hvarje kg. fisk tages 150 gr. smör, endast en matsked mjöl, och vatten uteslutes, samt fisken kokas med tätt slutande lock, har man den under namn af *Blå portens abborrar* kända anrättningen.

352. Abborre med ostron.

Abborre, mjöl,
smör, ostron.

Fiskarna nedläggas jämte rikligt med smör i en kastrull. Ostronen rensas, skäggen jämte saften och salt afkokas. Spadet silas varmt öfver abborrarna, som få koka häri. Då fisken är färdig, afredes spadet med smör och mjöl, ostronen och citronsaft tillsättas, såsen upphettas och serveras öfver fisken.

353. Stekta abborrfiléer.

Till hvarje äggula:

6 msk. smör, citron,
1 msk. grädde, persilja.

På större abborrar uttagas filéerna, stekas i smör på sakta eld, vändas flera gånger och få ej bli bruna; uppläggas på anrättningsfatet och saltas med fint salt. Smör och citronsaft uppvärmas, äggulor och grädde tillsättas under vispning, finhackad, förvälld persilja lägges i såsen, som hälles öfver fisken.

FISKRÄTTER

354. Nors.

När fisken är rensad, sköljes den i svagdricka eller ättika och vatten, kokas äfven häri tillika med dill, peppar eller lagerblad, serveras med pepparrot eller senapssås.

Behandlas till stekning på samma sätt, doppas i mjölk och rågmjöl, stekas i kokande flottyr.

Till garnityr kunna de doppas i frityrsmet, kokas i flottyr.

355. Gärs.

Endast stor gärs lämpar sig för anrättning och måste användas, så fort den är fångad; den fjällas, urtages och sköljes hastigt, kokas några minuter i lindrigt saltadt vatten; serveras med persiljesås.

Griljerad och stekt utgör den en läckerhet trots de hvassa benen.

Saltvattensfisk.

All saltvattensfisk bör tillsättas rikligt med salt vid kokningen. Det uppgifves, att den betydligt förbättras, om den lägges i iskallt saltadt vatten $^1/_2$ timme; åtminstone blir köttet betydligt fastare genom denna åtgärd, om den också mister i näringsvärde härigenom.

356. Flundra.

Öfver hufvud taget kunna de flesta flunderfiskar anrättas på samma sätt, oafsedt hvilken art de tillhöra. Till kokning väljas stora flundror, små blifva bäst stekta. Innan fisken rensas, lägges den $^1/_2$ timme på ett fat med salt och litet ättika, så att man lättare kan aflägsna slemmet, skrapas därefter med en knif, skuras med skarp sand och sköljes noga. Gälarna borttagas, och inälfvorna aflägsnas genom en inskärning som göres vid hufvudet, hvilket kan kvarlämnas på fisken; fenorna afputsas. På den mörka sidan göres en inskärning längs efter fisken; den kokas i saltadt vatten på sil eller fat. Serveras med den hvita sidan upp mot hvilken de prydnader man använder taga sig bäst ut. På större fiskar, som behöfva flås, afdrages endast det mörka skinnet.

357. Kokt piggvar.

Piggvar är bäst under sommaren och hösten men ätes året om. Den har fast hvitt kött och står alltid högt i pris. Den kokas, som nämnts i föregående, utan någon annan krydda än salt, garneras omväxlande med citronskifvor, kruspersilja, hummersmör beredd af rom.

Serveras med:

Hummer- eller kräftsås.	Holländsk sås.
Ostronsås.	Champinjonsås.

358. Ugnstekt piggvar.

Det mörka skinnet afdrages, och fisken nedlägges några minuter i kokande saltadt vatten att endast sjuda, upptages och får afrinna. Ett eldfast fat belägges med smör, hackade champinjoner och något finrifven lök; härpå lägges fisken, som öfvergjutes med smält smör, insättes i ej för varm ugn och öfveröses ofta med smör; får ej blifva brun. Då den är färdig, garneras den och serveras som föregående. Är egentligen att betrakta som ugnkokt fisk, och sättet kan rekommenderas i allmänhet. Önskar man fisken brunstekt, lägges den på fatet med den flådda sidan upp, bestrykes med äggula och öfversiktas med rifvebröd, begjutes med smält smör och stekes i varm ugn. Serveras med citron eller persiljesmör eller sås som i föregående.

359. Hafstunga.

Fisken kallas äfven sjötunga; två arter förekomma, falsk och äkta, den senare nära dubbelt så dyr och af utmärkt finhet. Kokas och anrättas som piggvar; filéerna kunna utskäras och anrättas som filén af flunderfisk, men som fisken är tunn, bör endast större fiskar användas därtill. De mindre kunna med fördel griljeras och kokas i flottyr; tåla endast några minuters kokning.

På en större hafstunga göres en inskärning från hufvud till stjärt, då fisken rensas, och ryggbenet afskäres upp och nedtill, så att det lätt kan uttagas, då fisken är stekt, skåran fylles med sammanblandadt persilja och smör; serveras med smör tillsatt med citronsaft.

360. Slätvar.

Köttet liknar piggvarens, men är icke fullt så välsmakande, ehuru priset ofta är detsamma. Tillredes som piggvar.

361. Filéer af flunderfisk.

De utskurna filéerna beströs med salt, få ligga $\frac{1}{2}$ tim., aftorkas. Filéerna hoprullas och ställas på ett med smör bestruket eldfast fat, några matskedar hvitt vin påhällas, och fisken inställes i ugn; betäckes med ett lock eller smörbestruket papper, ty den får ej bli brun. Då fisken är färdig, arhälles försiktigt det spad, som är på fatet; af detta och buljong på fiskbenen göres kräft- eller champinjonsås, som slås äfver fisken. Garneras med kräftstjärtar eller i smör frästa champinjoner.

362. Kokt rödspotta.

Fiskens mörka sida är fullsatt med röda fläckar, däraf namnet; dess kött är hvitt, fast och välsmakande. Är af alla flunderfiskar den billigaste, kan anrättas på samma sätt som piggvar och stufvas som hälleflundra. Kokning af rödspotta måste försiggå med uppmärksamhet, ty den är kokt på några minuter.

Till kokning väljas stora rödspottor, som kokas hela eller delas. Serveras med persiljesås eller finare med sås som angifves vid piggvar.

363. Stekt rödspotta.

Fiskarna saltas och få ligga en timme, aftorkas, griljeras och stekas som angifves vid stekning af fisk. Den kan utskäras i filéer, som behandlas på samma sätt. Serveras med citronsmör eller champinjonsås.

364. Kokt hälleflundra.

Hälleflundran är en fisk af ovanlig storlek; köttet på de största fiskarna är groft och hårdt. En fisk på 7 à 8 kg. anses bäst. Den styckas och försäljes kilovis. Priset är jämförelsevis billigt, och fisken dryg, då det är ytterst litet som skrädes bort.

Det mörka skinnet borttages och det hvita skrapas väl, kokas som flundra och serveras med fisksås efter smak. Den kan äfven med fördel stufvas som lake.

365. Stekt hälleflundra.

Fisken lägges ett par timmar i saltadt iskallt vatten, aftorkas, stekes i rikligt med smör i ugn, med eller utan rifvebröd, öfveröses ofta, tillses att den ej får kvarstå i ugnen, sedan den är färdig. Den under stekningen bildade såsen kan smaksättas med citronsaft eller vin, utspädas med fiskbuljong och redas med smör och mjöl eller äggulor, eller kan man servera citronsmör därtill.

Fisken kan skäras i skifvor, sedan den är upptagen ur saltvattnet, griljeras och stekas som annan fisk samt serveras till grönsaker eller med kaprissås.

366. Stufvad hälleflundra.

Stekt flundra, smör,
vin och mjöl.

Hälleflundra, skuren i skifvor, griljeras och stekes ljusgul i smör, den får ej bli det minsta brun, upplägges att kallna. Buljong kokas af fiskbenet, litet vatten och dubbelt

FISKRÄTTER

så mycket vin som fiskbuljong tillsättes, och fiskbitarna nedläggas att blifva genomvarma, upptagas med hålslef. Såsen afredes med smör och mjöl och bör vara tämligen tjock, slås öfver fisken.

Hvilken stekt fisk som helst kan anrättas sålunda för dem, som tycka om vinsmak på maträtter.

367. Kokt torsk.

Torsken är en omtyckt saltvattensfisk med hvitt välsmakande kött och är dessutom ganska billig.

Sedan fisken är skrapad, rensad och sköljd, bör den ligga ingniden med salt ett par timmar. Skall fisken kokas hel, bortskäras hufvud och stjärt, som lätt falla sönder vid kokningen, och mellanstycket skåras på bägge sidor, nedlägges i kokande saltadt vatten. Lefvern bör kokas för sig, emedan dess oljeaktiga smak lätt meddelar sig till fisken; äfven rommen är välsmakande och användes liksom lefvern till garnering. Hufvud och stjärt kunna kokas för sig och äro kokta på några minuter, eller griljeras och stekas, kunna användas som garnityr eller som särskild rätt. Serveras med smält smör och hackade ägg eller den fisksås, som är passande för tillfället.

368. Ugnstekt torsk.

Behandlas som ugnstekt gädda, men stjärt och hufvud borttagas; fordrar kortare tid att steka.

369. Salt torsk.

Anrättas som kabeljo; väl urvattnad kan den griljeras och stekas.

370. Långa.

Rensas och behandlas som torsk eller hvitling; med samma slags såser.

371. Kabeljo.

Kabeljo (saltad långa) vattlägges ett dygn, och vattnet ombytes ofta; påsättes i kallt vatten och får långsamt uppkoka, hvarefter vattnet endast får sjuda, tills fisken är mjuk. Man bör beräkna minst en timme till kokning af fisken, som förut skäres i bitar. Af spadet eller, om det är för salt, endast något däraf, och vatten göres en sås med mjöl samt rikligt med smör och hackade ägg. Finare är att servera den med smält smör till de hackade äggen.

372. Stufvad stockfisk.

Den torra fisken doppas i kallt vatten, bultas tills den blir mjuk, lägges därefter i vatten tillsatt med litet pottaska. Efter ett dygn upptages fisken, plockas fri från skinn och ben, förvälles i kokande vatten och upplägges på sil att afrinna, så snart den är mjuk, emedan den eljest hårdnar. Morötter skurna i skifvor kokas mjuka, smör och mjöl sammanfräsas och spädas med mjölk, fisken och morötterna tillsättas jämte salt och peppar, får sakta koka en stund. Serveras med griljerad potatis.

373. Kokt lutfisk.

Den väl urvattnade fisken nedlägges i kokande vatten, helst på sil, får ett enda uppkok, saltas betydligt, skummas, och tättslutande lock pålägges, hvarefter den får stå på spiseln, utan att vidare koka. Då den skall serveras, upplyftes silen, och vattnet får väl afrinna; användes ej sil, afslås vattnet, och fisken lägges på silfat att afrinna. Serveras med mjölksås, afredd med smör och mjöl, smält smör särskildt, potatis eller gröna ärtor.

374. Kolja.

Anrättas och serveras som torsk, men är betydligt olik denna i smak; priset något lägre än torsks. Mjölken anses som en läckerhet. Kolja är användbar till fiskfärs, kanske bäst att taga hälften annan fisk därtill, t. ex. gädda, om man ej särskildt värderar koljans egendomliga smak.

375. Hvitling.

Denna fisk har ett fint men löst kött, är därför svår att transportera; nyfångad utgör den en läckerhet. Den tål endast några minuters kokning. Serveras med smält smör och hackad persilja. För öfrigt kan den tillredas som gös eller torsk.

Stekning af hvitling bör försiggå hastigt, så att fisken ej går sönder, kan som stekt serveras med citronsmör.

376. Makrill.

Vid inköp af makrill bör man tillse att fisken är fast och styf; den skämmes fort. Den kokas in som lax, men bör ej kallna i spadet. Den kan äfven serveras varm, med någon fisksås.

Skall makrill stekas, sker detta bäst i ugn, och serveras som annan stekt fisk till grönsaker eller doppas i frityrsmet och kokas i flottyr; serveras med tomatsås. Lämpar sig bra för rökning.

377. Färsk sill.

Höstsillen är bäst, men äfven om våren är sill användbar, den bör vara blank med röda gälar. Priset är lägre än på någon annan fisk, och offrade man på den något af den tid och de tillsatser, som kostas på annan fisk, skulle sillen blifva den omtyckta hvardagsrätt den förtjänar att vara.

378. Kokt sill.

Sill sättes öfver elden i kokande starkt saltadt vatten, får sakta koka omkring 15 min. Serveras med detsamma den är färdig med holländsk- eller ansjovissås eller hvilken fisksås som är omtyckt.

Vattnet till sillen kan också tillsättas med något ättika, peppar, nejlikor, lagerblad, lök eller persilja, då spadet användes till såsberedningen.

Den kan ugnkokas med ofvan nämnda kryddor, salt, smör och litet ättika; utan vatten med tätt slutande lock i 2 timmar. Serveras kall med skarpsås.

379. Stekt sill.

Den rensade sillen beströs med salt och får ligga ett par timmar, aftorkas, griljeras och stekes. Före stekningen kan den marineras med ättika, lök och salt, som borttagas, då den skall stekas.

Som stekt kan den nedläggas i uppkokt ättika och tillsättas med peppar och nejlikor, sedan den svalnat. Kan förvaras flera dagar.

380. Halstrad sill.

Den rensade sillen torkas väl, skåras på båda sidor, doppas i mjöl och halstras öfver lindrig eld, saltas då den är färdig. Serveras med smält smör eller hvilken fisksås som helst.

381. Salt sill.

Rensas och vattlägges utan att befrias från skinn och ben. Som kokt ätes den med gräslöks- eller annan löksås. Kan stekas hel eller skuren i bitar. Griljeras och stekes som annan fisk. Serveras med korintsås.

382. Sill i papper.

Norsk fetsill urvattnas, hufvud och stjärt borttagas, hvarefter den klappas in i en duk. Skrifpapper bestrykes med smör, rifvebröd påströs, men ej på större yta än sillen upptager; papperet hopvikes tätt kring sillen, som stekes i panna på bägge sidor öfver frisk eld; fortsättes stekningen för länge blir sillen torr. Serveras varm i sitt papper med potatis och smör.

FISKRÄTTER

Sillen kan beströs med hackad persilja, gräslök eller annan lök, bör då befrias från ben och endast en halfva lägges i hvarje papper.

383. Strömming.

Större strömming kan behandlas på alla sätt som sill. Mindre strömming befrias från ben, griljeras och stekas i smör eller flottyr.

Se vidare: smårätter!

384. Fiskfärs.

Till ¹/₂ kg. skrapadt fiskkött tages:

¹/₄ kg. smör,   2 matskedar mjöl,
4 ägg,   ¹/₂ l. grädde,
peppar och   salt.

Blir bäst af gädda, men kan äfven göras af kolja och torsk, men bör då blandas med gädda. Fisken bör rensas dagen förut och upphängas väl inlindad i en duk. Köttet skrapas fint och man tillser att ej fjäll medfölja; stötes i mortel med smöret, så med mjöl och kryddor, hvarefter äggulorna tillsättas en i sänder; sist spädes med grädden, men småningom, så att ej färsen skär sig. (Äfven kan man sammanvispa gulorna med mjölet och grädden och sedan arbeta in detta i färsen). Sist nedröras de till skum slagna hvitorna. Färsen profvas, och, om så fordras, tillsättes mera grädde. Kokas omkring ³/₄ timme. Om färsen önskas enklare och större, kan mera mjöl och mjölk tillsättas, men proportionerna mellan fisk och smör bibehållas. Är köttet fritt från fjäll och ben samt färsen väl arbetad, kan passeringen uteslutas.

Serveras med champinjon- eller kräftsås.

385. Fiskfärsbård.

Färsen spädes något mindre än i föregående, lägges i en bårdform, kokas kortare tid; användes med fördel, då finare fiskstufning eller små stekta filéer af fisk serveras, kan också fyllas med hönsfrikassé, stufning af hummer, kräftor eller sparris. Af samma färs formas små kotletter, som läggas i en panna med smör; då de vändas instickes en bit makaroni, som föreställer ben i kotletten. Serveras med champinjonsås.

Skaldjur.

386. Kokt hummer.

Till kokning af hummer tagas ungefär 100 gram salt på 2 liter vatten. Då detta friskt kokar, isläppes hummern med hufvudet före, så att den genast dör. En hummer på omkring 400 gr., tål att koka en kvarts timme, de större något mer. Hummern blir hård i köttet, om den får koka för länge. Då de långa smala benen med lätthet kunna lossas, är den kokt, upptages då och lägges på rygg att kallna. Strax innan hummern serveras, klyfves den längs efter i tvenne halfvor, klorna krossas försiktigt, tarmen och magsäcken, som har sin plats vid hufvudet, borttagas. Hummern anrättas garnerad med grönt. Serveras med olja, ättika och peppar eller med sås som i nästa nummer. Garneras inuti med kapris.

387. Hummer med sås.

Sås: Till hvarje matsked rom:

1 msk. olja,   1 tsk. ättika,
1 äggula,   peppar, salt och senap.

Klor och stjärtar uttagas försiktigt och skäras i jämna bitar, uppläggas vackert på anrättningsfatet; som fyllnad kan ett eller ett par af de vackraste skalen bibehållas hela, köttet uttages då underifrån, utan att hummern klyfves;

skalen gnidas med matolja, hvilket låter färgen klarare framträda. På en bädd af sallad eller persilja läggas skalen och häromkring det skurna hummerköttet.

Till sås tagas rommen och inkråmet i hummerskalen, hvilket stötes i mortel, under tillsättande af äggulor, matolja inarbetas efteråt; kryddas och, om man så vill, kan finhackad persilja iläggas; såsen ställes en stund på is innan den serveras kring hummern.

388. Hummersalad.

Hummer,   kokt fisk,
ägg,   salad,
majonnäs.

Öfverblifven hummer, eller mindre bitar af sådan, kan användas till salad, blandad med kokt gös eller gädda.

Fiskköttet och hummern skäras i små bitar, hårdkokta ägg hackas, och salad skäres fint, allt sammanblandas och upplägges på anrättningsfatet, serveras med majonnäs eller sås som i föregående nummer.

Vidare användes hummer till:

Timbal.   Ragu.
Gratin.   Pastejer.
Majonnäs.   Krustader.
Aladåb.   Kroketter o. s. v.

389. Hummersmör.

Se kräftsmör!

390. Kräftor.

Kräftorna sköljas i kallt vatten. I en rymlig kastrull uppkokas vatten ungefär så mycket som kräftorna fylla i rymd, då vattnet kokar friskt, iläggas dillkronor efter smak och en rågad msk. salt för hvarje tjog kräftor.

Kräftorna läggas hastigt i det kokande vattnet och tryckas ned med ett lock som går ned i pannan, så att alla djuren komma under det kokande vattnet. *Frisk eld!*

Få koka 10 à 15 minuter, och böra kallna i så mycket af vattnet, att det står jäms med kräftorna. Uppläggas högt och garneras med dill.

Kunna användas på alla sätt, som är angifvet vid hummer.

391. Kräftsmör.

Samma vikt smör som skalen af kräftor eller hummer stötas tillsammans i stenmortel, tills skalen äro sönderstötta. Massan lägges i en kastrull och röres öfver elden, tills den är genomhet, kokande vatten påhälles och får koka några minuter, under omrörning. Pannan flyttas från elden, och det röda smöret afskummas, litet kallt vatten tillspädes, omröres väl och får ånyo koka upp, detta upprepas, tills allt smör är tillvarataget. Spadet silas och kan användas till alla slags fiskrätter, sås eller soppa.

Af rommen blir ett kraftigt smör; den stötes då tillsammans med smör eller matolja, drifves genom sikt, användes med fördel till majonnäs.

Om kräftsmöret skall förvaras, bör det, sedan det är befriadt från vatten, smältas i en panna; upphälles därefter i mindre glas eller burkar och beströs, när det stelnat, med fint salt. Det kan äfven formas till bollar, som kunna förvaras i saltlake.

392. Krabbor.

Krabbor kokas som hummer, men fordra längre tid, innan de blifva färdiga. De användas vanligen kalla, men kunna äfven begagnas till soppor och raguer.

Man kan äfven urtaga köttet, som är löst och hvitt som fiskmjölke, hacka det med lika mycket krasse samt blanda det med olja och ättika. Denna blandning fylles i krabbskalen och lägges på ett fat, samt garneras med persilja och krabbklor. Serveras utan sås.

Likaledes kan man göra en färs af köttet med rifvebröd, hackad persilja och något smör, helt litet socker, citronsaft och ett par korn kajennpeppar. Färsen fylles i skalen, man öfverströr rifvebröd och öfverpenslar smör, hvarefter de gräddas.

393. Räkor.

Till 5 liter vatten tagas omkring 100 gram salt. Räkorna läggas i en korg med grepe, och då vattnet kokar friskt, nedsänkes korgen i vattnet, så att det står öfver den. De kokas i ungefär 8 minuter, hvarunder man noggrant tager bort det skum, som flyter upp. Kan användas på alla sätt som kräftor.

394. Ostron.

Ostron äro bäst från sept. till och med april. Ett kännetecken på att ostronen äro lefvande är, att skalen äro tätt slutna. Vid uppbrytningen tillses noga, att saften ej bortspilles; de öppnas med en stadig knif, om man ej har ostronbrytare, skägget bortskrapas, och ostronet lossas från skalet, strax innan de serveras.

Om ostronen skola serveras i det djupa eller det platta skalet, är bäst att afgöra efter hvars och ens smak, ty meningarne därom äro delade, såvida man ej föredrager, åtminstone vid festliga tillfällen, det betydligt bekvämare sättet att lossa dem ur skalen och servera dem i snäckor med sin saft. Vanligen beräknas sex ostron för hvarje person. Snäckan ställes på tallrik, belagd med is. Garneras med citronskifvor. Till ostron serveras: smör, rostadt bröd, salt och peppar.

395. Stekta ostron.

Smör, rifvebröd, kajennpeppar.

Ostronen brytas upp, det öfre skalet bortkastas, skägget tages ifrån och förvaras; ostronen lossas, men få ligga kvar i sitt skal med sin egen sås; fint stötta hveteskorpor blandas med helt litet kajennpeppar; på hvarje ostron i skalet slås en tesked smält smör, sedan strös en nypa af brödet däröfver, och strax innan de skola serveras, sättas ostronen på en plåt eller långpanna och införas i varm ugn att genomhettas, hvarefter de anrättas som föregående.

396. Panerade ostron.

Smör, rifvebröd, citron.

Då ostronen äro tagna ur skalet, droppas litet citronsaft öfver dem, hvarpå de doppas i ägg och rifvebröd, upphettas hastigt i smör. Om de stekas länge, blifva de hårda. Användas som garnering till finare fiskrätter.

397. Ostronpulver.

Skäggen af ostron tillvaratagas, likaså saften efter ostron som användts till annat, eller om det är så riklig tillgång på ostron, att de ej omedelbart kunna användas, beredes däraf ostronpulver på följande sätt:

Skägget eller ostronen arbetas en stund med litet salt, pressas därefter genom hårsikt, till den öfriga saften, hvetemjöl iblandas, så att det hela blir som en deg, hvilken utkaflas tunn; hopvikes flera gånger. Slutligen utkaflas den så tunn som möjligt, skäres med sporre i små bitar, som långsamt torkas på papper i svag ugnsvärme och ofta vändas. Då de äro nästan torra, krossas de, torkas ytterligare, hvarefter de stötas och siktas samt förvaras så lufttätt som möjligt. Användes så väl i såser som vid andra tillfällen, då ostronsmak passar.

De frånrensade skäggen kunna äfven afkokas i helt litet vatten, silas och förvaras på väl hartsade flaskor och användas på samma sätt.

Ostron användas vidare till:

Krustader. Risoller. Omelett. Pastejer. Gratin.

Såser.

398. Beredning af sås.

Det är ofta såsen, som gifver anrättningen sin egentliga karaktär. Ingredienserna till såsen äro vanligen dyra, och mången gång måste man spara på ägg och smör, men hvad man icke behöfver spara på, är den omsorg, som är ett hufvudvillkor vid såsberedning.

Vid kokning och stekning af kött erhållas buljong och sky till sås; likaså vid kokning af fisk. Då fisk stekes, afkokas hufvud och ben till beredande af sås. Men vid många tillfällen är det nödvändigt att hafva till hands något, hvaraf sås kan beredas eller förbättras; till detta ändamål kunna såväl buljong, sky som köttextrakt (se: köttextrakt) användas.

Endast smör af bästa beskaffenhet bör användas till sås; soja och essenser användas med försiktighet vid såsberedning.

För att undvika upprepande meddelas här nedan det tillvägagående, som i hufvudsak är gemensamt för de flesta såser:

Afredning med smör och mjöl. Smöret smältes, och mjölet tillsättes under ständig vispning, pannan flyttas till svagare värme, och man fortfar att vispa under loppet af några minuter. Det, hvaraf såsen skall beredas, tillsättes nu fullt kokande i små portioner, och såsen får ett uppkok mellan hvarje gång och får sakta koka omkring 10 minuter.

Afredning med brynt smör och mjöl. Härtill brynes mjölet i smör på svag eld under ständig omrörning, tills det får en ljusgul färg; sedan pålägges lock, och pannan placeras på spiseln utom fara för, att innehållet brännes. Omröres några gånger under loppet af 20 minuter. Behandlas därefter som föregående.

Afredning med äggulor. Den färdigberedda såsen tages från elden att något afsvalna, äggulorna söndervispas med ett par skedar af såsen och slås därefter i pannan, som åter ställes öfver elden att under ständig vispning upphettas, men får ej komma i kokning, vispas en stund, sedan pannan tagits från elden.

Afredning med potatismjöl. Potatismjölet uppvispas med kallt vatten och hälles under flitig vispning till det, som skall afredas, hvarefter detta endast får ett uppkok, men vispningen fortsättes, sedan det tagits från elden.

Såser till kötträtter.

399. Behandling af sky till steksås.

Då en stek är färdig, antingen den är stekt i ugn eller gryta, har man, om steken är ordentligt behandlad, tillräckligt med sky till sås.

Då steken är upptagen, silas skyn upp, pannan eller grytan urvispas med litet vatten, så att allt blir tillvarataget.

Fettet bortskummas väl. Något af skyn hälles i en såspanna, och mjöl tillsättes samt invispas omsorgsfullt öfver elden; först spädes med resten af skyn, och såsen får ett uppkok, sedan spädes med kokande buljong, vatten, grädde eller mjölk. Saltas, om så behöfves, och hålles varm, genom att pannan nedsättes i kokande vatten. Då såsen ej skall hållas varm, kan den naturligtvis beredas i samma panna, hvari köttet stekts. Skyn kan spädas med buljong eller vatten utan att redas, synnerligast vid ugnsstekning.

400. Brun champinjonsås.

Äro champinjonerna inlagda i smör, användes smöret till såsen; äro de inlagda i vatten, medtages äfven något af detta. Färska champinjoner färdigkokas i litet vatten.

SÅSER

En sås tillredes (se beredning af sås), och häri läggas champinjonerna att blifva väl genomvarma. De kunna, innan de läggas i såsen, fräsas i smör.

401. Murkelsås.

Murklorna, som förvaras torkade, böra läggas i kallt vatten några timmar, innan de skola användas. Kokas färdiga i mycket vatten. Såsen beredes för öfrigt som föregående.

402. Tryffelsås.

2 msk. tryffel, 1 dl. vin till $1/_8$ l. sås.

Tryffeln skäres i tärningar och kokas i vin under slutet lock. Vanlig skysås redes obetydligt, tryffeln med vinet tillsättes, och såsen sammanvispas väl.

403. Olivsås.

Oliverna skalas i spiral från kärnan, dessa afkokas några minuter i buljong som frånsilas, och häri kokas oliverna mjuka; färdigberedd skysås kan tillsättas eller sådan kan göras af kraftig buljong, redd med smör och mjöl.

404. Bechamelsås.

100 gr. smör, 100 gr. mjöl,
2 spanska lökar, 3 nejlikor,
1 lagerblad, litet muskot,
100 gr. rå skinka, $1/_2$ l. stark buljong,
2 dl. söt grädde.

Skinkan sönderskäres och fräses i smöret jämte löken, och mjölet nedröres; buljong och kryddor tillsättas, och såsen får koka 15 minuter, silas, och grädden ivispas. Serveras till höns, kalf- eller lammkött.

405. Pikant sås.

Fyra morötter,	ett selleri,
2 lökar,	en kvist timjan,
4 nejlikor,	en bit ingefära,
litet kryddpeppar och	en tesked socker.

Kryddorna krossas och kokas med $1^1/_2$ l. buljong, silas, och såsen redes med smör och mjöl. Serveras till biff och chateaubriand. Kan äfven tillsättas med hackade champinjoner, kapris och oliver.

Serveras den till vildt, läggas ett par skedar hallon- eller vinbärsgélé i såsskålen.

406. Colbertsås.

200 gr. smör,	2 citroner,
1 msk. persilja,	litet muskott,
$^1/_4$ l. stark buljong.	

Den hackade persiljan arbetas tillsammans med smöret, köttgelé eller buljong tillsatt med köttextrakt uppkokas och lyftes från elden, smöret med persiljan jämte citronsaften tillsättes under flitig omröring; sist ihälles en matsked kallt vatten. Serveras till stekt kött, men äfven till fisk.

407. Vinsås.

| 2 dl. stark köttsky, | 1 dl. madera, |
| peppar, | salt. |

Köttskyn, som bör vara klar med mörk färg, tillsättes med peppar och helt litet potatismjöl samt uppkokas under vispning. Vinet ihälles att blifva varmt. Serveras till rätter af kalf och höns, samt, där det passar, tillsättes såsen med tryffel, champinjoner eller murklor.

408. Frikassésås.

Härtill göres redningen tjockare än till andra såser, den spädes med buljong, af det kött, till hvilken den skall

SÅSER 150

serveras, och som förut blifvit väl befriad från fett; afredes med äggulor; salt, peppar och citronsaft tillsättas.

Serveras hälld öfver det skurna köttet.

409. Tomatsås.

Till sås kan användas såväl färska tomater som puré däraf. Färska tomater ituskäras och få koka i litet vatten tillsatt med peppar och salt omkr. $^1/_2$ timme, hvarefter de passeras.

En tjock redning göres af smör och mjöl, som spädes med (helst) ljus buljong, puréen tillsättes småningom, och såsen kryddas försiktigt, så att tomatsmaken får bli rådande. Råa eller förvällda klyftor af tomater kunna iläggas.

410. Sparrissås.

Sparrisen kokas, knopparna och resterna för sig, de förra undantagas, och de senare drifvas genom sikt och blandas till den redning, som skall utgöra sås, sparrisknoppen ilägges, och såsen kan tillsättas med ägg och grädde. Serveras till höns, kalf och kalkon.

411. Såser till kött- och fiskrätter.

Redning: hälften af det smör, man afser till såsen, lägges i pannan, mjöl tillsättes och vispas öfver elden ett par minuter utan att brynas; det, hvarmed redningen skall spädas, uppkokas och tillhälles, och såsen får koka upp under vispning, får koka i 10 minuter, hvarefter resten af smöret ilägges vid serveringen.

Med kapris: ett par matskedar till omkr. $^1/_2$ l. sås, socker och något af kaprisättikan efter smak.

Med selleri: fint skuren selleri och det vatten, hvari det kokats, lägges i såsen, jämte peppar och litet vin. Serveras till färsk oxbringa, tunga m. m.

Med pepparrot: rifven pepparrot, jämte socker och salt, läggas i såsen, som därefter ej får koka; beredes af såväl buljong, fiskspad, som mjölk.

Med korinter: dessa förvällas först, hvarefter såsen kryddas med socker och ättika.

Med senap: senap, socker och salt tillsättas redningen efter smak. Serveras till färsk fisk och kabeljo, såväl med som utan hårdkokta ägg.

Med persilja: som finhackas och lägges i såsen; serveras till kokt fisk.

Med dill: såsen får ett uppkok, sedan den finhackade dillen är ilagd; kryddas med socker och ättika.

Med gräslök: såsen serveras till kokt sill och strömming.

Med lök: skuren i skifvor, brynes löken i smör, litet af buljongen tillslås och får koka därmed några minuter, innan den tillsättes såsen. Serveras till sillbullar.

Med gurkor: ättiks- eller saltgurkor skäras i fina tärningar och läggas i den färdigberedda såsen.

Med ansjovis: benfri ansjovis stötes i mortel med ett stycke smör, efter smak lägges däraf i såsen, jämte finhackad persilja. Serveras till kokt fisk.

Såserna kunna afredas med äggulor och grädde.

SÅSER

Såser till fisk.

412. Holländsk sås.

Med vatten:
till hvarje äggula:
15 gr. smör,
1 msk. vatten,
citronsaft,
salt.

Med grädde:
till hvarje dl. grädde:
2 à 3 äggulor,
60 gr. smör,
citronsaft,
salt.

Hälften af smöret, gulorna och vattnet (grädden) vispas öfver svag eld, pannan tages ett par gånger från elden, så att såsen ej kommer i kokning, under ständig vispning ilägges det öfriga smöret deladt i små bitar. Skulle såsen bli för tjock, spädes med 1 msk. vatten; citronsaft efter smak jämte salt tillsättes, då såsen är färdig. Serveras till kokt fisk och hälles vanligen öfver denna.

För den ovana är denna sås svår att tillreda. För att vara säker, att ej såsen skall skära sig, hålles såspannan i en panna med kokande vatten, hvilket når upp om sidorna på såspannan, medan såsen tillredes.

Till såsen med vatten beräknas en äggula per person.

413. Falsk holländsk sås.

Till hvarje ägggula:

20 gr. smör,
10 gr. mjöl,
1 dl. buljong,
citronsaft,
salt.

Hälften af smöret smältes, mjölet inarbetas, och pannan får stå på spiseln att hållas varm 10 minuter, men smöret får ej brynas. Buljong eller fiskspad tillspädes och såsen uppskakas, hvarefter äggulorna och sist återstoden af smöret ivispas; kryddas med citronsaft och salt. Sås på en äggula kan beräknas till 2 à 3 personer.

Utgör egentligen endast en förenkling af föregående sås.

414. Ljus champinjonsås.

Champinjoner, äggulor,
grädde, salt,
smör, peppar.
mjöl,

Af smör och mjöl göres en redning med grädden och champinjonspadet, om konserverad svamp begagnas; såsen får koka 10 minuter, champinjonerna iläggas att blifva varma, såsen kryddas och afredes med ägggulor.

415. Ostronsås.

Till hvarje dussin ostron:

1 äggula, 2 dl. ljus buljong.

Ostronen uppbrytas, skägget och det vatten, som är i ostronen, hälles i en panna tillika med buljong, som, när det kokat en stund, uppsilas. Smör och mjöl sammanfräsas, och härmed spädes såsen; då den kokat, afredes den med äggulor och grädde. Scherry, citronsaft, salt och peppar tillsättas. Ostronen läggas i en sikt, öfverslås med kokande vatten, hvarefter de läggas i såsen, som genast serveras till höns-, kalf och fiskrätter.

416. Kräftsås.

Kräftorna behandlas som till kräftsoppa, men endast ¹/₂ l. buljong användes till hvarje tjog kräftor.

Det afskummade kräftsmöret fräses med mjöl, spädes med buljongen, och när såsen kokat, iläggas stjärtarna.

Är såsen afsedd till fiskfärs, bör därtill användas grädde i stället för buljong.

417. Smält smör.

Endast smör af bästa beskaffenhet bör användas härtill. Smältes säkrast i en skål, som placeras i kokande vatten, tills smöret är varmt, serveras i tid och otid till fisk

SÅSER 154

och kokta grönsaker. Till smöret kan blandas litet ättika, om det passar till den rätt det serveras med t. ex. stekt fisk.

418. Brynt smör.

Smör fräses i en stekpanna, tills det blifvit brunt, då något ättika kan tillslås och, om man så vill, finhackad persilja.

419. Smörsås.

100 gr. smör, salt,
$1/_4$ l. vatten, peppar.
1 msk. mjöl,

Hälften af smöret smältes, mjölet inblandas och får stå på spiseln omkr. 10 minuter, men så att det brynes; kryddorna jämte det kokande vattnet tillsättes, såsen bringas långsamt i kokning, aflyftes, och resten af smöret, sönderdeladt i mindre bitar, ilägges under flitig vispning, hvarefter såsen ej får koka.

Tillredd med omsorg, är denna sås utmärkt till såväl stekt som kokt fisk och är bättre för både mage och kassa än smält smör.

Den kan äfven tillsättas med vinättika eller citron och afredas med äggulor.

420. Hvitsås.

Beredes som föregående med mjölk i stället för vatten; salt tillsättes, först då såsen är färdig; serveras till lutfisk.

421. Rörd smörsås.

Till 100 gr. smör, 2 äggulor, litet peppar och salt; röres utan afbrott i en skål, ställd i kokande vatten, tills såsen är genomhet. Serveras genast till kokt fisk, puddingar m. m.

Kalla såser.

Till kött, fisk och grönsaker.

422. Majonnäs.

Till hvarje ägggula:

    1 à 2 dl. olja,   salt.
    senap,

Gulorna skiljas noga från hvitorna, slås i en skål, stor nog för att lämna plats till kraftigt arbete. Obetydligt med salt tillsättes, och gulorna röras med en träsked, tills det utgör en seg massa, då tillsättes oljan, till börja med endast droppvis under jämn omröring.

När majonnäsen börjar tjockna, kan oljan tillsättas i en fin stråle, och allt emellanåt tillsättas några droppar citronsaft eller vatten. Därefter kryddas den med salt, peppar, senap och vinättika efter smak.

Om den skär sig, är det ej lönt att genom fortsatt arbete försöka få den sammanhängande, utan måste man taga en ny gula och i en annan skål börja från början; då några skedar olja inrörts, tillsättes småningom den skurna såsen.

Den varma årstiden bör man ställa såväl ägg, olja, som den skål, man ämnar använda, på is några timmar; arbetet försiggår betydligt fortare vid låg temperatur. Man bör använda gulor af stora kraftiga ägg. I handeln finnes en tratt med kran för underlättande af oljans tillsättande.

423. Falsk majonnäs.

Till hvarje äggula:

    15 gr. smör,   15 gr. mjöl.

Smör och mjöl sammanfräsas utan att brynas, spädes med god buljong till en tjock sås, som lyftes från elden och afredes med gulorna samt omröres, tills den kallnat. Senap, salt, peppar och vinättika samt matolja efter smak tillsättas.

SÅSER

Grädde kan användas i stället för buljong, och minskar man då något på mjölet vid redningen.

424. Marinadsås.

6 msk. olja,   peppar,
2 msk. vinättika,   salt.
1 msk. socker,

Kryddorna blandas med ättikan, oljan tillsättes och sammanblandas, just som såsen skall användas. Kan serveras till kallt kött, slås öfver rotsalad, och, tillsatt med senap, till fisksalad.

425. Sås till sillsalad.

Tjock grädde tillsättes med rödbetsättika och socker efter smak.

426. Saladsås.

2 hårdkokta och   peppar,
2 råa äggulor,   vinättika,
3 dl. tjock grädde,   (olja).
2 msk. socker,

De hårdkokta äggulorna söndergnidas med sockret, tills det blir upplöst, då tillsättas de råa gulorna, grädden, pepparen och ättikan efter smak; utgör en god sås för dem, som ej fördraga olja, användes till grönsalad och andra rätter, kan äfven blandas med olja efter smak.

Tillsatt med finhackad gräslök och dill kan den användas till lax och annan kall fisk.

427. Remuladsås.

2 hårdkokta och   1 msk. gräslök,
2 råa äggulor,   2 msk. kryddättika,
1 dl. matolja,   1 tsk. kapris,
2 dl. grädde,   1 tsk. senap,
1 msk. benfri ansjovis,   peppar.

Kryddorna stötas i mortel tillika med de hårdkokta äggulorna till en fin massa, hvarefter de råa gulorna inarbetas, och massan pressas genom fin sikt, häri inblandas oljan och ättikan efter smak (dragon-kapris eller vinättika kan användas). Sist nedröres den till skum slagna grädden. Användes till salader af såväl kött som fisk.

428. Rördt smör.

Smöret lägges i en värmd skål och arbetas till skum, upplägges och garneras med persilja. Det röres strax före serveringen, annars stelnar det åter, serveras till grönsaker.

Med persilja: till 200 gr. rördt smör omkr. 4 msk. finhackad persilja, 1 msk. citronsaft, som nedröres i smöret; kallas Maître-d'hôtel-smör, användes till såväl kött- som fiskrätter.

Med tomatpuré: i det rörda smöret inarbetas tomatpuré efter smak, serveras till kalfkotletter, stekt fisk m. m.

Med citron: citronsaften nedröres småningom sedan smöret är rördt; till 100 gr. smör tages saften af 1 citron eller mer efter smak; serveras till stekt fisk.

Dessutom kan naturligtvis rördt smör tillsättas med hvilken puré eller saft, man önskar och som passar till den rätt, den serveras till, t. ex. passerad ansjovis, gräslök, rödbetsättika till sillsalad m. m.

429. Gelésås.

3 dl. köttgelé, 1 msk. ättika.
1 msk. olja,

Köttgeléet smältes, ättika och olja tillsättes, och såsen vispas med stålvisp, tills den stelnar; uppvärmes åter och vispas ånyo, tills den åter stelnar. Arbetet underlättas, om såsen ställes på is under vispningen. Slås öfver kalla rätter af kött och fågel.

430. Hummersås.

Rommen af hummer gnides sönder i mortel, ett afkok göres på skalen, som silas till rommen och uppblandas

SÅSER

med olja, ättika och peppar jämte litet gräddskum, men såsen bör hafva sin egentliga smak af hummer och endast en liten brytning af dessa tillsatser. Slås öfver rester af hummer.

431. Skarpsås.

½ l. buljong,	2 äggulor,
2 dl. grädde,	socker,
1 msk. fransk senap,	peppar och
1 msk. potatismjöl,	vinättika efter smak.

Buljongen och grädden blandas med potatismjölet och uppkokas under ständig vispning, hvarefter kryddorna tillsättas. Såsen afredes med äggulorna och vispas, tills den kallnat.

432. Kall pepparrotsås.

Grädde vispas till skum, och rifven pepparrot, socker, salt och vinättika efter behag iröras. Serveras omedelbart. Användes till kokt kall fisk, höns, lamm och kalf m. m.

Söta såser.

433. Vaniljsås.

Till ½ l. grädde: 4 à 5 äggulor, vanilj, socker efter smak.

Vaniljen lägges i några skedar vatten och ställes öfvertäckt på spiseln att sakta koka en stund, därefter tillslås grädde och socker, som uppkokas under vispning, vaniljen borttages, och såsen redes med gulorna och vispas, tills den kallnar; se afredning med äggulor.

Enklare kan grädden blandas med mjölk, och en tesked potatismjöl tillsättes den kalla grädden före uppkokningen; 2 à 3 gulor kunna då vara till fyllest för redningen.

434. Mandelsås.

Till 20 gr. mandel: 1 dl. grädde, 1 äggula, socker efter smak.

Mandeln skållas och skalas, drifves genom mandelkvarn, hvarefter den stötes till en deg med litet grädde eller vatten; blandas sedan med grädden, gulorna och sockret i en panna och upphettas under ständig vispning, tills den bildar ett skum. Mandeln kan frånsilas, innan såsen sammanvispas.

435. Chokladsås.

Till hvarje äggula:

25 gr. choklad, 25 cl. grädde,
socker och vanilj efter smak.

Chokladen röres ut med ett par skedar vatten. Grädden (kan vara blandad med mjölk) uppkokas med vanilj och socker, chokladen tillsättes, hvarefter såsen åter uppkokas och afredes med gulorna.

Då den serveras till vaniljglass, bör den vara mycket varm.

436. Citronsås.

Till hvarje citron:

3 äggulor, socker efter smak,
3 dl. gräddmjölk, 2 dl. tjock grädde.

Skalet af halfva citronen rifves och blandas med gulorna och mjölken, som under ständig vispning bringas till kokning; upphälles och vispas, tills det är kallt, då tillsättes citronsaften och den till hårdt skum vispade grädden.

Serveras genast.

437. Skumsås.

Till hvarje äggula: 5 cl. hvitt vin och en knapp matsked socker.

De från hvita väl skiljda gulorna jämte vin och socker slås i en såspanna, som endast till hälften får fyllas däraf. Pannan ställes därefter i en kastrull med kokande vatten, och under kraftig vispning upphettas sålunda såsen, tills den höjer sig som ett skum.

Serveras till efterrätter, med detsamma den är färdig.

I stället för vin kan saft af citron, apelsin eller hvilken annan fruktsaft som helst användas, likaså likör, arrak eller kognak.

438. Enkel skumsås.

Till hvarje äggula:

15 cl. hvitt vin, citron och
1 tsk. hvetemjöl, socker efter smak.

Vin, socker och mjöl blandas kallt och kokas sedan upp öfver frisk eld och under kraftig vispning. Pannan lyftes från elden, och gulorna ivispas en i sänder. Under fortsatt vispning tillsättes citronsaft och, om man så önskar, iläggas skifvor af citron.

Kan serveras som föregående.

439. Saftsås.

Saft, sur eller söt, af hvilken bärsort som helst blandas med vatten efter smak, och socker tillsättes, om så fordras. — Då saften kokar, afredes den med i kallt vatten upplöst potatismjöl. Vin eller citron om man så vill.

Serveras kall eller varm.

440. Saftsås med ägg.

Fem ägg vispas väl med litet socker och en tesked potatismjöl i en rymlig kastrull; sedan islås en half liter saft af hallon, smultron eller körsbär. Kastrullen sättes på elden under vispning, så att såsen höjer sig och blir som ett ljusrödt skum.

441. Fruktsås.

Frukt, af hvad slag man önskar, skalas, och kärnhusen borttagas; kokas med socker och vatten, tills det kan passeras. Användes torkad frukt, lägges den i vatten några timmar, behandlas sedan på samma sätt.

Den passerade saften afredes med potatismjöl. Något af frukten kan fråntagas, innan den passeras och läggas i såsen.

442. Syltsås.

Af sylt, hvilken som helst, kan sås beredas. Något sylt uppkokas med vatten och afredes med potatismjöl, sedan tillsättes så mycket sylt man önskar, hvarefter såsen ej får koka.

443. Nyponsås.

Nypon kokas med en bit kanel i så litet vatten som möjligt och drifvas genom sikt. Smör och mjöl fräsas tillsammans, så att det blir ljusgult, och nyponpurén röres i, hvarefter man tillslår franskt vin och vatten samt litet citronskal, så att såsen blir lagom tjock och får god smak. Serveras till risgrynspudding.

444. Sås till ostkaka.

$1/2$ l. tunn grädde,   1 tsk. stött kanel,
4 äggulor,   socker efter smak.

Af smör och mjöl göres en redning, som spädes med grädden, socker och kanel tillsättas, hvarefter den redes med gulorna.

Kan äfven serveras till kalfdans.

445. Brinnande sås.

200 gr. socker,   2 dl. vatten.
1 dl. kognak,

Sockret brynes ljusbrunt i tackjärnspanna och vattnet, kokande, tillslås. När såsen något svalnat och den skall serveras, slås kognaken försiktigt däröfver och påtändes.

Köttgelé, soja och ättika.

446. Köttgelé.

Till beredande af kalla kötträtter i gelé, som tillsats till finare såser, till dekorering m. m., användes köttgelé. Att till sitt förfogande hafva detta hjälpmedel är af stor betydelse vid matlagningen. Här nedan anföres ett recept därpå, men med enklare medel bör man kunna reda sig i hvardagslag; under namn af enkelt köttgelé är en beskrifning på ett mer ekonomiskt sådant.

1 kg. oxkött,	lagerblad,
1 kg. kalfkött,	peppar,
2 à 3 kalffötter,	salt,
2 lökar,	5 l. buljong,
1 purjolök,	hvitt vin.
ett par nejlikor,	

Kalffötterna och öfriga ben krossas och påsättas tillika med köttet i kall buljong, skummas noga, hvarefter kryddor och grönsaker iläggas, och det hela får koka på sakta eld ett par timmar med locket öppet, så att afdunstning kan ske. Alltefter som köttet är kokt, borttages det, så att det ej får koka sönder. Geléet profvas på is, om det har lagom fasthet, i annat fall hopkokas det mera. Slås upp och får kallna; fettet aftages, och geléet klaras, se: klarning af gelé. Kan tillsättas med vin och mera kryddor, om så fordras.

447. Enkelt köttgelé.

Alla rester af stekt eller kokt kött, ituhuggna ben, fågelskrof såväl som frånskurna bitar af rått kött kunna användas.

Detta brynes lindrigt i litet smör, pannan tages från elden att svalna, hvarefter vatten påhälles, så att det står jäms med köttet, kryddas som i föregående men försiktigt, så att utpräglad kryddsmak icke framträder. Får långsamt uppkoka, skummas och får koka på sakta eld några timmar, uppsilas och behandlas som föregående. Upphälles i mindre burkar, och, då det stelnat, kunna burkarna förvaras genom att öfvergjutas med smält smör.

Dessutom kan köttgelé för tillfälligt behof beredas af buljong och gelatin, 6 gr. till hvarje liter buljong. Af köttextrakt kan buljong beredas härtill.

448. Soja.

Fullt frisk kött- eller fläsklake kokas upp, skummas väl och silas genom tät duk, hälles åter i grytan, och om den är för salt, spädes den med vatten. Till hvarje liter tages en tsk. stött hvitpeppar, 1 tsk. tillsammans af kryddpeppar, ingefära och nejlikor, 1 lagerblad och litet finhackad lök. Härmed får laken koka omkring 1 tim.

Några matskedar socker brynes väl brunt, (men få ej brännas) och slås i sojan; sedan tillsättes 1 dl. scherry (hvilket äfven kan uteslutas).

Slås på flaskor som korkas och hartsas.

449. Champinjonsoja.

Förvuxna champinjoner och allt affall vid inläggning däraf kunna användas till soja. Det sköljes, får afrinna och hackas fint. Beströs med salt och får stå under press några dagar.

Slås i silpåse att afrinna; påsen urkramas väl. Till hvarje liter lake tages en knapp tesked stött hvitpeppar, 1 lagerblad, något stötta nejlikor och brynt socker som föregående. Får koka och skummas väl., 1 dl. rödt vin tillsättes, hvarefter det åter får koka en stund.

Förvaras som föregående.

KÖTTGELÉ, SOJA OCH ÄTTIKA

450. Örtsås.

400 gr. champinjoner,
200 gr. charlottenlök,
100 gr. persilja,
litet timjam,
selleri,
krasse och dragon,
200 gr. kalfkött,
100 gr. smör,
3 l. buljong af höns el. kalf.

Alla kryddorna jämte det sönderskurna köttet fräsas i smör, därefter tillsättes den kokande buljongen, och såsen får sakta koka omkr. 3 timmar, hvarefter den silas och förvaras som soja.

Användes till smaksättande af såser.

451. Ättika.

Vid inköp af ättika är att tillse, att man erhåller sådan, som är beredd genom jäsning och icke oorganisk ättiksyra, tillsatt med vatten. I handeln förekommer den senare vanligen på graderade flaskor och är afsedd att utspädas med vatten enligt föreskrift. Den genom jäsning framställda ättikan på större flaskor med tydlig ettikett, som anger dess ursprung, är den enda ättika, som borde få förekomma.

Ättika bereddes förr i hem med god tillgång på frukt. Tillvägagångssättet är följande: Härtill användes sämre frukt, som på intet annat sätt kan begagnas. Den stötes sönder och får undergå spritjäsning; den frånsilade sprithaltiga vätskan undergår därefter vid rikligt lufttillträde ättiksjäsning, som omsätter spriten till ättika och vatten. Samma förlopp försiggår, då en skvätt vin lämnas i en okorkad flaska, det surnar. Jäsningen åstadkommes af en bakterie och påskyndas, om litet färdig ättika tillsättes.

452. Dragonättika.

Dragonbladen afplockas och lufttorkas i skuggan. En butelj fylles med de torkade bladen, och god vinättika påhälles. Buteljen förvaras på varmt ställe och bör dagligen omskakas under loppet af en månads tid. Sedan afsilas ättikan genom linne, hälles på buteljer, som korkas väl, hvarefter ny ättika kan hällas på bladen.

453. Kryddättika.

Till en 1. ättika:

1 msk. hel hvitpeppar,
1 msk. kryddpeppar,
1 tsk. krossad ingefära,
1 tsk. nejlikor,
1 msk. sönderskuren pepparrot eller pimpinella,
1 msk. salt,
1—2 dl. socker,
några dragonblad,
en mindre bit spansk peppar och några lagerblad.

Kryddorna läggas i en butelj, och ättikan påhälles, förvaras på varmt ställe några veckor, hvarefter den afsilas. Användes vid matlagning, där dess smak kan erfordras, t. ex. vid rätter af kalf.

454. Aromatisk ättika.

Ättikan utdrager ur såväl kryddor som örter den aromatiska smak de innehålla. Hvar och en kan ju taga den eller de örter och kryddor, som föredragas och göra ett försök därmed; till jämförelse kan göras försök med samma ingredienser i konjak, i synnerhet på kryddor.

Ospädd ättika slås öfver blad af röda nejlikor eller rosor lagda i en flaska, som korkas och får stå ett par veckor, då den afsilas och förvaras; användes till saladsåser.

Citronskal behandlas lika; användes till glasyr för bakverk, i marängmassa m. m.

Dessutom finnas i handeln färdigberedda essenser med olika namn att köpa.

ALADÅBER. KORF. RAGUER.

Aladåber.

455. Beredning af aladåb.

Aladåber kunna tillredas af därtill kokt fisk, kött och fågel eller af rester från en föregående måltid. Gelé till aladåber beredes af gelatin, tillsatt till det spad, hvari köttet kokat. Då intet spad finns, som då rester användas, kan buljong eller köttextrakt tillsatt med någon till aladåbens innehåll passande smak användas. Proportionerna mellan buljong eller spad och gelatin få rättas efter, om buljongen eller spadet är limhaltigt eller icke. I senare fall beräknas 30 gr. (10 à 15 blad) till hvarje liter; i förstnämnda fall, se aladåb på gris! Angående gelatinets klarning och behandling se: klaring af gelatin. Från spad eller buljong, som skall användas till aladåb, bortskummas noga allt fett.

I enklare fall nedlägges i formen köttet, skuret i jämna bitar, och det klarade geléet, endast så ljumt att det är rinnande, påhälles och formen ställes på kall plats.

Då en form skall dekoreras, ihälles först det färdiga geléet och ställes på is. Då det är stelt, borttages geléet i formen, så att endast ett cm. tjockt lager återstår. Detta sker bäst genom att med en hvass knif skära rundt kring formens kant och sedan med en sked afjämna bottnen. Lossnar geléet från formen på något ställe, ihälles litet gelé, som först får stelna. Det urtagna geléet uppvärmes och användes att slå på aladåben. Formen garneras nu med i figurer utskurna rödbetor, morötter, gurkor, oliver, tryffel eller i skifvor skurna hårdkokta ägg jämte persilja. Litet gelé slås försiktigt på den i formen nedlagda garneringen och får stelna. Därpå nedlägges köttet, och geléet, så svalt det möjligen kan vara utan att stelna, påhälles. Är formen stor, är det säkrast att lägga ett hvarf kött och hälla gelé på samt låta detta stelna, innan nästa hvarf iläggs.

Öfverblifvet gelé kan färgas, och sen det stelnat, hackas det och användes som garnering.

Då formen skall uppstjälpas, doppas den hastigt i varmt vatten, aftorkas och ställes upp och ned på fatet, som man fuktat med vatten, så att aladåben kan skjutas rätt på fatet, om så fordras.

456. Aladåb på gris.

Ett stycke ung gris,   peppar,
1 kalflägg,   nejlikor,
salt,   ett lagerblad.

Kalfläggen klyfves och påsättes jämte kryddorna i kallt vatten; då det kokar upp, borttages skummet och fläskköttet ilägges; skummas åter och får sakta koka, tills det är färdigt. Köttet upplägges, och då det kallnat, skäres det i jämna bitar. Spadet hopkokas och får kallna; det feta borttages noga. Till hvarje liter spad tagas två ägghvitor och skal som krossas, ett par matskedar ättika (eller mera, om så fordras) och kryddor; detta sättes på frisk eld att under ständig vispning uppkoka, hvarefter det ställes i närheten af elden omkr. 10 min., men bör ej koka. Silas därefter; behandlas som föregående. Är spadet ej tillräckligt fast, tillsättes litet upplöst gelatin vid klarningen.

457. Aladåb på tunga.

En färsk tunga kokas och får kallna; skäres därefter i tunna skifvor. Spadet befrias från fett och klaras på vanligt sätt. Beredes som ofvan, men smaksättes med vin. Dekoreras och ordnas efter smak.

458. Aladåb på gås.

Gåsen behandlas som till gåssylta (se gåssylta). Tillredning, se beredning af aladåb. Aladåben garneras med äpplen kokta till kompott och något rödt fruktgelé. Af rester på stekt gås kan aladåb tillredas som af anka. Spad till geléet erhålles genom att göra ett afkok på benen.

459. Aladåb på anka.

Ankan stekes; skyn tillsättes med god buljong och upphälles att kallna. Sedan ankan kallnat, skäres den i jämna skifvor. Fettet tages från spadet, som bör hafva en vacker ljusbrun färg och kraftig smak; det tillsättes med vin efter smak och litet ättika; klaras, se aladåb på gris. Formen kan dekoreras med klufna oliver och fylles som ofvan är beskrifvet. Kan garneras med oliver eller som gås.

460. Aladåb på kalkon.

På rester af kalkon kan göras aladåb som föregående; champinjoner till dekorering af formen och till garnering. På samma sätt kan anrättas:

Höns,
Kyckling, } eller fördelaktigare som: järpar i gelé.
Vildt.

461. Järpar i gelé.

Järpar stekas löst med ryggsidan nedåt, och få ej vändas, ty de böra ej erhålla någon färg. Godt köttgelé (se köttgelé!) har man förut hällt ut på fat att stelna. Järpbrösten skäras i tunna skifvor, 5 på hvarje sida om bröstbenet, och dessa läggas på geléet, hvarefter ljumt gelé öfveröses. Då detta stelnat, skäres med en knif rundt omkring hvarje skifva. Serveras med majonnäs i midten och skifvorna i krans omkring samt ostron eller förlorade ägg däromkring.

Äfven annan fågel eller kyckling kan användas lika.

ALADÅBER

462. Järpe med gåslefver.

Järparna behandlas som föregående. Gåslefver skäres i jämna skifvor, som fräsas i smör men ej få bli bruna, öfverströs med litet salt och späckas med tryffel. En skifva gåslefver lägges på hvarje skifva bröstkött, innan det väl afsvalnade geléet påhälles. Konserverad gåslefver finns i handeln. Äfven gåslefverpastej kan användas, den formas till tunna skifvor med en i varmt vatten doppad knif. Garneras med hackad tryffel.

463. Aladåb på hummer.

Hummerstjärtar rensas utan att klyfvas, skäras därefter med hvass knif i små runda skifvor, fuktas med några droppar citronsaft, doppas i halfstelnadt gelé och fasttryckas kring formens kant och botten, jämte utskurna skifvor af tryffel. I midten fylles det öfriga köttet. Till gelé kan användas köttgelé eller sådant beredes af fiskbuljong tillsatt med vin (se beredning af aladåb).

Aladåb af konserverad hummer: hummerköttet öfverspolas med litet ljumt vatten, hvilket blandas till det spad, hvaraf geléet beredes. Formen dekoreras med persilja och hårdkokta ägg.

464. Aladåb på lax.

Laxen kokas och får kallna; spadet tillsättes med 15 gr. gelatin till hvarje liter och ännu mindre, om ett utskuret ryggben af laxen kokas bland vattnet. Spadet klaras på vanligt sätt; som det feta är svårt att skilja från laxspadet, kan det hända att man får klara gelé till lax två gånger. Formen dekoreras med vackra dillstjälkar.

På samma sätt beredes aladåber af annan fisk; formarna kunna dekoreras med kräftstjärtar.

465. Aladåb på ål.

Se inkokt ål! Formen dekoreras ej, utan endast det väl klarade spadet tillsatt med gelatin öfverhälles.

466. Små aladåber på ägg.

Små bakelseformar behandlas som större formar till aladåber. Sedan lägges i hvarje form ett förloradt ägg med den prydligaste sidan nedåt, gelé påhälles, får stelna; serveras till rökt lax eller laxsallad.

Formarna kunna dekoreras, innan äggen iläggas; ofvanpå ägget kan läggas in skifvor af kött eller tunga, innan geléet påhälles. Garneras med kapris och serveras med skarpsås.

467. Förlorade ägg i gelé.

Ett tunt lager af gelé får stelna på ett fat, därpå läggas förlorade ägg; halfstelnadt gelé påhälles, så att äggen bli omgifna däraf.

468. Kött i gelé.

Öfverblifvet kött af stek skäres i jämna skifvor och behandlas som föregående; upplägges i en krans på fatet, och därinom lägges någon rot- eller potatissalad. Geléet härtill behöfver ej vara köttgelé, utan kan beredas af sky från steken, buljong eller köttextrakt.

469. Gelébård.

Rester af hummer, lax och annan fisk, som ej räcka till en aladåb, kunna läggas inom en bård af gelé. Bården kan göras som till aladåb och några rediga bitar af fiskköttet läggas i bårdformen och resten inom densamma med de jämnaste bitarna lagda öfverst. Kan öfverhällas med falsk majonnäs eller serveras utan sås. Garneras med hackadt gelé, som färgats rödt med rödbetsättika.

En bård, endast som dekoration, göres af gelatin och vatten färgadt med karmin; garneras med grön sallad.

Korf.

470. Köttkorf.

10 kg. oxkött,
400 gr. salt,
10 gr. starkpeppar,
25 gr. ingefära,
1 à 2 l. mjölk.

4 kg. njurtalg,
25 gr. kryddpeppar,
25 gr. nejlikor,
25—50 gr. salpeter,

Det fint malda köttet blandas med kryddorna och arbetas väl med händerna, hvarunder den kokta och kallnade mjölken tillsättes i små kvantiteter; sist ilägges talgen. Då massan är väl arbetad, stoppas den hårdt i väl rengjorda blåtarmar. Korfven ingnides lätt med salt och får ligga till nästa dag, då den nedlägges i svag saltlake eller kokas i buljong, i hvilken den sedan förvaras med smält flott öfver.

471. Metvurst.

4 kg. oxkött,
2 kg. späck,
250 gr. salt,
6 matskedar starkpeppar,
2 teskedar nejlikor,

4 kg. fläskkött,
5—8 dl. öl,
125 gr. socker,
2 matskedar kryddpeppar,
2 teskedar salpeter.

Köttet och fläskköttet malas mycket väl tillsammans. Detta blandas med kryddorna och arbetas flitigt, under det ölet matskedvis påspädes. Synes smeten hård, kan något mera öl tagas. Sist iläggas de fint skurna späcktärningarna. Då massan är väl arbetad och smidig, stoppas den så hårdt som möjligt i väl rengjorda, raka oxtarmar. Korfven ingnides med salt och salpeter och nedlägges i en balja 2 dygn, upptages därefter, tillkramas och omknytes än hårdare, samt rökes.

472. Kokt metvurst.

1 kg. oxkött,	1 kg. kalfkött,
1 kg. fläskkött,	1 kg. späcktärningar,
4 dl. buljong,	1 dl. salt,
1 msk. eller mer hvitpeppar,	1 msk. kalisalpeter.

Köttet males fint, hvar sort för sig, och sedan en gång tillsammans. På resterna af köttet kokas buljong, ej mer än som åtgår till korfven.

Köttet arbetas väl och kryddorna jämte buljongen tillsättas; stoppas hårdt i raka, ej för grofva skinn. Gnides med sammanblandadt salt, socker och salpeter, får ligga ett par dagar och vändes ofta under tiden.

Varmrökes och kokas omedelbart.

473. Fläskkorf.

3 kg. fläskkött,	1 kg. späck,
3 l. mjölk,	125 gr. salt,
$1/2$ msk. starkpeppar,	1 msk. kryddpeppar,
1 msk. ingefära.	

Köttet och späcket malas tillsammans och blandas väl med kryddorna och den kokta, kallnade mjölken, hvilken tillsättes i mycket små kvantiteter. Man bör arbeta smeten en god stund mellan hvar gång den spädes, emedan den eljest lätt skär sig. Då mjölken är väl inarbetad, fylles blandningen, ej för hårdt, i blåtarmar af oxe eller svin. De färdiga korfvarna ingnidas med salt och få ligga till följande dag. Förvaras som köttkorf (se köttkorf). Kan äfven spädas med buljong.

474. Fläskkorf med oxkött.

2 kg. fläskkött,	3 kg. oxkött,
3 kg. späck,	3 l. mjölk,
2 l. buljong eller svagdricka,	250 gr. salt,
1 msk. hvitpeppar,	2 msk. kryddpeppar,
1 msk. nejlikor.	

Denna korf tillagas alldeles som föregående, men blir magrare och är därför af många mera omtyckt.

475. Fläskkorf med potatis. Bräckkorf.

5 kg. fläskkött,
5 kg. potatis,
3 l. mjölk,
hvitpeppar,

5 kg. oxkött,
3 kg. fläsktärningar,
salt,
ingefära.

Köttet males väl och blandas med den halfkokta, rifna potatisen och kryddorna samt spädes med mjölken. Stoppas hårdt i korfskinn och rökes, då den serveras lindrigt bräckt. Vill man ej röka korfven, tillsättes mera mjölk, så att massan blir som en lös deg, som stoppas löst i skinnen. Denna korf håller sig lika bra som annan fläskkorf, både som salt och färsk. Förvaras som de föregående.

476. Siskonkorf—Prinskorf.

1 kg., 300 gr. fläskkött,
2 kg., 125 gr. späck,
2 teskedar kryddpeppar,
1 tesked nejlikor,
4 dl. söt grädde,

850 gr. kalfkött,
1 tesked starkpeppar,
2 teskedar ingefära,
100 gr. salt,
1 l. mjölk.

Fläsk- och kalfköttet males fint tillsammans och späcket skäres i mycket fina tärningar. Detta arbetas med händerna mycket väl tillsammans med kryddorna. Den kalla, förut kokade grädden och mjölken tillsättas med stor försiktighet. Då massan är väl arbetad, stoppas däraf i väl rengjorda fårtarmar, som afknytas till 7 cm. långa korfvar.

Af senor och ben kokas en stark buljong, och däri kokas all siskonkorfven. Den upplägges att kallna och förvaras sedan som köttkorf. Serveras till nässel- och grönkål, som garnering kring raguer eller stufvade grönsaker.

477. Hjärnkorf.

1 hjärna,	2 dl. stötta skorpor,
4 dl. gräddblandad mjölk,	8 skedar smält smör,
1 matsked socker,	4 ägg,
4 matskedar korinter,	25 gr. söt, 10 gr. bittermandel,
peppar,	ingefära,
nejlikor,	kanel,
salt.	

5 dl. hackad kalf-, får-, ox- eller svinhjärna blandas med de öfriga ingredienserna, hvarefter massan fylles i väl rengjorda kalf- eller fårtarmar, som omknytas vid ändarna och kokas i svag buljong eller i det spad, hvari hjärnan förvälldes, tillspädt med vatten. Korfvarna kunna användas i buljong och grönkål, som garnering kring raguer och frikasséer eller till smörgåsbord.

478. Hackkorf.

Då en oxe slaktats och styckats, kan hackkorf göras af alla smärre bitar som frånskäras, jämte slaksidan. Detta kokas, putsas väl och hackas fint. En liten del af spadet värmes i en kastrull, det hackade köttet lägges däri, jämte salt, krydd- och starkpeppar, ingefära, nejlikor och blandas väl, tills det är varmt. Fylles på väl rengjorda ring- eller kroktarmar till omkr. 6 decimeter långa korfvar. Dessa tillknytas, och de båda ändarna sammanbindas, så att korfven bildar en ring, gnidas med salt och få ligga några timmar, hvarefter saltet strykes af. Ett par korfvar i sänder doppas ett par sekunder i kokande vatten, hvarpå de strax upphängas på en stång i varmt rum, tills korfskinnet kännes torrt, då de nedläggas och förvaras. Korfvarna kunna äfven upphängas till torkning utan att doppas i det kokande vattnet.

Slaktas samtidigt svin, tages med fördel smärre späckbitar samt delar af det yttre bukfläsket, som ej kunna användas till finare korf, och blandas med oxköttet. Vill

KORF

man hafva tarfligare korf, förväller man litet korngryn i spadet, som köttet kokat i, och blandar med smeten. Hackkorfvarna serveras kokta eller bräckta. De kunna äfven rökas.

479. Gåskorf.

Till hvarje gåslefver:

2 msk. risgryn,
1 äggula,
peppar,
mejram,
en liten bit lök.

1 msk. russin,
salt,
socker,
2 msk. smör,

Lefvern stötes i mortel och pressas genom sikt samt blandas med de i mjölk kokta risgrynen. Kryddorna och de förvällda russinen tillsättas, jämte den brynta löken och äggulan. Fylles i gåsens halsskinn eller den tjocka tarmen. Kokas i buljong och serveras till svartsoppa eller som rätt med smält smör.

480. Lefverkorf.

1 kg. oxlefver,
några lökar,
peppar,
nejlikor.

$1/2$ kg. ister,
salt,
ingefära,

Lefvern kokas, rifves och blandas väl med den smälta istern och kryddorna. Den varma blandningen fylles på väl rengjorda tarmar och får koka i salt vatten på sakta eld, utan lock.

481. Risgrynskorf.

En liter risgryn,
$1/2$ l. rifven lefver,
$1/4$ l. sirup,
kryddpeppar,
mejram,
rödlök,

3 l. mjölk,
$1/2$ l. finhackad njurtalg,
ingefära,
starkpeppar,
salt,
russin.

Risgrynen kokas i mjölken tills de äro väl utsvällda, men ej riktigt färdigkokta, då de upphällas att kallna. De blandas sedan med det öfriga, och massan fylles på väl rengjorda raktarmar af oxe eller svin. Kokas försiktigt ett par i sänder i saltadt vatten och uppläggas på dubbelt linne att afrinna. Serveras antingen genast med smält smör, eller om man vill förvara dem några dagar, stekta, hela eller klufna. Som risgryn äro olika i godhet, är det bäst att, innan grynen iläggas, fråntaga litet af mjölken, som sedan tillsättes, om grynen fordra det.

482. Lungkorf.

1 hjärtslag af oxe,
ingefära,
salt,

6 dl. korngryn,
krydd- och starkpeppar.

Hjärtslaget urvattnas väl, skrädes och hackas mycket fint. Grynen läggas en stund i kall mjölk och blandas sedan med det hackade hjärtslaget och kryddorna. Fylles löst i blå- eller ringtarmar, hopknytas och förvaras i kokt och kall saltlake.

Af *fårlungor* kan beredas lungkorf på samma sätt som af oxlungor.

483. Lungkorf af svin.

Göres lungkorf af svin, förfares som ofvanstående. Korfven blir godare, om därtill tages något af istern på mellanfläsket, hvilket urvattnas, skäres fint och blandas med det öfriga. Tillsättes något oxkött, behöfves ganska litet gryn, och korfven kan då kokas eller rökas.

484. Blodkorf.

3 liter ox- eller svinblod,
2 lökar,
3 dl. sirup,
1 tesked ingefära,
1 matsked salt,

7 dl. svagdricka eller mjölk,
425 gr. finskuren njurtalg,
1 tesked starkpeppar,
1 matsked mejram,
rågmjöl.

Blod och dricka blandas, och så mycket mjöl ivispas, att det ringlar sig efter vispen, kryddor efter smak och talgen tillsättas (något af blandningen lägges i en bit skinn och kokas, för att pröfva såväl smak som fasthet). Skinnen fyllas (ej för hårdt) och kokas på sakta eld. Pröfvas med en vispkvist.

485. Palt.

Af samma smet som till blodkorf, men något stadigare, formas runda bollar, som något tillplattas och kokas i saltadt vatten. Serveras med lingon, äppelmos eller smält smör. Som kall skäres den i skifvor och stekes i smör.

Ragu.

Ragu användes till fyllning i vol-au-venter, krustader, pastejer, risoller och till kroketter m. m. Till redning smältes smöret utan att brynas, mjölet ilägges och får under flitig vispning blifva genomvarmt. Det, hvarmed redningen skall spädas, uppkokas och påspädes, hvarefter det får sakta koka omkr. 10 min. Därefter ilägges det, som hör till raguen att blifva genomvarmt, men får ej koka.

Då af en stufning skall beredas kroketter eller risoller, bör redningen vara tjock och köttet eller fisken finfördelad, så att stufningen håller samman.

486. Ragu.
Med hare.

Köttet skäres från benen; dessa krossas och kokas i litet vatten, med ett par nejlikor, lök och salt; afsilas och redes med smör och mjöl. Finns öfverblifven sås, tillsättes denna, jämte rödt vin eller vinbärsgelé och ättika. Köttet skäres i rediga bitar och ilägges att blifva genomvarmt. Annat öfverblifvet vildt kan anrättas lika.

Med fågel.

En redning göres med buljong. Prydligt, jämnt skurna skifvor af fågel iläggas, och raguen tillsättes med tryffel, champinjoner eller oliver med lök och skurna gurkor, eller ock tillsättes vinbärsgelé.

Med höns och ärter.

Köttet af kokta eller stekta höns skäres i prydliga bitar och lägges i en redning gjord af buljong, och afredd, om man så vill, med äggula och grädde. Raguen upplägges på fatet och däröfver spritärter, förut skakade i litet smör, och finhackad persilja öfverströs. Till hönsragu kan i stället för ärter användas champinjoner, tomater, murklor eller enklare; garneras med citronskifvor.

Med kalfbress och champinjoner.

Bressen påsättes i kallt saltadt vatten och får koka omkring 15 min. eller, tills den är fast, då den lägges i kallt vatten. Därefter skäres den i tärningar, på hvilka hällas några droppar citronsaft eller vin. Af champinjonspad eller buljong göres en redning, som ytterligare tillsättes med äggula och litet vin eller citronsaft, champinjoner iläggas, och bressen får blifva varm.

Med njure.

Njuren med sitt fett och hälften så mycket kött finhackas. En redning göres af smör, mjöl, buljong eller grädde, köttet iläggas, vin och kryddor samt till finare rätt, äfven sönderskurna champinjoner tillsättas.

Användes till frukosträtt, med brödskifvor, stekta i smör; vidare till pastejer, krustader o. s. v.

Med kött.

Kött af får- eller oxstek skäres i tärningar. Finskuren lök fräses i smör, köttet iläggas och stekes på sakta eld, endast tills det blir varmt, upplägges; mjöl vispas till smöret, och buljong tillsättes, kryddas med citronsaft eller ättika.

Till kalf fräses persilja i stället för lök i smöret.

Med sparris och kräftstjärtar.

Sparrisen sönderskäres och kokas i vatten; ej mer än som åtgår till stufningen. Denna göres på vanligt sätt och tillsättes sedan med äggulor, sparrisen och lika mycket rensade kräftstjärtar iläggas.

Med fiskfärs och sparris.

Fiskfärs skäres i tärningar. Beredning som föregående, men äggulorna uteslutas.

Med fisk.

All kokad fisk kan användas; redningen spädes med fiskspad eller grädde. Kan tillsättas med champinjoner, kräftstjärtar, sparris, förut fräsa i smör.

Med skinka och makaroni.

Kokt, rökt eller salt skinka skäres i gröfre strimlor. Kokt makaroni skäres till samma längd. En redning göres med grädde, kryddas med salt och peppar; rifven ost efter smak nedröres. Skinka och makaroni iläggas att blifva varma.

Med hummer.

Den kokta hummern klyfves, och köttet fördelas i rediga bitar. Af skalen beredes smör (se kräftsmör). En redning göres af hummersmör och grädde jämte något af spadet från hummersmörets beredning, kryddas med peppar och salt. Köttet ilägges att blifva varmt. Användes konserverad hummer, tages till redningen af det spad, som hummern ligger uti. I stället för grädde kan kalfbuljong användas och obetydligt grädde tillsättas.

KOKNING I FLOTTYR. PASTEJER OCH ANDRA RÄTTER MED DEG. CHARTREUSER.

Kokning i flottyr.

487. Flottyr.

Det fett som skummas af buljong eller från annat kokt köttspad, fett från stek af oxe, kalf eller får, måste, innan det begagnas till flottyrkokning, renas från smakrester. Fettkakorna skäras i bitar och påsättas i en järngryta med rikligt med vatten och få koka omkring 10 min., hvarunder det ofta omröres; silas upp och får kallna. Flottyrkakan aftages och renskrapas, hvarefter den lägges i en stekpanna och upphettas för att befrias från det vatten, som medföljt; då det är smält, ilägges ett stycke hårdt bröd, som med en gaffel hålles till bottnen och kringföres, hvilket förhindrar fettet att stänka omkring, då vattnet afdunstar; då det fräsande ljud, som därvid höres, plötsligen upphör, är flottyren vattenfri och färdig att användas till flottyrkokning med detsamma eller till förvaring, då den, sedan mesta hettan afgått, upphälles. Flottyr, som användts att koka uti, bör, för att ånyo kunna användas härtill, behandlas på samma sätt.

I brist på fett från hushållet anskaffas sådant bäst genom att smälta oxnjurtalg. Denna, som bör vara fast och hvit, skäres i bitar och lägges i vatten några timmar, hvarefter den upptages och lägges i en järngryta, mjölk påhälles, så att det står jäms med talgen, och grytan sättes på sakta eld att långsamt uppkoka. Fordrar ingen tillsyn, förrän mjölken afdunstat, då fettet omröres oafbrutet, så att det ej blir brändt genom att fasta beståndsdelar fastna vid pannans botten; det silas upp och är en utmärkt flottyr.

— I stället för fett kan naturligtvis smör användas, antingen enbart eller blandadt med annat fett. Smöret upphettas i en panna, skummas och befrias från salt, så att endast det klara smöret återstår, s. k. skirdt smör.

488. Kokning i flottyr.

Då flottyr, iordninggjord på det sätt, som ofvan beskrifvits, skall användas till kokning, sättes den på frisk eld och omröres med en gaffel. Den största uppmärksamhet är nödvändig så att, dels flottyren ej blir för het, då det som skall kokas däri, blir förkolnat, och fettet ej vidare kan användas, dels att det som skall kokas ej ilägges, förrän flottyren är tillräckligt het. Ty om det ilägges för tidigt, faller det sönder, eller fettet intränger däri, och den bruna skorpa, som utgör dessa rätters egentliga värde, bildas icke. För att försäkra sig om, när den rätta temperaturen är inne, ilägges en mjuk brödbit, kring hvilken små blåsor bildas, och när den efter ett ögonblick upptages och har blifvit gul och spröd, är flottyren färdig till kokning, samtidigt synes en lätt blå rök stiga upp därifrån.

Den panna, som används vid kokning i flottyr, får ej vara för låg, emedan flottet lätt kokar öfver och då kan antändas. I handeln förekommer därtill afsedda pannor med galler, som betydligt underlättar arbetet; vid mindre kokning reder man sig godt med en hålslef. Af det, som skall kokas, nedlägges ej för mycket på en gång, ty flottyren afkyles därigenom. Alla i flottyr kokta saker uppläggas på en sikt belagd med mjukt papper, så att flottet får afrinna, och ytan bibehålles skör och torr.

Kroketter.

Kroketter kunna göras af såväl kött af alla slag som af fisk, potatis, svamp, ris m. m. De rester som ej räcka till en annan rätt, kunna härtill användas enbart eller lämpligt blandade och kryddade. De utgöra en ekonomisk och smaklig anrättning. Men äfven på det finare bordet, tillredda af höns, vildt, kalfbress o. d. äro kroketterna en gärna sedd och prydlig rätt.

Det, hvaraf kroketterna skola göras, skäres i fina tärningar eller hackas. En redning göres af smör och mjöl och spädes med, hvad som passar för tillfället, buljong, grädde eller mjölk, till lämplig tjocklek; ägg eller enbart gulor tillsättas; det sönderskurna ilägges, uppvärmes lindrigt, kryddas och afhälles på ett fat att kallna. Då massan fullständigt kallnat, formas däraf kroketter af hvad form, som önskas, aflånga runda eller päronformade, som rullas i stötta skorpor, doppas i vispadt ägg, ånyo i skorpor, hvarefter de få torka, upplagda på en sikt omkring en timme, kokas därpå i flottyr (se ofvan!). Serveras garnerade med stekt persilja. Som sättet att göra kroketter är detsamma för alla slag däraf, anges här nedan endast beståndsdelarna.

489. Köttkroketter.

Till omkring 1 l. hackadt oxkött, kokt eller stekt:

2 ägg,
1 msk. smör,
1 lök,
buljong,
peppar och salt.

Löken finhackas och brynes i smör, mjöl ivispas, och spädes med buljong till en tjock sås, kryddor, ägg och kött tillsättas, uppslås att kallna.

Till kalfkött uteslutes löken, till fårkött bör den ersättas af persilja.

490. Njurkroketter.

Af stekt njure med sitt fett göres kroketter som föregående; kalfnjure är bäst härtill.

KOKNING I FLOTTYR.

491. Kalfbresskroketter.

200 gr. kalfbress,   scherry,
ljus buljong,   socker,
grädde,   peppar och salt.

Den förvällda kalfbressen skäres i fina tärningar. En redning göres af smör och mjöl samt spädes med buljong, en matsked grädde och en dito vin tillsättas jämte kryddor och äggulor, upphettas, hvarefter kalfbressen ilägges. (Kalfbressens behandling se ragu).

En annan ragu till kroketter är af lika mycket bresstärningar och champinjoner i en tjock redning af grädde utan ägg och lindrigt kryddad.

492. Hönskroketter.

Stekt eller kokt kött af höns eller kyckling,
champinjoner eller   grädde,
  tryffel,   smör,
äggulor,   mjöl.

Köttet finskäres; om lefver af höns finnes, rifves den och tillblandas, en redning göres och afredes med gulor, kryddas lindrigt, champinjoner eller tryffel efter smak, behandling se kroketter.

493. Fiskkroketter.

Till ½ l. fisk:

2 msk. smör,   socker,
3 äggulor,   salt,
grädde och fiskspad,   (peppar),

Se beredning af kroketter!

Om fisk särskildt kokas för att användas till stufning, kan helt enkelt den rensade fisken beströs med salt och något smör, insvepas i ett smörbestruket stadigt papper och insättas i ugnen med ryggen nedåt; då fisken är färdigkokt, lossas köttet från skinn och ben; fiskköttet blir härigenom förträffligt.

Fiskspad erhålles genom kokning af resterna. Fiskkroketter kunna blandas med hackade champinjoner, ostron och kräftstjärtar.

494. Kroketter af hummer eller kräftor.

Köttet af hummer eller kräftor skäres fint. På skal och rester kokas litet buljong. En redning göres af smör och mjöl, som spädes med buljong och grädde och, om så önskas, ägg. Behandling se ofvan.

Användes som garnering kring fisk. Har redningen stark smak af hummer, kan den tillökas med kokt fisk.

Kräftsmör förbättrar kroketterna.

495. Potatiskroketter.

Till 1 l. potatis:

3 äggulor,   något socker o. salt,
2 msk. smör,   (muskot).

Potatisen kokas och får kallna, krossas hastigt, så att den ej blir seg, blandas med ägg, smör och kryddor. Massan drifves genom en sikt och formas därefter. Se kroketter!

496. Kroketter af champinjoner.

Till 1 mindre burk champinjoner:

2 ägg,   1 msk. stötta skorpor,
smör,   socker,
grädde,   salt och peppar.
mjöl,

Champinjonerna skäras i bitar. En redning göres af smör och mjöl, spädes med något af champinjonspadet jämte grädde, äggen tillsättas och sist de finstötta skorporna.

Användas färska champinjoner, färdigkokas dessa först, men det vatten hvari de kokat, användes ej till redningen, utan ersättes med någon ljus buljong. Äfven annan svamp kan användas.

KOKNING I FLOTTYR. 190

497. Söta kroketter.

Risgryn kokas till en stadig gröt, men få ej röras sönder, afredas med äggulor, och smak tillsättes af citron, mandel eller vanilj, jämte socker; får kallna. Eller ock uppblandas gröten med stadigt äppelmos eller annan såsfri sylt eller kompott, russin eller korinter. Enbart stadigt äppelmos kan tillsättas med söndersmuladt småbröd, helst af mandeldeg, dessa rullas första gången i mjöl för att erhålla stadga. Beredning se kroketter.

498. Risoller.

Nudeldeg eller smördeg. Till fyllning hvilken fin stufning som helst, se ragu af vildt, höns, kalfbress m. m.

Degen utkaflas tunt, skäres i fyrkanter eller uttages med ett större rundt mått, kanterna bestrykas med ägg. Fyllningen, som användes, bör vara stadig och väl kall, en sked häraf lägges på den ena hälften af kakorna, och den andra vikes öfver och sammantryckes noga. Risollerna öfverstrykas med ägg, doppas i rifvebröd, få torka och kokas därefter i flottyr, (se kroketter), få väl afrinna. Serveras med en sås som passar till stufningen, men äfven utan sås.

Nudeldeg.

85 gr. mjöl,   2 äggulor,
10 gr. smör,   1 hvita.

Smöret söndersmulas i mjölet, äggen vispas med litet salt och inarbetas i mjölet; degen arbetas, tills den blir smidig, hvarefter den får hvila $1/_2$ timme; utkaflas och hoplägges några gånger, tills den låter kafla sig tunn som papper.

Är fördelaktigare till risoller än smördeg.

Bakverk i flottyr.

499. Krustader.

1 ägg,	1 msk. smör,
1 msk. mjölk,	15 cl. dricka,
2 dl. mjöl,	salt och socker.

Ägg, mjölk och något af drickat sammanvispas, mjölet och det smälta smöret röras däruti, resten af drickat tillsättes, obetydligt socker och salt. Smeten bör stå tillvispad 1 timme. I en hög, mindre panna upphettas flottyr, och krustadjärnet nedsättes, innan flottyren är varm, och upphettas långsamt. Då flottyren är tillräckligt het (se flottyrkokning!) aftorkas järnet och doppas hastigt i smeten och vändes om, så att smeten betäcker bottnen och går så högt upp på järnet, som man önskar krustaden hög, hvarefter järnet nedsänkes och hålles i flottyren, tills kanten har färg och kännes hård. Krustaderna ställas upp och ned på mjukt papper för att afrinna. De fyllas med ragu af kött, fisk, hummer, svamp m. m. eller med blandade grönsaker i en redning af grädde och äggulor och garnerade med rökt lax sammanrullad och uppställd kring krustaderna. Krustader kunna förvaras några dagar, och värmas då i ugn, innan de fyllas.

500. Frityrdeg.

Till hvarje ägg:

| 1 dl. mjölk eller dricka, | mjöl (omkr. 85 gr.), |
| 1 msk. smält smör, | socker och salt. |

Gulorna söndervispas med något af mjölken, mjöl jämte litet socker och salt tillsättes och arbetas med träsked, tills smeten blir jämn. Resten af mjölken tillsättes så småningom, smeten bör vara så tjock, att den täcker skeden, får stå $^1/_2$ timme, hvarefter hvitorna slås till skum och nedröras. Det, som skall kokas i frityrdeg, neddoppas

KOKNING I FLOTTYR.

fullständigt, så att det blir täckt af smet och lägges omedelbart i het flottyr (se flottyrkokning).

I frityrdeg kan inbakas kött af alla slag, kokt eller stekt, likaså fisk. Dessutom kunna filéer af rå fisk kokas direkt inbakade i frityrdeg. De utskurna filéerna aftorkas efter att hafva legat öfverströdda med salt, innan de doppas i smeten. Frukter inbakade i frityrdeg gå vanligen under namn af beignets.

501. Äppelbeignets.

Äpplena skalas och befrias från kärnhuset, skäras i tjocka skifvor och öfverströs med socker samt fuktas med vin; få ligga ett par timmar, upptagas och få afrinna samt torkas på linne, så att frityrdegen fastnar på äppelskifvorna.

Hvarje skifva doppas i frityrsmeten (se föregående!).

Allehanda frukt kan behandlas på samma sätt, man tillser endast, att den väl aftorkas, innan den doppas i smeten, hvilken i annat fall ej fastnar på frukten.

502. Puffar.

Af petitschouxdeg (se petitschouxdeg!) formas med tvenne skedar små bottnar af en valnöts storlek, som läggas på ett fat bestruket med smör. De kokas i flottyr så många, som få rum på ytan, vändas då de blifvit gulbruna, upptagas och läggas på mjukt papper, öfverströs med socker blandadt med kanel eller vanilj.

Kokas strax före serveringen.

503. Beignetskransar.

½ l. gräddmjölk,   100 gr. rismjöl,
5 ägg,   100 gr. smör.

Alla ingredienserna kokas under ständig omrörning i 5 minuter, då de lyftas af elden, socker efter smak tillsättes, samt några kramade biskvier. Massan utbredes centimeterhögt på ett med smör bestruket fat; får kallna. Uttagas med mått, bestrykas med ägg och beströs med stött bröd samt kokas i flottyr. De öfverströs varma med vaniljsocker och serveras med sylt.

504. Berlinermunkar.

Vanlig god lös hvetedeg, med eller utan ägg, tillsatt med smak af citron eller bittermandel. Degen utkaflas till 1 cm. tjocklek; med ett mått tryckas konturer till små kakor, på hvarje kaka lägges en sked hårdt äppelmos eller såsfri sylt, kanterna bestrykas med ägghvita, ett stycke deg utkaflas som det första och lägges däröfver. Med måttet uttagas nu kakorna och tilltryckas i kanten, dessa få jäsa upp, kokas i het flottyr (se kokning i flottyr!), få afrinna, öfverströs med socker och serveras som enklare efterrätt med sylt eller varm saft.

505. Klenät.

6 äggulor, litet citronskal,
2 msk. grädde, 100 à 150 gr. mjöl.
2 msk. socker,

Häraf göres en deg som får stå 2 à 3 timmar. Mindre delar af degen utkaflas så tunt som möjligt, med minsta möjliga mjölmängd. Häraf utskäras med en sporre tre- eller fyrkantiga stycken som skåras midt på. Kokas i skirdt smör eller flottyr (se flottyrkokning).

506. Sockerstrufvor.

7 ägghvitor o. 1 gula, 150 gr. mjöl.
150 gr. socker,

Äggen söndervispas men slås ej till skum, socker inarbetas, mjölet isiktas, och smeten arbetas väl. I en liten panna, stor som en vanlig tekopp, upphettas flottyr. I en tratt hälles en sked af smeten och föres hastigt fram och tillbaka öfver pannan, tills de smala ringlorna bildat ett nätverk efter pannans storlek. Strufvorna vändas, upptagas, få afrinna och öfverströs med socker.

Zetterstrand, Kokbok.

507. Äggstrufvor.

7 ägg,
4 msk. socker,
250 gr. mjöl,
3 dl. grädde,
citronskal.

Sammanvispas till en smet och behandlas som föregående.

508. Strufvor af råmjölk.

3 dl. råmjölksgrädde,
3 dl. råmjölk,
4 msk. socker,
300 gr. mjöl,
kanel.

Grädden vispas med sockret, mjölet tillsättes, så mjölken och kanelen. Behandlas som föregående.

Pastejer och andra rätter med deg.

Pastej.

Af allehanda slags kött, fisk eller frukt kunna pastejer tillredas. De kunna gräddas i form af metall, men eldfasta formar och fat äro att föredraga. Man kan då underlåta att kläda formen med deg och endast breda sådan öfver anrättningen, som då ofta går under namn af paj. Äfven omedelbart kan degen användas till pastej, i det man placerar det, hvaraf pastejen skall bestå, på en rund botten af deg och breder en annan botten öfver samt gräddar dem på plåt i ugn. Öfverblifvet kött kan med fördel användas i pastej blandadt med någon passande färs.

Till större pastejer användes pajdeg, till mindre smördeg; till pastejer af frukt användes smör- eller mördeg.

509. Pastejdeg.

Fin sådan:

200 gr. mjöl, 1 äggula,
150 gr. smör,
1 dl. vatten tillsatt med 1 msk. brännvin.

Mjölet upplägges på bordet, och smöret plockas sönder, och midt uti göres en fördjupning, hvari äggulan och vattnet hällas. Med ett par bordsknifvar eller en spade arbetas degen tills den blir sammanhängande, hvarefter den vikes och behandlas som smördeg.

510. Enklare pastejdeg.

$1/2$ kg. mjöl, 1 à 2 ägg,
125 gr. smör, litet salt o. 3 dl. vatten.

Tillredes som föregående. Degen bör ligga ett par timmar, innan den användes, täckes under tiden med ett smörbestruket papper.

En lätt tillredd deg till pajer, beredes af lika mycket smör, potatis och mjöl. Kokt potatis rifves. Smöret röres, däri nedröres potatisen, så hälften af mjölet, och den andra hälften inarbetas i degen, under det den vikes på bordet som smördeg. Bör hvila 1 timme.

511. Pastej på fisk.

En fiskstufning, med ej för tunn sås, göres i ordning och kan blandas med hummer, kräftstjärtar, ostron, tryffel eller champinjoner. En form smörjes med smör och beklädes med ej för tunt utkaflad pastejdeg, som tryckes väl mot botten och sidor och bör sträcka sig en bit ofvan formens kant. Härpå lägges ett hvarf fiskfärs och ett hvarf stufning omväxlande, tills formen är full; det öfversta lagret bör utgöras af färs. Därofvanpå lägges ett lock af deg. Degkanten, som är utom formen, fuktas med vatten och vikes öfver locket, fuktas med vatten, och ännu ett lock pålägges och tilltryckes; dekoreras med utskuren deg, midt på skäres ett hål, som sedan täckes med utskuren deg, öfverpenslas med ägg och gräddas i ugn omkring 2 tim. skyddas med smörbestruket papper, som ombytes, tills pastejen är gräddad.

Får stå $1/_2$ tim., innan den uppstjälpes, men får ej kallna.

Som tillvägagåendet alltid är lika, hvad innehåll en pastej har, redogöres här nedan endast för innehållets sammansättning.

512. Pastej på höns.

Ett stekt eller kokt höns urbenas och skäres i jämna bitar. En kalffärs tillredes, hvarefter kött och färs omväxlande läggas i pastejen. Hönsskrofvet afkokas och häraf göres en redd sås, hvaraf något nedhälles i pastejen, då den är gräddad, och resten tillsättes med champinjoner murklor eller kräftstjärtar och serveras till pastejen. Beredning se föregående.

513. Pastej på vildt.

Brösten på fåglarna utskäras, ombindas med späck och stekas löst; späcket kan uteslutas och rikligt med smör tagas till stekningen. Det öfriga köttet skrapas fritt från senor, uppblandas med fläskkött och späck till färs (se färs). Skrofven brynas och afkokas till buljong. Brösten befrias från späcket och skäras i tunna skifvor samt hopläggas åter. Formen beklädes med smördeg (se pastej på fisk), färsen utbredes jämnt därpå omkr. 1 cm. tjockt; i midten nedläggas fågelbrösten jämte urkärnade oliver; däröfver bredes ett lager färs, och pastejen sammanlägges och gräddas 1—2 timmar. Af den erhållna buljongen göres sås, som tillsättes med oliver, något däraf nedhälles i pastejen, innan den serveras.

514. Pastej på hare.

Kan tillredas som föregående eller ock sålunda: ryggköttet på haren och de små filéerna skäras i skifvor. Af lefvern, jämte det öfriga köttet af haren och lika mycket fläsk göres en färs, som blandas med tryffel. En form beklädes med tunna späckskifvor. Ett hvarf af färsen ilägges och därpå köttet, så åter färs, öfvertäckes med späckskifvor. Formen täckes med ett lock, gräddas i ugn 3 à 4 timmar. Det feta, som synes flytande då pastejen uttages, får ej afhällas, utan bör färsen stå utan lock en stund, så suges det in i pastejen, som, då den skall serveras varm, serveras i formen. Får i annat fall kallna i formen, som doppas i hett vatten, då den skall uppslås.

515. Pastej på kanin.

Kaninen skäres rå i bitar, alla större ben borttagas, hvarefter den fräses i smör öfver frisk eld jämte hälften så mycket färskt fläsk i skifvor, litet lök, salt och persilja; spädes med buljong. Köttet får koka, tills det är i det närmaste färdigt, då det upptages och får kallna. Den frånsilade buljongen användes till sås tillsatt med litet vin, jämte champinjoner. Pastejen kan beredas som pastej på fisk eller pastej utan form.

516. Biffpaj.

Biffpaj är ett mer brukligt namn på detta slags pastej, och göres den lämpligast i en hög eldfast form. Biffarna fräsas i smör; löken brynes, och råskalad potatis skäres i skifvor. Formen smörjes med smör, potatis och kött nedläggas hvarfvis med lök, salt och peppar på hvarje kötthvarf; underst och öfverst bör vara potatis. När formen är full, lägges en remsa af deg kring formen, ett lock af deg pålägges och tryckes samman med kanten, prydes med utskuren deg. Bör stå i ugnen 1—2 tim. Då den uttages, ihälles den sås, man erhållit, då biffarna stekas.

PASTEJER

517. Finsk paj, pirog.

Smördeg utkaflas, och ett fat beklädes därmed. Sedan utbredes där ofvanpå ett fingertjockt lager kokta risgryn och därpå lax, skuren i tärningar, så hårdkokta hackade ägg, återigen ett lager risgryn, och slutligen öfverbredes smördeg, som tilltryckes i kanten. Degen öfverpenslas med ägg och gräddas i ugn. Serveras med skirdt eller rördt smör. Smördegen kan formas som en fisk.

518. Paj af köttfärs.

En smördeg tillagas och behandlas som i föregående nummer, man påbreder ett tjockt lager med köttfärs och strör sedan hackade sockergurkor, oliver och kapris därpå, så åter igen köttfärs, hvarpå smördeg lägges och tilltryckes i kanten. Gräddas i ugn. Ätes med oliv-, kapris- eller kejsarsås.

519. Stor märgpastej.

En form beklädes med mördeg; 200 gr. märg rensas väl från alla hinnor, hackas fint och blandas med lika mycket rifvebröd. Sedan tillägger man skalet af en half citron, 2 dl. rensade och skållade korinter, något socker och 6 ägg. En liter kokhet mjölk slås öfver blandningen, hvilken fylles i formen. Man viker kanten på mördegen öfver fyllningen; gräddas i ugn. Pastejen serveras i sin form med arrakssås eller brinnande sås.

520. Lefverpastej.

Till hvarje 200 gr. lefver tagas:

100 gr. fläsk,
1 ägg,
1 tsk. mjöl,
1 msk. tjock grädde,
1 ansjovis,
en mycket liten bit lök,
salt och peppar.

En kalflefver lägges i mjölk ett par timmar, aftorkas och skrapas fint eller rifves på rifjärn. Fläsket drifves flera gånger genom kvarn, hvarefter det arbetas i mortel tillsammans med lefvern och passeras genom en grof sikt tillika med ansjovisen och den rifna löken. I det passerade nedröres mjölet och äggen, salt och peppar tillsättas och sist grädden. Profkokas i en liten form och afsmakas. En aflång form klädes med späckskifvor, färsen ilägges och öfvertäckes med späckskifvor. Kokas i vattenbad i ugn 1 $1/_2$ timme. Får kallna i formen. Formen kan i stället för späck klädas med smördeg och gräddas då i ugn utan vattenbad.

521. Pastej utan form.

Smördeg utkaflas och skäres till tvenne runda bottnar; den ena placeras på en plåt, och midt på degen utbredes det, hvarmed pastejen skall fyllas, som kan vara kött, fågel, fisk eller frukt, men endast de båda senare okokta. Kött eller fågel bör förut vara kokt eller stekt; innehållet lägges högre på midten, så att det bildar en kulle, öfverbredes med ett lager färs, och däröfver bredes den andra runda bottnen, på hvilken man fuktat kanten med vatten, de båda bottnarna sammantryckas och afjämnas, så att kanten omkring blir 3 cm. bred; den fuktas med vatten, därpå lägges en remsa af degen 1 cm. tjock. I toppen göres ett hål, som omgifves med en dekoration af deg. Pastejen gräddas i varm ugn 1—2 tim., kringvrides under tiden och skyddas för undervärme. Då den är färdiggräddad, låter man den glida ner på anrättningsfatet. Genom hålet ifylles sås, passande till fyllningen. Serveras varm.

522. Små pastejer utan form.

Smördeg utkaflas till 1 cm. tjocklek, och med ett mått uttagas små runda kakor, med en nål eller knifspets ristas ett lock, eller göras utmärkningar till ett lock med ett mindre mått, som intryckes endast till hälften af kakans

PASTEJER

tjocklek. Den yttre kanten penslas med ägghvita, och härpå fästes en remsa af degen, utsporrad i uddar, hvarefter den gräddas i het ugn. Då de äro färdiga, aflyftes det utskurna locket, och, om något af degen är ogräddad inuti, borttages detta; en stufning ifylles, och locket pålägges. Bouchéerna (som deras kulinariska namn är), kunna fyllas med hvilken fin stufning som helst.

523. Små pastejer.

Små krusiga formar beklädas med smördeg, däruti lägges en stufning, som öfvertäckes med ett lock af deg, bestruket med vatten, och sammantryckes med degen, hvarmed formen är beklädd; öfverpenslas med äggula och gräddas i måttligt varm ugn.

Som fyllning i pastejerna kan användas någon lätt färs ensam eller blandad med fågel, kalfbress, hummer, kräftstjärtar, tryffel, champinjoner eller ostron.

524. Små äggpastejer.

2 dl. grädde,
3 äggulor,
1 msk. mjöl,
socker och
salt efter smak.

Pastejformar beklädas med smördeg. Äggulorna, grädden och mjölet vispas öfver elden, tills det börjar tjockna, men får ej koka, tages af och vispas, tills det blir kallt. Formarna fyllas till hälften af degen och pålägges med två degremsor i kors eller ett lock; gräddas i varm ugn. Strax innan de äro färdiga, bestrykas de med äggula. Böra svalna något, innan de stjälpas ur formarna. Serveras till buljong.

525. Vol-au-vent.

Med vol-au-vent förstås ett slags pastej af smördeg hvilken gräddas utan form och därefter fylles med någon ragu; ett oeftergifligt villkor är, att de serveras varma.

Färdigberedd smördeg (se smördeg) utkaflas till en

centimeters tjocklek; utskäres med sporre i rund form efter ett pannlock, fat eller dylikt, men bör vara 2 à 3 centimeter större än vol-au-venten önskas, ty degen drar ihop sig under gräddningen. Denna bottens midt utskäres, så att en 4 à 5 cm. bred ring återstår. Den urtagna kakan utkaflas till en tunn botten, med samma omkrets som ringens ytterkant. Denna kaka, som kommer att utgöra vol-au-ventens botten, lägges på en plåt och bestrykes rundt om med ägghvita, härpå lägges ringen och tilltryckes lätt, så att den sammanhänger med bottnen. Ringen bestrykes ofvanpå med äggula vispad med litet vatten, men man tillser noga, att intet kommer på kanten, hvilket skulle hindra smördegen att höja sig. Gräddas därefter i varm ugn, och vol-au-venten kringvrides ofta, så att den blir jämnt gräddad. Önskas lock till vol-au-venten, utkaflas smördeg tunt, och ett lock utskäres, något större än rummet inom kransen, garneras med utskuren deg; penslas med ägg och gräddas för sig.

Vol-au-venten fylles med ragu och garneras efter innehållet i denna, eller enklare, som ofvan nämnts, med ett lock af smördeg.

Små vol-au-venter gå under namn af bouchéer.

(Ragu till fyllning, se ragu.)

526. Timbal.

Timbal är ett slags pastej i slät och ofta kupig form, men skiljer sig från pastejen däruti, att omhöljet af mördeg, smördeg eller risgryn gräddas särskildt och sedan fylles med någon stufning.

Enligt vedertaget bruk får äfven det namn af timbal, då en form beklädes med färs istället för deg. Äfven af potatis- eller risgrynsmassa kunna timbalar beredas. Innehållet i timbaler kan sammansättas efter hvars och ens smak: af vildt blandadt med oliver; kalfbress, tunga och höns i en stufning med champinjoner; fiskfiléer i en finare stufning; hummer- eller kräftstufning med eller utan tillsats af fisk, o. s. v.

Man kan uraktlåta att dekorera bottnen och ställa timbalen upprätt på serveringsfatet samt ifylla stufningen och därpå garnera med något till stufningen passande. Serveras med sås, som passar till innehållet.

Beredning af timbal.

En slät form smörjes, och man utskär af mördeg en bladranka eller andra ornament till att pryda formens sidor och dessutom att lägga i bottnen på formen någon vacker fason, hvilken sedan blir topp på timbalen. Den urskurna degen fuktas och beströs med socker på ena sidan samt fasttryckes med denna sockrade sida mot formen invändigt. Sedan utkaflas en mördeg, och man bekläder därmed fullständigt formens inre men aktar att rubba de förut fastsatta prydnaderna. Ett papper lägges öfver degen, hvarpå formen fylles med mjöl. Man gör vidare ett lock af mördeg, noga afpassadt efter formens öppning, hvilket gräddas särskildt. Då degen i formen är gräddad, urhälles mjölet, och man aflägsnar noga det, som fäst sig på degen. Formen urstjälpes, och timbalen öfverpenslas med ägg, hvarefter den får torka i ugn under några minuter. Sedan fylles den med någon färdig, ej för såsrik stufning af fisk, kräftor, hummer, höns eller vildt. Locket pålägges och fastsättes, timbalen vändes om, ställes på fat och serveras.

527. Italiensk timbal.

En form beklädes på samma sätt som ofvan, men med smördeg, och formen gräddas. Stufvad makaroni nedlägges i timbalen och beströs med rifven ost. Därpå lägger man en tjock frikassé på höns eller kalkon, så åter makaroni och så vidare, tills timbalen är full. Det gräddade smörlocket påsättes, och timbalen vändes om, ställes på fat samt serveras.

528. Timbal af risgryn.

Risgryn kokas i mjölk med litet salt samt drifvas sedan genom sikt. Man blandar därefter rismassan med smör, rifvebröd och ägg, så att det blir en stadig deg. Därmed fylles en form, hvilken insättes i ugn att gräddas. Då den är färdig, stjälper man upp timbalen och skär ut ett lock ofvanpå, men lämnar en kant af knappt ett par cm. bredd rundt omkring. Timbalen urholkas och fylles med färdigberedd stufning. Fyllningen lägges högt upp i den öppna timbalen och garneras med något till stufningen passande.

529. Timbal af potatismassa.

Den kokta potatisen drifves genom sikt, tillsättes med ägg, litet grädde och salt. En timbalform bestrykes med smör och beströs med rifvebröd. Formen fylles med massan, och rikligt med smält smör påhälles. Det hela öfversiktas med rifvebröd samt gräddas i varm ugn, tills det blir ljusbrunt, skyddas med ett papper, så att ytan ej blir brun, innan kanten omkring är färdiggräddad. Uppslås och öfverpenslas med ägg, öfversiktas med rifvebröd och ställes åter i varm ugn, tills ytan fått färg. Urholkas och fylles som föregående.

Massan till denna och föregående timbaler profkokas, innan den lägges i formen.

530. Timbal med färs.

En timbalform bestrykes med kallt smör, och häri fasttryckes det, hvarmed timbalen skall dekoreras, och som bör passa till den ragu, hvarmed formen fylles.

En färs af kött beredes men bör ej vara för fast. Med en i varmt vatten doppad knif fasttryckes ett omkr. 2 cm. tjockt lager af färs, och man tillser noga, att dekorationerna ej rubbas. Nu ifylles en finare stufning, (se ragu); såsen till denna ragu bör vara tjock, och köttet bör vara skuret i rediga bitar. Raguen öfvertäckes med ett lager af färs och därpå ett smörbestruket papper, som är klippt efter formen. Formen kokas i vattenbad omkr. 1 tim. Timbalen kan äfven kokas i form med lock och nedsättes då i en gryta med vatten, hvilket bör gå upp ungefär till formens halfva höjd.

Då timbalen skall serveras, borthälles försiktigt allt det tunna, hvarefter formen vändes på serveringsfatet och får kvarligga öfver timbalen en stund, innan den aflyftes. Sås och garnityr efter innehållet i raguen.

531. Timbal med höns.

Brösthalfvorna utskäras och färdigstekas för sig. Af det öfriga köttet på hönan göres en färs (se färs.) Skrofven afkokas till buljong, hvaraf såsen beredes. Garneras med tryffel. En redning göres af smör och mjöl, spädes med buljong och champinjonspad (något häraf fråntages och utspädes till sås); köttet jämte champinjonerna iläggas. Se beredning af timbal.

Kalffärs kan användas i stället för färs af höns.

532. Timbal med kalffärs.

En form dekoreras med kokt sparris och tunga, skurna i strimlor af samma längd som sparrisen. Formen fylles med kalffärs tillsatt med hackade gurkor, eller beklädes med ett lager af färs och fylles med en tjock stufning af jordärtskockor, sparris eller andra grönsaker. Serveras med sås af murklor eller champinjoner.

533. Timbal med makaroni.

En stor form bestrykes tjockt med smör, och 1 cm. långa förvällda makaroni sättas tätt intill hvarandra med håliga sidan intryckt i smöret, så att timbalen, då den uppstjälpes, ser ut som en bikaka; den fylles med färs af fläsk eller kalfkött. Formen kokas i vattenbad. Serveras med champinjonsås.

534. Timbal med potatismassa.

En form dekoreras tätt med skurna morötter och selleri, därpå ett tunt lager af potatismos tillsatt med äggulor och smör. I bottnen lägges ytterligare potatismassa, därpå en stufning af kött eller fågel men med föga sås, så åter potatismassa, tills formen är full; sista hvarfvet bör vara potatismassa. Formen kokas i vattenbad en knapp halftimme. Sås passande till köttet.

535. Timbal med fisk.

Formen bestrykes med smör och beklädes med fiskfärs (se fiskfärs!). En ragu med tjock sås beredes af fisk och fylles i formen, ofvanpå lägges ett lager af färs. Kokas i vattenbad i ugn omkr. 1 timme. Serveras med kräftsås.

I stället för ragu kunna råa fiskfiléer nedläggas i den med färs beklädda formen.

536. Timbal med hummer.

Formen bestrykes med kräftsmör och beklädes med fiskfärs. En ragu beredes af hummer eller kräftor, blandad med tärningar af förut kokt fiskfärs, betäckes med färs och kokas i vattenbad. Garneras med kräftstjärtar eller prydligt skurna bitar af hummer. Timbalens röda färg förhöjes genom att öfverpenslas med kräftsmör, sedan den blifvit uppslagen.

Serveras med tryffel- eller champinjonsås.

537. Chartreuse.

Denna smakliga anrättning är endast ett dekorativt sätt att sammanblanda rot- och grönsaker med kött. Ursprungligen ingick kål som hufvudbeståndsdel bland grönsakerna, men numera uteslutes den till och med helt och hållet; ett villkor är dock att formen vackert dekoreras, hvilket ibland är ett drygt arbete. Som innehållet i en chartreuse alltid skall vara kokt eller stekt kan rester härtill användas. Man bör emellertid tillse, att de rot- eller grönsaker, som väljas, passa till köttet; kål till feta rätter såsom anka, gås, skinka eller fläskkorf; sparris och ärter till höns och kalf; selleri och brysselkål till fågel och vildt o. s. v.

538. Chartreuse med höns.

En timbalform bestrykes med kallt smör. Sparris, morötter och selleri kokas i det närmaste färdiga; morötterna afskäras till samma längd och form som sparrisen. Af selleri och morötter utskäras några ornament för formens botten. Dessa placeras först, så att de bilda ett mönster, därefter resas mot formens kant sparris och morötter tätt intill hvarandra formen rundt. Stora kokta kålblad tryckas tätt intill grönsakerna, stekt eller kokt höns benfritt och skuret i rediga bitar nedläggas tillika med smått skuren sparris och spritärter, men öfvervägande grönsaker mot kött. Slutligen öfverhälles chartreusen med rikligt med smält smör, belägges med papper och kokas i vattenbad i ugn omkring $^3/_4$ tim. Då chartreusen tages ur ugnen, bör den stå en stund, innan den uppstjälpes. Det tunna afhälles och användes till såsberedning; chartreusen stjälpes försiktigt på fatet och garneras med brysselkål. Serveras med smörsås med tryffeltärningar. I stället för kålblad kan ett tunt lager af färs eller potatismassa bredas öfver, i hvilket fall den mer liknar en timbal.

539. Chartreuse med kål.

En form bestrykes med smör och dekoreras med rotsaker i olika färger. Hvitkål förvälles eller brynes i smör och socker. Ett hvarf af kål nedlägges i formen, därpå kokt fläsk, frikadeller eller fläskkorf, så återigen kål. Om köttet är magert, öfverhälles smör. Kokas 1 tim. i vattenbad.

ÄGG- OCH MJÖLRÄTTER.

Äggrätter.

540. Löskokta ägg.

Äggen tvättas och nedläggas i kokande vatten; vid kokning af flera ägg användes ett äggnät eller en stålkorg. Stora, nyvärpta ägg tåla att koka 4 minuter, mindre 3 minuter; afser man att få hvitan fast, men gulan lös, kokas de 5 à 6 minuter. Äggen kokas i mycket vatten och utan lock.

541. Hårdkokta ägg.

Härtill kokas äggen omkring 10 minuter, läggas därefter i kallt vatten, då skalen lättare kunna aftagas. Serveras skurna med eller utan ansjovis.

542. Hårdkokta, stufvade ägg.

Schalottenlök skalas och förvälles samt fräses sedan i smör, tills den fått vacker färg, hvarefter man tillsätter något mjöl och påspäder buljong. Dessutom kryddas med salt och peppar. Hårdkokta ägg skäras i klyftor och läggas i stufningen.

543. Färserade ägg.

Hårdkokta ägg klyfvas på längden, och gulorna borttagas och stötas med lika mycket smör, två hela ägg, salt, peppar och finhackad persilja jämte helt litet socker. Ägghvitshalfvorna fyllas med färsen, så att det ser ut, som om gulan vore hel. De insättas därpå i ugnen att stanna och få litet färg. Serveras omkring stufvade champinjoner eller stufvad hummer. I senare fallet kan man blanda hummersmör i färsen, så att den får vacker färg. De kunna äfven användas som garnering omkring kötträtter eller finare stufningar.

544. Ägg på fat.

Ett fat smörjes med smör, och därpå bredes någon färs (se färs!), fördjupningar göras däruti för så många ägg, som man vill hafva. Sedan öfverpenslas färsen med smör och öfverströs med rifvebröd, insättes i ugn att blifva nästan färdig, hvarefter ett ägg slås i hvarje fördjupning. Fatet införes i ugn och får stå, tills hvitorna äro stelnade.

545. Tartuffe-ägg.

Rökt skinka bräckes och lägges på ett varmt fat, hvarefter man öfvergjuter den med några skedar brun sky och hälften så många skedar rödt vin. Sedan slås ägg varsamt sönder, så att gulan förblifver hel och till så stort antal, att skinkan täckes af dem. Fatet insättes i ugn, som föregående nummer.

546. Ägg i snöbädd.

Hvitan skiljes från gulan af så många ägg man vill, hvarefter dessa slås till hårdt skum. Till hvarje ägg tages en sked tjock, söt grädde, som vispas i ett särskildt fat. Då båda delarne blifvit skum, sammanblandar man dem, tillsätter något salt och breder ut skummet på ett flatt fat och lägger däruti gulorna i vacker ordning. Fatet införes i ugn under några minuter.

547. Förlorade ägg.

I brist på därtill afsedd panna kan användas en stek- eller annan låg panna, bäst är härtill en munkpanna. Äggen slås ut på en tallrik, i pannan upphettas vatten, ej mer än behöfligt att stanna hvitan; äggen få glida från tallriken ner i vattnet och då hvitan stannat upptagas äggen med hålslef och afjämnas i kanterna.

548. Stekta ägg.

Härtill användes bäst plättlagg, pannan upphettas, men får ej bryna smöret, äggen iläggas bäst som föregående och upptagas, då hvitan stelnat.

549. Ägg på stekt bröd.

På hvetebrödsskifvor afskäras kanterna, hvarefter de stekas i upphettadt smör, tills de blifva ljusbruna och uppläggas på anrättningsfatet. På hvarje skifva lägges ett stekt ägg, som garneras med ansjovis eller hackad persilja. En sås beredd af buljong eller köttsky tillsatt med vin efter smak hälles på fatet:

550. Äggstanning.

Till hvarje ägg 2 matskedar mjölk, vatten eller buljong. Blandningen slås i en med smör bestruken form 3 à 4 centimeter högt och kokas i vattenbad. Serveras till soppor.

551. Äggröra.

Till hvarje ägg 2 msk. mjölk. Äggen söndervispas med mjölken. I en flat kastrull smältes en skifva smör, de vispade äggen hällas däri, och pannan ställes på svag eld, under det blandningen försiktigt omröres, men får ej komma i kokning. Allt efter som äggröran stannar på bottnen, tages den upp med en hålslef och lägges på anrättningsfatet, hvarefter fint salt strös på.

I stället för mjölk kan vatten tillsättas, då äggröran blir lättare och färgen högre, men då måste man taga drygare med smör.

Till äggröran serveras:

rökt lax,   bräckt korf,
rökt skinka,   böckling.

ÄGGRÄTTER

552. Äggformar.

I mindre, eldfasta formar kunna diverse frukosträtter tillredas; som dessa serveras i sin form tagas till hvarje ägg 4 à 5 skedar mjölk. Formen bestrykes med smör hvarpå det ilägges, som ämnas till lådan, och smeten slås öfver; gräddas ljusgul i ugn. Härtill kan användas:

> Bräckt skinka skuren i skifvor.
> Ansjovis, lax, rifven stark ost m. m.

553. Omelett.

En omelett är en billig och omtyckt rätt; utom fördelen att därtill kunna användas rester af nästan hvarje rätt, är den fort tillredd och prydlig att servera.

En omelett bör icke göras större än på 6 ägg emedan den då är svårare att få genomgräddad, utan att den blir gulbrun, hvilket bör undvikas. Den till omlett afsedda pannan bör ej vara för vid så att omeletten blir tunn, då den lätt blir torr, bäst härtill är en emaljerad panna, dock kan användas en vanlig stekpanna, som är blank och torr och ej användes till annat ändamål. Ugnen bör vara het, så att omeletten gräddas på några minuter, och pannan väl upphettad innan smöret ilägges, men ej så varm att det brynes. Omeletten får ej kvarstå i pannan, utan upplägges med detsamma, kan den ej serveras genast, hålles den varm öfver vattenbad.

554. Hvardagsomelett.

Till hvarje ägg, 3 à 4 matskedar mjölk, smör, salt. Gulorna frånskiljas och vispas hastigt med mjölken, hvitorna slås till skum och nedvispas fullständigt; rikligt med smör lägges i den varma pannan, smeten ihälles och omeletten insättes i varm ugn. Då den stannat lossas omeletten kring kanterna och uppstjälpes; stufningen (se ragu!) lägges på halfva omeletten, och den andra hälften öfvervikes.

Till stufning kan med fördel användas:

Rester af fågel, fisk, kalf, fårstek och njure m. m.
Champinjoner   Sparris
Murklor   Blomkål
Kräftstjärtar   Spenat m. m.
Kalfbress.

555. Fransk omelett.

10 äggulor,   5 msk. vatten,
7 hvitor,   salt.
100 gr. smör,

Äggen vispas med vatten endast, tills det är blandadt, något af smöret i små bitar ilägges, resten af smöret skiras och hälles i den väl värmda pannan, smeten ihälles, och pannan ställes öfver frisk eld; omröres med en gaffel, tills den börjar stanna. Sedan skakas den öfver elden, tills den är i det närmaste stannad, då pålägges stufning af hvad slag man önskar eller endast hackad persilja, och däröfver slutes omeletten samman från två sidor, så att den får en långsträckt form; pannan skakas, tills omeletten stannat, stjälpes upp direkt på fatet, så att den del af omeletten kommer upp, som varit i beröring med pannan.

556. Tysk omelett.

6 ägg,   4 msk. smält smör,
2 dl. grädde,   salt.

Då smeten är sammanvispad, hälles hälften däraf i omelettpannan, hvari smältes rikligt med smör, gräddas i ugn, men bör vara stannad. Omeletten lossas och får glida ur pannan på anrättningsfatet, stufningen pålägges, och den öfriga smeten gräddas till en omelett, som, då den är stannad, stjälpes ur pannan på ett med smör bestruket lock och skjutes varsamt öfver stufningen; garneras efter stufningen. Bräckt, rökt skinka skuren i tärningar passar bra till denna omelett.

ÄGGRÄTTER

557. Frasomelett.

En half liter grädde vispas till hårdt skum med helt litet socker. 7 ägg iröras, först gulorna, en i sänder, och sist de 7 till skum slagna hvitorna. Hälften af smeten slås på ett fat och insättes i ugn för att något stanna; stufning af hvad slag som helst lägges uti, och den andra hälften af smeten, hvaruti man oupphörligen vispat, hälles öfver. Omeletten fullgräddas och serveras strax.

558. Falsk omelett.

5 ägg, 2 skedar mjöl,
$1/_2$ l. gräddmjölk, 2 skedar smör.

Af denna smet slår man något på en smord pannkakslagg och gräddar den på ena sidan vid svag värme, samt flyttar den sedan på ett fat med den löst gräddade sidan upp. Därpå lägges öfver ett hvarf stufning af hvad sort, som önskas. Detta upprepas, tills smeten och stufningen äro slut. Det sista hvarfvet bör vara pannkaka. Fatet insättes i ugn några ögonblick för att stanna sig. Serveras med kräftsås, hvaraf något slås öfver omeletten.

559. Syltomelett.

En omelett tillvispas och gräddas. Då den är halfstannad, ilägges något sylt af hallon, smultron eller vinbär, men man bör undvika att taga för mycket sås, och omeletten sammanvikes. Den, som vill, kan sockra öfver omeletten och glasera den med glödgadt omelettjärn eller skyffel.

560. Omelett med äppelkompott.

En omelettsmet tillvispas, och man slår hälften på fatet. När den blifvit halfstannad, ilägges äppelkompott, och andra hälften af smeten slås öfver. Gräddas i ugn.

561. Omelett med maräng.

En omelettsmet tillvispas af en half liter grädde, hvaruti 9 äggulor iröras. Gräddas på ett smordt fat. Då den är nära gräddad, pålägger man äppelkompott, stufvade krusbär eller rabarber m. m. I de 5 till skum vispade ägghvitorna läggas 5 skedar socker och skalet af en citron. Marängmassan bredes öfver omeletten, man sockrar därpå och inför omeletten i ugn, så att den får färg.

Mjölrätter.

562. Ugnspannkaka.

Hälften mjöl mot mjölk och till hvarje ägg 4 msk. mjölk, smör, salt och socker efter smak. Mjölet siktas, salt och socker tillsättas. Äggen vispas tillsammans med mjölken och nedröras småningom i mjölet, så att smeten blir jämn och ej klimpig, hvarefter den bör stå omkring 1 tim., så att mjölet får svälla. En stekpanna upphettas, smöret ilägges och föres upp mot kanten, smeten omvispas och ihälles; gräddas i god ungsvärme omkring $^3/_4$ tim.

Är ugnen ej tillräckligt varm, eller man önskar påskynda gräddningen, röres blandningen i en panna öfver elden, tills den blir varm, innan den slås i den värmda stekpannan.

563. Fläskpannkaka.

Mjöl,
1 l. mjölk,
4 à 5 ägg,
200 gr. insaltadt fläsk eller rökt skinka.

Smeten tillagas som föregående. Fläsket skäres i tärningar, stekes fullständigt i stekpanna och upphälles. Pannan rengöres från det salt, som fastnat, hvarefter det klara

MJÖLRÄTTER

fettet åter ihälles; tärningarna slås i smeten, som hälles i pannkakspanna och gräddas i varm ugn.

Af samma smet kunna äfven tunna pannkakor gräddas; fläsket skäres då i tunna skifvor. Laggen fylles med smet, och, då den något stannat, påläggas fläskskifvor; vändes, då pannkakan är färdig, men gräddas obetydligt på andra sidan.

Serveras heta och nygräddade.

564. Äppelpannkaka.

En smet sammanvispas som till ugnspannkaka. Astrakaner eller annan lös äppelsort skäres i skifvor och nedröres i smeten. Pannkakorna gräddas i smorda pannor, uti varm ugn, samt stjälpas på fat och beströs med socker. De serveras utan sylt. Till äppelpannkaka fordras mera ägg eller mera mjöl för att motsvara den saft, som går ur äpplena.

565. Gräddkaka.

7 dl. grädde, söt eller sur,
6 ägg,
5 dl. mjöl,
4 msk. socker,
citronskal eller bittermandel efter smak.

Äggulorna vispas med socker, citronskal eller rifven mandel. Grädden och hvitorna slås till skum hvar för sig, blandas till det öfriga. Gräddas i låg form i måttlig ugnsvärme. Serveras varm. I stället för mjöl kunna finstötta skorpor tillsättas. Användes sur grädde, erfordras mera socker.

566. Gräddkaka med vin.

7 dl. grädde, söt eller sur,
10 ägg,
200 gr. socker,
1 citron,
2 dl. rhenskt vin,
3 dl. mjöl.

Som föregående med tillsats af vinet och citronsaften. Bör serveras, som den kommer ur ugnen.

567. Falsk gräddkaka.

En liter söt mjölk uppkokas med en sked smör och skalet af en citron, hvarefter så mycket mjöl ivispas, att det blir en tjock välling. Pannan lyftes af elden, och man irör 6 äggulor och litet socker. De 6 hvitorna vispas till hårdt skum och röras sist i smeten. Kakan gräddas på fat i ugnen och uttages, då den höjt sig. Garneras hastigt med något sylt eller marmelad, öfversockras och införes åter i ugnen för att fullgräddas. Serveras varm.

568. Ostkaka.

5 l. mjölk,
5 äggulor,
3 hvitor,
3 msk. mjöl,
2—3 tsk. löpeextrakt,
$^1/_2$ l. tjock grädde eller mer,
100 gr. socker.

Mjölken sättes på elden att blifva ljum. Löpeextraktet tillsättes med lika mycket ljumt vatten och blandas till de söndervispade äggen jämte mjölet; hvarefter detta nedvispas i den ljumma mjölken, som då bör vara lyft från elden.

Lock pålägges, hvarefter mjölken får stå och ysta. När osten lossnar från kanten, aföses så mycket af vasslan som möjligt, hvarefter pannan med osten insättes i en varm ugn att koka omkring 1 tim. Pannan uttages, och osten upplägges med en hålslef i den form, hvari kakan skall gräddas så fri från vassla som möjligt. Sedan nedstickes sockret, hugget i bitar, och kakan öfveröses med några matskedar af grädden, hvarefter den insättes i varm ugn, omkring 2 tim., men uttages och öfveröses med grädden matskedvis några gånger. Kan ej gärna uppstjälpas varm, utan serveras då i formen. Serveras med ostkakssås.

569. Falsk ostkaka.

Tre liter söt mjölk ljummas, hvarjämte 5 skedar grädde vispas tillsammans med 5 ägg och slås i mjölken. Sedan iröras 2 skedar potatismjöl, 2 skedar hvetemjöl, 1 sked socker och 1 tesked kanel. En god matsked löpe iröres, sedan mjölken är hälld i formen, som sättes i ugnen, när mjölken löpnat. Serveras med ostkakssås.

570. Kalfost, kalfdans.

Råmjölk, socker,
mjölk eller kanel eller
grädde till spädning, citronskal.

Råmjölkens fasthet profvas, innan man blandar anrättningen genom att taga lika mycket annan mjölk eller grädde och råmjölk och profkoka. Proportionerna lämpas efter profvet, socker tillsättes efter smak, smaksättes med kanel, citron eller bittermandel, hvarefter blandningen hälles i form och kokas i vattenbad i ugnen, men endast tills den är stannad. Vid långvarig kokning vasslar den sig, och osten blir hård. Serveras med grädde, mjölk eller sylt.

Formen kan behandlas, som till brylépudding, och kalfosten kokas däruti, då smaken helst bör vara citronskal.

571. Råmjölkspannkaka.

En pannkakssmet göres, som till ungspannkaka, men med mjöl beräknadt efter råmjölkens styrka. Slås, med detsamma den är tillvispad, i panna och gräddas i ugn.

572. Tunna pannkakor och plättar.

Tunna plättars och pannkakors smaklighet är mycket beroende af vana vid tillagandet och den använda smörmängden. Hvilken sammansättning smeten än må hafva, bör den innehålla minsta möjliga mjölmängd, som erfordras för att göra smeten sammanhängande och få stå tillvispad 1 timme, innan gräddningen börjar, så att mjölet får svälla. Pannan uppvärmes långsamt och får bli så het, att smöret blir lindrigt brunt. Smeten påhälles så tunnt, som möjligt. Pannkakan bör gräddas kortare stund på andra sidan än då den första. Smeten kan variera från endast mjöl och mjölk till så godt som endast ägg och grädde, då mjöl blir obehöfligt.

573. Fraspannkaka.

4 äggulor, 2 dl. mjöl,
4 dl. grädde, 4 dl. vatten,
2 dl. smält smör, 1 msk. socker.

Alla ingredienser sammanvispas väl utom grädden, som slås till hårdt skum och nedröres sist. Pannan smörjes endast till första pannkakan, då den är gräddad på bägge sidor rullas den öfver en pinne från pannan, hållas varma.

Serveras med vispad grädde eller sylt.

574. Enkla plättar och pannkakor.

1 l. mjölk, omkring $1/_2$ l. mjöl,
2 à 4 ägg, salt.
4 msk. smör,

Äggen söndervispas med något af mjölken, så att mjölet kan nedvispas, utan att klimpa sig, hvarefter resten af mjölken tillsättes, smöret smältes och nedvispas. Skulle smeten kännas för stadig, tillsättes litet kallt vatten. Som ombyte kunna endast gulorna medtagas i smeten, och hvitorna slås till skum, blandas med socker till maräng, som till sist bredes öfver de upplagda pannkakorna, som insättas några minuter i svag ugnsvärme för att få vacker gul färg. Om man så önskar, kan sylt läggas mellan hvarannan pannkaka.

575. Kunglig pannkaka.

Pannkakor tillvispas och gräddas som föregående. Man har förut kokt kräm af en half liter grädde, en bit vanilj, litet socker och kanel samt afredt det med 4 äggulor och något potatismjöl. Af denna kräm slår man en sked på hvarje pannkaka, som sedan hopvikes. Körsbärssaft uppkokas, pannkakorna läggas på varmt fat och öfvergjutas

MJÖLRÄTTER

med något af saften, och man serverar resten däraf såsom sås till pannkakorna.

576. Drickspannkaka.

Tre ägg vispas i ett fat, och däruti rör man sedan 4 skedblad smör, 2 skedblad socker och 4 rågade skedar mjöl, och till sist ivispas 4 dl. god svagdricka. Gräddas som föregående.

577. Äppelplättar.

Astrakaner eller annan lös sort skalas, befrias från kärnhus och skäres i skifvor. Då smeten är slagen på plättjärnet, lägges en skifva i hvarje rum; färdiggräddade öfversockras plättarna och serveras utan sylt.

578. Arma riddare.

Hvetebröd, smör,
ägg, salt och
mjölk, socker.

En tjock smet göres af ägg, mjöl och mjölk; brödet skäres i skifvor, som först blötas i mjölk och sedan i smeten, läggas omedelbart i stekpannan, hvari man fräst rikligt med smör, stekas hastigt på båda sidor. Förtjänar att icke falla i glömska.

579. Risgrefvar.

Risgrynsgröt, som blifvit öfver, skäres i skifvor, beströs med en blandning af socker, kanel, mandel och mjöl. De stekas därefter och ätas med vispad grädde och sylt.

580. Panerade grefvar.

En liter söt mjölk kokas upp med 25 gr. mandel och lika mycket socker jämte en sked smör. Så mycket mjöl ivispas, att det blir som en stadig gröt, hvarefter smeten slås upp att kallna. Sedan skäres den i vackra skifvor, som doppas i ägg och rifvebröd samt stekas. Serveras med något sylt.

581. Fyllda riddare.

Hvetebröd skäres i tunna skifvor, och man breder mandelmassa på den ena skifvan och fruktmos på den andra, hvarefter de läggas tillsammans, blötas i grädde, rullas i rifvebröd och stekas eller kokas i flottyr.

582. Burgunderriddare.

Hvetebrödsskifvor doppas i rödt vin samt läggas två och två tillsammans med något fruktmos emellan. Rullas i ägg och rifvebröd samt stekas som föregående.

583. Gräddmunkar.

Till hvarje dl. sur grädde:

| 1 msk. vatten, | smör, |
| mjöl, | socker. |

Grädden vispas till skum. I vattnet vispas så mycket mjöl, att det blir som gröt, i hvilken gräddskummet småningom nedröres. Munkpannan upphettas och smörjes med skirdt smör, en sked af smeten ilägges, munkarna gräddas ljusgula på båda sidor, uppläggas på bakelsegaller. Serveras med sylt.

584. Jäsmunkar.

1 l. mjölk,	40 gr. jäst,
6 ägg,	1 msk. socker,
4 dl. skirdt smör,	mjöl.

Alla ingredienserna blandas och så mycket mjöl nedvispas, att det ringlar sig på ytan efter vispen, degen öfvertäckes och får jäsa. Då den är väl uppjäst, gräddas munkar däraf, som i föregående.

MJÖLRÄTTER

Våfflor och rån.

585. Gräddvåfflor.

$^1/_2$ l. grädde, söt 8 msk. vatten.
eller sur, 225 gr. mjöl.

Våffeljärnet uppvärmes på båda sidor, en jämn eld är nödvändig, bäst är att först elda spiseln, och, då gräddningen börjar, slå för dragluckan. Järnet smörjes med hvitt vax eller skirdt smör. Grädden, som bör vara af bästa beskaffenhet, vispas till hårdt skum, mjöl och vatten till en jämn smet, i hvilken gräddskummet så småningom nedröres. Då järnet är hett och smordt, påhälles smeten, järnet vändes, och man håller reda på hvilken sida af järnet, som är mest het och vänder den uppåt under gräddningen. Då våfflan är tagen ur järnet, putsas den med sax, ställes på kant på ett bakelsegaller i spiseln, så att den ej mjuknar. Uppläggas på varmt fat, öfversockras och serveras med sylt.

586. Sockervåfflor.

6 ägg, 4 msk. smält smör,
200 gr. socker, 224 gr. mjöl.

Gulorna söndervispas, sockret röres väl däri, hvarefter smöret, afsvalnadt, tillsättes jämte mjölet, sist de till skum slagna hvitorna. Gräddas som föregående. Smeten kan, sedan den är färdigvispad, tillsättas med gräddskum efter smak.

587. Enkla våfflor.

En liter söt mjölk vispas häftigt med helt litet socker, så att det fradgar sig, hvarefter mjöl iröres, tills det ringlar sig efter vispen, då tillsättas 2 dl. smält smör eller flottyr. Gräddas som föregående, men järnet bör vändas oftare Ätas med påbredt smör som te- och kaffebröd.

588. Jästa våfflor.

Samma smet som till jäsmunkar utspädes med litet mjölk. Häraf gräddas våfflor på vanligt sätt, men drygt med smet bör påläggas.

589. Äggvåfflor.

200 gr. smör,	4 ägg,
200 gr. mjöl,	$1/_2$ citron.
150 gr. socker,	

Smöret röres till skum, gulor och socker arbetas väl för sig och nedröras i smöret, därefter mjölet, saft och skal af citron, smeten röres, tills den är smidig och lätt; sist nedskäras 2 à 3 till skum slagna hvitor. Järnet smörjes med vax, då gräddningen börjar, och, om det gräddas på hett järn, visar sig ännu en smörjning behöflig någon gång under tiden.

590. Rån.

10 äggulor,	det rifna skalet af
6 msk. fint socker,	$1/_2$ citron,
6 msk. skirdt smör,	omkr. 250 gr. mjöl.

Gulorna röras med sockret, smöret tillsättes jämte citron, hvarefter mjölet inblandas. Järnet upphettas och smörjes med skirdt smör; smeten utbredes tunt på järnet, som upphettas på båda sidor; järnet putsas kring kanten, innan rånet urtages.

Rånen kunna rullas öfver en pinne eller formas till strutar, hvilket bör ske medan de ännu äro varma.

591. Tunnrån.

| 7 dl. tjock grädde, | citronskal, |
| 150 gr. socker, | 250 gr. mjöl. |

Grädden vispas till hårdt skum, sockret, citronskal och mjöl nedröras och blandas väl. Af gräddmassan gräddas rån som föregående.

MJÖLRÄTTER

592. Tunnrån med svagdricka.

3 ägg,
3 msk. socker,
4 msk. skirdt smör,
4 rågade msk. mjöl,
4 dl. svagdricka,
citron.

Sammanvispas och gräddas som föregående; äro afsedda att serveras med smör till té.

593. Enkla rån.

3 ägg,
2 msk. socker,
15 cl. smält smör,
1 l. 15 cl. mjölk,
mjöl.

Allt sammanblandas, och mjöl ivispas, tills smeten blir tjockflytande. Gräddas på vanligt sätt. Järnet smörjes till hvarje våffla.

594. Vattenrån.

4 dl. vatten,
4 msk. smält smör,
socker,
mjöl.

I vattnet vispas mjöl af hvad sort man önskar, hvete, korn eller råg, tills det ringlar sig för vispen, smör och socker tillsättas; gräddas. Serveras som föregående.

595. Kroppkakor.

2 l. potatis,
3 à 4 ägg,
½ l. mjöl,
salt och
rökt skinka.

Potatis, något mer än halfkokt, rifves eller tryckes genom sikt och får kallna. Därpå iblandas ägg och större delen af mjölet, jämte salt. I det öfriga mjölet arbetas degen på bordet, men ej mer än nödvändigt och utrullas aflång, samt afskäres i bitar och rullas. Fläsk eller medvurst skäres i fina tärningar, bräckes lindrigt och kryddas, om så behöfves, med salt och peppar. I hvarje kroppkaka göres en fördjupning, som fylles med fläsktärningar, hvarefter kakan igentryckes och tillplattas. Kroppkakorna läggas i saltadt, kokande vatten, lock pålägges, och kakorna få sakta koka omkring 10 min. Serveras med smält smör. Hvitorna kunna uteslutas, då kakorna blifva lösare. En kaka bör då profkokas, om något mer mjöl är behöfligt.

596. Ölands kroppkakor.

3 l. potatis,   fläsk och
7 dl. söt mjölk,   lök.
1 ¼ l. mjöl,

Potatisen, halfkokt och rifven, blandas med mjölken, hvarefter mjölet tillsättes, jämte salt. Fläsk, färskt eller salt, skäres i fina tärningar och bräckes, lök finhackas, brynes och blandas; beredes som föregående. Man profvar kakorna med en vispkvist, som vid utdragandet är torr, om kakorna äro färdiga. Serveras med löksås eller smält smör.

597. Enkla potatisbullar.

Kokt potatis skalas och rifves, helt litet mjölk och något socker samt salt och peppar tillsättas jämte ett par söndervispade ägg. Bullarna formas och mjölas samt stekas tillsammans med fläsk eller också särskildt i munkpanna.

598. Kokt klimp.

En liter mjölk kokas med en sked smör, och så mycket mjöl ivispas, att det blir som en stadig gröt. Ett par ägg iröras jämte något salt, peppar och socker. Man formar klimpar med två skedar och kokar dem sedan i vatten med litet salt. Serveras till stekt fläsk.

VÄXTRÄTTER.

Rotfrukter.

599. Kokt potatis.

Nyväxt potatis, som tages på sommaren, innan den är mogen, påsättes i kallt vatten, som, då det uppkokar, bortslås; varmt vatten tillsättes nu jämte salt, och potatisen får färdigkoka därmed, serveras oskalad. Ett enklare och mer vanligt sätt är att påsätta den i kokande saltadt vatten jämte några dillkvistar, låta den färdigkoka och afhälla vattnet noga.

Som allmän regel vid potatiskokning, antingen den kokas med eller utan skal, gäller: att den kokas i så litet vatten som möjligt, att detta bringas hastigt i kokning och afhälles, som pannan tages från elden. Skall potatisen ej serveras ögonblickligen, täckes den med hopviken duk. Råskalad potatis bör ligga i vatten, tills den lägges i kokvattnet. Till hvarje liter potatis beräknas en tesked salt.

All potatis blir bättre vid ångkokning. Skall ångkokad potatis hållas varm, kan detta ej ske öfver ångan, utan insvepes kokaren i en duk och ställes på varmt ställe.

600. Ugnstekt potatis.

Potatis tvättas, torkas på duk, stekes i varm ugn omkring en timme. Serveras med skalen på tillsammans med smör.

601. Potatis kokt i flottyr.

Rå potatis skäres i skifvor eller strimlor, eller formas till bollar, lägges mellan linne, kokas i flottyr (se: kokning i flottyr), tills de äro möra och ljusbruna, läggas då på papper att afrinna, hvarefter fint salt påströs.

602. Fransk potatis.

Potatis skalas och gifves en oval form, skäres i tunna skifvor, som läggas i vatten $^1/_2$ tim. och uppläggas på linne. Kokas därefter i flottyr, hvilken ej får vara så varm att potatisen blir brun, utan bibehåller sin hvita färg. Kokningen bör ske på sakta eld, hvarefter potatisen upplägges att afrinna och får kallna. Flottyren upphettas som vid vanlig kokning i flottyr, potatisen ilägges — ej för många skifvor på en gång — och svälla då ut till bollar. Upptagas och få afrinna samt gå under namn af pommes de terre soufflées.

En anmärkning, som göres i en engelsk kokbok vid för öfrigt samma förfaringssätt som i detta gamla recept, är att man ej vinner detta resultat med annat än holländsk potatis.

603. Smörpotatis.

Små potatis råskalas, formas runda, läggas på linne att torka. Rikligt med smör smältes i en panna, och potatisen ilägges, tätt lock pålägges, och pannan ställes på svag eld att sakta koka, hvarunder pannan ofta skakas. Då potatisen är färdig, kan den öfverströs med litet fint rifvebröd och salt, om så behöfves. Serveras till kokt fisk och salt bringa. Till rätter, där lök passar, kan finhackad sådan fräsas i smöret, innan potatisen ilägges.

604. Råstufvad potatis.

Potatis råskalas och skäres i 4 delar, kokas i mjölk, litet smör och salt; omskakas. Då potatisen är färdig, bör såsen vara tjock. Serveras till salt bringa.

605. Kokt stufvad potatis.

Kokt potatis skäres i skifvor och lägges i en tunn redning af smör, mjöl och mjölk, tills den är genomvarm; salt och persilja tillsättas.

Med lök. Lök finhackas och brynes i rikligt med smör; skuren potatis ilägges, och då den är varm, tillspädes litet grädde, kryddas med salt och socker. Serveras (med persilja) till hamburgerbringa.

606. Potatispuré.

Råskalad potatis kokas, sönderkrossas med stöt eller drifves genom grof sikt. Purén sättes öfver elden med smör, salt och peppar samt spädes med så mycket kokande mjölk, att den blir lagom tjock. Röres hela tiden, den står öfver elden.

607. Gratin på potatis.

½ kg. potatis,	grädde,
75 gr. smör,	salt,
3 dl. rifven ost,	peppar och
5 ägg,	socker.

Kokt potatis drifves genom sikt och blandas med smör och ost. Äggen nedröras ett i sänder, purén kryddas, och ett par skedar grädde tillsättas. Lägges på eldfast fat med smör och rifvebröd. Gräddas i ugn.

Rå potatis, skuren i tunna skifvor, lägges på fat; smör, rifven ost och salt tillsättas, instålles i varm ugn omkring ½ timme.

608. Körfvelrofvor.

Rofvorna sättas på elden i kallt vatten och skållas. De fullkokas sedan i buljong och vatten och serveras med rördt smör. De kunna äfven glaceras, stufvas och användas i soppor. Körfvelrofvor äro bäst vid nyårstiden och anses för mycket närande.

609. Ingefärsrofvor.

Små goda rofvor skalas hela, sköljas och läggas i en smord kastrull, en dryg matsked smör för hvarje rofva lägges därpå, en knifsudd ingefära och en tesked socker för hvar rofva strös öfver dem; kastrullen ställes med lock på i ugn, så att rofvorna under flitig ösning få koka sakta; tillses ofta. När rofvorna kännas riktigt mjuka, läggas de på varm karott; den sås, som är i kastrullen, afredes med litet potatismjöl, upplöst i söt grädde, och slås öfver rofvorna, som serveras till fläskkorf, köttfärs, stekt gås och anka samt kokt salt kött och fläsk.

610. Fyllda rofvor.

4 vispade ägg,
salt,
6 dl. rofmos,
2 dl. grädde,
2 dl. fint rifvebröd,
4 skedar smör,
35 gr. finstött bittermandel,
lika mycket socker.

Små goda rofvor tvättas väl och förvällas lindrigt i vatten med litet salt uti, läggas upp att afrinna, skalas försiktigt och urgräfvas med en tunn silfversked. Det urgräfda arbetas sönder i ett fat och blandas upp med de ofvan nämnda ingredienserna samt fylles åter i rofvorna, som ställas på smord långpanna samt öfversmörjas med sammanvispade 2 ägg och 2 skedar smör; pannan insättes i varm ugn, och, då rofvorna fått färg och fyllningen höjt sig, uppläggas de på varmt fat och serveras till samma köttsorter som i föregående nummer.

611. Glaserade rofvor.

Rofvor utskäras med formjärn, så att de blifva som små lökar. De förvällas och fräsas i en smord kastrull i smör med socker och salt, hvarefter buljong tillslås, och de få koka, tills de kännas mjuka. Då aftages locket, mer socker tillsättes, och buljongen får sammankoka, så att rofvorna glaseras. Användes till garnityr.

612. Ätlig oxalis, surklöfverrofva.

Rötterna skrapas och läggas genast i vatten, blandadt med litet ättika, eljest svartna de; skäras i bitar, och där man märker en träaktig kärna, borttages den, hvarefter de kokas i god buljong med litet smör och socker. Då rötterna kännas mjuka, vispar man tillsammans 2 äggulor, 2 dl. grädde, 4 skedar vin och litet citronskal; därmed afredas rötterna, som serveras till kötträtter.

Kunna äfven stufvas som blomkål.

613. Rofpuré.

Tillagas som rotmos.

614. Brynta kålrötter.

Kålrötterna skalas, skäras i hvad form man önskar, brynas i stekpanna i rikligt med smör eller flott, tills de blifvit bruna; spädas med buljong eller vatten och få koka mjuka, hvarefter peppar och salt tillsättas.

615. Griljerade kålrötter.

I skifvor skurna kålrötter kokas i saltadt vatten, utskäras med kakform, griljeras med ägg och rifvebröd och stekas i smör. Användes som garnering eller till refbenspjäll.

616. Ugnstekta kålrötter.

Medelstora kålrötter putsas och tvättas, och man afskär toppen. De sättas sedan i ugn för att stekas och tåla att stå där ungefär tre timmar. Serveras med kallt smör.

617. Stufvade kålrötter.

Rötterna sönderskäras och kokas i buljong eller fläskspad, tills de äro mjuka; spadet afredes med smör och mjöl, kryddas med salt, peppar och persilja. De kunna äfven redas med grädde eller mjöl och mjölk.

618. Fyllda kålrötter.

Tillredas som fyllda rofvor.

619. Rotpuré.

Kålrötterna kokas mjuka och passeras genom grof sikt. En redning göres af smör, litet mjöl och mjölk eller grädde; de passerade rötterna iläggas, kryddas efter smak med salt, peppar, muskot, ingefära eller bittermandel och socker. Serveras till stekt sill eller sillbullar.

620. Rotmos med potatis.

Rötterna sönderskäras och kokas i kött- eller fläskspad, tills de äro ungefär halfkokta, då lika mycket råskalad potatis som rofvor ilägges. Då allt är färdigkokt, söndermosas det och kryddas efter smak med peppar och salt. Serveras till fläsk eller fårkött.

621. Stufvade morötter.

Rötterna skrapas och kokas hela i buljong eller vatten. Då de äro färdiga, skäras de i hvad form man önskar. Spadet, hvari de kokat, afredes med smör och mjöl, rötterna iläggas jämte salt, peppar och hackad persilja. Serveras till såväl fisk som kött.

622. Glaserade morötter.

Tillredas som glaserade rofvor.

623. Morotspuré.

I buljong, smör och salt kokta morötter drifvas genom sikt, uppblandas med litet grädde.

624. Stekta palsternackor.

Palsternackor kokas och skalet aftages, hvarefter de skäras i långa skifvor och doppas i mjöl samt stekas i smör.

625. Stufvade palsternackor.

Palsternackor kokas i buljong med smör och litet socker. Då de äro kokta, afredas de med ett par äggulor och något grädde.

626. Rödbetor.

Som rödbetor äro hårdkokta, bör man förvissa sig om, att de rödbetor man ämnar koka, icke äro träartade samt att de hafva högröd färg. De påsättas i saltadt kallt vatten och få koka, tills de äro färdiga, dock ej för mjuka, skalas och läggas hela eller i tunna skifvor i ättika, tillsatt med socker efter smak.

I stället för att kokas, kunna rödbetorna inställas i varm ugn, inläggas därefter i handduk att kallna.

627. Sockerrötter.

Rötterna skrapas, skäras i lagom stora bitar och läggas genast i vatten tillsatt med litet ättika. Kokas i buljong eller vatten med citronsaft eller ättika, smör och peppar. Då de kännas mjuka, slås de upp, och i pannan göres en redning af smör och mjöl och spädes med spadet, socker och salt tillsättas, rötterna iläggas att bli genomvarma. Serveras till kalf- eller lammstek samt till andra kötträtter.

Rötterna kunna äfven kokas i vatten och litet salt samt serveras med rördt smör. Kunna också stufvas med mjölk som blomkål.

628. Selleri.

Stora selleri skalas och skäras i jämna skifvor och brynas i smör, kokas därefter färdiga i buljong tillsatt med litet vin, om man så önskar. Såsen afredes med smör och mjöl, selleriskifvorna uppläggas, och såsen hälles däröfver; kan serveras som mellanrätt eller på smörgåsbordet.

VÄXTRÄTTER

Ett annat sätt är att koka selleri helt, hvarefter det skäres i skifvor, på hvarje skifva läggas 2—3 kokta jordärtskockor, smält smör öfverhälles; serveras med eller utan tryffel.

629. Stufvadt selleri.

Tillredes som stufvade palsternackor.

630. Selleripuré.

Selleri kokas i buljong eller vatten, passeras och tillsättes med smör och salt. Serveras till kötträtter.

631. Blekselleri.

De yttre gröna bladen borttagas på selleristjälkarna, och endast de bleka användas. De skäras, så att något af roten kvarsitter, kokas därefter i saltadt vatten under lock, tills de äro mjuka. Uppläggas på servett på varmt fat, serveras som mellanrätt med rördt smör.

Selleristjälkarna behandlas lika. Serveras äfven råa tillsammans med smör och ost.

632. Jordärtskockor.

Jordärtskockorna skrapas, formas jämna i hvad form man önskar, läggas genast i vatten tillsatt med litet ättika. Kokas i lindrigt saltadt vatten, men ej längre än nödvändigt är. Vattnet afhälles (men kan tillvaratagas och användas till soppor, såser eller stekspädning). Jordärtskockorna uppläggas på servett, öfverströs med finhackad tryffel och serveras med rördt smör som mellanrätt.

633. Brynta jordärtskockor.

Jordärtskockor kokas och skalas samt formas med järn och brynas därefter med smör, socker och salt i en stekpanna. Ätas till kött eller användas till garnityr. De kunna också doppas i frityrsmet samt kokas i flottyr.

634. Jordärtskockor med ost.

Jordärtskockor kokas som i föregående nummer och fräsas i smör med salt och hvitpeppar. Ett fat beströs med rifven ost, som begjutes med grönsakssås, och därpå lägges ett hvarf jordärtskockor, rifven ost och sås. Sålunda fortsättes med så många hvarf man vill, men det sista bör vara rifven ost och sås, öfver strös rifvebröd. Fatet införes i ugn, så att en hård skorpa bildas.

635. Griljerad lök.

Stora spanska eller holländska lökar skalas och skäras i tjocka skifvor, hvilka doppas i vispade ägg, sedan i rifvebröd och salt, hvarefter de stekas gulbruna i smör. De serveras på varm karott, på frukost- och smörgåsbord.

636. Helstekt lök.

Stor portugisisk lök (madeiralök) förvälles i buljong, hvarefter den lägges i en kastrull med smör jämte helt litet buljong och får där brynas. Serveras på smörgåsbord eller omkring varm rostbiff. Schalottenlök och hvit spansk lök kunna behandlas på samma sätt.

637. Stufvad lök.

| 4 dl. lök, | 4 msk. smör, |
| 2 dl. ättika. | 4 msk. socker. |

Spansk, holländsk eller schalottenlök kokas i en blandning af ofvanstående ingredienser, tills den är mjuk; skakas ofta under kokningen; afredes med litet potatismjöl utrördt i buljong. I stället för i ättika kan löken kokas i buljong och afredas med smör och mjöl.

Kål.

640. Brynt kålhufvud.

Kål, socker,
smör, salt.
mjöl,

De yttre bladen borttagas, kålstocken urskäres, och i dess ställe inlägges smör, socker och salt. Hufvudet ombindes med segelgarn, brynes i smör öfver sakta eld, tills det är gulbrunt, buljong eller vatten påspädes; det får sakta koka, tills det är mört. Tillses noga, att det ej bränns. Såsen redes med mjöl och hälles däröfver. Serveras till kötträtter.

641. Stufvad hvitkål.

På ett stort moget hvitkålshufvud aftagas de yttre gröna bladen; stocken och det grofva af stjälkarna bortskäras, hvarefter de skäras i små bitar, som förvällas i salt vatten, läggas upp att afrinna och stufvas som blomkål samt serveras på samma sätt.

642. Rödkål.

Kålen skäres i fina strimlor och lägges i pannan tillika med smör, ättika, socker och salt (finnes rödbetsättika, blir kålens färg högre). Kokas på sakta eld 2 à 3 tim., eller tills den är mjuk, då smör åter ilägges, och, om smaken så fordrar, mera ättika och socker. Serveras till kötträtter.

643. Sockertoppskål, spetskål.

Är ett tidigare slag af hvitkål och användes på alldeles samma sätt som denna.

644. Savojkål, wirsing.

Kålen rensas väl och skäres i 4 à 6 delar samt kokas i buljong med litet hel peppar och salt. Då kålen är kokt, fräses i en panna ett stycke smör med litet mjöl; därtill slås så mycket af kålbuljongen, att det blir en lagom tjock sås, som hälles öfver den förut upplagda kålen.

Man kan äfven koka såsen tunnare och afreda den med äggulor och grädde, eller med äggulor, litet vin och socker.

Samma kålsort kan äfven anrättas som stufvad blomkål. Är för öfrigt en utmärkt god sort och kan äfven användas som brynt.

645. Brynt surkål.

Kålen sköljes och får afrinna, brynes i smör öfver sakta eld; kokande buljong eller fläskspad påhälles, så att det står jäms med kålen, och den får koka, tills den är mjuk, då smör, sirap och peppar tillsättas jämte litet mjöl. Kålen omröres och får ett uppkok. Serveras till kötträtter, fläskkorf, skinka el. d.

646. Stufvad blåkål.

Blåkål skördas ej, förrän frosten inträdt; lägges i vatten, isen borttages, hvarefter den sköljes väl, förvälles i rikligt med vatten, som afhälles. Kålen sönderskäres och nedlägges i en panna med rikligt med smör och buljong eller vatten, ej mer än nödvändigt är för att färdigkoka kålen i. Kokas på sakta eld, tills den är fullkomligt mjuk, då den afredes med litet smör och mjöl; peppar och salt tillsättas. Kålen kan passeras genom sikt, innan den afredes. Kålstjälkarna kunna användas som garnityr till kålen; de skalas, förvällas för sig i buljong och smör, hvarefter de griljeras och stekas i smör. Serveras till kötträtter, garneras med glaserade kastanjer. Grönkål behandlas lika.

647. Brynt brysselkål.

De små hufvudena putsas och förvällas i buljong samt fräsas under några minuter med smör och helt litet socker. De uppläggas högt på fat, omgifna af brödcroutons eller glaserade kastanjer och serveras som mellanrätt med rördt smör eller också till kött.

648. Stufvad brysselkål.

Kålen putsas och lägges i vatten samt upptages för att afrinna. Sedan förvälles den i kokande vatten med smör och salt jämte litet socker. Då den är kokt, sammanfräses smör med mjöl, buljong påspädes samt något af det spad, hvaruti kålen kokt. Några droppar citronsaft och litet salt tillslås, och slutligen ilägges kålen för att uppkoka. Serveras till kött.

649. Brysselkål med blomkål.

Brysselkål och blomkål rensas och kokas hvar för sig i salt vatten. Man gör ett underlag af potatispuré, lägger blomkålen därpå och brysselkålen omkring, samt häller öfver bechamelsås. Serveras som mellanrätt eller till kött.

650. Blomkål med smör.

Blomkålen bör härtill rensas i stora klyftor eller helst hela hufvuden, som sköljas och förvällas i vatten med tillräckligt salt. Då kålen är mjuk, lägges den högt upp på fat, så att blommorna stå upp. Serveras med smält eller rördt smör, ensamt eller i förening med andra grönsaker.

651. Blomkål med kräftsås.

Den förvällda och väl afrunna blomkålen upplägges, öfverhälles med en tjock kräftsås och garneras med kräftstjärtar. Af blomkål kan också göras gratin (se gratin!), som öfverströs rikligt med rifven schweizerost, innan den sättes i ugnen.

652. Stufvad blomkål.

Blomkål, grädde,
smör, salt och
mjöl, socker.

Täta hvita blomkålshufvuden delas i klyftor, stjälkarna skrapas, hvarefter hufvudena läggas i vatten, förvällas sedan i kokande, saltadt vatten, tills de äro mjuka, uppläggas att afrinna. En redning göres af smör och mjöl, spädes med grädde och något af spadet efter blomkålen. Kryddas, blomkålen ilägges att blifva varm, men får ej koka. Serveras till kötträtter.

653. Konserverad blomkål.

Tillredes som färsk, men med tillsats af litet socker. Äfven salt, urvattnad blomkål behandlas som färsk.

654. Stufvad kålrabbi.

Kålrabbi skalas och skäres i strimlor, hvilka förvällas i vatten och salt, tills de blifva mjuka. Slås sedan på durkslag att afrinna och stufvas som blomkål.

655. Fylld kålrabbi.

Kokas och behandlas alldeles som fylldt selleri.

656. Sjökål, strandkål.

Om våren kokas den blekta sjökålen som sparris och ätes med smör.

657. Sparriskål, broccoli.

Liknar något blomkål och anrättas som denna, men utom blomhufvudena ätas äfven de köttiga blomstjälkarna.

Grönsaker.

658. Sparris.

Sparrisen skrapas och sköljes, afskäres till samma längd och hopknippas, hvarefter knipporna läggas i kokande saltadt vatten. Kokas 15 à 20 min., tills sparrisen käns mjuk, utan att knopparna äro för lösa, tages ur vattnet och upplägges att väl afrinna, men hålles varm. Serveras med rördt smör eller holländsk sås. Kan också serveras med olja, vinaigre och peppar.

659. Stufvad sparris.

Sparris skäres i små bitar, kokas i salt vatten och upplägges på fat att afrinna. En god sked smör smältes i en kastrull, litet mjöl tillsättes jämte något salt och saften af en citron, hvarefter sparrisspadet tillslås och man afreder med några äggulor. Sparrisen ilägges, och kastrullen omskakas försiktigt. Sparrisen kan äfven serveras öfvergjuten med grönsakssås; citronen kan uteslutas.

660. Konserverad sparris.

Sparrisen upplägges på ett silfat och får afrinna. Spadet tillsättes med litet kalfbuljong och uppkokas, hvarefter sparrisen värmes upp däruti, med tillsats af något salt, smör och helt litet socker. Den serveras som färsk och kan äfven stufvas som föregående.

661. Sparrissallad (Lactuca augustana).

Stjälkarna afskäras i lagom stora bitar som sparris, innan de blifvit träaktiga, putsas och kokas i salt vatten. Ätes som sparris med rördt eller smält smör.

662. Kokta kronärtskockor.

På stora kronärtskockor afklippas de hvassa taggarna, stjälken afskäres, hvarefter de läggas i kallt vatten och sköljas väl, ställas upp och ned i litet kokande vatten med salt och få koka med slutet lock omkring en timme eller tills bladen lossna, då de tagas upp och läggas på varmt silfat att afrinna. Serveras upplagda på servett till mellanrätt med rördt smör eller grönsakssås.

663. Panerade kronärtskocksbottnar.

Kronärtskockor, kokta som ofvan, rensas, och bottnarna klyfvas, om de äro stora, samt läggas i hvitsås. De rullas sedan i rifvebröd, därpå i ägg och så åter i rifvebröd samt kokas i smör. De kunna äfven doppas i frityrsmet och kokas i flottyr (se kokning i flottyr).

664. Kardoner.

Det är de långa och köttiga bladskaften, som användas på denna växt, sedan de blifvit blekta. Bladskaften, som böra vara så ljusa som möjligt, afskäras, så långt som de äro köttiga, i fingerlånga bitar eller mindre, putsas väl och sköljas i kallt vatten. Förvällas sedan, tills de börja mjukna, upptagas och rensas noga från trådar och hinnor samt sköljas ytterligare. Fullkokas därpå i vatten med salt och litet citronsaft. Serveras med rördt smör eller grönsakssås.

665. Spenat.

Spenaten är bäst, innan den gått i frö. Rensas och sköljes väl, helst under rinnande vatten; förvälles i litet vatten tillsatt med salt och spolas omedelbart därefter med kallt och får afrinna. Den hackas, och, innan den lägges i pannan, beströs den med litet mjöl. Ett godt stycke smör fräses, spenaten ilägges och omröres, tills den är kokhet, då den spädes med mjölk eller buljong till önskad tunnhet. Den saltas, och efter smak tillsättes socker; garneras med hårdkokta ägg eller i smör frästa jordärtskockor.

666. Spenat med smör.

Den förvällda och hackade spenaten sättes öfver elden med helt litet smör och salt samt upphettas, tills vattnet bortdunstat, hvarefter den aflyftes och ett godt stycke smör iblandas; garneras med brödcroutons eller ägg.

Spenaten kan kokas hel i saltadt vatten och serveras med grönsakssås.

667. Torkad spenat.

Torr spenat lägges i ljumt vatten några timmar, innan den skall användas. Anrättas som färsk. Salt spenat lägges i kallt vatten.

668. Stufvad syra.

Syran rensas, sköljes, förvälles och hackas samt stufvas som spenat, men ej med mjölk. I syran bör läggas litet socker och muskot; den garneras och serveras som spenat.

669. Målla.

Anrättas som föregående.

670. Patientia, romersk spenat.

Patientia rensas och sköljes, förvälles och hackas med helt litet mjöl samt fräses sedan i smör och tämligen mycket socker, hvarefter man påspäder något rödt vin. I en särskild panna förvällas rensade korinter, hvilka blandas i patientian.

671. Portlaka.

Portlaka rensas och sköljes mycket väl, förvälles i vatten med litet salt samt tages upp för att afrinna. Smör och mjöl fräsas samman och spädas med mjölk, kryddas med salt, socker och muskot; portlakan ilägges att koka en stund. Kan afredas med ägg och grädde.

672. Färska spritärtor.

Spritade ärtor, persilja,
smör, salt.

Vatten, ej mer än nödvändigt, uppkokas med litet salt och smör, ärtorna iläggas och få koka på frisk eld; då de äro färdiga, tillsättas hackad persilja, smör och, om ärtorna så fordra, litet socker. Pannan omskakas, och ärtorna serveras. Mer ekonomiskt är att afreda ärtorna med helt litet mjöl, då intet af det vatten hvari de kokat, på så vis går förloradt. Små hela eller i skifvor skurna morötter kunna kokas bland ärtorna. Till redning af ärtor kunna äfven äggulor och grädde användas. Då ärtor spritas, kunna skalen tillvaratagas, de påsättas i kallt vatten och få koka några minuter, vattnet frånsilas och kan användas till kokning af ärtorna eller andra ändamål, där ärtsmaken passar.

673. Konserverade ärtor.

Vattnet i burken afhälles och uppkokas; ärtorna skakas häruti, tills de blifva varma; tillredas som ofvan; eller ock ställes burken direkt på spiseln, tills innehållet är genomvarmt. Upplägges och öfverhälles med smält smör.

674. Ryska ärtor.

Ärtorna läggas i kallt vatten och litet smör, få långsamt uppkoka. Behöfva olika lång tid till kokning allt efter ärtornas beskaffenhet; man beräknar omkr. 1 tim. för uppkokning och 2 tim. att färdigkoka dem. Salt, persilja och smör iläggas, då de äro färdiga, kunna redas som andra ärtor. Serveras till kötträtter.

675. Släpärtor.

Späda åkerärtor läggas i kokande, lindrigt saltadt vatten att koka med slutet lock, tills de äro i det närmaste färdiga, då tillräckligt med salt tillsättes och ärtorna fär-

GRÖNSAKER

digkokas, vattnet afhälles; serveras med smält eller rördt smör.

676. Puré af ärtor.

Gröfre ärtor, som ej lämpa sig att serveras hela, färdigkokas i litet vatten, pressas genom sikt; spadet afredes med smör och mjöl. Det passerade nedröres i redningen, kryddas med socker och salt. Serveras till kötträtter och lutfisk.

677. Torra gröna ärtor.

Tvättas i ljumt vatten, kokande vatten slås öfver dem, och de få stå några timmar. Sedan kokas de med samma vatten och anrättas som färska.

678. Gråärtor.

Stufvas som bruna bönor.
Färska kunna de användas som andra ärtor, se föregående nummer.

679. Lins med smör.

Lins lägges i vatten under några timmar, påsättes i kallt vatten att koka med smör och hackad persilja. Då linsen är kokt, uppslås den och spadet får afrinna. Smör iröres bland linsen på serveringsfatet, och hackad persilja strös öfver.

680. Stufvad lins.

Lins kokas som föregående, afredes sedan med smör, helt litet socket samt några droppar ättika och en äggula. Kan garneras med kräftstjärtar.

681. Sparrisärtor.

De fyrkantiga och vingade skidorna kokas som släpärtor och serveras med smör. Hafva en fin smak, något påminnande om kronärtskockor.

682. Sockerärtor.

Små skidor behållas hela, större skäras i bitar, kokas i vatten med salt och smör, uppläggas, och spadet afredes med smör och mjöl; socker och hackad persilja iläggas jämte skidorna, omskakas före serveringen.

Skidorna kunna kokas i saltadt vatten och serveras med smält eller rördt smör som mellanrätt.

683. Turkiska bönor.

Späda bönor kokas hela i rikligt med vatten och salt utan lock på pannan för att bibehålla sin gröna färg; uppläggas och öfverhällas med smält smör. Serveras till kött eller som mellanrätt med smält smör.

Gula s. k. vaxbönor kokas och serveras på samma sätt.

684. Stufvade turkiska bönor.

Bönorna rensas, skäras på snedden så fint som möjligt, läggas i kokande saltadt vatten och kokas mjuka, spadet afredes med smör och mjöl, kryddas med salt, socker och persilja.

Skidorna kunna skäras i större bitar och bibehålla därigenom bättre sin smak.

685. Torra turkiska bönor.

Turkiska bönor läggas i vatten några timmar, innan de användas, hvarefter de behandlas som färska.

Öfverhufvudtaget alla torkade grönsaker behandlas på samma sätt.

686. Saltade turkiska bönor.

Saltet afsköljes i flera vatten, och bönorna vattenläggas några timmar, tills saltet är så väl urdraget, att bönorna ej behöfva kokas i flera vatten för att befrias från saltet. Färdigkokta uppslås bönorna på en sil, en redning göres af smör och mjöl, som spädes med mjölk. Socker tillsättes, och de afrunna bönorna iläggas.

GRÖNSAKER

687. Rosenbönor.

Späda skidor af rosenbönor kunna stufvas som turkiska bönor. Själfva bönorna kunna lagas som bruna bönor.

688. Hvita bönor.

Pärl-, prinsess- eller andra hvita bönor rensas, sköljas och läggas i kallt vatten några timmar, kokas sedan i svag buljong eller i vatten och smör. Då de äro kokta, afredas de med helt litet potatismjöl, upplöst i franskt vin; litet socker, citronskal och citronsaft blandas i bönorna, tills de få god sötsur smak.

De kunna äfven redas med grädde och äggulor i stället för vin och potatismjöl. Serveras till kötträtter.

689. Hvita bönor med smör.

Bönorna kokas som föregående, silas upp och få afrinna. Kallt smör ilägges, och de omskakas väl. Serveras ensamt eller till kött.

690. Puré på hvita bönor.

Bönorna kokas med finhackad lök, smör, salt, persilja och litet socker. Pressas sedan genom sikt, hvarefter något grädde tillsättes jämte kallt smör. De uppläggas högt på fat, omgifna af fyld lök eller fyldt selleri eller garnerade med brysselkål.

691. Bruna bönor.

De rensas, sköljas och läggas i kallt vatten två eller flera timmar, allt efter som de äro hårdkokta; läggas sedan i kallt vatten och kokas, tills de bli alldeles mjuka. En sked smör pålägges, hvarefter litet vinättika och brun sirap blandas däri, tills de få god sötsur smak. Är såsen för tunn, afredes den med smör och mjöl, de serveras till koksalt kött och fläsk, köttbullar m. m.

692. Bruna bönor med fläsk.

Bönorna läggas i kallt vatten och kokas, men aktas väl, att de ej gå sönder. Salt fläsk urvattnas och skäres i lagom stora bitar, som mjölas och brynas; sedan tillslås något rödt vin och vatten och alltsammans får koka en half eller tre kvarts timme. Då iläggas bönorna jämte litet färskt smör och skakas väl öfver elden, tills smöret är smält Serveras i hvardagslag som ensam rätt.

693. Tomatpuré.

Röda tomater klyfvas och saften urpressas, hvarefter tomaterna läggas i en panna med en skifva lök, peppar och salt; lock pålägges, tomaterna sönderkokas och drifvas genom sikt. En redning göres af smör och mjöl, som spädes med saften från tomaterna; purén tillsättes och nedröres. Serveras till kalfkotletter o. d.

694. Oliver till garnityr.

Ur oliver tagas kärnorna på så sätt, att man för en pennknif ända intill kärnan och sedan skalar rundt i spiral, men aktar noga, att ej skalen brytas sönder. Användas till garnityr.

De kunna äfven efter kärnornas urtagande fyllas med någon fin färs såsom af höns eller fisk och därpå under några minuter läggas i kokande buljong. Användas äfven då till garnityr, eller serveras på smörgåsbord.

695. Välska bönor, bondbönor.

På de spritade bönorna borttages den nagelformade grodden, hvarefter de skållas i kokande vatten, skalen aftagas, hvarefter bönorna kokas i vatten med smör. Färdiga afredas de med smör och mjöl eller ägg och grädde, och om så behöfs, tillsättes litet potatismjöl, kryddas med salt, socker och hackad persilja.

GRÖNSAKER

Äro bönorna späda, behöfva de ej skalas. De kunna kokas i vatten och öfverhällas med smör.

696. Blandade grönsaker.

Morötter, selleri, jordärtskockor, palsternackor el. d. urtagas med formjärn, sparris, turkiska bönor, brysselkål, ärtor m. m. kokas hvar för sig och få afrinna. Grönsakerna uppläggas på ett fat i grupper eller på annat sätt vackert ordnade, smält smör hälles öfver. Serveras till kötträtter eller som mellanrätt.

697. Stufvad växtmärg, märgpumpa.

Växtmärg liknar mycket till utseendet stora gurkor; de hvita äro bäst och tagas, innan de äro förväxta; de skalas, klyfvas och skäras i stycken, innanmätet borttages. Förvällas några minuter i saltadt kokande vatten; skäras i jämnstora bitar och stufvas som blomkål. Den förvällda växtmärgen kan serveras med smält eller rördt smör.

698. Fylld växtmärg.

Växtmärg skalas, ett lock skäres på den, och den urtages samt kokas, men man aktar, att den icke faller sönder. Sedan fylles den med en färs af kokt kött eller med en stufning med tjock sås af frikadeller eller annat kött; locket påsättes därefter, växtmärgen öfversiktas med rifvebröd, öfverpenslas med smör och stekes gulbrun. Kan äfven fyllas utan att först förvällas. Serveras med sin sås.

699. Rostade kastanjer.

I spetsen af hvarje kastanj skäres ett kors, hvarefter de läggas i en järnpanna tillika med rikligt med salt. Pannan ställes öfver frisk eld, och kastanjerna omröras, tills de äro genomrostade och med lätthet släppa skalen. Serveras upplagda i servett med rördt smör.

Kastanjer kunna äfven kokas i vatten, tills kärnan är mjuk, lägges mellan linne att torka.

700. Glaserade kastanjer.

Kastanjerna förvällas och skalas samt skållas sedan, så att det inre skalet kan aftagas. De läggas i kallt vatten för att icke mörkna, upptagas därpå och kokas i buljong, hvartill man tillsätter köttgelé och smör, hvari de få koka, tills de blifvit glaserade. Användas till garnityr.

701. Stufvade kastanjer.

Kastanjer förvällas och skalas som i föregående. Kokas sedan med buljong, så att de blifva mjuka, men ej falla sönder. Afredas med smör och mjöl, saltas något och serveras till kött.

702. Puré på kastanjer.

Kastanjer förvällas och rensas som föregående, hvarefter de läggas i litet buljong att sönderkoka, drifvas genom sikt; smör, litet grädde samt något salt iblandas. Serveras som föregående.

Svamp.

703. Tryffel.

Den tryffel, som hos oss användes, är konserverad på flaskor eller burkar och är färdig att omedelbart användas. I följd af sin dyrbarhet begagnas den icke som annan svamp, utan hufvudsakligen i finare matlagning och som garnityr.

Om, när en flaska tryffel öppnas, hela innehållet ej förbrukas, kan på återstoden hällas kokande vin, och flaskan öfverbindas med bomull.

Färsk tryffel, när denna sällsynta läckerhet kan anskaffas, borstas väl ren i kallt vatten, men skalas ej, ko-

SVAMP

kas i vin och smör omkr. 1 tim. eller, tills den är mjuk. Serveras med rördt smör. Spadet, hvari tryffeln är kokt, tillvaratages och användes till rätter, där tryffelsmaken passar.

Tryffel kan, sedan den är färdigkokt, förvaras i smör som champinjoner eller på hermetriskt tillsluten burk, se: konservering.

704. Stufvade champinjoner.

Champinjonerna rensas och tvättas samt styckas, om de äro stora. Smör smältes i en kastrull utan att brynas, svamparna iläggas jämte litet salt, peppar och persilja, och få koka däruti under några minuter. Sedan tillspäder man buljong, och de fullkokas. Smöret afskummas, man fräser mjöl däruti, och såsen silas till. De kunna äfven stufvas som kantareller samt fyllas och stekas som rörsopp, när de äro stora.

705. Champinjoner till garnityr.

Små champinjoner skalas och läggas i vatten, upptatagas och få afrinna, hvarefter de förvällas i vatten med litet salt, smör och saften af citron. De få ej koka länge, utan upptagas efter 8 à 10 minuter. Användas i såser och till garnityr.

706. Konserverade champinjoner.

Konserverade champinjoner hafva betydligt svagare smak än färska, men användas på samma sätt som dessa. Spadet hvari de ligga, användes till redning af de rätter, hvari svampen ingår.

Angående inläggning af champinjoner, se: konservering.

707. Kantareller.

Dessa höggula, nästan trattformiga svampar hafva den fördelen, att de nästan aldrig angripas af insekter, och föga eller intet behöfver bortrensas.

Kantarellerna rensas och sönderskäras, förvällas eller skållas samt fräsas i smör. Salt och peppar påströs, hvarefter grädde tillspädes, i hvilken de få fullkoka.

De kunna äfven blott peppras, saltas och stekas. Af kantareller kan också kokas en god svampsoppa. Man kan jämväl laga sallad af dem med olja och ättika, litet peppar och socker.

708. Riskor.

Allmänna riskan, som helst växer i fuktiga barrskogar, skiljer sig lätt från andra svampar genom den brandgula saft, som utsipprar från de sårade skifvorna och kvarlämnar en grönaktig fläck. Angripes gärna af mask.

Riskorna, som före användningen rensas och sköljas (skifvorna kunna vara kvar, om man så vill), lagas som föregående. Man kan äfven nedlägga dem i en smord kastrull med persilja eller lök, salt och peppar samt strö litet mjöl emellan hvarfven, hvarefter de få stå och safta sig på sakta eld.

Utan andra kryddor än salt kan man få riskorna rätt smakliga genom att nedlägga dem i en kastrull med något smält smör och låta dem koka på sakta eld, då deras egen saft lämnar en tillräcklig sås.

709. Bläcksvamp.

Fjälliga bläcksvampen, som allmänt förekommer på feta gräsbevuxna platser intill människoboningar, har en mild champinjonlik smak, men den måste användas som späd, enär den snart upplöses i bläcklik vätska, då svampen naturligtvis icke kan användas. Kan för öfrigt anrättas både som champinjoner och kantareller.

710. Musseroner.

Musseroner äro svampar med tjock kullrig hatt och fot, hvarjämte skifvorna icke gå ända fram till foten. De äkta musseronerna äro mycket välsmakliga, och de hafva dessutom stort värde, därföre att de framkomma mot slutet af våren och i början af sommaren, då det, oberäknadt murklor, råder brist på ätliga svampar. De kunna fullt ställas vid sidan af champinjoner och anrättas som dessa.

Den smutsigt violetta höstmusseronen, som ofta framkommer i stor mängd på senhösten i löfskog och trädgårdar, är sämre, dock ingalunda att försmå.

711. Rörsoppar.

Rörsopparna rensas och tvättas, hvarvid noga tillses, att allt, som är skadadt af mask, förkastas. De skäras sedan i strimlor och kunna antingen stufvas som kantareller eller i buljong med lök, persilja och smör samt afredas med äggulor. Den, som vill, kan bryta smaken med litet citronsaft. De kunna äfven förvällas i buljong och serveras med grönsakssås.

712. Fylld rörsopp.

Svamparna rensas och tvättas samt torkas på linne. Foten afskäres, och man stöter den med en bit smör och blandar däri rifvebröd, ägg och grädde, hvarefter svamphatten fylles med färsen. Svamparna stekas sedan gulbruna i smör eller olja. De kunna äfven fyllas med kalffärs.

713. Fårticka.

Denna goda svamp med en smak, som nästan liknar mandel, förekommer rätt vanligt i mellersta Sveriges barrskogar. Den har ett pipigt fruktlager liksom rörsopparna, men det kan icke skiljas från den öfriga hatten. Fårtickan rensas och skållas samt skäres i skifvor, hvilka doppas i ägg och rifvebröd samt stekas. Den kan ock skäras i bitar och stufvas som kantareller.

714. Taggsvamp.

Både hatt och fot kunna begagnas; man bortskrapar endast taggarna. De hafva ofta en något pikant smak och kunna därföre stufvas tillsammans med de mildare kantarellerna.

715. Oxtungsvamp.

Vid användningen frånskiljer man det öfre slemmiga lagret liksom det pipiga fruktlagret. Den sköljes sedan och skäres i skifvor samt marineras med ättika, olja, salt och peppar. Blir en god sallad.

Den kan äfven skäras i skifvor och stekas som biffstek med eller utan lök, eller också doppas skifvorna i ägg och rifvebröd samt stekas som kotletter. Äfven stufvad är oxtungsvamp god.

716. Blomkålssvamp.

Den har en mild och behaglig smak och kan användas på många sätt, som förvälld och fräst i smör eller stufvad som blomkål eller champinjoner. Den är äfvenledes god som sallad tillsatt med oljesås.

717. Röksvamp.

Är en välbekant svamp, ganska smaklig; men bör tagas då svampens inre är hvitt och torrt, icke gult eller fuktigt, då den bör förkastas. De mindre svamparna kunna, sedan de blifvit rensade och skållade, användas hela, men de större klyfvas eller skäras i skifvor, hvarefter de stekas med smör, litet salt och peppar. De kunna äfven stufvas som kantareller.

718. Murklor.

Murklan är den första vårsvampen. Dess smak och doft äro angenäma, och är den därför en af våra nyttigaste matsvampar. De äro af två slag: topp- och stenmurklan; toppmurklan är toppformig och mörkbrun, stenmurklan lägre och vidare med sammetsliknande yta. Båda slagen torkas med stor fördel, uppträdas på trådar, hängas i luftigt rum och förvaras vintern om. Torra murklor läggas i vatten några timmar, påsättas i kallt vatten och tåla att koka ett par timmar, innan de bli mjuka, tillredas därefter som färska. — Färska murklor sköljas, få afrinna, fräsas i smör, spädas med buljong och kokas mjuka, kryddas med salt, peppar och citronsaft. De kunna kokas i vin och afredas med ägg och grädde och i enklare fall ersätta champinjonerna.

719. Svampbullar.

Några af de föregående eller andra ätliga svampar rensas och skållas samt stötas fint i en stenmortel. Man kokar en smet af mjölk och mjöl samt litet smör; härmed blandas de stötta svamparna. Man tillägger ett par vispade ägg och formar massan till bullar, hvilka rullas i rifvebröd och stekas gulbruna i smör.

Sallader.

720. Hufvudsallad.

Med olja.

Ljusa fasta hufvuden utväljas, sönderplockas, bladen sköljas väl, få afrinna och skakas i en handduk för att befrias från vatten. Salladen begjutes med sammanblandad olja, vinättika samt obetydligt med peppar, senap och salt. Det bör vara minst dubbelt så mycket olja som ättika eller mer efter smak. Salladen vändes så att alla bladen bli fuktade; upplägges i serveringsskålen.

SALLADER

721. Hufvudsallad.

Med ägg och grädde.

Två hårdkokta äggulor arbetas med två strukna matskedar socker, därefter tillsättas 3 dl. grädde samt ättika efter smak jämte helt litet peppar; denna sås slås öfver den iordningställda salladen. Äfven råa äggulor kunna användas.

722. Maskrossallad.

Blad af vanliga maskrosor lämna, i synnerhet blekta, en sallad, som tidigt om våren är rätt god. Behandlas som föregående.

723. Endiviasallad, vinterendivia.

Endast som blekt kan endiviasallad användas, men är om vintern, då den kan förvaras i källare, af mången rätt omtyckt. Användes vintertiden som garnering kring stek, och i blandade sallader.

724. Indiansk krasse, kapucinerkrasse.

Blad och blommor kunna marineras med ättika och olja samt litet salt och användas som sallad. Blommorna ensamt i blandning med annan sallad och till garnering omkring stek.

725. Färska gurkor.

Gurkorna skalas, skäras i tunna skifvor, beströs med salt och få stå omkring 1 tim. Den bildade saften bortslås och gurkskifvorna öfverhällas med ättika tillsatt med socker, litet peppar och finhackad persilja.

726. Blomkål som sallad.

Blomkål sönderskäres i lagom stora bitar, kokas och upplägges för att kallna samt marineras sedan med olja, persilja, peppar, salt och ättika. Upplägges högt på fat och öfvergjutes med majonnäs samt garneras med morötter.

Zetterstrand, Kokbok.

SALLADER

727. Potatissallad.

Kall potatis skäres i skifvor eller strimlor; olja och ättika efter smak sammanblandas med senap, peppar och salt, samt slås öfver potatisen och omröres, utan att potatisen går sönder. Potatisen kan blandas med sönderskuren sallad, kapris, persilja m. m. efter smak. I stället för olja och ättika kan användas falsk majonnäs, som slås öfver. Serveras till kallt kött.

728. Tomatsallad.

Mogna röda tomater skäras i klyftor, blandas med blad af grön sallad; olja tillsättes med litet vinättika eller citronsaft, salt och peppar samt hälles öfver salladen, som kan garneras med sönderskurna ägg.

729. Sparrissallad.

Öfverblifven sparris sönderskäres; smör röres hvitt, häri nedröres sparrisvatten, tills såsen blir lagom tjock; ättika, peppar och salt sättas till. Såsen slås öfver sparrisen; salladen serveras till kallt höns eller kalfkött.

730. Sallad på selleri.

Rotselleri kokas och får kallna samt skäres sedan i skifvor, hvilka blandas med två skedar olja samt salt, peppar och helt litet socker. Sist islås en sked stark ättika. Serveras som sallad eller till smörgåsbord.

731. Rysk sallad.

Rödbetor, morötter, potatis och selleri urtagas med formjärn eller skäras i tärningar samt läggas i ättika under några timmar. Man kan lägga hvar sak för sig i högar eller blanda alltsammans och upplägga en pyramid midt på fatet. Gurkor och pickels samt äggklyftor eller förlorade ägg jämte kräftstjärtar kunna tilläggas. Den, som behagar, kan finstöta några ansjovisar och lägga i ättikan, hvarigenom salladen får en pikantare smak.

732. Sallad af blandade grönsaker.

Alla slags grönsaker, såsom blomkål, ärtor, bönor, sparris, färska eller konserverade, jämte fint sönderskurna tärningar af morötter, selleri, rädisor, potatis; fina strimlor af endivia- eller annan sallad, kapris m. m. efter smak och tillgång blandas och öfvergjutas med falsk majonnäs, halfstelnadt köttgelé eller blandning af olja och ättika. Serveras till kalla kött- eller fiskrätter eller som rätt för sig.

Sallader blandade med kött eller fisk.

733. Köttsallad.

Kallt kött, såväl stekt som kokt skäres i tärningar, marineras ett par timmar i en blandning af buljong och ättika. Potatis, rödbetor och selleri sönderskäras och blandas med olja efter smak, finhackad kapris eller litet lök tillsättes, hvarefter köttet inblandas; garneras efter smak med grönsallad eller hårdkokta ägg. Proportionerna mellan kött och grönsaker äro beroende på smak och tillgång. Salladen kan variera på många sätt; i stället för grönsaker kan makaroni tillblandas, köttet användes utan att marineras, eller kan salladen öfverslås med falsk majonnäs.

734. Sallad af fågel eller vildt.

Höns, fågel eller vildt sönderskäres, på benen kokas buljong, och af denna göres en tjock redning, som får kallna; därefter tillsättes rödt vin eller i litet varm ättika upplöst vinbärsgelé; såsen hälles öfver, det upplagda köttet garneras med något grönt.

735. Sallad af fisk.

En redning göres af smör, mjöl och fiskspad, äggulor tillsättas jämte salt, hvitpeppar, socker och vin efter smak.

SMÅRÄTTER

Rediga bitar af kokt fisk uppläggas på anrättningsfatet, såsen öfverhälles; garneras med champinjoner eller utskurna bitar af rotsaker, blomkål m. m.

736. Sillsallad.

Sill urvattnas och befrias från skinn och ben, klappas i linne och skäres i fina tärningar. Rödbetor, potatis och kött, stekt eller kokt, skäras i tärningar och blandas med sillen jämte hvitpeppar och litet finrifven lök; dessutom kunna äpplen, inlagda gurkor och kapris, allt finhackadt, tillsättas. Salladen omröres försiktigt, afsmakas och packas i en med kallt vatten spolad form, uppstjälpes och garneras med hårdkokta ägg samt serveras med sås till sillsallad eller falsk majonnäs. Proportionerna mellan sill, kött och rotsaker kunna variera; vanligen beräknas lika mycket af hvar sort, mer eller mindre sill kan tagas, beroende på smak och sälta. Olja kan tillsättas, då salladen sammanblandas.

Smårätter och användning af rester.

Rester af såväl stekt som kokt kött och fisk böra tillredas, så att däraf blifva smakliga rätter. Genom omväxling af kryddor, tillsättning af för tillfället passande ingredienser kan enformighet undvikas. Några anvisningar följa här nedan och kunna naturligtvis varieras efter hvars och ens smak och tillgångar.

737. Gratin.

Till hvarje ägg:

    25 gr. smör,   1 dl. mjölk.
    1 msk. mjöl,

Af smör, mjöl och mjölk göres en redning; då den svalnat, nedröras gulorna och därefter hvitorna, slagna till skum. Ett eldfast fat eller en låg form bestrykes med smör, därefter nedlägges det hvaraf gratinen skall göras, smeten hälles öfver, rifven ost öfverströs, om det passar till anrättningen, jämte något smör. Gratinen gräddas i varm ugn, tills den är färdig och fått vacker färg.

Af grönsaker: Dessa färdigkokas och få afrinna, gratinen kan serveras till mellanrätt med någon passande sås eller rördt smör; rifven ost öfverströs, innan den ställes i ugnen.

Med fisk: Rester af såväl stekt som kokt fisk kunna användas härtill. Kan serveras som fiskrätt med någon sås, passande till fisken, garneras med citron eller öfverströs med hackade murklor eller champinjoner.

Med kött: Gratinsmeten kan göras af öfverblifven redd sås i stället för mjölk, köttet kan blandas med grönsaker, och gratinen serveras med smörsås.

I gratin kan dessutom användas hummer, svamp, kalfbress, rökt skinka m. m.

Till en finare gratin t. ex. på fågel, hummer el. dyl. kan smeten göras af grädde i stället för mjölk, endast äggulor och obetydligt med mjöl.

738. Snäckor.

Stufning som till ragu (se ragu) tillsättes med äggulor, lägges i snäckor som öfverströs med rifvebröd, insättas i varm ugn 10 à 15 minuter, tills de fått gulbrun färg, serveras till mellanrätt eller på frukostbordet. Till snäckor med grönsaker användes ej stufning, utan grönsaker såsom blomkål, selleri, jordärtskockor begjutas med smör och öfversiktas med rifvebröd och, om så passar, rifven ost samt insättes några minuter i varm ugn.

739. Kall ansjovisrätt.

Hårdkokta ägg skurna i klyftor, benfri ansjovis och kapris uppläggas prydligt; olja blandas med några droppar ättika och påhälles.

740. Varm ansjovisrätt.

Ansjovis finhackas; i smör fräses litet rifven lök och drygt med hackad persilja, ansjovisen ilägges, att blifva varm, då anrättningen är upplagd, lägges därpå en rå äggula.

741. Inkokt strömming.

Ättika, vatten, socker, salt, dill och hel hvitpeppar uppkokas, den urbenade strömningen hoprullas och ilägges att sakta koka några minuter, upptages med hålslef, och spadet silas och tillsättes med litet gelatin samt slås öfver fisken.

742. Grafvad strömming.

Strömmingen befrias från skinn och ben, fiskhalfvorna beströs med salt och och socker, lika mycket af hvardera, jämte peppar och dill; vinättika och olja öfverhällas. Strömmingen kan serveras efter en half timme.

Ett annat sätt är att lägga fiskalfvorna på en sil, som ställes öfver kokande vatten, lock öfverlägges, och fisken får på så sätt ångkokas i 2 minuter, innan den nedlägges i marinad som föregående.

743. Strömming i låda.

Benet tages ur strömmingen, en bit af en ansjovis inlägges, och strömmingen hoprullas från stjärten, lägges i en eldfast låda, bestruken med smör; rifvebröd öfverströs, något smör lägges ofvanpå fisken, som stekes i varm ugn.

744. Ansjovislåda.

I en med smör bestruken eldfast låda lägges ett hvarf benfri ansjovis dock icke för tätt. Till hvarje ägg tages 1 dl. mjölk, sammanvispas och hälles öfver ansjovisen. Lådan inställes i ugn att stanna, men får ej bli brun.

På samma sätt kunna lådor göras af allt, som passar samman med ägg t. ex. lax, böckling, rökt skinka m. m,

745. Inlagd sill.

Sill utvattnas, befrias från skinn och ben, skäres på snedden och lägges i god ordning på anrättningsfatet, lök skuren i skifvor, pålägges, och sillen öfverhälles med ättika, tillsatt med socker, malen hvitpeppar och hel kryddpeppar.

746. Sill med olja.

Sillen behandlas som föregående; i stället för lök pålägges dill, och ättikan blandas med lika mycket olja och litet peppar samt öfverhälles.

747. Sillmjölke.

Stor ljus sillmjölke urvattnas och förvälles några minuter, sönderskäres i mindre bitar, som fräsas i smör tilllika med finhackad persilja men få ej bli bruna. Häraf kan göras låda som i föregående eller äggulor och grädde tillsättas, och blandningen röres försiktigt öfver elden och kan användas till snäckor eller risoller.

Efter smak kan äfven tillblandas champinjoner, kräftstjärtar eller fiskfärs.

748. Njurstufning.

Kalf- eller svinnjurar skäras i tärningar, lika mycket fläsk, helst färskt, skäres lika och stekes på frisk eld. Njurtärningarna iläggas och stekas, tills det börjar bli brunt, då nedröres däri litet mjöl, och buljong tillspädes, kryddas med salt och peppar. Lock pålägges, och stufningen får koka på sakta eld; då den är färdig att serveras, tillsättes litet vin; serveras till nykokt potatis.

749. Sofvelsås.

Sill lägges i vatten några timmar. Klappas i linne, befrias från skinn och ben och skäres i fina tärningar.

Hårdkokta ägg, utgörande ungefär dubbelt så mycket som sillen, finhackas. Smör smältes i en panna, och däri nedröras sillen och äggen. Det hela genombettas och serveras till nykokt potatis. En i all sin enkelhet god anrättning.

750. Sillbullar.

Urvattnad, från skinn och ben befriad sill, kött (kan godt vara buljongskött) och kokt potatis, lika mycket af hvar sort, drifves genom kvarn, först hvar för sig och sedan tillsammans. Peppar och finhackad lök tillsättas, och smeten arbetas smidig. Om köttet är magert, måste fett eller smör tillsättas; önskar man öka näringsvärdet, inblandas ägg, men är ej nödvändigt för att bullarna skola hålla samman. Af denna smet formas bullar, som tillplattas och hastigt stekas i smör. Serveras med korintsås.

751. Rostbiffsrester.

Rester af rostbiff kunna användas på många sätt. Af det röda, nästan råa köttet på rostbiffen tillagas biffpaj på samma sätt som af rått kött, äfven till kalops kan det användas. Dessutom kan köttet tillvaratagas på de sätt, som angifvas för köttrester i allmänhet, och på benen kokas en god enkel buljong.

752. Bullar af kokt kött.

Till kokt eller stekt kött tages hälften så mycket fet rökt skinka som tillsammans drifves genom kvarn, ungefär lika mycket potatis som skinka tillsättes, då köttet sista gången går genom kvarn jämte salt, lök och peppar; smeten arbetas, tills den blir smidig. Häraf formas bullar, som stekas direkt eller först doppas i ägg och rifvebröd. Öfverblifven steksås serveras härtill.

I stället för det rökta fläsket kunna äppeltärningar stekta i smör blandas till för öfrigt samma blandning; bullarna serveras då med vinsås.

Ett annat sätt är, att endast tillsätta rikligt med lök till köttblandningen jämte ägg och litet vin; behöfver smeten spädas, sker detta med grädde.

753. Falsk fågelfärs.

Enbart vildt eller fågel blandadt med annat kött hackas mycket fint, om det hackade köttet utgör omkring ½ l., göres en redning af 100 gr. smör och 100 gr. mjöl samt 3 dl. mjölk. När redningen svalnat, iröras 5 äggulor, litet peppar och salt jämte köttet och sist de till skum slagna hvitorna. Slås i en smörbestruken form och kokas i vattenbad omkring 2 timmar, eller gräddas i ugn och skyddas med papper, så att färsen hinner bli genomgräddad. Serveras med champinjonsås.

754. Griljeradt kött.

Kokt eller stekt kött beströs med peppar och salt, doppas i ägg och rifvebröd, stekes i smör samt serveras till allehanda grönsaker.

755. Pastej på stek.

En form beklädes med tunt utkaflad smördeg; skifvor af stek nedläggas, öfvergjutas med litet varm sås. Ett lock af smördeg pålägges och sammantryckes med kanten af bottendegen: bestrykes med ägg och insättes i varm ugn. Serveras med steksås.

756. Pytt i panna.

Stekt eller kokt oxkött skäres i tärningar; hackad lök brynes i smör, köttet ilägges och brynes lindrigt, kryddas med salt och peppar. Kokt potatis skäres lika med köttet, stekes för sig, hvarefter kött och potatis blandas; påspädes med något buljong, steksås eller vatten.

757. Hackis af får.

Fårkött, stekt eller kokt, skäres fint; en redning göres af smör, hackad persilja och litet buljong samt salt och peppar; köttet ilägges, men får ej koka. Serveras inom en bård af potatispuré.

SMÅRÄTTER

758. Hackis af kalf.

Något lök finhackas och brynes i smör; det sönderskurna köttet ilägges jämte litet mjöl, spädes med buljong eller vatten, får ett uppkok. Kryddas med salt, peppar och citronsaft. I stället för citron kan syltlök eller ättiksgurkor tillsättas. Tagas champinjoner, blir anrättningen finare, och då uteslutes all annan smak, så att champinjonernas blir förhärskande.

759. Kött med ris.

Kött af höns, kalf eller får skäres fritt från ben. Risgryn kokas i vatten, så att de förbli hela, tillsättas med smör, salt och peppar, samt utbredas i form eller eldfast fat, köttet lägges däröfver och begjutes med sås, så åter ett lager med ris. Smält smör öfverhälles, och formen eller fatet insättes i ugn, så att ytan blir ljusgul. Af buljong göres en redning med smör och mjöl till sås, som kryddas efter smak med oliver, murklor eller champinjoner; kan också redas med äggulor och grädde.

760. Skinka med ris.

Rester af kokt rökt skinka skäras i tärningar. Risgrynen förvällas i vatten, så att de förbli hela. Fint sönderskuren lök brynes i smör, risgrynen få afrinna och omskakas i löksmöret, men få ej röras sönder. Skinkan tillsättes, och pannan omskakas, tills skinkbitarna hunnit bli varma. Serveras med rifven ost.

761. Inbakadt kött.

Kokt eller stekt kött af oxe, kalf eller får skäres i skifvor och doppas i frityrdeg (se frityrdeg!), så att köttet fullständigt täckes däraf, kokas i flottyr (se kokning i flottyr!). Härtill kan serveras äppelmos, sallad eller smält smör med persilja.

PUDDINGAR SOM FÖRRÄTTER.

Puddingar.

Vid beredandet af puddingar, i synnerhet de, som skola stjälpas upp, bör formen smörjas med stor noggrannhet. Man kan bestryka formen med kallt smör, men måste se till, att ingen fläck lämnas bar, innan brödet ditströs. Då man smörjer med smält smör, bör formen endast vara ljum; det öfverflödiga smöret denhälles, och skorpbrödet tillsättes genast, så att bottnen blir jämn lika väl som kanterna.

Att sammanröra lika mycket smält smör och mjöl samt låta det sakta rinna omkring, tills formen är betäckt och sedan låta så mycket skorpbröd som möjligt fastna däri, är ett gammalt sätt, som fått namn, »att smörja dubbelt».

Puddingar blifva lätta och porösa af flitigt arbete. Ägghvitorna, som ingå, slås alltid till skum.

Formen får icke helt fyllas, ty då den höjer sig, går smöret förloradt. Puddingar kunna kokas i vattenbad, då form med tätt slutande lock användes, och formen nedsättes i kokande vatten att sakta koka utan afbrott; vattnet måste räcka till $^2/_3$ upp om formen, och då det under kokningen minskas, spädes med kokande vatten. Formen bör ej omedelbart stå på pannans botten, en låg form eller tallrik kan ställas inunder. Gräddningen kan också ske i ugn, men för att jämnare fördela värmen, ställes formen till halfva sin höjd i vatten. Om puddingen för snart blir brun, betäckes den med smöradt papper. En större pudding behöfver omkring 3 timmar, om den kokas i gryta och ungefär halfva tiden däraf i ugn. Då puddingen skall serveras, lossas den kring kanterna, och, sedan den stått en stund, stjälpes formen öfver anrättningsfatet, tills puddingen lossnat.

Puddingar till förrätter.

762. Blodpudding.

½ l. svin- eller kalfblod,	1 msk. salt,
¼ à ½ l. mjölk eller svagdricka,	2 tesk. mejram,
	1 tsk. nejlikor,
omkr. ½ l. rågmjöl,	1 half tsk. hvitpeppar,
1 dl. sirap,	1 msk. rödlök hackad och brynt i smör.
1 ½ dl. smält flottyr,	

Blodet silas, hälles i ett fat, och under stark vispning tillsättes mjölken eller drickat, därefter vispas rågmjölet, sedan tillsättas kryddorna och sirapen; när allt blifvit väl omrördt, tillsättes flottyren. Kokas ungefär i 1 ½ tim. i vattenbad, i en med smör och rifvebröd preparerad form. Fastheten profvas, innan puddingen kokas.

763. Korfkaka.

Ris- eller krossgryn,	sirap,
lefver,	lök,
njurtalg,	peppar,
ägg,	mejram och salt.
russin,	

Risgryn kokas med mjölk till en stadig gröt och få kallna. Kalflefvern rifves eller drifves genom kvarn, högst ⅕ lefver mot gröt, tillblandas; hälften så mycket hackad njurtalg som lefver; finhackad lök fräst i smör samt salt och peppar tillsättas efter smak; russin iläggas, och, om man vill använda ägg, tillsättas dessa sist. Gräddas bäst i preparerad gjutjärnspanna. Serveras med smält smör.

Till enklare korfkaka kunna krossgryn användas. Dessa kunna kokas i kött eller fläskspad. Härtill tages mindre sirap och mera lök.

764. Köttfärspudding.

Väl arbetad köttfärs profkokas och nedlägges i preparerad form samt behandlas, som ofvan sagts. Den vinner i smak, om hvarfvis med köttfärs läggas grönsaker, såsom blomkål, jordärtskockor, blandade grönsaker, förvälld och väl afrunnen makaroni, som efter förvällningen skakats i smör eller förvälld och lindrigt brynt kål. Understa och öfversta hvarfven böra vara af färs. Serveras med någon passande sås.

765. Pudding af kokt kött.

Öfverblifvet kött eller fläsk, stekt eller kokt, hackas och kryddas; potatis klämmes genom press eller skäres i skifvor och nedlägges hvarfvis med köttet i en form och, om detta är magert, något smör; öfverst lägges potatis. Mjölk och ägg, 1 dl. till hvarje ägg, sammanvispas och slås öfver. Gräddas i ugn. Kan serveras med löksås.

766. Pudding af kött och ris.

Grynen kokas i mjölk till gröt. Kött eller fisk skäres fint. Gröten tillsättes med ägg och nedlägges hvarfvis med köttet i form, öfversta hvarfvet ris. Smält smör slås öfver; gräddas i ugn. Serveras med champinjonsås.

767. Njurpudding.

2 msk. mjöl, muskot,
5 d:o smör, peppar och
$1/_2$ l. mjölk, salt.
4 à 5 ägg,

En stekt kalfnjure med något fett hackas, lika mycket finhackad kalfstek tillblandas. En redning göres af smöret och mjölet samt spädes med mjölken, får kallna; gulorna nedröras, köttblandningen tillsättes, sist de till skum slagna hvitorna. Gräddas och serveras varm med tomatsås. På samma sätt kan man göra pudding af allehanda öfverblifvet kött, som ej är för magert.

768. Stockfiskspudding.

1 kg. fisk,
300 gr. smör,
2 dl. mjöl,
4 dl. mjölk och grädde,
6 ägg,
salt,
socker och
peppar.

Den torra fisken bultas väl, lägges ett dygn i vatten, som ombytes några gånger. Är fisken hård, tillsättes litet pottaska, hvarefter fisken öfverslås med kokande vatten. Skinn och ben borttagas, och fisken sköljes därefter i flera kalla vatten, kvarefter den får afrinna. Bultas sedan med en köttklubba i en hackho, innan den hackas, bultas ånyo, tills den är fin som ull. Af 1 kg. blir ungefär 1 l. bultad fisk. Af smöret, gräddmjölken och mjölken göres en gröt, som får kallna. Äggulorna tillsättas jämte kryddorna, hvarefter fisken nedröres och blandas väl, sist de till skum slagna hvitorna. Slås i en väl preparerad form och gräddas i ugn omkring 2 tim. Serveras med rördt smör, sås eller smält smör och hackade ägg.

Den kan beredas med risgryn, såsom kabeljopudding. Som fisken, för att bli fin fordrar ett stort arbete, har nog denna rätt undanträngts af det lätt tillgängliga och färdigberedda fiskmjölet.

769. Fiskmjölspudding.

3 del. risgryn,
200 gr. smör,
3 del. fiskmjöl,
$1/_2$ l. mjölk,
8 ägg,
salt,
socker,
peppar och
muskotblomma.

Risgryn kokas som till kabeljopudding. Medan gröten ännu är varm, ilägges smöret och röres väl om. Sedan tillsättes högst 3 deciliter fiskmjöl, som förut under en timme fått ligga att svälla i $1/_2$ liter mjölk; kryddas med salt, socker och peppar samt, om man så vill, något muskotblomma. Sedan massan fått kallna, iröras äggen; puddingen gräddas och serveras med smält smör.

770. Kabeljopudding.

Kabeljo urvattnas och kokas. Risgryn kokas i mjölk och blandas med lika mycket fisk. Smör, peppar och ägg tillsättas. Fylles i form och gräddas i ugn. Serveras med smält smör.

771. Laxpudding.

Salt lax,
potatis,
peppar,
1 dl. mjölk till hvarje ägg.

Laxen skäres i skifvor, lägges ett par tim. i mjölk, nedlägges hvarfvis med rå potatis skuren i skifvor, peppar och smör. Öfversta och understa hvarfven böra vara af potatis, öfverslås med ägg och mjölk sammanvispade, ställes i ugnen i vattenbad. Serveras med smält smör eller korintsås. Kan äfven tillredas, som sillpudding.

772. Sillpudding.

Sillen urvattnas, skinn och ben borttagas. Risgryn kokas i mjölk, blandas med smör och ägg. Nedlägges hvarfvis med sillen, peppar tillsättes. Något smält smör hälles öfver puddingen, som gräddas i varm ugn.

773. Sillpudding med sur grädde.

3 sillar,
3 dl. tjock sur grädde,
3 ägg,
2 msk. socker,
4 msk. skiradt smör,
1 dl. rifvebröd,
2 msk. potatismjöl,
muskot och
kryddpeppar.

Sillen urvattnas och inklappas i duk, hvarefter den hackas fint. Smöret hälles öfver brödet; grädden, äggulorna och det öfriga tillsättes, jämte sillen och de till skum slagna hvitorna. Blandningen hälles i en preparerad form och gräddas i varm ugn. Då puddingen höjt sig och är stannad, stjälpes den upp och serveras med korintsås.

Zetterstrand, Kokbok.

PUDDINGAR

774. Sillmjölkspudding.

6 till 8 sillmjölkar urvattnas, inklappas i duk och hackas fint. I en smet, som föregående nedröras dessa, och ett par ägg. Gräddas och serveras som föregående. Kan äfven användas på smörgåsbordet.

775. Hummerpudding.

En större hummer eller två mindre,
100 gr. smör,
1 msk. mjöl,
3 dl. grädde,
3 ägg,
salt och peppar.

Köttet tillvaratages ur stjärten och klorna och skäres i jämna bitar. Rom och smärre bitar stötas i mortel med litet smör. Skalen kokas i grädden, som sedan silas och afredes med smör och mjöl, får kallna, gulorna nedröras jämte 2 till skum slagna hvitor, hummerköttet ilägges, jämte det i mortel arbetade hummersmöret, kryddas, afprofvas, och, om puddingen är för hård, spädes med litet grädde; i motsatt fall tillsättes ännu en hvita. Fylles i väl preparerad form och kokas i vattenbad omkring $^3/_4$ tim.

776. Rompudding.

$^1/_5$ l. rom,
1 l. mjölk,
100 gr. smör,
5 ägg,
2 dl. mjöl,
socker,
salt och
peppar.

Gädd- eller annan fiskrom stötes i mortel och drifves genom sikt. Af smör, mjöl och mjölk göres en redning, som får kallna, då rommen iröres, kryddas, och 4 à 5 ägg tillsättas, slås i preparerad form och kokas 2 tim. i vattenbad. Serveras varm med ansjovis- eller kaprisås.

777. Falsk fiskfärs.

1 l. mjölk,
125 gr. smör,
150 gr. mjöl,
8 ägg,
peppar,
socker och
muskotblomma.

Smöret smältes utan att brynas, mjölet nedröres däri och spädes med den kokande mjölken, uppslås och får kallna. Gulorna nedröras en i sänder, kryddas, och sist de till skum slagna hvitorna. Slås i form beredd med smör och rifvebröd. Kokas i gryta eller i vattenbad i ugn. Serveras med kräft- eller champinjonsås.

Om smeten gräddas i låg form, kan den serveras till kötträtter.

778. Potatispudding.

1 1/2 l. potatis,
8 ägg,
1 dl. smält smör,
7 dl. mjölk eller grädde,
socker,
muskot och
salt.

Potatisen drifves genom sikt, smöret påhälles, gulorna vispas med mjölken, potatisen nedröres, kryddas, hvitorna slås till skum. Blandningen slås i smord form, beströs med rifven ost och gräddas. Serveras till kötträtter. Kan göras enklare, genom att hälften ägg och smör tages till lika mycket potatis, men då uteslutes mjölken.

779. Kålrotspudding.

Till 1 kg. rifna kålrötter tages:

8 msk. smält smör,
3 dl. grädde,
6 ägg,
1 à 2 msk. socker,
4 msk. stötta skorpor och bittermandel.

Goda kålrötter skalas, skäras i tu, förvällas litet i vatten, läggas upp att väl afrinna och rifvas på rifjärn. Ett kilogram rifna kålrötter blandas med de ofvan nämnda ingredienserna och läggas i en väl smord, låg form, gräddas i varm ugn. Då puddingen höjt sig och har färg, stjälpes den på fat och serveras till kokt, rökt skinka, stekt refbensspjäl, salt bringa, stekt anka m. m.

780. Pudding af grönsaker.

Alla grönsaker serveras helst à naturel, dock icke torkade eller saltade, och dessa kunna med fördel användas till puddingar; likaså då tillgången på grönsaker är ringa och dessa därigenom fördyrade, är det ekonomiskt att använda detta tillredningssätt.

En brödmassa tillredes af okryddadt hvetebröd, på hvilket kanterna borttagas; brödet skäres i 10 à 12 tjocka skifvor, som doppas i mjölk, öfvertäckas och få stå, tills brödet lätt kan sönderröras. 150 à 200 gr. smör smältas, och häri inarbetas brödet, tills det utgör en sammanhängande massa, som får kallna. 8 à 10 äggulor och litet salt iröras samt därpå de till skum slagna hvitorna. Förvällda och väl afrunna grönsaker läggas i väl preparerad form, blandningen slås öfver. Kokas i vattenbad eller gräddas i ugn.

Smet som till falsk fiskfärs kan äfven användas. Äfven kunna grönsakerna öfverhällas med ägg utvispade med ett par matskedar vatten, hvilket lämpar sig bra i synnerhet med sönderskuren förvälld spenat.

Till pudding kan användas icke allenast sparris, blomkål, spenat o. d. utan äfven jordärtskockor, sockerrötter, morötter m. m.

781. Makaronipudding.

Till hvarje ägg 1 dl. mjölk. Makaroni förvälles utan att sönderröras och får afrinna, nedlägges i en form hvarfvis med rifven ost, smör, salt och peppar; äggblandningen slås öfver. Puddingen gräddas i ugn, serveras i formen till kött eller skinka.

782. Makaroni.

Makaroni kokas i buljong eller vatten, tills de äro mjuka men ej sönderkokta, uppläggas och få afrinna, öfverhällas med smält smör. Rifven parmesan- eller schweizerost serveras särskildt.

Kokt makaroni skäres sönder och lägges i en stufning beredd af smör, mjöl, mjölk och ost efter behag.

Nudlar användas och tillredas som makaroni. Serveras till kötträtter.

783. Kokta risgryn.

Användes till rätter af så väl höns, som vanligt kött och fisk. Risgrynen sköljas först i kallt sedan i varmt vatten; rikligt med vatten uppkokas och saltas, hvarefter grynen iläggas och få koka, tills de äro i det närmaste färdiga; vattnet afhälles, och pannan fylles med kallt vatten samt omskakas, så att grynen skiljas från hvarandra, hvarpå vattnet afhälles; smör och salt tillsättas. Lock lägges på, och pannan inställes i ugn, så att grynen blifva alldeles varma, omröras ofta med en gaffel, men få ej sönderröras.

Risgrynen kunna äfven kokas i buljong och behandlas då lika.

Då risgrynen skola kokas i mjölk, skållas de först i kokande vatten, öfverspolas därefter med kallt och påsättas i varm mjölk och få koka, tills de bli mjuka. De blifva vid denna behandling fortare kokta.

784. Risgrynsbård.

Risgrynen behandlas som i föregående, hvarefter de blandas med smör och äggulor, fyllas i preparerad kransform och gräddas i ugn, uppstjälpas och ragu, eller hvad annat passande, som skall serveras därtill, lägges inuti. Den kan äfven formas direkt på anrättningsfatet, som bör tåla ugnsvärme; öfverpenslas med ägg och beströs med rifvebröd samt gräddas i ugn, tills bården fått vacker färg. Risgrynen kunna ock tillsättas med endast smör, formas till krans på det värmda anrättningsfatet och garneras med citron, tomater eller något till rätten passande.

Till bård kunna risgrynen vara kokta i buljong, vatten eller mjölk.

EFTERRÄTTER.
PUDDINGAR, KAKOR, SOUFLÉER, GELÉER, KRÄMER OCH KRÄMPUDDINGAR, FRUKTRÄTTER OCH GLASSER.

Efterrätter.

785. Risgrynskaka.

3 dl. risgryn,
mjölk,
100 gr. smör,
4 à 6 ägg,
socker,
citron eller
mandel.

De färdigkokta risgrynen tillsättas med smöret och få kallna; äggulorna nedröras, och socker tillsättes, kryddas efter smak med rifvet citronskal eller bittermandel; hvitorna slås till skum och inblandas. Gräddas i preparerad form, tills kakan är färdig.

Till ombyte kan en form beklädas med smördeg, innan gröten ilägges; kakan gräddas då i varmare ugn. Eller formen glaseras som till brulépudding, och kakan kokas då i vattenbad; vanilj är då passande krydda. — Kakan serveras med fruktkompott, sylt eller fruktsås.

786. Risgrynskaka med frukt.

En kak- eller tårtform med lös ring beklädes med mördeg. Af risgrynsmassa som i föregående lägges ett hvarf på bottnen, öfver hvilket frukt af hvad slag som hälst lägges och därpå åter ett hvarf med ris. Så fortsättes, tills formen är fylld, och man tillser noga, att frukten ej kommer mot mördegen kring kanterna, insättes i varm ugn, så att mördegen gräddas. Skyddas på ytan med ett smörbestruket papper, om så behöfs. Till denna rätt kunna användas: äpplen kokta mjuka, men ej sönderkokta, torkade aprikoser, som läggas i vatten öfverströdda med socker, tills de äro utsvällda, kokas ej; sylt, som bör blandas med krossadt småbröd, helst mandeldeg, så att det blir stadigt, af sylt läggas flera hvarf. För öfrigt kan hvilken frukt eller sylt som helst härtill användas. Serveras med fin skumsås.

787. Äppelris.

Risgrynen behandlas som kokta risgryn med vatten, men smöret uteslutes; vattnet afdunstas så att grynen bli torra, omröras medan de kallna, så att de ej fastna samman. Då de äro kalla, nedröres först äppelmos, ungefär $1/_4$ mot grynen, därefter gräddskum, så att massan blir lös, men ej rinnande; upplägges på glasskål och garneras med sylt eller biskvi. Kan varieras efter hvars och ens smak, t. ex. äpplen kokas till kompott och uppläggas högt med riset omkring. Grädden kan uteslutas; det hela öfverdrages med maräng och gräddas ljusgult.

788. Ris med saft.

Risgryn tvättas i ett par ljumma vatten, hvarefter de få koka i vatten med en bit kanel, saften och skalet af en citron jämte något socker. Då grynen äro kokta, slår man till saft af äpplen eller krusbär, om man vill hafva puddingen hvit, af körsbär eller hallon, om den skall blifva ljusröd. Gröten slås upp i våt form och får kallna. Uppstjälpes och garneras med gräddskum, sylt och biskvi.

789. Ris à l'Italienne.

3 dl. risgryn, 2 citroner,
200 à 250 gr. socker, 2 à 3 dl. grädde.

Risgryn af bästa sort kokas färdiga i vatten, slås upp på sil och läggas åter i pannan; citronsaften och rifvet citronskal efter smak jämte socker tillsättas; omröres, och grynen få stå i närheten af elden, tills de synas torra, då grädden nedröres. Uppslås i en i vatten ursköljd form beströdd med socker; får kallna och urstjälpes därpå samt serveras med arrakssås.

790. Röd sagopudding.

Sagogryn kokas med saft och vatten och omröras flitigt. Socker, citron och kanel tillsättas, och då grynen äro klara och gröten tjock, uppslås den i våt form samt får kallna. Serveras med vispad grädde.

791. Mannagrynskaka.

4 dl. mannagryn, mjölk,
100 gr. smör, socker och
4 à 5 ägg, kryddor.

Mjölken uppkokas, grynen ivispas och få sakta koka omkring 20 min., spädas med mjölk, tills gröten blir lagom tjock; smöret ilägges jämte socker och den krydda man ämnar använda, citronskal, mandel eller vanilj och russin eller korinter; äggulorna nedröras och därefter de till skum slagna hvitorna. Behandlas, gräddas och serveras som risgrynskaka. Blir utmärkt i bryléform, se risgrynskaka.

792. Kall mannagrynskaka.

Tillredes som föregående, men äggen uteslutas, och den färdigkokta gröten uppslås i våt form att kallna, uppstjälpes, späckas med mandel och serveras som föregående.

793. Majsmjölspudding.

God mjölk kokas med socker och vanilj, en sked smör ilägges, och man ivispar så mycket majsmjöl, att det blir en stadig gröt, hvilken slås i våt form och får kallna. Uppstjälpes och garneras med sylt, röd äppelkompott, stufvade krusbär eller dylikt. Serveras med vispad grädde.

794. Rismjölspudding.

$^3/_4$ l. mjölk, 10 ägg,
75 gr. smör, socker.

Af smör, mjölk och rismjöl kokas en stadig gröt; då den kallnat, nedröras gulorna, den smak man vill hafva på puddingen tillsättes, hvitorna slås till skum och nedröras försiktigt; formen kokas i vattenbad.

Då gulorna äro nedrörda, kan massan delas i fyra delar och hvarje del färgas och smaksättes för sig, en del med choklad och vanilj, en annan med spenatsaft och pistacie, en tredje med kraftigt röd bärsaft och citronskal, den fjärde lämnas hvit och blandas med mandel. Hvitorna slås till skum och nedröras; något mer däraf i den eller de delar som blifvit lösa genom tillsättningen af saft. En form smörjes med smör, och de olika slagen nedläggas hvarfvis, kokas i vattenbad, får kallna, uppstjälpas och serveras med gräddskum eller vinsås.

795. Spritspudding.

½ l. grädde, mördeg,
6 ägg, kryddor,
100 gr. mjöl, 50 gr. socker.

Grädden uppkokas med socker, vanilj, citronskal eller mandel; mjölet tillsättes, alltsamman får ett uppkok och slås upp att kallna; gulorna nedröras och sist 4 till skum slagna hvitor. En form beklädes med mördeg, massan ihälles och gräddas i ugn, skyddas med smörbestruket papper; får afsvalna, innan den uppslås; serveras med skum eller saftsås.

Kan göras enklare med mjölk i stället för grädde och preparerad form.

796. Soufflépudding.

100 gr. smör, vanilj,
100 gr. socker, sockerkaka,
100 gr. mjöl, 5 à 6 ägg.
25 cl. tunn grädde,

Gräddmjölken och hälften af smöret uppkokas, mjölet ivispas försiktigt, så att gröten blir fri från klimpar; då den släpper pannan och är slät, slås den upp och röres, tills den kallnar; resten af smöret röres och inarbetas, därefter sockret och vaniljen eller finrifvet citronskal, sist de till skum slagna hvitorna. En kupig slät form bestrykes med kallt smör, sockerkaka, skuren i skifvor och urtagen med rundt mått, lägges i formen så lätt som möjligt och så, att formen är klädd därmed. Smeten slås i, och formen ställes ögonblickligen i vattenbad i ugnen omkring $1/_2$ tim. Är formen hög, bör man med en vispkvist förvissa sig om, att den är stannad alltigenom. Uppstjälpes efter en stund och öfverstrykes med marmelad eller halfflytande gelé af hallon eller ännu hellre hvita vinbär. Serveras med någon finare kompott eller friska bär i sockerlag. Kan äfven anrättas i form med ljus brylé.

Massa beredd på ofvanstående sätt kan varieras efter hvars och ens smak, tillsättas med mandel, choklad, likör, citronsaft eller frukt. Kan göras enklare genom tillsättning af mera mjölk och mjöl till samma mängd smör och ägg, men tillvägagåendet vid beredningen bör vara detsamma.

797. Chokladpudding.

Till sats som i föregående tagas 100 gr. osockrad choklad och 1 dl. grädde, som blandas till det öfriga innan det kokas i vattenbad; hälles i smörbestruken form och kokas i vattenbad; serveras med vaniljsås.

På samma sätt kunna 100 gram rifven mandel användas i stället för choklad.

798. Mandelpudding.

1,3 l. grädde,	25 gr. d:o bittermandel,
12 ägg,	2 sk. skirdt smör,
150 gr. socker,	2 dl. finstötta skorpor.
200 gr. finrifven sötmandel,	

Grädden vispas till skum; de väl söndervispade äggen och de ofvannämnda ingredienserna blandas väl med grädden. Smeten slås i en väl smord och med rifvebröd beströdd form. Kokas i vattenbad eller gräddas i ugn i 1 $1/_2$

EFTERRÄTTER

å 2 tim. Då den är färdig, får den stå en stund, hvarefter den uppstjälpes på fat. Serveras med kräm eller saftsås. På samma sätt kan äfven chokladpudding beredas.

799. Mandelkaka.
Besparingskaka.

100 gr. smör, 300 gr. socker,
150 gr. potatis, 3 ägg.
150 gr. mandel,

Fullkomligt kall potatis drifves genom sikt, mandeln blandas med 6 à 8 bittra, skållas och drifves genom kvarn; hvitorna slås till skum, och formen prepareras. Smöret röres och däri potatisen och hälften af sockret, den andra hälften röres med gulorna och nedröres i smöret, sedan mandeln och sist hvitorna slagna till skum, slås i smord, med rifvebröd beströdd form, gräddas i ej för varm ugn. Bör stå en stund, innan den uppstjälpes. Serveras med citron- eller skumsås.

800. Fikonpudding.

400 gr. fikon, sylt,
6 dl. grädde, biskvi,
2 matskedar socker, fint hvetebröd.
8 ägg,

Fikonen läggas i litet vatten och ställas i svag värme att svälla, men få ej koka; skäras därefter i strimlor. Från brödet borttagas kanterna, hvarefter det skäres i skifvor och nedlägges i preparerad form, hvarfvis med fikon, biskvi och sylt, sista hvarfvet bör vara bröd; grädden och äggen samt socker efter smak sammanvispas och slås öfver. Gräddas i ugn.

Kan tillsättas med urkärnade katrinplommon.

801. Plommonkaka.

Plommon kokas till kompott, hvarefter de läggas hvarfvis i en form med i gräddmjölk blötta hvetebrödsskifvor. Sedan vispas 4 ägg med ½ liter gräddmjölk, som slås öfver. Gräddas i vattenbad i ugnen. Ätes med vaniljsås. Om man nedlägger plommonen hvarfvis med biskvi eller sockerbröd, får man en finare pudding

Göres äfven af torkade plommon, hvilka först uppmjukas och urkärnas.

802. Pudding af marmelad.

650 gr. marmelad af hvad sort som helst,
2 dl. smält smör,
10 ägg,
1 l. grädde,
2 dl. rifvebröd,
100 gr. stötta biskvi.

Marmeladen röres väl sönder med smöret. Äggen vispas och blandas till grädden, brödet och biskvierna; detta allt arbetas litet i sänder till marmeladen, tills det är väl blandadt, då det genast hälles i en med brynt socker smord form och kokas eller gräddas omkr. 1 tim. Puddingen ätes varm eller kall med vanilj- eller krämsås.

803. Ananaspudding.

300 à 400 gr. ananas,
6 ägg,
100 gr. smör,
100 gr. socker,
100 gr, mjöl,
$1/2$ l. tjock grädde.

Äggulorna vispas med sockret, mjölet och grädden tillsättas. Under stark vispning får krämen sjuda öfver elden, tills den tjocknar, men får ej koka; pannan lyftes från elden, smöret delas i små bitar, som nedblandes under vispning. Då krämen är kall, nedskäras de till skum slagna hvitorna och den sönderskurna ananasen ilägges. Slås i preparerad form och gräddas i ej för varm ugn. Serveras varm med ananasspadet hopkokat och tillsatt med vin och socker.

804. Marängpyramid.

Marängmassa af 8 à 10 ägghvitor,
(se marängmassa),
1 l. grädde,
2 msk. vaniljsocker.

Marängmassa lägges i en strut och uttryckes i bollar af en valnöts storlek i runda ringar på en slät och väl smord plåt, ringarna göras hvar och en 2 cm. mindre än den föregående, så att de lagda på hvarandra bilda en pyramid. Då ringarna äro gräddade, lossas de försiktigt från plåten och läggas på anrättningsskålen. Grädden vispas med vaniljsockret till skum, som fylles i pyramiden. Litet af gräddskummet färgas med saft eller karmin, fylles i strut och användes till garnering. Pyramiden kan också fyllas med skumglass.

I stället för att läggas direkt på plåten kan marängmassan gräddas på pappersringar hvar och en 1 cm. mindre än den första. Till spets på pyramiden formas massan i en topp på en rund pappersskifva. Papperet smörjes väl med matolja.

805. Biskvipudding.

7 dl. mjölk, 20 gr. bittermandel,
5 dl. grädde, biskvi,
9 ägg, 100 gr. socker.

Mjölken uppkokas med den rifna mandeln och sockret, silas och slås till grädden, delas därefter i tre delar, en del uppkokas och slås öfver 3 uppvispade ägg, samt hälles i en slät kakform glaserad med ljus brylé. Så många biskvier, som få rum på ytan, iläggas med den kulliga sidan ner; man tillser, att biskvierna blifva våta; insättes i varmt vattenbad i ugnen. En andra del af gräddmjölken och 3 ägg göras i ordning som den första. Så snart puddingen stannat påöses försiktigt den andra ägg- och gräddblandningen, belägges med biskvi och formen inställes, denna gång i kallt vattenbad. Detta upprepas äfven med den tredje delen af blandningen. Då puddingen är färdig, lossas den kring kanterna, men uppstjälpes ej förrän den kallnat. Serveras med vaniljsås.

806. Kabinettspudding.

Tillagas och serveras som föregående, men i stället för biskvi tagas sockerbröd, hvilka nedläggas hvarfvis med äppelkompott, kokta fikon eller katrinplommon samt såsfria syltade körsbär eller hallon.

807. Jästkaka med korinter.

6 dl. mjölk,
6 ägg,
200 gr. smör,
500 à 600 gr. mjöl,
100 gr. sockor,
200 gr. korinter,
skalet af en citron,
20 gr. bittermandel,
30 gr. pressjäst.

Smöret röres och däri nedblandas äggen, kryddas, tillsättes med sockret, mjölet och mjölken samt sist jästen upplöst i något af mjölken. Slås i smord form och ställes att jäsa till sin dubbla höjd, gräddas i svag ugn omkring 1 tim., uppstjälpes och serveras med kall vin- eller saftsås.

808. Brödpudding.

$1/2$ l. stötta skorpor,
$1/4$ l. mjölk,
8 à 10 ägg,
2 dl. smör,
25 gr. bittermandel,
kanel och
socker efter smak.

Mjölken slås öfver brödet och får stå omkr. $1/2$ tim.; mandeln stötes med litet mjölk, socker och kanel tillsättas, smöret smältes, ihälles, gulorna nedblandas och sist de till skum slagna hvitorna. Alltsamman hälles i en väl smord och med bröd beströdd form, gräddas i vattenbad $1 1/2$ à 2 tim. Serveras med saftsås.

809. Brödpudding med sylt.

En form beklädes med mördeg eller med en smet gjord på följande sätt: lika mycket smör och mjöl sammanröras öfver elden, då pannan aftages, nedröres en äggula, och härmed beklädes formen. Af fint hvetebröd skäras tunna skifvor, som läggas i form och bestrykas med såsfri sylt, marmelad eller kompott. Då formen är full sammanvispas till hvarje ägg 1 dl. grädde samt kanel och

Zetterstrand, Kokbok.

socker efrer smak; blandningen slås i formen och öfvergjutes med smält smör. Gräddas i ugn 1 tim.

Brödet kan skäras i tärningar och stekas i smör; i stället för sylt kan hackad mandel, russin eller korinter tagas och kanelen ersättas med citronskal.

810. Märgpudding.

200 gr. märg,
1/2 l. stötta skorpor eller motsvarande mängd mjukt hvetebröd,
200 gr. russin och
200 gr. korinter,
4 à 6 ägg,
kanel eller citronskal och socker efter smak,
7 à 8 dl. mjölk,
salt.

Brödet blötes i mjölken (om mjukt bröd användes, bortskäras kanterna).

Märgen befrias väl från benskärfvor och hackas fint. Brödet arbetas, tills det blir smidigt, märgen, socker, kryddor och äggulorna tillsättas; de till skum slagna hvitorna nedröras sist. Hälles i form och gräddas i varm ugn. Vid serveringen hälles litet konjak öfver den och antändes. Serveras med arrakssås.

811. Engelsk märgpudding.

300 gr. märg eller njurtalj,
200 gr. russin,
10 ägg,
6 mtsk. mjöl,
6 d:o socker,
5 d:o syltade pomeransskal,
1 dl. konjak.

Russinen, märgen och mjölet finhackas tillsammans, sockret, äggulorna och konjaken tillsättas, därefter pomeransskalen och sist ägghvitorna, slagna till skum.

En servett bestrykes med smör och mjölas, puddingen ilägges och ombindes samt kokas i vatten. Hörnen af servetten hopknytas; en käpp trädes därigenom, så att puddingen hänger fritt i vattnet, hvilande på käppen, hvars bägge ändar stödas mot pannans kant. Får koka 2 1/2 à 3 tim. Serveras med brinnande sås.

812. Engelsk plumpudding.

200 gr. af:	syltade apelsin- och
njurtalg,	citronskal eller
märg,	suckat och rårifvet
russin,	citronskal,
korinter,	en nypa ingefära,
socker,	2 stötta nejlikor,
rifvebröd eller	ännu mindre muskot
mjöl,	6 à 8 ägg,
100 gr. af:	3 dl. grädde,
äppeltärningar,	2 dl. rom eller konjak,

Russinen och korinterna förvällas och få afrinna; alla torra ingredienser finhackas — utom äpplena, som skäras i något större tärningar — och blandas, äggen vispas och iröras, sedan grädden och sist rommen; massan arbetas väl. Behandlas och kokas som föregående. Den kan som annan pudding kokas i smord och brödbeströdd form. Begjutes vid serveringen med sockerlag tillsatt med rom eller konjak.

813. Gräddkaka.

7 dl. grädde,	4 msk. socker,
6 ägg,	citronskal eller
3 dl. mjöl,	bittermandel.

Äggen vispas med socker och kryddas; grädden slås till skum och blandas med det föregående, hvarefter mjölet varsamt isiktas. Blandningen slås i kakform och gräddas genast i varm ugn. Då kakan höjt sig och åter fallit ned, är den färdig. Upplägges och serveras med sylt.

Till sur grädde tages något mer socker och mera mjöl. Hvitorna kunna slås till skum och nedröras sist.

814. Gräddkaka i form.

½ l. grädde, söt	5 ägg,
eller sur,	4 skedar smör,
3 skedar socker,	3 dl. finstötta skorpor.

Grädden vispas med sockret, äggulorna iläggas, en i sänder, därefter smöret och skorporna, samt slutligen de till hårdt skum slagna hvitorna. Gräddas i ugn och serveras i sin form.

815. Falsk gräddkaka.

1 l. mjölk,
1 sked smör,
citronskal,
mjöl,
6 ägg,
socker.

Mjölken uppkokas med smöret och citronskalet, hvarefter så mycket mjöl ivispas, att det blir som en tjock välling. Pannan lyftes af elden, och man irör äggulorna och litet socker. Hvitorna vispas till hårdt skum och röras sist i smeten. Kakan gräddas på fat i ugnen, och uttages då den höjt sig. Garneras hastigt med något sylt eller marmelad, öfversockras och införes åter i ugnen för att fullgräddas. Serveras varm.

816. Gräddtårta.

4 dl. tjock grädde,
4 ägg,
2 dl. hvetemjöl.

Grädden vispas till hårdt skum, och äggulorna iläggas, en i sänder, så hvetemjölet. Hvitorna vispas till skum och iröras sist. Smeten delas i 3 delar och hälles i smorda kalla pannor samt gräddas i varm ugn. Först sedan kakorna höjt sig, flyttas de i svagare ugn. Såsom färdiggräddade läggas de på hvarandra med sylt emellan.

817. Fruktkaka.

8 ägg,
150 gr. socker,
150 gr. smör,
8 dl. gräddmjölk,
skal och saft af 1 citron.

Frukt: aprikoser, plommon, ingefärspäron eller hvad frukt man vill, men färdigkokt och afrunnen.

Äggulorna och sockret röras pösigt, smöret och gräddmjölken tillsättas; massan får under vispning sjuda öfver elden, tills krämen tjocknar, då den aftages. Vispas tills den kallnat, citronen tillsättes, och de till skum slagna hvitorna nedröras. Massan hälles öfver frukten, som nedlagts i en med smör smord form; gräddas i svag ugn omkring 1 tim.

818. Kompottpudding.

Härtill användes en med smör bestruken form. Bottnen beklädes med mördeg, utkaflad till $^1/_2$ cm:s tjocklek och halfgräddas i ugn. Då formen svalnat, beklädas sidorna med deg. Fruktkompott ilägges och öfvertäckes med ett lock af deg. Insättes på dubbla plåtar och gräddas, tills ytan fått färg, då ett papper pålägges, så att sidorna hinna gräddas; den får svalna något, innan den uppstjälpes.

819. Svensk äppelkaka.

Limpbröd rifves och stekes i smör. En kakform eller stekpanna bestrykes med smör och beströs med stötta skorpor, hvarpå bröd och äppelmos läggas hvarfvis, sista hvarfvet bör vara bröd, och därpå några smörbitar, och kakan inställes i ugnen, men får ej bli brun. Skall kakan serveras kall, bör äppelmoset vara lösare, än om den serveras varm. Groft stötta skorpor kunna användas i stället för limpbröd.

Fullmogna lösa äpplen kunna skäras i tunna skifvor och läggas råa jämte socker emellan det stekta brödet. Då kakan beredes af rå frukt, bör den stå något längre i ugnen.

820. Fin äppelkaka.

1 l. äppeltärningar, citronskal,
2 msk. skirdt smör, 150 gr. socker,
2 d:o franskt vin, 10 ägg.

Äppeltärningarna, vinet, smöret och sockret skakas öfver elden, tills tärningarna äro mjuka, men det får icke blifva mos, slås upp och får kallna. Gulorna vispas och tillsättas, därefter de till skum slagna hvitorna. I väl smord, slät kakform hälles nu blandningen, som gräddas i svag ugn. Serveras med vaniljsås. Om formen beklädes med

EFTERRÄTTER

mördeg, bör ugnen vara varm och kakan under gräddningen skyddas med papper.

821. Ljus äppelkaka.

omkr. 1 l. rårifna äpplen,   citronskal,
1/2 l. grädde,   kanel och
6 ägg,   socker.

Äpplena, äggena och grädden blandas och kryddas; hvitorna slagna till skum, nedröras. Kakan gräddas i smord form i vattenbad i ugn. Den bör endast ha ljus färg och vara stannad. Uppstjälpes och serveras.

822. Mormors äppelkaka.

12—15 stora äpplen,   4—6 bittermandlar,
3 dl. rifvebröd,   socker.
gräddmjölk,

Äpplena drifvas genom durkslag, hvarefter i moset blandas något socker. En deg göres af rifvebrödet och mjölken; kryddas med bittermandel och socker. Härmed beklädes en låg smord panna eller form, och äppelmoset fylles däruti. Formen täckes med det, som är kvar af degen. Kakan gräddas i ugn och uppstjälpes, får kallna och öfverstrykes med maräng.

823. Enkel äppelkaka.

Äpplen,   4 ägg,
1/2 l. mjölk,   citronskal,
smör.   kanel.
socker,   mjöl,

Ett par skedar smör, socker och mjölk uppkokas med så mycket mjöl att det blir en tjock välling, kryddas, uppslås och får kallna. Äggen nedröras. Mogna äpplen skalas, skäras i skifvor och nedläggas strax i smeten, så mycket som får plats. Blandningen slås i smord och brödbeströdd form samt gräddas i varm ugn.

824. Äppel-charlotte.

En form smörjes med smör och beklädes med brödskifvor, som äro jämnskurna, doppade i smält smör och rullade i groft socker. Därefter nedlägger man i formen äppelkompott jämte något sylt, om man så vill. Sedan öfvertäckes formen med i smör doppade och i socker rullade hvetebrödsskifvor samt gräddas i ugn. Om formen är hög, bör man lägga ett hvarf bröd äfven i midten. Charlotten stjälpes upp och serveras varm med gräddskum eller vaniljsås.

825. Blandad charlotte.

Tillredes som föregående, men i stället doppas brödskifvorna i söndervispade ägg med grädde och beströs med rifven mandel. Man nedlägger sedan i formen hvarjehanda kokt frukt, torr eller färsk, såsom äpplen, katrinplommon, russin och fikon m. m. Har man något kvar af äggsmeten, kan den blandas med fruktspadet och hällas öfver frukten. Gräddas och serveras som föregående.

826. Äppelpaj.

Mogna äpplen skalas och skäras i skifvor samt läggas hvarfvis med socker, på ett eldfast fat, som öfvertäckes med paj-, smör- eller mördeg, hvilken fasttryckes kring kanten, hvarefter man dekorerar med utskuren deg. Några hål stickas, så att degen ej spricker under gräddningen.

Skalen kunna afkokas i litet vatten, silas, socker och vin tillsättas. Vid kanten upplyftes degen, och saften nedslås, strax innan pajen serveras.

Göres den af omogen frukt, kokas den först med socker till kompott, innan den användes till paj.

Användes torkad frukt, lägges den i vatten, helst dagen förut, får afrinna och användes, utan att kokas. Det vatten, hvari frukten legat, hopkokas och nedslås ej, förrän pajen serveras, antingen varm eller kall.

827. Rabarberpaj.

Fin rabarber skäres, utan att skalas. Finnes annan användning för det gröna på rabarbern, eller om man önskar pajen fin, så uteslutes detta. Den skurna rabarbern lägges på eldfast fat, hvarfvis med socker, man beräknar vanligen $1/4$ socker mot rabarberns vikt. En mördeg eller pajdeg öfverbredes. Bör serveras med detsamma den kommer ur ugnen, emedan degen mjuknar af fuktigheten, om den förvaras. Af allehanda slags frukt eller bär, vare sig färska eller torkade, kunna pajer anrättas.

Souffléer.

828. Äggsoufflé.

8 ägg, hvaraf 2 hvitor borttagas,
100 gr. socker,
6 dl. grädde,
smak af vanilj, citronskal eller likör.

Grädden uppkokas med sockret och slås öfver de sönderrörda gulorna under ständig vispning, slås åter i pannan och vispas öfver elden, tills krämen tjocknar, uppslås och får kallna under vispning. Smak tillsättes jämte de till skum slagna hvitorna, hvilka sakta nedröras; hälles i form eller eldfast fat, öfverströs med socker och gräddas i ej för varm ugn, ty den faller fort ned.

I stället för grädde kan mjölk användas, då 50 gr. mjöl tillsättas mjölken, innan den uppkokas. Fat eller form bestrykes kring kant och på bottnen med smör, innan smeten ihälles.

829. Äppelsoufflé.

½ l. äppelmos,   1 citron,
6 à 8 ägghvitor,   socker.

Äppelmoset, som ej får vara för löst, tillsättes med skal och saft af citronen och socker, om så fordras. Hvitorna slås till skum och nedröras försiktigt; gräddas som föregående. Serveras med vispad grädde.

830. Citronsoufflé.

2 à 3 citroner,   2 ½ dl. vin,
12 à 14 ägg,   1 dl. vatten.
200 gr. socker,

Äggulorna, saften af 2 och skalet af 1 citron, vin, vatten och socker sjudas öfver elden under flitig vispning. Hälften af de fråntagna hvitorna, uppslagna till skum, nedröras hastigt; då krämen lyftes från elden, hälles den i form eller djupt fat och införes några minuter i varm ugn. Är en förträfflig efterrätt, lika omtyckt som lätt och fort tillredd.

831. Citronsoufflé med äpplen.

12 ägg,   2 dl. vin,
200 gr. socker,   2 dl. vatten,
1 citron,   äppelkompott.

På souffléfatet lägges ett lager äppelkompott; soufflén beredes som föregående (alla hvitorna medtagas) och slås öfver äpplena, insättes i ugn och gräddas omkring 15 minuter, eller tills den höjt sig. I stället för vin och vatten kan tagas af den lag, hvari äpplena kokats, och då minskas sockret i soufflén något.

832. Katrinplommonsoufflé.

250 gr. katrinplommon,   5 à 6 ägghvitor.
100 à 125 gr. socker,

Frukterna kokas mjuka i så litet vatten som möjligt, hvarefter de urkärnas, hackas, och vattnet hvari de kokat (dock ej mer än ett par matskedar) jämte sockret inblandas. Ägghvitorna, slagna till hårdt skum, nedröras försiktigt. Gräddas som äggsoufflé och serveras med gräddskum.

833. Fruktsoufflé.

6 ägg,　　　　　100 gr. socker,
3 dl. mjölk,　　　60 gr. mjöl.
100 gr. smör,

Hälften af smöret, mjölet och mjölken röres öfver elden, tills det släpper pannan. När det kallnat, tillsättes det till skum rörda smöret samt sockret och äggulorna. Hvitorna slås till hårdt skum och nedröras försiktigt. På ett eldfast fat lägges ett lager af friska bär såsom jordgubbar, hallon el. d., rikligt med socker öfverströs. I stället för friska bär kunna väl afrunna kompotter användas, eller ock kokas hela äpplen mjuka i socker, vin och citronskal och ställas på fatet; hålet efter kärnhuset fylles med mandelmassa eller sylt. Soufflésmeten slås öfver, gräddas i ej för varm ugn omkring $1/_2$ tim.

834. Chokladsoufflé.

100 gr. choklad,　　1 msk. potatismjöl,
200 gr. socker,　　　6 ägg.
$1/_2$ l. mjölk,

Choklad, socker, mjöl och mjölk blandas öfver elden, tills det tjocknar, gulorna tillsättas, medan smeten är varm, hvarefter den får kallna. Den bör då vara tämligen stadig; hvitorna slås till skum och nedröras. Är smeten ej stadig, kunna några extra hvitor tagas. Behandlas som äggsoufflé. Serveras med vaniljsås.

835. Ostsoufflé.

½ l. mjölk, 100 gr. ost,
75 gr. smör, salt,
50 gr. mjöl, peppar.
8 ägg,

Beredes som fruktsoufflé, osten bör helst vara schveizer eller parmesan, rifves och tillsättes.

Samma smet kan tillsättas med finhackad fisk i stället för ost och kallas då fisksoufflé.

Gelé.

Geléer beredas af gelatin, socker, vin eller fruktsaft samt kryddor. Ett oeftergifligt villkor är, att geléerna skola vara klara, gelatinmängden väl afpassad, så att det blir lagom stelt, samt att gelatinet ej får koka mer än nödvändigt, ty limsmaken framträder tydligare vid kokning.

Beredning: Till hvarje liter vin eller fruktsaft beräknas omkring 30 gr. gelatin (10—15 blad allt efter tunnheten däraf). Mängden gelatin kan något minskas, om geléet får stå färdigt på is till påföljande dag, hvarigenom det blir betydligt fastare. Geléet är smakligare, om det ej är för fast, hvarför man, innan det hälles i form, bör pröfva något däraf i en sked som ställes på is, då felet i tid kan afhjälpas. Gelatinet afspolas med kallt och upplöses i litet varmt vatten, hvarefter alla ingredienser sammanblandas, och det upplösta gelatinet tillsättes jämte ett par ägghvitor med de sönderkramade äggskalen. Det sättes öfver elden och omvispas, tills det kokar upp, då pannan genast aftages och ställes i närheten af elden omkring 10 minuter. Därefter silas geléet genom en i hett vatten urvriden duk; om det, som först rinner igenom, ej är fullt klart, hälles

EFTERRÄTTER

det åter i silduken, och detta upprepas, tills det rinner fullt klart, hvarefter det hälles i form, samt ställes att stelna. Sommartiden måste detta ske på is. Formarna slås fulla, hvilket underlättar uppstjälpningen. Vid användning af gelatin i större mängder eller då geléet önskas särskildt klart, renas gelatinet för sig, innan det användes. (Se: klarning af gelatin).

Tillvägagåendet är lika för alla geléer, hvarför det icke upprepas för hvarje recept.

836. Vingelé.

Omkr. 50 gr. gelatin, 1 citron,
6 dl. vatten, 200 gr. socker,
4 dl. vin, 2 ägghvitor jämte skal.

Gelatinet upplöses i litet af det vatten, som ingår i ingredienserna, citronskalet afrifves med sockret, saften urkramas, och allt blandas med vattnet; ägghvitorna och skalen tillsättas, behandlas som ofvan nämndt är. Då det klara geléet något svalnat, ihälles vinet, och det nu färdiga geléet upphälles. Rhenskt vin är utmärkt till gelé, naturligtvis kan hvad vin som helst användas, enbart en sort eller blandadt med andra, dock ljusa viner för sig.

Färska vindrufvor kunna nedläggas i formen; först hälles litet gelé i formen och får stelna, därpå läggas några drufvor, så åter gelé som får stelna och drufvor däröfver, tills formen är full. Under hela tiden hålles geléet ljumt.

837. Citrongelé.

Citronsaft, socker och vatten blandas och afsmakas. Till hvarje liter häraf omkring 30 gr. gelatin (behandlingen häraf se gelé), som tillsättes jämte ägghvitorna och skalen; silas och får stelna på is. Serveras med gräddskum.

838. Ananasgelé.

Omkr. 30 gr. gelatin, 1 citron,
1 burk ananas, socker.
8 dl. vatten,

Af ananassaften och saften af en citron samt ofvan nämnda ingredienser beredes gelé (se gelé), hvaraf något hälles i bottnen på en form och får stelna, innan frukten skuren i skifvor nedlägges, och formen fylles med gelé.

839. Randigt gelé.

Gele af två eller flera olika färger beredes, t. ex. citrongelé, vingelé och ett gelé af någon saft med hög färg. Då geléet hälles i formen, måste hvarje hvarf vara fullt stelt, innan det nästa påhälles.

840. Gelé af bärsaft.

Saft af allehanda slags bär kan användas till gelé; två eller flera sorter kunna blandas efter smak, och socker tillsättes; gelatinet upplöses då i litet af bärsaften. Af lagen i en kompottburk kan äfven gelé beredas, som uppslås i en bårdform, och frukten upplägges då inom bården; serveras med vispad grädde.

Angående proportionerna hänvisas till gelé.

841. Frasgelé.

Gelé af hvad blandning som helst slås i ett stort porslinskärl, ställes på is och vispas oafbrutet, tills det börjar fradga sig, då det lyftes från isen, men vispningen fortsättes ännu en stund, innan det upphälles. Alla geléer blifva vid vispning hvita och likna snö, hvarför det användes till garnering af klara geléer. Man kan invändigt belägga en form med klart gelé, hvarefter den fylles med frasgelé. Om gelé af en eller annan orsak ej blifvit klart, kan det ånyo upplösas och vispas till frasgelé.

842. Gelé af Moire's pulver.

I stället för gelatin kan användas Moire's gelépulver. Till ett paket häraf tillsättas 6 à 7 dl. vatten.

Gelépulvret krossas och blandas med ett par matskedar socker eller mer efter smak; 3 dl. kokande vatten slås därpå och omröras, tills pulvret är upplöst, då tillsättas 3 à 4 dl. vin, och geléet upphälles i form att stelna. I stället för vin och vatten kan hvilken saftblandning som helst användas.

843. Gelépudding med sockerkaka.

En lätt sockerkaka gräddas löst i en (helst krusig) form, stjälpes upp att svalna, formen göres ren, och kakan befrias från smulor samt lägges åter i formen, hvilken ej får fyllas af kakan (den öfre skorpan kan bortskäras). Varmt gelé af vin eller saft påhälles, och man tillser, att det genomtränger kakan fullständigt och omger den; ställes att stelna på is, uppstjälpes.

Kakan kan också läggas direkt på anrättningsskålen, öfvergjutes med varmt gelé, tills den är genomdränkt, och då geléet stelnat, påhälles åter ljumt gelé, så att det bildar en klar jämn yta.

Härtill användes med fördel gelé af Moire's pulver.

844. Klarning af gelatin.

130 gr. gelatin, saften af 1 citron,
4 dl. vatten, 2—4 ägghvitor jämte skal.

Gelatinet sköljes i kallt vatten och upplöses i de 4 dl. vatten, citronsaft och ägghvitorna jämte de sönderkramade skalen tillsättas. Blandningen slås i en panna att uppkoka under oafbruten vispning, ställes i närheten af elden omkr. 10 min., hvarefter det silas, tills det blir klart.

Geléer vinna i både smak och klarhet, om man först klarar gelatinet.

Krämer och krämpuddingar.

Skillnaden emellan kräm och pudding däraf, är endast att man till den senare tager litet mer gelatin än i den förra, och att krämpuddingen slås upp i form, hvari den får kallna. Då den är stel, uppstjälpes den. Krämen däremot slås upp i koppar eller geléskål. Dessa rätter bestå hufvudsakligen af grädde, ägg, mandel, mjölk, vin eller fruktsaft jämte kryddor. Bindemedlet kan vara, i lös kräm, endast ägg, i fast kräm, vanligen gelatin, i enklare fall potatismjöl eller stärkelse i annan form. Såsom en af de finaste af dessa rätter räknas till skum vispad grädde, tillsatt med något som ger den smak, t. ex. fruktpuré, likör, extrakt af vanilj eller mandel.

Vid tillredandet af krämer och puddingar med gelatin som bindemedel, består svårigheten uti att finna den rätta proportionen, hvilken är beroende på temperatur och den tid puddingen får stå färdig att stelna. Likaså fordra rätter af grädde mindre gelatin än de, i hvilka vin och saft ingå. I medeltal beräknas 30 gr. till hvarje liter, dock är säkrast, att man pröfvar sig till den mängd gelatin, som är den minsta möjliga, genom att ställa litet af den färdiga krämen på is. Det, som skall gifva krämen smak, bör om möjligt blandas till det upplösta gelatinet, då limsmaken bättre döljes.

845. Gräddskum.

Grädden ställes på is uti ett djupt kärl, litet socker tillsättes att förhindra bildandet af smör, den vispas med en styf visp till hårdt skum. Detta aftages, hvarefter grädden åter vispas, detta upprepas, tills all grädden har bildat skum, då detta ånyo vispas för att vinna stadga. Skall gräddskummet förvaras, kan till grädden sättas en vispad ägghvita, litet på vanligt sätt upplöst gelatin, eller en knifsudd gummidragant utsvälldt i litet vatten, då skummet vinner i fasthet.

846. Gräddskum med frukt.

Kokt frukt, äpplen, päron, plommon eller mogna råa bär, pressas genom grof sikt, socker tillsättes. Hårdt gräddskum nedröres försiktigt strax före serveringen. Serveras med biskvi. Hvilken sylt eller syltblandning som helst kan användas.

847. Gräddskum med vanilj.

I en dl. mjölk lägges $^1/_2$ vaniljstång att uppkoka. Då mjölken kallnat, silas den till grädden; socker och gummidragant tillsättas, vispas därefter till skum.

848. Gräddskum med gelé.

Upplöst bärgelé får svalna, men ej stelna, omkr. 2 dl. häraf blandas med 1 l. grädde och vispas till skum, då 4 msk. finskurna, syltade citronskal, 8 msk. hackad sötmandel varsamt inblandas. Denna och öfriga gräddblandningar kunna läggas i en form, som nedställes i is och salt att frysa omkr. 1 tim. Doppas hastigt i varmt vatten och uppstjälpes.

849. Gräddskum med pistacie.

En liter tjock söt grädde vispas med socker och ett par skedar spenatsaft, hvaruti man blandadt några skedar mandelmjölk. Då grädden blifvit till skum, tillsättes under ifrig vispning ett par glas curaço. Ställes sedan på is och öfverströs med finhackad pistaciemandel.

850. Vaniljkräm.

$^3/_4$ l. grädde, 100 à 150 gr. socker,
8 à 10 äggulor, $^1/_2$ stång vanilj.

Grädden får koka upp med vaniljen, gulorna vispas med sockret, och grädden slås härtill under vispning. Krämen hälles åter i pannan och vispas öfver elden, tills den är nära kokpunkten, då den aflyftes och vispas en stund. Upphälles i krämkoppar. Halfva antalet hvitor slagna till skum kan nedröras i krämen, då den tages från elden andra gången. Krämen kan då serveras i skål.

851. Mandelkräm.

75 gr. mandel, $^1/_2$ l. mjölk,
150 gr. socker, $^1/_4$ l. grädde.
8 äggulor,

Mandel, däribland några bittra, skållas, drifves genom kvarn och stötes under tillsättning af mjölken, uppkokas och får stå $^1/_2$ tim., innan den silas. Gulorna och sockret tillsättas, och krämen vispas öfver elden, tills den tjocknar, vispas, tills den är kall, då gräddskummet nedröres. Serveras i koppar.

852. Pistaciekräm.

Beredes som mandelkräm, men med grön mandel. Se ofvan!

853. Apelsinkräm.

Apelsiner, 200 gr. socker,
1 citron, 4 hvitor.
12 à 15 ägg,

Skalet af en apelsin tillslås med 1 dl. vatten och får stå några minuter, saften af citronen och så många apelsiner, att det utgör 3 dl., blandas härtill och silas. Socker, saft och äggulorna upphettas öfver elden, hvitorna slås till skum och nedröras, sedan mesta hettan afgått.

EFTERRÄTTER

854. Citronkräm.

2 citroner, $1/_2$ l. vin,
200 gr. socker, 1 l. grädde.
12 à 15 äggulor,

Det gula skalet af citronerna afrifves, och smaken urdrages i ett par msk. vatten, som silas till vinet, hvilket tillika med socker, citronsaft och gulorna vispas öfver elden; då den är kall, nedröres gräddskummet.

Gräddskummet kan ersättas med litet potatismjöl, som tillsättes krämen vid kokningen.

855. Arrakskräm.

1 dl. arrak, 1 citron,
4 dl. vin, 8 äggulor.
100 gr. socker,

Saft och skal af citronen samt det öfriga vispas öfver elden, tills det tjocknar, tages af och vispas, tills det är kallt.

Denna och föregående krämer kunna, om de förefalla för koncentrerade, spädas med till dem passande vätska såsom mjölk eller vatten och något bindemedel, potatismjöl eller gelatin. Angående det senare se gelé, men de förlora därigenom mycket af sin finhet och likna mer krämpuddingar.

856. Smultronkräm.

En liter smultron pressas genom hårsikt. I fyra skedar rödt vin blötes en sked potatismjöl och tillsättes smultronen, hvarefter alltsammans får ett uppkok och vispas, tills mesta hettan gått öfver. Då iröras 8 till hårdt skum slagna ägghvitor, och man fortfar med vispningen en god stund. Serveras garneradt med gräddskum och biskvi.

857. Ägghvitskräm.

En half liter gräddmjölk uppkokas med en bit kanel, en handfull finhackad mandel, hvaribland några bittra samt ett rågadt skedblad finskurna syltade apelsin- eller citronskal. Sedan slår man 8 à 10 ägghvitor till hårdt skum, hvilka iröras jämte något socker. Vispningen fortsättes, tills mesta hettan gått af, hvarefter krämen slås upp, garneras med sylt och biskvi samt serveras.

858. Vinskum.

3 à 4 dl. vin,
5 äggulor,
2 msk. fruktgelé,
citronskal och
socker efter smak.

Vispas till skum öfver elden; vispningen fortsättes, tills skummet kallnar. Serveras i koppar eller glas, omedelbart som det är tillredt.

Till hvitt vin är äppelgelé fördelaktigt, till rödt vin vinbärsgelé.

859. Marmorerad kräm.

Två krämer hvilkas smak passa samman såsom chokolad och vanilj, brylé och citron, blandas. Då krämerna svalnat något, slås den ena krämen ofvanpå den andra och med en sked blandas, så att det blir som marmoreradt.

860. Krämpudding.

Nedanstående krämpuddingar kunna variera efter hvars och ens smak. De kunna tillsättas med sönderskuren mandel, korinter, suckat, syltad ingefära, såsfri sylt, krossad biskvi m. m. och smaksättas med essenser.

Formen, hvari de skola stelna, gnides med litet olja eller sköljes med vatten och beströs med socker. De beredas helst dagen, innan de skola serveras, eller få stelna på is.

861. Likörpudding.

1 l. grädde,
200 gr. socker,
25 gr. gelatin,
1 dl. vatten,
3 à 4 dl. likör, rom eller konjak eller mindre efter smak; tages punsch, minskas sockret.

EFTERRÄTTER

Grädden vispas till skum, sockret nedröres jämte det i vatten upplösta gelatinet, blandadt med likören, som omröres, tills massan börjar stelna. Se krämpudding!

862. Mandelpudding.

100 gr. sötmandel,
15 gr. bittermandel,
150 gr. socker,
5 äggulor,
1 l. grädde,
15 gr. gelatin,
1 dl. vatten.

Mandeln stötes med något af grädden, gulor och socker tillsättas, därefter gelatinet upplöst i vatten, och sist nedröres gräddskummet. Se krämpudding!
Serveras med kompott eller fruktsås.

863. Citronpudding.

2 citroner,
$1/_2$ l. vin,
$1/_2$ l. vatten,
5 äggulor,
socker,
30 gr. gelatin.

Skal och saft af citronerna jämte vinet och det mesta af vattnet uppkokas, slås öfver de med sockret rörda gulorna, upphettas, aflyftes och gelatinet upplöst i resten af vattnet tillsättes. Vispas, tills det kallnar; se krämpudding. Serveras med vispad grädde.

864. Chokladpudding.

250 gr. sockrad choklad,
$1/_4$ l. mjölk,
$1/_2$ l. grädde,
25 à 30 gr. gelatin.

Chokladen löses i mjölken jämte gelatinet; får kallna. När det börjat stelna, nedröres gräddskummet; se krämpudding. Serveras med vaniljsås, eller om puddingen har smak af vanilj, med gräddskum.

865. Blanc-manger.

6 dl. grädde,
$1/_2$ stång vanilj,
2 dl. mjölk,
socker,
20 gr. gelatin.

Vaniljen kokas i mjölken och får kallna, gelatinet upplöses i 4 msk. vatten, härtill slås vaniljmjölken, och, innan det är kallt, tillsättes hastigt den till skum slagna grädden, hvarefter det skyndsamt upplägges i skål eller form, förut gniden med matolja.

Blanc-manger kan blandas med fruktkompott, väl afrunnen, så att intet af sockerlagen medföljer. Formen belägges då rundt om med blanc-manger som tilltryckes, hvarpå frukter iläggas och resten af blanc-mangern ifylles. Får stelna på is. Uppstjälpes, garneras med frukt.

866. Blanc-manger med mandel.

25 gr. gelatin, vanilj,
200 gr. mandel, 5 dl. vatten,
200 gr. socker, 3 dl. grädde.

Mandlar, däribland några bittra, skållas, drifvas genom kvarn och stötas under tillsättande af vatten. Sockret och något af vattnet kokas med vanilj och blandas till mandeln. Alltsammans drifves genom sikt och bör utgöra 4 dl. I 1 dl. vatten upplöses gelatinet och tillsättes jämte den till skum slagna grädden. Slås i form, får stelna på is 1—2 timmar.

867. Blanc-manger med choklad.

25 gr. gelatin, choklad,
100 gr. socker, 1,3 l. grädde,

Chokladen upplöses i 3 dl. grädde, gelatinet i litet vatten, och, då de båda äro svalnade, blandas de. Grädden vispas till skum och nedblandas. Serveras med gräddskum.

868. Krämbrylé.

35 gr. gelatin, 300 gr. socker,
1 $^1/_2$ l. grädde, vanilj.

Sockret behandlas som till brylépudding (se brylépudding), och då det är ljusbrunt, tillslås 2 dl. vatten, då mesta hettan afgått, upplöses gelatinet häri. Vaniljen kokas i något af grädden, silas till det öfriga.

Grädden vispas till hårdt skum, nedröres i bryléblandningen, då den är nästan kall; upplägges i skålar eller krämkoppar.

869. Brylépudding.

1 l. grädde eller 6 à 8 ägg,
gräddblandad mjölk, 100 à 150 gr. socker.

I en gjutjärnspanna löses sockret i 1 dl. vatten och får koka, tills vattnet är afdunstadt, då sockret omröres, tills det blir ljusbrunt och skyndsamt hälles i formen, som bör vara torr och varm; man vänder den rundt, så att sockret fäster sig vid bottnen och kanterna. Det öfriga sockret kan upplösas i kokande vatten och serveras som sås. Grädden kokas med ett par msk. socker, slås öfver gulorna och får kallna; hvitorna slås till skum och nedvispas fullständigt, smeten hälles i formen, kokas i vattenbad i ugn, tills puddingen är stannad. Får kallna, lossas och uppstjälpes. Späckas med mandel, skuren i strimlor. Krämen kan gifvas smak af vanilj eller citronskal. Formens botten kan beläggas med väl afrunna kokta katrinplommon, innan krämen ihälles.

870. Engelsk pudding.

Såsfri sylt, 150 gr. smör,
6 ägg, 150 gr. socker.

I eldfast form eller fat belägges bottnen med sylt af jordgubbar eller hallon samt fina strimlor af syltade pomeransskal. Äggen sönderslås och läggas i en omelettpanna, sockret hugget i små bitar jämte smöret, äfven i bitar, ilägges, pannan ställes på spiseln, dock ej öfver låg eld, och man rör sakta däri, tills alltsammans blandat sig och är tunt som en olja. Då hälles det öfver sylten och inställes i god ugnsvärme, tills puddingen fått färg. Serveras varm.

Frukträtter.

871. Äppelkompott.

Äpplena skalas och befrias från kärnhus, läggas i vatten tillsatt med litet ättika eller citronsaft. En lag kokas af omkring 1 hg. socker till 1 l. vatten, mer eller mindre efter fruktens beskaffenhet, med eller utan tillsats af vin eller citron. Endast så många äpplen, som får rum på ytan, iläggas att sakta koka några minuter; de upptagas, allt eftersom de äro färdiga och uppläggas på anrättningsskålen. Om äpplen ånyo skola iläggas att koka, kan något mera socker behöfva tillsättas, ifall frukten är sur. Lagen hopkokas eller kan tillsättas med äppelgelé, litet potatismjöl eller gelatin, men härpå vinner anrättningen endast i utseende, ej i smak. Strax före serveringen kunna hålen efter kärnhusen fyllas med gelé eller sylt. Lagen silas och slås öfver. Frukten kan äfven skäras midt itu, innan den kokas.

872. Päronkompott.

Tillredes som äppelkompott endast mindre socker i lagen, och vanligen tåla päronen koka längre tid.

873. Plommonkompott.

Sockerlag af 500 gr. socker och $1/4$ l. vatten kokas och får kallna. Mogna plommon skalas och klyfvas samt läggas i sockerlagen, litet socker strös öfver de plommon, som flyta upp. De ur kärnorna tagna mandlarne skållas och skalas. Efter tre timmar afhälles lagen och kokas, tills den är simmig, då frukt och mandlar iläggas att få ett uppkok, slås upp och få kallna.

874. Apelsinkompott.

Af 250 gr. socker och 1 dl. vatten kokas en lag, som får kallna. Apelsiner skalas, den hvita hinnan borttages, hvarefter frukten delas i klyftor och kärnorna borttagas. Läggas i lagen och böra stå en timme, innan kompotten serveras.

875. Bärkompott.

Hallon, smultron eller urkärnade körsbär bestänkas rikligen med vatten och öfversockras samt få därefter stå ett par timmar att safta sig. Serveras med frusen grädde.

876. Kompott af torkad frukt.

Torkad frukt vattenlägges dagen, innan den skall användas, men sköljes före vattenläggningen så väl, att den kan kokas uti det vatten, hvari den legat. När den är tillräckligt mjuk, upptages den ur vattnet, beströs med socker och uppvärmes försiktigt. Fastare frukter behandlas på samma sätt som färska.

877. Katrinplommonkompott.

Om den vattenlagda frukten ej är tillräckligt mjuk, uppkokas det vatten, hvari de legat tillsatt med litet socker, frukten ilägges att koka en stund, afredes med potatismjöl.

Skola de urkärnas, öfverslås den råa frukten med kokande vatten, då detta lättare försiggår. Stenarna krossas, och kärnorna kokas bland kompotten.

878. Blandad kompott.

Kompotter kokta hvar för sig uppläggas prydligt öfvergjutna med den hopkokta lagen.

De kunna äfven ordnas kring en frusen gräddglass eller endast serveras med frusen grädde.

879. Glaserade vinbär.

Vackra klasar af vinbär sköljas och torkas, utbredda på linne. Ägghvita vispas men ej så, att den bildar skum. De torra klasarna doppas i ägghvitan, därefter i fint strösocker, tills de äro fullt betäckta af socker, uppläggas på sikt att torka.

880. Fruktmaräng.

Fruktkompott, marängmassa (se marängmassa).

Äpplen, päron eller hvilken frukt som helst kokas till kompott, lägges på ett pajfat och öfverbredes med marängmassa, insättes i svag ugn, tills marängen höjt sig och blifvit ljusgul.

Torkad frukt vattenlägges och användes lika.

881. Stekta äpplen.

Stora äpplen skäras i tjocka skifvor och stekas i smör, uppläggas och serveras till kött.

Små äpplen naggas rundt om samt stekas i smör och sirap på sakta eld. Då de äro mjuka, uppläggas de med sin sås. Äpplen kunna direkt inställas i ugn, papper lägges i en stekpanna hvarpå frukterna ställas, ugnen får ej vara så varm, att frukterna bli bruna.

882. Trollmos.

Sura äpplen stekas i ugn, passeras genom sikt, få kallna. Till hvarje 100 gr. mos tagas 50 gr. socker, 1 ägghvita. Sockret nedröres, därefter en hvita, smeten arbetas en stund mellan hvarje hvita. Då det är färdigt, bör det vara hvitt till färgen. Ställes på is. Kan gräddas i ugn som souffé.

883. Saftkräm.

Till hvarje liter saft 70 à 80 gr. potatismjöl; socker efter smak.

Saften spädes med vatten till önskad styrka, afsmakas, och, om så behöfves, tillsättes socker. Potatismjöl vispas i den kalla saften, hvarefter krämen vispas öfver elden, tills den kokar upp. Pannan aflyftes, och vispningen fortsättes, tills mesta hettan afgått.

884. Klar äppelkräm.

Äpplena skalas, sönderskäras och läggas i vatten, hvarmed de kokas mjuka. Moset upphälles i gles påse eller silduk att afrinna. Krämen kokas som saftkräm.

885. Plommonkräm.

Plommonen läggas i varmt vatten, tills skalen kunna afdragas, de urkärnas och mandeln tillvaratages, får koka bland frukten. Upphälles, får afrinna och kokas som saftkräm.

886. Krusbärskräm.

Omogna krusbär kokas med socker och vatten, tills de äro mjuka, men ej sönderkokta. Pannan lyftes från elden, och potatismjöl upplöst i litet kallt vatten tillsättes, omröres försiktigt, hvarefter krämen får ett uppkok.

Synas bären vilja gå sönder, kunna de behandlas som rabarberkräm.

887. Rabarberkräm.

Stjälkarna sköljas (skalas, endast om de äro för trådiga), skäras därefter i bitar. Vatten och socker ungefär $1/4$ af rabarberns vikt uppkokas, stjälkarna iläggas och kokas, tills de äro mjuka, upptagas med hålslef och läggas på anrättningsfatet, saften afredes med potatismjöl, slås öfver den kokta rabarbern.

888. Sagokräm.

Sagogryn kokas i vatten, tills de äro klara och gröten är tjock, då tillsättes franskt vin samt skal och saft af citron, jämte socker, omröres, tills gröten ånyo kokar, då den aflyftes och drifves genom sikt direkt på serveringsfatet, garneras med sylt och gräddskum.

Kan äfven beredas med saft i stället för vin.

Glass.

Glass indelas vanligtvis i två afdelningar: gräddglass, med tillsatts af ägg, mandel, vanilj l. d. och fruktglass, en blandning af sockerlag, saft af frukter, friska eller kompotterade med eller utan tillsats af vin eller likör.

Glassens frysning: Med de i handeln förekommande glassmaskinerna försiggår frysningen af glass på mindre än en halftimme, i brist härpå kan användas en förtent bleck- eller kopparflaska med tätt lock, som nedfryses på samma sätt som en glassmaskin uti en rymlig bytta. Flaskan kringvrides oafbrutet fram och åter, tills krämen börjar frysa fast kring kant och botten, locket aftages och det frusna lossas med en träspade, locket pålägges, och man fortfar med vridning och lossande af det frusna, tills all krämen är frusen, då glassen väl omarbetas med spaden. Vattnet i byttan bortskaffas på lämpligt sätt. — Då frysning i maskin begagnas, påsättes glassdosans lock, innan denna nedfryses; den största försiktighet iakttages under hela tiden, så att ej salt nedkommer i glassen. Isen krossas så fint, att den kan packas. Dosan nedsättes i is och groft salt (hvari kan blandas litet salpeter, hvilket befodrar frysningen) packas hvarfvis ända upp till kanten. Innan glassblandningen ihälles, profvas om dosan står rätt genom att sätta maskinen i rörelse. Nu ihälles den väl afkylda glassblandningen, som endast får fylla dosan till $^2/_3$, och glassen arbetas. Salt och is påfyllas efter behof. Då glassen är så fast man önskar, packas den i den tillämnade formen, som först blifvit fuktad med vatten och beströdd med socker eller ingniden med litet matolja. Formen nedfryses och betäckes med is. Gräddglass får stå nedfrusen i form 1 à 2, vattenglass 3 timmar. Då glassen skall stjälpas ur, lägges en i hett vatten urvriden duk omkring formen, tills den lossnar.

Vintertiden kan snö med stor fördel användas i stället för is, då fint salt användes; packas väl kring dosan.

Gräddglasser.

889. Vaniljglass.

| 1 l. grädde, | omkr. 200 gr. socker, |
| 6—8 äggulor, | vanilj. |

Användes vaniljstång, lägges denna i grädden, som uppkokas. Gulorna vispas med sockret, och härpå slås den kokande grädden under flitig vispning. Krämen hälles åter i pannan för att under fortsatt vispning bringas till kokpunkten, men får ej koka, upphälles och vispas tills den är kall. Användes vaniljsocker eller extrakt, tillsättes detta, sedan krämen är färdigkokt.

Då glassen är frusen (se ofvan), formas den omedelbart, och frukt, färsk eller kompotterad, kan nedläggas däruti, man tillser endast, att frukten ej kommer för nära formens kant.

Vaniljglass kan serveras med chokladsås, som bör vara mycket het.

890. Gräddglass med fruktpuré.

Denna glass beredes af vanlig vaniljglass och fruktpuré. Fullt mogna bär eller frukter såsom hallon eller jordgubbar, päron eller plommon pressas genom sikt och tages däraf $1/2$ l. till glass på 1 l. grädde. Först fryses glassen nästan färdig, därefter nedröres fruktpurén i glassen, så att det blir väl blandadt. Endast om glassen blifvit för lös, vrides den om igen, annars nedpackas den endast i dosan och får kvarstå däri. Kan serveras i glas som vattenglass och garneras med samma sorts frukt, som ingår i purén. Vaniljen kan uteslutas.

891. Mandelglass.

1 l. grädde, omkr. 200 gr. socker,
150 gr. mandel, 5 äggulor.

Mandeln finstötes med litet af grädden och blandas till den öfriga samt får koka upp; mandeln frånsilas; behandlas som vaniljglass. Serveras med mandelspån.

På samma sätt beredes glass af pistacie och nötter.

892. Chokladglass.

100—150 gr. osockrad $1/2$ l. mjölk,
choklad. $1/2$ l. grädde,
200—300 gr. socker, vanilj.
5 äggulor,

Chokladen, helst blockchoklad, uppslammas i mjölken, slås öfver de med socker vispade gulorna, upphettas öfver elden, grädde med vanilj tillsättes, får kallna samt fryses på vanligt sätt. Serveras med vispad grädde.

Vattenglasser.

893. Fruktglass.

Till fruktglasser kokas lage af socker och vatten. Proportionerna beräknas efter hur mer eller mindre söt och utspädd den fruktsaft är, som skall blandas härtill och kunna variera mellan på 1 liter vatten 1 kg. à 150 gr. socker. Beredningen se glass. Fruktglass fryses ej hårdare än, som nödvändigt är för att den skall kunna formas, egentligen bör den endast arbetas med spade; i glassdosan lossas den från kant och botten, omblandas väl, tills den utgör en smidig sammanhängande massa, som bäst serveras upplagd i vida glas.

894. Aprikosglass.

Sockerlag:

¹/₂ kg. socker, saft af citron eller
4 dl. vatten, apelsin.
fullt mogna aprikoser,

Frukten urkärnas och drifves genom sikt, bör då utgöra omkr. samma rymd som sockerlagen. Stenarna krossas, och kärnorna stötas sönder samt kokas i sockerlagen, som därefter silas och blandas med fruktköttet, och citron- eller apelsinsaft tillsättes efter smak, men med försiktighet, så att ej aprikossmaken förtages.

På liknande sätt beredes glass af persikor.

895. Ananasglass.

¹/₂ kg. socker, 1 citron,
¹/₂ l. vatten, 1 ananas.

En större burk konserverad ananas skäres i små bitar och kokas mjuk i litet vatten, som blandadt till spadet bör utgöra ¹/₂ l.; af detta och sockret kokas en lag, som får kallna; frukten drifves genom sikt, tillsättes jämte saft af citron. Användes färsk ananas, stötes den sönder med den kalla sockerlagen och passeras genom sikt. Se fruktglass!

Serveras med i skifvor skuren ananas.

896. Päronglass.

Sockerlag:

¹/₂ kg. socker, ¹/₂ l. vatten, päron.

Fullt mogna lösa päron skalas och drifvas genom sikt, böra utgöra samma rymd som sockerlagen, till hvilken päronen blandas och åter pressas genom sikten. För att höja smaken kan ett par skedar mandelmjölk tillsättas; silas och fryses.

897. Citronglass.

Sockerlag:

³/₄ kg. socker,　　1 l. vatten,　　6—8 citroner.

Då sockerlagen är kall, blandas den med citronsaften och skalet af 2 citroner, efter några minuter silas det genom en fin duk och hälles i glassdosan.

898. Apelsinglass.

Sockerlag:

1 kg socker, 1 l. vatten, lika mycket apelsinsaft.

Skalet af halfva antalet apelsiner tillsättes den kalla sockerlagen, hvarefter den silade saften tillsättes och på nytt silas genom duk. Är frukten för litet sur, kan något citronsaft tillsättas. Se fruktglass!

899. Bärglass.

Sockerlag:

1 kg. socker,　　3—4 dl. vatten,　　1 l. bärsaft.

Friska jordgubbar, smultron eller hallon krossas och vridas genom en gles duk och blandas med den kalla sockerlagen, silas åter och frysas omedelbart.

Till glass af körsbär behandlas dessa som aprikoser. (Se aprikosglass!)

900. Punschglass.

Då citronglassen är frusen inblandas 1—2 dl. rom eller arrak, som stått på is, och glassen arbetas väl därmed, tills den åter är frusen. Till denna glass kan fruktsaften något minskas. Före rommen kan gräddskum nedskäras i glassen.

901. Sorbet.

30 gr. gelatin,　　2 citroner,
1 dl. vatten,　　1 butelj champagne,
125 gr. socker,　　1—2 ägghvitor.

Gelatinet upplöses i vattnet, skal och saft af citronerna tillsättas, klaras med ägghvitorna, silas; champagnen tillsättes, fryses lindrigt och serveras i glas.

902. Glasskräm.

En lag kokas af 1 kg. socker och $1/4$ l. vatten, däruti lägges sönderskuren frukt, körsbär, hallon eller plommon; man låter detta koka sönder, silar det, mäter det och låter det kallna. Sedan slås det i en glassdosa eller form med tätt lock och ställes på is. Till 1 l. fruktsaft tar man 1 l. grädde, som vispas och nedröres i den halffrusna glassen. Om denna förut varit i dosa, bör den nu packas i form; ställes på is att frysa. Denna sorts glass blir lösare, men mycket god, och kan varieras på mångfaldigt vis. Man kan använda hvilken fruktblandning som helst.

903. Skumglass.

Då glass är halffrusen, nedröres fast gräddskum och inblandas väl, hvarefter glassen får stå i is utan tillsats af salt ett par timmar. Serveras i krämkoppar eller glas i marängpyramid eller upplagd på servett.

Det bör vara ungefär lika mycket gräddskum som glass. Hvilken fin kräm som helst kan användas i stället för glassen.

Sockerkokning.

Sockrets kokning till olika ändamål fordrar uppmärksamhet och upprepade försök. Endast bästa sortens toppsocker, hvaraf toppen är bäst renad, bör användas. Till hvarje kg. socker tages $1/2$ liter mjukt vatten, och man tillser, att sockret är fullständigt löst, innan lagen får bringas till kokning, hvilket bör ske öfver frisk eld. Man får aldrig röra i sockret under kokningen. Vid sockerkokning användes fördelaktigast en karamellskopa af oförtennt koppar, som naturligtvis väl rengöres och blankskuras, men äfven en emaljerad panna af stålplåt kan användas. Mindre lämplig är en emaljerad syltkittel, hvars tjocka botten så länge bibehåller värmen, att sockret endast härigenom kan öfvergå till nästa grad. Pannans kanter hållas rena från sockerstänk genom att under kokningen aftorkas med en våt duk.

Mera mångsidig användning af sockerkokning faller egentligen inom yrkesutöfvarnes område, hvilka då använda sockerprofvare. För hushållet äro följande fyra gradbeteckningar vanligast:

Pärlsocker, då sockret endast kokar, tills ett prof däraf bildar en tråd mellan tummen och pekfingret; vid fortsatt kokning erhålles:

Flykt- eller *blåsocker,* som profvas genom att man doppar en hålslef i det kokande sockret, afskakar den, blåser på den, och, om då små blåsor flyga ut från slefven, är blåsockret färdigt. Nästa grad är

Bräcksocker, som profvas genom att doppa en pinne i kallt vatten därefter i det kokande sockret och så åter i vatten; sockret är färdigt, när det lätt lossnar från pinnen och låter bryta sig; får sockret koka obetydligt till, öfvergår det till

Karamell och förlorar sin ljusa färg; antager en gul färgton, som blir mörkare, om det får kvarstå i pannan, hvarför, när man kokat socker till karamell, det genast måste uppslås.

904. Spunnet socker.

Sockret kokas till bräcksocker (se sockerkokning). Pannan tages af och ställes så nära elden, att sockret ej får stelna, eller ock ställes den i en kittel med kokande vatten. Några styfva kvistar af en visp eller en kam gjord af bleck doppas i sockret och föres fram och tillbaka på ett fat, förut bestruket med olja. Därefter svepes sockret genast omkring det bakverk man ämnar garnera, som förut bör vara i ordning på sitt fat. Sockret kan spinnas öfver en knif, och då låter man trådarna falla ned på ett oljadt fat. När man fått en så stor härfva man önskar, afskäras trådarna i lagom stora bollar, hvarmed diverse bakverk kunna garneras. Trådarna afskäras med en upphettad knif. För att få en jämn hufva till en kaka, kan sockret spinnas öfver densammas form, hvilken smörjes utvändigt, och man fortfar att öfverdraga den med sockertrådar, tills den är beklädd med ett tätt fint nät, som jämnas kring kanten med en upphettad knif. Formen ställes att blifva nästan kall. Då lossar man med en tunn knif formens bräddar, tills man känner, att sockerhufvan är loss från formen, då den varsamt lyftes öfver den färdiga rätten, som snart måste serveras, eljest kan dess fuktighet göra, att hufvan veknar och faller ner.

Sockret kan färgas med konfektyrfärger.

905. Glasering af frukt.

Såväl friska som syltade frukter kunna glaseras endast då de äro fasta nog, så att de ej upplösas af det heta sockret; fördelaktigast glaseras apelsinklyftor, vindrufvor, plommon, mandlar, nötter o. d. Frukten torkas ett par timmar i lindrig värme, så att sockret kan fastna. Sockret kokas till bräcksocker, lyftes af elden, och pannan ställes i varmt vatten; då kokningen helt afstannat, doppas frukten, som skall glaseras, hastigt däruti och lägges därefter på ett med olja bestruket fat och bringas att kallna så fort som möjligt, eller efter glaseringen plaseras den öfver kanten på en sikt med stickor fäst i siktduken. Frukten bibehåller härigenom sin form. Som bräcksocker ej kan uppvärmas utan att därvid öfvergå till karamell, bör ej större mängd socker kokas på en gång, än som med lätthet låter arbeta sig.

906. Kandering af frukt.

Uti en så kallad kanderingslåda, är det fördelaktigare att kandera den syltade frukten än att glasera den med karamellsocker. Kanderingslådan är af bleck med ett hål i ena nedre hörnet. Man insätter en kork i hålet och lägger ned ett hvarf fina vispkvistar i lådan, därpå syltade frukter. Äpplen, päron, plommon, aprikoser, apelsinskal, klyftor af melon samt allehanda slags körsbär, hvilka man uppträder på fina halmstrån, kunna användas, blott man iakttager, att frukterna i samma hvarf hafva samma höjd. Sedan lägger man ett hvarf kvistar, så åter ett hvarf frukt och alltjämt vidare, tills lådan är full. Frukterna böra förut vara tämligen torra. Man kokar socker till pärlsocker, och detta får sedan svalna, nedsatt i kallt vatten och betäckt med fuktigt papper. Då lagen är sval, hälles den långsamt öfver frukten i lådan, som får stå 8—12 timmar. Därpå aftappas det, som är flytande af sockerlagen, och frukten ställes att stelna på ett ståltrådsgaller.

907. Chokladpraliner.

Sockret kokas till blåsocker, uppslås på ett smordt fat att hastigt men ej fullständigt kallna, då det arbetas med en träspade, hvarvid massan mjuknar. Vid fortsatt arbete åter stelnar den och utgör då en sammetsfin massa benämnd fondant, som tillsatt med essenser har stor användning vid konfektberedning.

Då massan är färdig, formas däraf små kulor, som få torka något. Chokladen sönderbrytes och smältes i vattenbad utan tillsatts af vatten. Kulorna doppas i den upplösta chokladen och läggas på smordt fat att stelna.

908. Små chokladkakor.

425 gr. krossocker fuktas väl med vatten och sättes på elden att koka, tills det ser simmigt ut och trådar sig mellan fingrarna, då ungefär en half kaka osockrad choklad

rifves och tillsättes. När massan är nog kokt, upplägges den på en oljad stenskifva eller bräde och rullas ut som kringeldeg, hvarefter lagom stora bitar afskäras, rullas i strösocker och få stelna.

909. Brända mandlar.

Lika vikt socker och mandel, karmin eller bärsaft med hög färg. Mandel rentorkas men skalas ej. Sockret kokas till blåsocker (se sockerkokning!) och karmin tillsättes. Mandeln ilägges och omröres flitigt, hvarefter det får koka, tills det börjar smälla i mandeln, aflyftes då, och massan röres, tills sockret fastnar på mandeln. Synes sockret för torrt, kan något vatten tillsättas och uppkokas ånyo.

910. Mandelkonfekt.

220 gr. sötmandel, 1 msk. potatismjöl,
220 gr. socker, 2 ägghvitor.

Mandeln skållas, torkas på linne, drifves genom kvarn, stötes med ägghvitorna, sockret och potatismjölet, tills allt blir en smidig och jämn massa, af hvilken formas små kulor, hvilka läggas på oblatbitar. I hvarje kula göres en fördjupning, i hvilken lägges ett syltadt bär t. ex. hallon eller svart vinbär. Kulorna öfverstrykas med glasyr af vatten (se glasyr!) samt gräddas i svag ugnsvärme, tills de få vacker färg.

911. Rysk marmelad.

Oskalade äpplen skäras i klyftor och kokas mjuka, men få ej koka sönder. Tagas af elden och passeras genom hårsikt, få kallna. Massan väges och lika mycket pulverformigt strösocker nedröres i massan i en kittel öfver elden. När massan är så tjock, att den icke flyter i en jämn stråle, när man häller den med skeden, hälles den på ett bord eller bakbräde beströdd med socker, plattas ut, tills den blir ungefär cm.-tjock; får stå till dagen därpå, då den skäres i rutor. Får lufttorka några dagar.

912. Pastiljer.

Med 5 skedar vatten arbetas så mycket finstött socker, att det blir som en smidig deg, hvilken, när man dryper en droppe, faller ned i en sammanhängande klump. Man tillsätter ett par droppar pepparmyntsessens och rör sedan massan öfver elden, tills den blir varm och tunnar sig, utan att koka. Då drypes den ut på en oljad stenskifva eller plåt. Pastiljerna få svalna och lossas med en knif.

913. Apelsinpastiljer.

Behandlas som föregående, men innan sockret stötes, afgnider man mot detsamma det gula skalet af en à två apelsiner och arbetar sedan sockret med saften i stället för vatten.

På lika sätt kunna citronpastiljer göras.

914. Lösa karameller.

Man låter en pastiljmassa koka och sedan svalna något, hvarefter den arbetas, så att den först tunnar sig och blir flytande, men sedan åter stelnar. Till denna massa sättes litet citron- eller smultronessens, eller hvad smak som önskas, och sedan hälles massan ut i små krusade pappersformar.

915. Morceller.

Till en pastiljmassa enligt föregående nummer tillsättes något finhackad mandel jämte ett par stötta nejlikor eller finskurna pomeransskal. Massan uthälles i små krusade pappersformar.

916. Nougat.

425 gr. sötmandel, 210 gr. finsiktadt socker.

Mandeln skållas och hackas, hvarefter den torkas väl. Sockret smältes i en panna under ständig omrörning, tills det blir en ljusbrun flytande massa. Mandeln och sockret

SOCKERKOKNING

blandas, hvarefter degen hälles på smord plåt och skäres i bitar, medan den ännu är varm. Degen kan också fyllas i formar af papper eller plåt, smorda med fin matolja. I plåtformarna tilltryckes degen mot kanterna.

917. Sockerknäck, nogg.

200 gr. mandel, 400 gr. socker.

Mandeln hackas groft och lägges i en panna tillsammans med sockret och får brynas under flitig omrörning. Hälles på en oljad plåt och skäres i bitar. Mandeln kan också lämnas hel.

918. Sirapsknäck.

$^1/_2$ l. sirap, 1 tsk. kanel,
1 tsk. finstött ingefära, mandel efter behag.

Sirapen kokas, och ingefäran och kanelen iläggas under flitig omröring. Profvas genom att i kallt vatten drypa några droppar knäck; om dessa hastigt stelna till en spröd massa, är den färdig, och den hackade mandeln irōres. Knäcken upphälles genast i krusade pappersformar.

I stället för mandeln kan pomeransskal användas.

919. Polkagrisar.

425 gr. socker kokas till bräcksocker (se sockerkokning!), hvarefter ett par droppar pepparmyntsolja ditslås; en del af sockret hälles upp på en oljad plåt, och till den del af sockret, som är kvar i pannan, tillsättes karmin, kvarefter det får koka till karamell. Under tiden arbetas första delen af sockret, rullas och drages, tills det blir hvitt. Det röda sockret uppslås, arbetas och drages ut till en tunn rulle, delas och lägges längs med eller flätas om de hvita rullarna och arbetas ihop med dem. Man afskär sedan så stora stycken, som önskas.

BAKNING.

Bakning.

Anvisning vid bakning.

Vid bakning af jästbröd är följande af vikt: att känna beskaffenheten af det mjöl, hvaraf man ämnar baka, jästens större eller mindre jäskraft, jämte någon kunskap om förloppet vid jäsningen, att hafva till sitt förfogande en god ugn och kunskap att sköta den.

Mjölet bör om möjligt vara af bästa sort, hvilket ju icke möter stora svårigheter för den, som själf inköper sitt mjöl. På landsbygden, där man måste använda mjölet, sådant året ger det, blir förhållandet ett annat.

Till alla degar, äfven sådana af godt mjöl, bör detta hafva stått så länge inne, att det antagit rummets temperatur. Om mjölet är af mindre god beskaffenhet, bör det bredas ut i varmt rum, så att det blir så torrt som möjligt. Mjölets olika sammansättningar olika år, kan man gifvetvis ej förändra, utan får man rätta degens olika fasthet efter mjölets beskaffenhet. Ju mindre godt mjölet är, ju fastare bör degen göras. (Bakning af sötigt mjöl, se nedan!)

Jäsningen inledes genom tillsats af jäst eller surdeg. Pressjästen har i det närmaste undanträngt bruket af bryggjäst; skall bryggjäst användas, måste den, dagen innan den skall begagnas, tillsättas med vatten och omröras samt stå till dagen därpå, då jästen sjunker till bottnen och vattnet kan afhällas. Jästen har som färsk större jäskraft, än då den förvarats någon tid. Då jäst, hvars styrka man icke känner, skall användas, göres en mindre deg och jästen tillsättes. Då degen jäst upp, arbetas den i den tillämnade degen med eller utan mera jäst, allt eftersom den visat sig jäskraftig. Detta sätt att först göra en jäsdeg, som sedan tillsättes den egentliga degen, är att rekommendera, i synnerhet vid större rågbrödsdegar, emedan jäsningen därigenom hastigare inledes. Surdeg användes ännu på orter med dåliga kommunikationer, då färsk jäst ej kan erhållas. Att baka med surdeg, det ursprungliga sättet för jäsning, tillgår så, att vid bakning litet deg kvarlämnas och blandas med mera mjöl, smulas sönder och får lufttorka. Då surdegen skall användas, påhälles kallt vatten; den får stå, tills degsmulorna äro genomblöta, då varmt vatten och mjöl tillsättas, så att det blir en lös deg, hvilken ställes varmt. När den uppjäst, inarbetas den i degen. Till limpbröd kan surdeg med fördel användas, till hvetebröd är den synnerligen olämplig.

I brist på jäst kan man själf bereda sådan utan vidare besvär och omkostnad: mjölig potatis kokas, sönderstötes och blandas med vatten till en halfflytande massa. Medan denna ännu är varm, tillsättes den med hvetemjöl till en lös deg med eller utan tillsats af något öl eller dricka. Degen hålles varm och jäser efter 1 à 2 dygn. Detta förfaringssätt har haft stor betydelse för sjöfarande. Den, som har tillgång på malt, kan äfven skaffa sig brukbar jäst: kokande vatten slås på malt och hålles varmt i några timmar, hvarefter det tunna afsilas. Den sålunda erhållna vörten ställes ett par dagar på luftigt ställe i öppet kärl, uppvärmes därpå och blandas med mjöl till en lös deg, som hålles varm och då jäser.

Hufvudändamålet med användandet af jäst är att erhålla ett poröst bröd, behagligt att äta och lätt tillgodogjordt vid matsmältningen. Förloppet är i korthet detta: då vi bearbeta mjölet med varmt vatten, öfvergår en del af mjölets stärkelse till jäsbart socker. Genom tillsats af jäst sönderdelas det bildade sockret till alkohol och kolsyra, som i små jämt fördelade blåsor genomtränga degen, som därigenom utvidgas. Vi säga då, att degen jäser.

Det vid detta förlopp verksamma i jästen är jästsvampar, som för sin lifsverksamhet fordra näring och en viss temperatur. Näring finna de i det bildade sockret, och den gynnsammaste temperaturen är + 25 à 30° C. eller just den temperatur degen erhåller, då den tillredes på det sätt, som praktiken visat vara det bästa.

Samma ändamål afse vi att åstadkomma, då s. k. jästpulver användes, men här är förloppet ett helt annat. Degen beredes kallt och höjer sig först, då den kommer i ugnen genom den i värmen frigiorda kolsyran, som härrör från de salter, hvaraf pulvret är sammansatt, och någon jäsning förekommer ej härvid. Bakpulver är därför ett mera egentligt namn. (Se vidare Bakpulver.)

Då ägghvita slås till skum, är det den därvid inneslutna luften, som i ugnsvärmen utvidgas, och som åstadkommer, att bakverket höjer sig.

Ugnens värme vid gräddningen af de olika bakverken är svår att bestämma; de olika beteckningar, som förekomma (het, mycket varm, varm, ej för varm, svag och mycket svag ugn), kunna endast närmelsevis angifva den värme, som erfordras. Hvar och en bör studera den ugn, man har att göra med och lära känna dess egenskaper.

Af de ugnar, som användas, är den murade bakugnen ovillkorligen den bästa; dess upphettade porösa väggar insupa under gräddningen den fuktighet, som afdunstar, samtidigt som ugnen afsvalnar. För att komma till ett godt resultat med en järnspisel, uppvärmes ugnen till den värmegrad, som bakverket fordrar; sedan detta är insatt, underhålles elden, så att ugnens värme ej stegras, utan endast hålles vid ungefär samma värmehöjd. På de flesta ugnar finnas på luckan hål för ångans utsläppande, som böra användas, emedan ångan, åtminstone vid lättare bakverk, hindrar detta att höja sig tillräckligt.

BAKNING

Af stor betydelse i ekonomiskt hänseende är begagnandet af gasugn. Denna finns för närvarande i två storlekar, hvaraf den minsta säljes jämförelsevis mycket billigt och äfven kan användas på ett fotogenkök. Denna ugn uppvärmes på en kort stund och kan användas till såväl stekning som allehanda bakning, gröfre och finare.

921. Bakning af sötigt mjöl.

Då s. k. sötigt mjöl måste användas till bakning, bör det alltid dagen före bakningen, vare sig det är af hvete eller råg, torkas på plåtar i mycket svag ugnsvärme. Af hvetemjöl bakas degen på vanligt sätt, men göres stadigare än af godt mjöl; litet potatismjöl kan blandas till degspadet; för öfrigt tages mindre smör och socker än vanligt. Brödet bör utbakas i tunnare kakor; i midten uttages ett hål med mått. Brödet bör ej jäsa mycket; gräddas i varm ugn. — Af rågmjöl göres en stadig limpdeg på vanligt sätt, men utan jäst; den öfvertäckes och får stå 4 à 5 dygn, tills den smakar sur och höjer sig. Då inarbetas kryddor som till limpor, med uteslutande af sirap, och varmt mjöl, tills degen åter blir stadig. Får nu stå, tills den ånyo höjer sig och utbakas då i ej för stora bullar, som gräddas på vanligt sätt. Sirap, jäst eller surdeg bör ej användas till dessa limpor.

922. Uppfärskning af gammalt bröd.

Såväl hvete- som rågbröd fuktas med vatten och inställes i ej för varm ugn omkr. 15 min. Äro bröden stora, kan detta upprepas ännu en gång eller tills bröden blifvit mjuka; de läggas mellan linne att svalna och bli som nybakade, men böra helst användas samma dag de äro uppfärskade.

Detta tillvägagående kan ej företagas två gånger med samma bröd, ty andra gången blir detta endast torrare.

923. Bakpulver.

De bakpulver, som under namn af »jästpulver» finnas i handeln, äro ofta af olika sammansättning och olika styrka, hvarför man bör hålla sig till samma fabrikat, sedan man förvissat sig om dess brukbarhet. Man kan också själf tillreda sådant; en sammansättning, som är lika lätt tillredd som tillförlitlig, består af lika vikt natronbikarbonat, och cremor tartari jämte något rismjöl, det senare tillsatt för att underlätta blandningen, hvilken måste ske omsorgsfullt. Pulvret måste förvaras torrt i burk med slutet lock. Allt bakverk tillsatt med bakpulver blandas kallt och insättes omedelbart till gräddning. Hjorthornssalt och pottaska användas ibland i stället för vanligt bakpulver, då ett kraftigare pösmedel är behöfligt. Dock händer, att de lämna smak i bakverket, om något mer än nödvändigt tages däraf.

924. Smör.

Hushållets odrygaste artikel, smör, kan i bakning ofta ersättas med margarin eller blandas med renkokadt flott. Om lika mycket rördt smör och smält flott väl sammanblandas och nedröras i en skorpdeg i stället för enbart smör, blir skillnaden ringa eller ingen. I alla händelser blir det bättre än smör af underhaltig beskaffenhet, hvilket man aldrig bör använda.

Med skirdt smör förstås smör, som smälts och befriats från salt, så att endast smörfett återstår.

Då smör skall röras, värmes det kärl, hvari arbetet skall försiggå, detta sker då på mycket kortare tid, än om smöret värmes.

925. Ägg.

Till bakning kan användas konserverade ägg, då hvitorna ej skola slås till skum.

Då hvitor och gulor skola skiljas, bör detta ske öfver ett särskildt kärl, så att, om något ägg förolyckas, ej de redan skilda äggen bli förstörda, ty det minsta gula bland hvitorna hindrar dessa att bilda skum. Till vispning af äggbvita användes helst en stålvisp och ett djupt kärl. Två eller tre hvitor vispas med fördel på tallrik med en gaffel eller bred knif. Vispningen bör försiggå i ett svalt luftigt rum och fortsättes, tills hvitan bildar ett hårdt skum. Hvitan kan förvaras ett par dagar, tillsättes då med litet salt och ställes på kall plats.

926. Mandel.

Den skållas i kokande vatten, men ej längre än att skalet med lätthet kan aftagas; man tillser noga, att ingen fläckig mandel blir använd. Innan skalen aftagas, öfverspolas mandeln med kallt vatten; efteråt torkas den på linne.

927. Rostad mandel.

Den hackade mandeln rostas på plåt i ugn eller i järnpanna på spiseln, omröres så att den ej brännes, slås upp, med detsamma den är färdig; användes till garnering af bakverk.

928. Pistacie.

Pistacie (grön mandel) skållas och behandlas som vanlig mandel. Utmärkt till glasser och finare krämer; färgen kan höjas genom tillsats af spenatfärg.

929. Russin.

Af alla sorter äro sultanrussin trots sin litenhet att föredraga, emedan man slipper besväret med uttagandet af kärnorna, som är nödvändigt, då andra slag af russin användas. Sköljas före användandet i varmt vatten och torkas på linne.

930. Korinter.

Rensas och sköljas i ljumt vatten, men få ej kvarligga däri; de spolas därefter med kallt vatten och uppläggas på linne samt gnidas tills de äro torra.

931. Essenser.

Essenser af citron, apelsin, vanilj, mandel m. m. finnas färdigberedda i handeln och användas med fördel till finare bakverk. Essens af citron- och apelsinskal kan beredas i hemmet på följande sätt: från skalen bortskäres allt det hvita omsorgsfullt, hvarefter de sönderskäras fint och öfverhällas med sprit eller konjak. Flaskan korkas, och efter ett par veckors förlopp frånsilas essensen.

932. Pomeransskal.

Torkade pomeransskal påsättas i kallt vatten och få koka, tills de äro mjuka, då allt det hvita noga borttages och skalen finhackas.

Då de torkade hårda skalen skola rifvas, inläggas de råa i en duk doppad i hett vatten och få ligga, tills de mjukna; rifvas därefter på rifjärn.

933. Ingefära.

Denna krydda bör mindre än andra förvaras pulveriserad, utan man rifver på rifjärn så mycket, som förbrukas för tillfället.

934. Saffran.

Den torkas i mycket svag värme, gnides sönder tillika med litet socker i en mortel, tills den utgör ett fint pulver. Skall den förvaras, lägges den i en flaska, och brännvin påhälles; användes den omedelbart, kan mjölk tillsättas, hvarefter den blandas till degen samtidigt med smör och andra kryddor.

BAKNING

935. Glasyr med vatten.

Ju finare socker, som användes till glasyrer i allmänhet, desto lättare äro dessa beredda.

Till 200 gr. socker tagas 2 matskedar vatten med hvilka sockret arbetas, tills det är fullständigt upplöst. Vattnet kan tillsättas med den smak man önskar gifva glasyren; vin eller saft kan tagas i stället för vatten. Glasyren användes helst nyberedd, påstrykes med en knif. Bakverket torkas i öppen ugn endast några minuter.

936. Glasyr med ägghvita.

125 gr. socker och 1 ägghvita arbetas samman, tills glasyren är slät och blank; smaksättes med någon essens och användes som föregående.

Om något mer socker jämte en tesked citronsaft eller ättika tillsättes glasyren och den arbetas därmed, tills den icke längre är flytande, kan den användas till att spritsas ut på bakverk i hvad form man behagar. Härtill kan användas en strut af styft papper.

937. Glasyr med choklad.

Samma vikt choklad, vatten och socker. Chokladen uppslammas i hälften af vattnet, sockret i resten däraf, hvarefter båda delarna blandas i en panna öfver elden. Glasyren bredes skyndsamt öfver bakverket, innan den kallnar.

938. Glasyr med violrot.

2 tsk. finrifven violrot blandas med en ägghvita och så mycket socker, att det blir en jämn och slät glasyr.

939. Glasyr med smör.

100 gr. osaltadt smör, 150 gr. socker röras tillsammans, så att det blir skummigt som grädde; smaksättes efter behag och kan färgas med choklad, karmin, spenatfärg el. d. Användes till dekorering af bakverk.

940. Färger till glasering.

Fullkomligt oskadliga färger finnas att köpa färdigberedda i handeln. Utan för stort besvär kunna några färger beredas i hemmet.

Röd färg. 15 gr. koschenill stötas mycket fint i mortel och uppläggas; därefter stötes en liten knifsudd alun, 1 dito cremor tartari och hälften så mycket renad pottaska, hvilket först blandas med koschenillen. En desertsked vatten tillsättes, och man rör hastigt om. När blandningen slutat fräsa, upphälles den att torka. Då den skall användas, upplöses den i litet vatten. Ett enklare sätt att förskaffa sig röd färg är att upplösa kristallerad karmin i litet vatten.

Grön färg. Spenat stötes med litet vatten i en stenmortel, och sedan utpressas saften, som får stå och sjunka; det klara vattnet afhälles försiktigt, och färgen, som afsatt sig på bottnen, användes genast. Om den skall förvaras, torkas den i mycket svag ugnsvärme.

Gul färg. Saffran torkas lindrigt, söndergnides och påhälles med sprit.

Blå färg fås genom att i mortel rifva ultramarin med vatten.

Violett färg fås genom att blanda rödt och blått.

Orange färg fås genom att blanda gult och rödt.

941. Kulört socker.

Grofsiktadt strösocker befrias genom en finare sikt från allt medföljande fint socker och lägges i porslinskärl, som inställes i ugn. Det omröres ofta med handen. Då det blifvit ljumt, tillsättes färg droppvis och inblandas noga, hvarefter sockret utbredes på papper och torkas noga i lindrig värme.

Zetterstrand, Kokbok.

Bröd.

942. Groft spisbröd.

En jäsdeg göres på vanligt sätt. Af sammanmalet rågmjöl, salt och ej för varmt vatten göres en deg, som när jäsdegen uppjäst, blandas härtill, hvarpå degen väl arbetas. Då den jäst upp, arbetas den ånyo med mera mjöl, men göres ej hårdare, än nödvändigt är för utbakningen; degen öfverhöljes och får åter jäsa. Därefter utbakas den till kakor, som naggas väl och ställas att jäsa samt gräddas i varm ugn.

Om degen utbakas tunt med eller utan tillsats af anis, fänkål eller kummin, kallas det groft knäckebröd. Spis- och knäckebröd bli mörare af gröpadt mjöl, eller om till sammanmalet blandas råg- eller hvetekli.

943. Knäckebröd med kli.

8 kg. rågmjöl,   jäst och
3 kg. hvetekli,   salt.

En deg göres som föregående. Sedan ugnen är eldad och sopad, tagas några fina björkvedsträn, som antändas längst bort i ugnen; denna eld underhålles, under tiden brödet gräddas. Då degen jäst upp andra gången, utbakas brödet mycket tunt, naggas tätt med rullnagg och insättes genast i ugnen, som icke får tillslutas under gräddningen. Gräddningen sysselsätter fullt en person.

944. Fint knäckebröd.

Rågsikt och hvetemjöl hälften af hvardera,
3 l. mjölk,   jäst och
125 gr. smör,   salt.

En deg göres på vanligt sätt, som, då den jäst upp, tillsättes med smöret och arbetas väl till en lös deg. Då den jäst upp, utkaflas den till tunna kakor, som naggas tätt och, böra väl uppjäsa, innan de gräddas.

945. Paltbröd.

Blod af nötkreatur, får eller svin. Hälften dricka mot blod värmes och tillsättes det silade blodet under vispning. Då blodet sålunda blifvit ljumt, göres däraf en deg med groft rågmjöl och kryddor som till blodpudding. En jäsdeg tillsättes och nedarbetas i degen jämte mjöl, tills det blir en stadig deg, som öfverhöljes och, då den jäst upp, arbetas med mera mjöl. När den jäst upp andra gången, bakas däraf tjocka kakor, som få jäsa väl, innan de gräddas i varm ugn. Upphängas att torka.

Då paltbrödet skall användas, läggas kakorna hela i en servett, som omknytes, och läggas i kallt vatten $1/2$ tim. Därefter kokas brödet, tills en gaffel går lätt igenom det, uppstjälpes varsamt på ett fat och liknar då blodpudding.

946. Sötsura limpor.

Rågmjöl,
5 l. vatten,
$1/2$ l. sirap,
kryddor efter smak,
jäst.

I baktråget lägges sammanmalet rågmjöl, och så mycket kokhett vatten påhälles, att det blir en ej för stadig deg, som arbetas några tag med en bakspade. Degen betäckes med mjöl, öfverhöljes väl och får stå på varmt ställe ett par timmar, eller tills den afsvalnat så mycket, att den kan arbetas med händerna. Då inarbetas mera mjöl, men endast småningom, ty degen måste arbetas ihärdigt och länge. Mjölet får ej vara kallt, så att degen afkyles. Då degen är fast, och väl bearbetad, öfverhöljes den ånyo och får stå till nästa morgon. Då göres en jäsdeg, som, sedan den uppjäst, väl inarbetas i degen. Sirapen uppkokas (med kryddor, för den som så önskar: finhackade pomeransskal, anis och fänkål eller kummin) och får afsvalna samt inarbetas efter jäsdegen. Mera mjöl tillsättes, så att degen åter blir stadig, hvarefter den får stå öfverhöljd, tills den börjar jäsa. Då utbakas af degen limpor, som läggas på bakbäddar, öfvertäckas väl, omstjälpas, då de äro lagom jästa, och öfverstrykas hastigt med varmt vatten. De insättas i ej för varm ugn att gräddas minst 1 tim. Brödets syrlighet ökas, genom att limporna bakas större, och ugnsvärmen så afpassas, att de kunna stå i ugnen 2 timmar. Då limporna tagas ur ugnen, öfverstrykas de med hett vatten, läggas åter på bakbädden och öfvertäckas. I stället för jäst kan surdeg användas. (Se anvisning vid bakning.)

947. Kryddlimpor.

4 l. vatten,
rågsikt,
1¹/₈ l. sirap,
6 dl. skurna pomeransskal,
4 msk. kummin,
6 dito fänkål,
2 dito anis,
2 tsk. ingefära,
1 dito kryddpeppar,
jäst.

Af vattnet och mjöl göres en deg, som i föregående. Då på morgonen degen arbetas, tillsättes litet jäst, och degen öfverhöljes att komma i lindrig jäsning. Sirapen uppkokas med kryddorna och får svalna. En jäsdeg göres af 4 dl. mjölk, hvetemjöl och tillräckligt med jäst, och då den uppjäst, blandas den till degen jämte sirapen och arbetas väl; mera mjöl tillsättes, så att det blir en stadig deg. Då den åter jäser, bakas limpor däraf som i föregående.

Hvarje deg af rågmjöl på 5 liter eller mer göres dagen innan, den skall bakas. Dessa limpor gräddas i bakugn. I det följande äro degarna så afpassade, att de äfven kunna gräddas i järnspiselugn.

948. Kärnmjölkslimpor.

3 l. kärnmjölk,
rågsikt,
4 dl. sirap,
2 dl. finskurna pomeransskal,
anis och
fänkål,
100 à 150 gr. jäst

En deg göres af den värmda mjölken, mjöl och jästen. Då degen uppjäst, blandas den med sirapen, värmd tillsammans med kryddorna jämte så mycket mjöl, att degen blir stadig; ställes åter att jäsa. Uppbakas i hvetemjöl, lägges på bakbädd att jäsa, omstjälpes och öfverpenslas med hett vatten. Gräddas i varm ugn omkr. 1 tim., öfverpenslas ett par gånger under gräddningen.

949. Rågsiktsbröd.

Mjölk,
rågsikt,
100 gr. smör,
anis och
fänkol,
80 à 100 gr. jäst.

Af mjöl och mjölk göres en deg, som väl arbetas, innan den i litet mjölk upplösta jästen tillsättes. Då degen jäst till sin dubbla höjd, nedarbetas smöret jämte mjöl, så att degen blir fast; får åter jäsa, utbakas i runda bullar, som få väl uppjäsa, naggas och gräddas i varm ugn.

950. Sirapsbröd.

Till en deg som föregående tillsättas på samma gång som smöret 6 dl. sirap jämte finskurna pommeransskal efter smak; gräddas lika.

951. Drickssoppslimpor.

1 l. dricka,
1 l. mjölk,
rågsikt,
hvetemjöl,
3 dl. sirap,
1 dl. finskurna pomeransskal,
100 gr. smör,
2 msk. fänkol,
1 dito anis,
(ingefära),
100 gr. jäst.

Drickat uppkokas; i mjölken vispas så mycket hvetemjöl, att det blir en tjock välling, som hälles i det kokande drickat. Smeten vispas, tills den kokar, slås upp, och rågsikt nedröres, så att det blir en lös deg. Då denna något afsvalnat, nedröres jästen upplöst i litet mjölk, och degen ställes att jäsa. Sirapen uppkokas med kryddorna blandas till degen jämte så mycket hvetemjöl, att det blir en tämligen fast deg, ställes åter att jäsa. Utbakas därefter i långa bröd, som läggas på bakbädd att jäsa. När bröden äro väl uppjästa, öfverpenslas de med kallt vatten och gräddas i varm ugn. Då de äro gräddade, läggas de åter på bakbädden och öfvertäckas; skorpan blir härigenom mindre hård. De kunna före gräddningen öfverpenslas med äggula som vörtbröd, hvilka de mycket likna.

952. Vörtbröd.

5 l. hopkokt vört,	2 msk. krossad fänkål,
4 dl. mjölk,	1 msk. anis,
fin rågsikt,	1 tsk. ingefära,
hvetemjöl,	1 tsk. kryddpeppar eller
7 à 8 dl. sirap,	nejlikor,
3 dl. finskurna pomerans-	200 gr. smör,
skal,	150 à 200 gr. pressjäst.

Vörtens hopkokning skulle egentligen vara beroende på hur stark eller svag den är från början, emellertid kan som regel antagas, att den vört, som inköpes från bryggerierna, måste hopkokas till hälften. Vörten uppkokas, och däruti vispas så mycket rågsikt, som kan ivispas. Grytan tages från elden, och med en spade iröres mjöl, så att det blir en stadig deg, som slås upp och arbetas med spaden, tills degen blir ljum. Af hvetemjöl, hälften af mjölken och 100 gr. jäst göres en jäsdeg, som, då den är väl uppjäst, sammanblandas med den afsvalnade vörtdegen och arbetas väl. Mera mjöl tillsättes, om så erfordras. Degen öfverhöljes och ställes på varm plats att jäsa. Sirapen uppkokas med kryddorna, och smöret ilägges. Af den öfriga mjölken, hvetemjöl och jäst, allt eftersom vörtdegen synes jäsa, göres ånyo en jäsdeg. När degarna jäst, och sirapen afsvalnat, inblandas först sirapen med kryddorna, så mera mjöl, som väl inarbetas, därefter jäsdegen, som noga inblandas, och mera mjöl, så att det blir en stadig deg. Öfvertäckes och får jäsa för tredje gången.

Därefter utbakas degen med hvetemjöl i aflånga bullar, som läggas på bakbädd att jäsa och öfvertäckas. När de uppjäst, omstjälpas de och öfverpenslas med sammanblandadt äggula och vatten, insättas i varm ugn att gräddas omkr. 1 tim. Läggas åter på bakbädden och öfverhöljas, tills de kallnat. Allt mjöl, som användes under degberedningen, måste vara varmt, och degen hela tiden hållas väl varm

953. Sommarbröd.

Rågmjöl,
rågsikt, 1 l. af hvarje,
hvetemjöl,
1 l. vatten,
3 dl. sirap,
ett par matskedar smör,
40 gr. jäst.

Af rågmjölssorterna och något hvetemjöl, kallt vatten och jäst göres en deg, som får stå öfver natten. På morgonen göres den upp med den värmda sirapen och smöret, hvetemjölet inblandas, så att det blir en stadig deg, som åter får jäsa upp. Utbakas till aflånga bröd, som läggas i brödformar eller i brist därpå på plåtar, öfverhöljas och få jäsa. Gräddas i ej för varm ugn 1 tim. Hålla sig länge mjuka.

954. Mörkt bröd.

1 l. mjölk,
800 gr. rågmjöl,
400 gr. hvetemjöl,
2 msk. krossad fänkål,
salt,
3 dl. sirap,
40 gr. jäst.

Mjölsorterna blandas, kryddorna tillsättas, och en deg göres med den kalla mjölken; jästen, upplöst i litet mjölk, inblandas och därefter sirapen. Degen arbetas väl, beströs med mjöl, öfvertäckes och ställes att jäsa minst 12, högst 24 timmar. Den uppjästa degen utbakas med hvetemjöl och lägges i väl smorda brödformar, får uppjäsa och insättes i ej för varm ugn att gräddas omkring 3 tim. Då skorpa bildats på bröden, täckas de med smordt papper och skyddas för undervärme.

BAKNING

955. Franskt bröd.

Hvetemjöl, 40 gr. jäst,
1 l. mjölk, salt.

En deg göres af mjöl och mjölk och arbetas väl, jästen utröres med litet mjölk och inarbetas. Degen ställes att jäsa till sin dubbla storlek, utbakas därefter i långa bröd, som läggas i brödformar eller på plåtar att jäsa. Gräddas i varm ugn, då gräddningen sker på plåtar. Och i ej för varm ugn, om brödformar användas.

Vatten kan tagas i stället för mjölk. Degen kan utbakas till små franska bröd, som, då de jäst till sin dubbla storlek, gräddas i ej för varm ugn. Litet smör kan tillsättas degen, i synnerhet om bröden ej användas samma dag de bakas.

956. Finare matbröd.

125 gr. smör, 40 gr. jäst,
1 l. mjölk, 1 msk. socker,
hvetemjöl, salt.

Smöret inknådas i omkring $1^1/_2$ kg. mjöl och söndersmulas, jästen upplöses i mjölken, socker och salt tillsättas, och häraf arbetas en deg, som tillsättes med mera mjöl, om så fordras. Degen utkaflas till en fyrkant 1 cm. tjock, hoprullas, lägges på plåt och öfverpenslas med äggula, får uppjäsa och gräddas i mycket varm ugn omkring $^1/_2$ tim.

957. Kuvertbröd.

Af deg lika med föregående, bakas små aflånga bullar, som skåras tvärs öfver, få uppjäsa, bestrykas med ägg och gräddas i het ugn. Bröden kunna gifvas hvilken form man behagar och användas till tebröd.

958. Grahamsbröd.

1 l. mjölk,
450 gr. hvetemjöl,
900 gr. grahamsmjöl,
salt,
(sammanmalet, osiktadt hvetemjöl,)
60 gr. jäst.

Litet af mjölken, jästen och hvetemjöl sammanblandas till en lös jäsdeg. Något hvetemjöl undantages, och mjölsorterna blandas. Mjölken ljummas och ihälles, degen, som bör hållas lös, arbetas väl, innan den uppjästa degen och det öfriga hvetemjölet, om det behöfs, inblandas. Degen bör jäsa två gånger och knådas flitigt mellan hvarje gång. Utbakas till ej för tjocka bröd, som få uppjäsa och långsamt gräddas i ej för varm ugn.

959. Kryddskorpor.

2 l. mjölk,
hvetemjöl,
5 à 6 dl. sirap,
250 gr. smör,
80 gr. jäst.
1 dl. finhackade pomeransskal,
1 msk. krossad fänkål,
1 msk. anis,

Af mjölken och mjöl göres en deg, som knådas väl, jästen upplöses i litet mjölk och nedblandas. Degen arbetas, tills den blir smidig, öfverhöljes och får jäsa till sin dubbla storlek. Sirapen värmes med kryddorna, smöret röres och nedarbetas i degen, som åter får jäsa upp. Den bakas ut till långa smala bröd, som åter få jäsa på plåtarna, hvarefter de gräddas. Då bröden svalnat, skäras de till hur stora skorpor man önskar och torkas i svag ugn, tills de fått vacker färg. Äro skorporna ej genomtorra, insättas de åter, sedan ugnen svalnat.

Till enklare skorpor kunna smör och sirap minskas, och hälften af mjölet kan vara rågsikt.

960. Hveteskorpor.

1 l. mjölk,
hvetemjöl,
300—400 gr. smör,
250 gr. socker,
40—50 gr. jäst.

En deg göres af mjölken och mjöl och arbetas väl, innan den i litet mjölk upplösta jästen nedarbetas. Degen slås och arbetas, tills den blir smidig, ställes på varm plats att jäsa till sin dubbla höjd. Smöret röres och nedarbetas jämte sockret i degen, som knådas väl. En deg på 2 eller flera liter kan, för att blifva bättre genomarbetad, uppläggas och arbetas på bakbordet, sedan smör och socker först äro nedrörda i degen. Sedan den åter är uppjäst, bakas den ut till små runda bullar, som få väl uppjäsa, innan de gräddas i mycket varm ugn. Skäras till skorpor, då de svalnat och torkas i svag ugn.

Till skorpor kan margarin godt användas och bör alltid röras, ej smältas, till hvetedegar. Smör och socker kunna minskas till enklare skorpor.

961. Semlor.

1 l. mjölk,
250 gr. smör,
150 gr. socker,
10 gr. bitter- och
80 gr. sötmandel,
40 à 50 gr. jäst,
(kardemumma efter smak.)

Bittermandeln drifves genom kvarn och stötes fin i mortel med några skedar mjölk; sötmandeln hackas. En deg göres som deg till hveteskorpor med tillsats af mandeln. Den bakas ut till runda bullar, som, då de äro väl uppjästa, öfverpenslas med ägg och gräddas i varm ugn. Servering se hetvägg.

962. Saffransbröd.

Deg som föregående jämte 4 à 6 gr. saffran, russin och mandel.

Saffran torkas i mycket lindrig värme, rifves fin i stenmortel med obetydligt med socker; litet ljum mjölk påhälles. Detta tillsättes degen på samma gång som de öfriga ingredienserna jämte russin och finhackad mandel.

Utbakas i hvad form man önskar och gräddas i varm ugn. Saffran tillsatt vanlig skorpdeg blir också bra, blott degen hålles något lösare än till skorpor.

963. Fin hvetedeg.

1 l. mjölk,
2—4 äggulor,
250 gr. smör,
200 gr. socker,
2 tsk. stött karde-
mumma,
40 à 50 gr. jäst,
hvetemjöl.

Mjölken värmes lindrigt, omkr. $1/8$ af smöret och något socker iläggas, och häraf göres med mjöl en lös deg, som arbetas väl; jästen upplöst i litet mjölk nedblandas, och degen får uppjäsa. Resten af smöret röres och nedarbetas i degen jämte kryddorna, äggulorna, sockret och mera mjöl om så fordras, men degen hålles lös, öfvertäckes och får jäsa. Sedan utbakas bröd, i hvad form man önskar, kakor, kransar eller aflånga bröd, som klippas. Då bröden jäst upp, öfverpenslas de med äggula utspädd med vatten, beströs med groft socker och mandel och gräddas i varm ugn.

Degen kan äfven utbakas till små skorpor.

964. Braunschweigerkaka.

Fin hvetedeg,
russin,
suckat,
sylt eller
kompott.

Fin hvetedeg utan kryddor, endast med något mera smör och socker färdigberedes. En 1 cm. tjock kaka utkaflas; därpå läggas förvällda russin, groft hackad mandel, suckat skuren i bitar, såsfri sylt eller kompott, som först uppvärmes lindrigt. Öfver detta lägges en något tunnare kaka än bottnen och omgifves med en fläta eller vridning af deg. Den öfverpenslas med ägg, och inom kransen ordnas prydligt russin och mandel. Kakan ställes att jäsa och gräddas i ej för varm ugn samt skyddas med ett smörbestruket papper. I stället för att beströs med russin och mandel, kan den efter gräddningen beläggas med sylt eller kompott.

965. Randigt bröd.

Vanlig hvetedeg och saffransdeg utkaflas hvar för sig och läggas på hvarandra, så att brödet, då det uppskäres, blir randigt. Innan degarna läggas på hvarandra, penslas de med litet vatten för att fastna samman.

966. Bröd med mandelmassa.

Fin hvetedeg,
mandelmassa:
150 gr. mandel,
100 gr. socker,
1 ägg,
2 msk. vatten,
1 äggula uppvispad
med
1 msk. vatten.

Hvetedegen hålles så lös som möjligt, utkaflas till en fyrkantig kaka 1 cm. tjock öfverhöljes och får väl uppjäsa. Kakan naggas med en gaffel och insättes i ej för varm ugn.

Mandeln skalas och stötes med vattnet och ägget. Sockret inblandas, och massan bör vara så lös, att kakan ej nedtryckes, då massan påbredes, hvarför litet mer vatten tillsättes, om så fordras. Då kakan, som bör vara löst gräddad, tages ur ugnen, öfverstrykes den med ägg, och mandelmassan utbredes jämt och slätt öfver kakan, som åter penslas med ägg och insättes på dubbla plåtar i ugnen att blifva gulbrun. Då den kallnat skäres den i sneda rutor. Serveras till te.

967. Wienerbröd.

Af vanlig hvetedeg som till skorpor undantages så mycket deg man ämnar till wienerbröd. Degen väges, och $1/4$ af dess vikt uppväges i smör och arbetas smidigt. Degen utkaflas till en kaka, ungefär 1 cm. tjock; på $2/3$ af denna bredes ¼ af smöret, hvarpå den hopvikes i tre delar, (den del, som saknar smör, öfvervikes först) utkaflas åter och smörbestrykes samt hopvikes som förut. Detta upprepas, tills smöret är slut, då degen, för att lättare kunna behandlas, ställes på kall plats för att blifva fastare. Utkaflas 1 cm. tjock och skäres i 1 cm. breda remsor, som viras om hvarandra och formas på plåtar till kringlor eller hvad man önskar. Bröden bestrykas med ägg och beströs med groft socker och mandel, få uppjäsa och gräddas i mycket varm ugn. I stället för att beströs med mandel och socker, kunna de glaseras med sockerglasyr, då de tagas ur ugnen.

968. Savarin.

300 gr. mjöl,
1 dl. mjölk,
25 gr. jäst,
5 ägg, 2 hvitor borttagas,
50 gr. socker,
200 gr. smör.

Mjölet värmes lindrigt och siktas i ett varmt fat. En fördjupning göres i mjölet, och häri slås mjölken med den däri upplösta jästen och sammanröres till en lös jäsdeg. Då den jäst upp, tillsättas, under flitigt arbete, äggen och sockret, sist det rörda smöret. Om degen synes för hård, tillsättes en matsked mjölk; den arbetas ihärdigt, tills den släpper fatet, som under arbetet bör hållas varmt. Degen lägges därefter i kransformar, som knappt fyllas till hälften och får jäsa till sin dubbla höjd samt gräddas i varm ugn. Uppstjälpas då mesta hettan afgått och genomdränkas med varm sockerlag, tillsatt med likör, punsch, vin eller saft. Vid serveringen fylles hålet med fruktkompott eller gräddskum, beströs med pistacie eller rostad mandel.

969. Kanelsnäckor.

Hvetedeg utkaflas 1 cm. tjock, bestrykes med rördt smör, och beströs med kanel och socker, sammanrullas, afskäres i 2 cm. tjocka skifvor, öfverpenslas med äggula och få jäsa. Gräddas i varm ugn.

BAKNING

970. Mjuka gräddkringlor.

6 dl. tunn grädde,
2 dl. smält smör,
2 dl. socker,
4 ägg,
hvetemjöl,
30 gr. jäst.

Göres som fin hvetedeg, utbakas, då den är uppjäst, till stora kringlor, hvilka öfverstrykas med ägg, få uppjäsa och gräddas i varm ugn.

971. Sudna kringlor.

½ l. mjölk,
3 äggulor och
1 hvita,
100 gr. socker,
200 gr. smör,
30 gr. jäst,
mjöl,
(kardemumma).

Af mjölken, äggen och litet af smöret jämte jästen och mjöl, göres en deg, som ställes att jäsa. Då den uppjäst till sin dubbla höjd, inarbetas resten smör, socker och kardemumma efter smak och så mycket mjöl, att det blir en stadig deg, som åter får jäsa. Häraf utrullas små kringlor, som ställas på mjölad plåt, hvarefter de insättas i kallt rum att få obetydlig jäsning. En gryta med vatten påsättes, och då vattnet kokar, iläggas kringlorna; då de flyta upp, tagas de med en hålslef och läggas på plåtar. Gräddas i ganska god ugnsvärme. Kunna länge förvaras.

972. Sockerkringlor.

6 dl. tunn grädde,
8 ägg,
425 gr. smör,
425 gr. socker,
25 g.. jäst,
hvetemjöl.

En mindre jäsdeg göres af 1 dl. mjölk, mjöl och jäst. Hälften af smöret och mjölet jämte den ljumma grädden, ägg och mjöl arbetas till en lös deg, som blandas till den uppjästa degen, ställes varmt att jäsa. Därefter tillsättes resten, smör, socker och, om så önskas kryddor, (kanel, kardemumma o. s. v.), hvarefter degen åter får jäsa. Utbakas så fort som möjligt till små smala kringlor, som genast gräddas i svag ugn, ty de få ej jäsa. Kringlorna kunna länge förvaras.

Mjuka kringlor erhållas, om degen göres något lösare, och kringlorna få uppjäsa samt gräddas i varm ugn. Degen kan göras enklare med endast 2 ägg, 250 gr. smör till för öfrigt samma proportioner.

973. Vridna kransar.

Hvetedeg till skorpor färdigjäses och väges. Hälften af degens vikt i smör, hälften af smörets vikt i socker arbetas väl in i degen. Denna knådas därefter ihärdigt på bordet, utrullas till mycket smala rullar, som tvinnas om hvarandra och formas till kransar. De få ej jäsa, utan gräddas genast i mycket svag ugnsvärme.

974. Bröd med bakpulver.

400 gr. hvetemjöl,
3 tsk. bakpulver,
50 gr. smör,
3 dl. mjölk,
salt.

Mjöl och bakpulver blandas väl och siktas, smöret söndersmulas därefter i mjölet, och den kalla mjölken tillsättes. Degen arbetas hastigt, och ej mer än nödvändigt är för att kunna formas till en kaka ungefär 1 cm. tjock. Den utskäres i hvad form man önskar, insättes omedelbart i het ugn och serveras helst varm.

975. Grahambröd med bakpulver.

250 gr. grahamsmjöl,
150 gr. hvetemjöl,
3 tsk. bakpulver,
50 gr. smör,
2 msk. brunt farinsocker,
3 dl. mjölk.

Behandling som föregående med undantag af att mjölet icke siktas, men bakpulvret ändock väl inblandas. Bröden få kvarstå i ugnen, tills de kännas lätta. Dessa brödsorter äro lätt tillredda och kunna med fördel gräddas i gasugn.

BAKNING

976. Skorpbullar med bakpulver.

475 gr. mjöl,
100 gr. socker,
2 rågade tsk. bakpulver,
1 tsk. stött kardemumma,
15 cl. gräddmjölk,
15 cl. smält smör,
2 ägg.

Degen sammanblandas som bröd med bakpulver, utrullas till små bullar, som penslas med ägg och beströs med hackad mandel eller suckat och socker. Gräddas i varm ugn.

Bullarna kunna skäras och torkas till skorpor.

Finare bakverk.

977. Smördeg.

Till smördeg fordras torrt fint mjöl, kallt smör och en god ugn jämte en sval plats, där degen beredes.

Smördeg af samma vikt smör och deg: af $^1/_2$ kg. hvetemjöl och 25 cl. vatten arbetas en smidig deg, som får ligga på kall plats 1 tim. 750 gr. (som är degens vikt) smör, som, om det är salt, först tvättas, klappas ut i linne till en eller flera kakor. Degen utkaflas till dubbel storlek mot smöret, detta lägges på halfva degen, och den andra hälften vikes öfver; degen sammantryckes kring kanterna, så att smöret är inneslutet i deg; denna tillplattas med ett par lätta slag med handen och får hvila $^1/_2$ tim. Degen utkaflas tämligen tunt, hvarefter den hopvikes i 3 delar på längden och 3 på bredden, som man sammanviker en servett, vikes dubbel, gifves ett par slag med kafveln och får hvila $^1/_4$ tim. Detta upprepas 4 à 6 gånger, degen kaflas något tunnare för hvarje gång; mellan hvarje kafling får degen hvila 15 min. på kall plats. Man söker under kaflingen hålla degen fyrkantig och vid sammanvikningen lägga den jämn i kanterna samt använda så litet mjöl som möjligt till utbakningen. Beredes smördeg dagen, innan den skall användas, kaflas den endast 4 gånger, inlägges i en duk, förvaras kallt och kaflas 2 gånger strax, innan den användes. Smördeg beredd af samma vikt smör och deg lämnar ett luftigt högt bakverk, som man önskar t. ex. vid bakelser.

Smördeg af samma vikt smör och mjöl: $1/2$ kg. smör, $1/2$ kg. mjöl, 2 dl. vatten och 5 cl. brännvin. Beredningen lika. Brännvinet kan ersättas med vatten; härigenom blir degen något fastare, kan användas till vol-auvent och är äfven lämplig att utkaflas till tunna bottnar.

De rester som blifva öfver, då smördeg utskäres till kakor, sammanknådas till en deg, som ställes att kallna och därefter utkaflas ganska tunt, bestrykes med litet rördt smör, hoprullas och klappas ut med kafveln, så att den blir platt, sammanvikes, behandlas som nyberedd smördeg och kan användas som sådan.

Smördeg bereddes förr med 1 ägg, 3 dl. grädde i stället för vatten och degens vikt i smör; beredningen var alldeles densamma.

978. Mördeg.

Ingredienser till ordinär mördeg:

400 gr. mjöl,   100 gr. socker.
300 gr. smör,   2 ägg.

Beredning af mördeg: den mördeg, som är afsedd att begagnas till tårtbottnar eller andra ändamål, för hvilka den måste utkaflas, arbetas så litet som möjligt för att blifva sammanhängande. En deg till detta ändamål beredes på följande sätt: mjölet siktas på bakbordet, det kalla smöret sönderdelas och blandas med det mesta af mjölet; sockret och äggen sammanröras och blandas med de andra ingredienserna. För att degen skall kunna hålla sig så sval som möjligt, användas ett par knifvar.

Är degen stor, delas den i smärre delar, som arbetas för sig och sedan läggas på hvarandra och sammantryckas. Ställes kallt ett par timmar, innan den utkaflas.

Zetterstrand, Kokbok.

BAKNING

Ingredienser till fin rörd mördeg:

100 gr. smör,   150 gr. mjöl,
100 gr. mandel, 1 äggula.
100 gr. socker,

Mördeg, som ej är afsedd att kaflas, utan direkt tryckes i form eller genom sprits till småbröd, kan röras. Först röres smöret, däruti äggulorna och sockret jämte mandeln samt sist mjölet. Degen kan användas med detsamma men vinner på att först stå ett par timmar på sval plats.

979. Smördegstårta med äppelmos.

Smördeg utkaflas tunt, och bottnar uttagas och naggas för undvikandet af blåsor, gräddas i varm ugn, få svalna, hopläggas med äppelmos emellan. Den öfversta bottnen glaseras. Som garnityr till tårtan kunna remsor af deg utsporras och hopläggas till ett galler af bottnarnas storlek och penslas med äggula och vatten samt gräddas för sig. Lägges på sista hvarfvet äppelmos och fylles, om man så vill, med gelé i olika färger eller gräddskum i rutorna.

980. Smördegstårta med kräm.

Smördeg (se smördeg), lägges på is, delas i mindre bitar, som utkaflas så tunt som möjligt, ju tunnare de kaflas desto flera bottnar kunna användas, formas runda, naggas och gräddas några minuter i varm ugn.

Då alla bottnarna äro gräddade, beläggas de med vaniljkräm eller hvarannan kaka bestrykes tunt med någon marmelad, läggas på hvarandra. Kanten jämnas och bestrykes med marängmassa, och i denna fasttryckes rostad mandel; ofvanpå glaseras tårtan med sockerglasyr, hvarefter den torkas i öppen ugn. Tårtan kan skäras, innan den garneras, hvilket underlättar serveringen, men då fordrar tårtan annan garnering än glasyr, såsom fruktkompott eller gräddskum.

981. Smördegstårta gräddad med fyllning.

Smördeg utkaflas till tvenne lika stora bottnar, den ena något tjockare än den andra. Den tunnare bottnen lägges på en plåt, kanten rundt om bestrykes med vatten eller ägghvita till ett par cm. bredd, och en lika bred krans af deg fasttryckes. Inom kransen fylles med väl afrunnen fruktkompott. Den andra bottnen lägges öfver, sedan man åter bestrukit kanten med ägghvita. Gräddas i varm ugn. Med en spetsig knif kan ristas ornament på den öfre bottnen, innan den gräddas, men kakan får ej genomskäras.

982. Kranstårta af smördeg.

Smördeg utkaflas till 1 cm. tjocklek och utskäres i 8 à 10 ringar af 2 à 3 cm. bredd, hvar och en 1 cm. mindre i omkrets än den föregående, som bestrykas med äggula och vatten, gräddas i varm ugn, uppläggas efter storlek på hvarandra. Tårtan kan i midten fyllas med gräddskum och garneras med frukt, eller tvärt om fyllas med kompott och öfverdragas med gräddskum samt beströs med rostad mandel eller garneras efter smak och tillgångar.

983. Vol-au-vent med frukt.

Vol-au-venten (se vol-au-vent), fylles med frukt, kompott, vare sig kokt eller färsk, blandad med socker. Öfvertäckes med gräddskum strax före serveringen.

984. Vol-au-vent med kräm.

$1/2$ l. grädde,   smör och
5 ägg,   socker.

Grädden vispas till skum, något däraf slås till gulorna, som vispas därmed jämte sockret, hvitorna slagna till skum nedröras, hvarefter den vispade grädden tillsättes. Hvilken smak man önskar kan gifvas krämen, såsom vanilj, citronskal eller ock tillsättes ett litet glas likör. Då vol-au-venten (se vol-au-vent), är något mer än halfgräddad, framdrages den ur ugnen, så mycket att massan hastigt kan iläggas, sedan man först dithällt ett par skedar smör. Gräddas, tills innehållet är stannadt och skyddas, om så behöfs, med ett smörbestruket papper; serveras het som efterrätt.

985. Mördegsbottnar.

Mördeg:

200 gr. mjöl, 75 gr. socker,
150 gr. smör, 3 à 4 äggulor.

En mördeg beredes som kaflad mördeg (se mördeg) och, om degen så fordrar, tillsättes en tesked vatten. Degen utkaflas tunt och utskäres till bottnar, som gräddas ljusgula i måttligt varm ugn. Hvilket sylt eller kompott som helst kan läggas mellan bottnarna. En förträfflig sammansättning är äppelgelé och syrligt äppelmos på hvarannan kaka. Serveras med gräddskum.

986. Mörtårta.

200 gr. smör,   100 gr. mandel,
100 gr. socker, 200 gr. mjöl.

Beredes som kaflad mördeg (se mördeg). En tårtform beklädes med degen, därpå ett lager marmelad eller saftfri sylt och öfver detta i rutor lagda strimlor af deg. Gräddas i svag ugn. Serveras till te eller som efterrätt.

987. Mörtårta med maräng.

Man gör en deg som i föregående nummer, delar den i två lika delar, utkaflar den och lägger en del i hvar och en af 2 tårtformar, hvilka sättas in i ugnen och något mer än halfgräddas. Därpå bredes öfver kakorna äppelkompott. Formarna sättas tillbaka in i ugnen för att fullgräddas. Sedan stjälpas kakorna försiktigt ur, sättas på en plåt och öfverbredas med maräng, (se marängmassa), öfversockras därpå och beströs med finskuren mandel samt insättas i ugnen för att få färg. Serveras som föregående.

988. Oscar Fredriks tårta.

Mördeg, 160 gr. socker,
200 gr. mandel, 4 à 5 äggulor.

Mandeln (några bittra) drifves genom kvarn och stötes därefter med äggulorna, sockret arbetas väl däri. En låg tårtform bestrykes tunt med mördeg, den färdigberedda massan bredes däröfver och åter deg, som kan läggas i rutor, om man så vill, öfverstrykes med äggula, beströs med socker, och gräddas i svag ugn. Mindre bakelser häraf se »halfmånar».

989. Kejsartårta.

10 ägghvitor, skalet af 1 citron,
400 gr. mandel, 5 stötta nejlikor,
800 gr. socker, mandel,
1 tsk. kanel, valnötter och
1 msk. finskuret apel- vin.
sinskal,

Mandeln skalas och drifves genom kvarn, stötes med 4 ägghvitor, som så småningom tillsättas under stötningen, därefter sockret, 6 ägghvitor slås till skum, och och däri blandas mandelmassan jämte kryddorna. Massan utbredes på oblat och gräddas i svag ugn. 1 dl. vin, 100 gr. socker och saften af en citron sammanblandas och får koka, tills det blir en tjock lag. Tårtan garneras med hel skalad mandel och valnötshalfvor samt öfvergjutes med sockerlagen, som får stelna.

990. Skotsk tårta.

300 gr. mandel, 4 ägghvitor.
700 gr. socker,

En mandelmassa göres som föregående, hälften af massan utbredes på oblat, den andra öfverspritsas i rutor öfver bottnen, och tårtan gräddas i svag ugn. I rutorna läggas syltade frukter. I stället för oblat kan en tunt utkaflad och fint gräddad mördegsbotten användas.

991. Bolltårta.

2 dl. skirdt smör, 250 à 300 gr. mjöl,
200 gr. mandel, sylt,
200 gr. socker, marängmassa.
8 à 10 äggulor,

Smöret röres, tills det blir hvitt, däri nedröras äggulorna, sockret och den skållade och finhackade mandeln, därefter tillsättes mjölet; degen får stelna i kallt rum.

Af degen kaflas en tunn botten, den öfriga degen utrullas till långa rullar, som snos om hvarandra; tårtbottnen bestrykes med ägg, och den vridna remsan fästes som kant kring bottnen; öfverpenslas med ägg och gräddas i svag ugn. Då tårtan kallnat, belägges den i rutor med mörk och ljus sylt eller marmelad. Garneras med marängmassa i små bollar rundt om tårtan, öfversiktas med socker och insättes i svag ugn. Serveras varm.

992. Mandeltårta.

16 ägg, 200 gr. finsiktadt socker,
200 gr. sötmandel, 40 gr. hvetemjöl.
25 gr. bitter d:o,

Mandeln skalas och torkas på linne, drifves genom kvarn och stötes med 4 äggulor, tillsatta en i sänder.

12 äggulor och 2 hvitor vispas, tills det börjar tjockna, då sockret tillsättes under flitig omröring, hvarefter mandeln nedröres under fortsatt arbete. Mjölet nedsiktas i massan och omedelbart därefter 6 af hvitorna slagna till skum, massan slås i tårtform, smord med skirdt smör och beströdd med fint siktade skorpor. Formen slås nå-

got mer än half och gräddas i medelvarm ugn omkring 1 tim. Får svalna i formen. Tårtan glaseras med sockerglasyr och garneras efter smak. Fullkomligt kall kan den skäras itu, och emellan lägges mandelkräm. Serveras som efterrätt. Beskrifningar på enklare tårtor finnas under sockerkaka.

993. Brun mandeltårta.

Till ofvanstående sats brynes 100 gr. socker, tills det är ljusbrunt och spädes med en msk. vatten, samt hålles ljumt. Då mjölet, som tages litet drygt, är nedrördt i massan, ihälles sakta det brynta sockret under flitig vispning, därefter de till skum slagna hvitorna.

Behandlas och serveras som föregående.

994. Valnötstårta.

6 ägg, 25 gr. skalade valnötter,
200 gr. socker, 25 gr. sötmandel.

Mandeln skalas och torkas på linne, drifves jämte valnötterna genom kvarn. Gulorna röras sönder och arbetas med sockret, tills smeten blir ljus och tjocknar, då mandeln tillsättes; 4 af hvitorna slås till skum och nedskäras försiktigt. Smeten slås i brödbeströdd form och gräddas i svag ugn.

Då tårtan fullständigt kallnat, skäres den midt itu. Gräddskum blandadt med hackade valnötter, läggas mellan tårthalfvorna. Garneras med halfva valnötter och gräddskum.

995. Nobel-tårta.

300 gr. smör, 25 gr. mjöl,
100 gr. mandel 5 à 6 ägg (2 hvitor
(6—8 bittra), borttagas).
200 gr. socker,

Mandeln skållas, torkas, drifves genom mandelkvarn. Äggen och sockret röras väl, sedan tillsättes mjölet, mandeln och det till skum rörda smöret.

BAKNING

En form prepareras med smör och rifvebröd, hvarefter bottnen och kanterna beklädas med degen. Äpplen kokas till kompott, men få ej sönderkoka, upptagas och få afrinna. Dessa läggas i formen, och resten af degen bredes öfver.

Gräddas i ej för varm ugn omkring $1/_2$ tim. Lagen, hvari äpplena blifvit kokta, silas, och tunt skurna citronskifvor iläggas och serveras till tårtan, som kan ätas kall eller varm. Kan äfven serveras med vaniljsås.

996. Glasstårta.

Af deg till sockerkaka med smör eller deg till mandeltårta göras 6 à 8 tårtbottnar omkr. 1 cm. tjocka. Innan smeten ihälles, ställes midt i formen en ring af bleck eller ett mått med samma vidd som glassdosan, så att i bottnarna blir ett rundt hål. Då de äro gräddade, läggas de på hvarandra med gelé eller sylt emellan; tårtan öfverdrages med maräng och torkas i ugn samt ställes på anrättningsfatet. Man har tillreds en hårdt frusen vaniljglass, dosan doppas hastigt i hett vatten och aftorkas, hvarefter glassen stjälpes midt uti den heta tårtan. Garneras med frukt och serveras genast.

997. Citrontårta.

Sockerdeg med smör tillsättes med skalet af citron; gräddas till tunna bottnar, som hopläggas med citronkräm (se citronkräm!) emellan. Tårtan skäres och öfverdrages med maräng, garneras med citronskal.

998. Sockerkaka.

10 ägg,
100 gr. socker (finsiktadt),
100 gr. hvetemjöl,
citronskal eller vaniljsocker.

Gulorna vispas mycket väl, först för sig och sedan med sockret, tills massan blir tjock; det rifna citronskalet eller vaniljsockret ilägges, och mjölet nersiktas, samt sist nedröras försiktigt 6 till hårdt skum slagna hvitor. Smeten slås i väl smord och med mjöl beströdd tårtform, gräddas i svag ugn. Uppstjälpes, då den mesta hettan afgått.

Samma tillvägagående med andra proportioner: 8 ägg, 400 gr. socker, 130 gr. hvetemjöl, skal och saft af 1 citron.

4 ägg, 200 gr. socker, 50 gr. potatismjöl, 50 gr. hvetemjöl, smak som i föregående.

6 ägg, 100 gr. socker, 100 gr. potatismjöl blandadt med en knifsudd bakpulver, 8 à 10 rifna bittermandlar (2 hvitor borttagas).

Ett oeftergifligt villkor vid beredning af sockerkaka är att smeten arbetas flitigt, att mjölet är torrt och nysiktadt samt att formen inställes i ugnen, med detsamma kakan är färdigberedd.

999. Sockerkaka till gelépudding.

5 ägg, 85 gr. potatismjöl.
65 gr. socker,

Ägghvitorna slås till hårdt skum, och däri inblandas gulorna varsamt en i sänder, socker och mjöl blandas och nedröras med så litet arbete som möjligt. Smeten lägges i brödbeströdd låg form och gräddas i svag ugn. Är genom sin lätthet passande till gelépudding, ehuru hvilken lätt sockerkaka som helst kan användas t. ex. den sistnämnda af proportionerna vid sockerkaka.

1000. Sockerkaka med smör. ›Lika mycket›.

Äggen vägas (hvarje ägg väger cirka 40 à 50 gr.), samma vikt socker, smör och mjöl uppväges. Gulorna vispas först för sig, sedan med sockret, (något hvita tillsatt underlättar arbetet). Smöret röres väl; om det är salt, skiras det först, saltet borttages, och smöret får stelna, innan det röres. De vispade gulorna nedröras i smöret, den smak man önskar på kakan tillsättes, därefter det nysiktade mjölet, sist nedröras varligt de till skum slagna hvitorna, men fullständigt. Gräddas i brödbeströdd form i medelvarm ugn.

En struken tesked jästpulver kan tillsättas, men då nedröras hela äggen med sockret.

Variationer på denna kaka finnas här nedan under många namn.

1001. Wienertårta.

200 gr. smör,   100 gr. mjöl,
200 gr. socker,   4 ägg.

Äggen röras för sig och sedan med sockret, tills smeten blir ljus och tjocknar. Smöret röres till skum och blandas ner, hvarefter mjölet tillsättes. Smeten gräddas till 3 l. 4 bottnar i form eller på pannkakslagg. När de kallnat, läggas de på hvarandra med fruktmos emellan. Serveras med gräddskum.

1002. Stockholmstårta.

7 ägg,   100 gr. mandel,
200 gr. socker,   1 citron.

Äggulorna röras med sockret, tills massan höjer sig. Mandeln, hvaribland ett par bittra, torkas och drifves oskalad genom kvarn samt inblandas, jämte saften och rifvet skal af citron efter smak; därefter nedskäras de till skum slagna hvitorna. En form smörjes med smör och beströs med mjöl, massan ifylles, och tårtan gräddas i mycket svag ugn omkr. 1 tim. Glaseras se glasyr.

1003. Chokladtårta.

50 gr. rifven sockrad   bakpulver,
   vaniljchoklad.   3 msk. grädde.
Till degen: Till mandelmassan:
   200 gr. smör,   100 gr. mandel,
   100 gr. socker,   100 gr. socker,
   300 gr. mjöl, blan-   3 ägg.
     dadt med 2 tsk.

Smöret röres till skum, därpå iröras socker, ägg och grädde, samt sist mjöl. Oskalad mandel drifves genom kvarn. Af mandeln, sockret och äggen beredes en mandelmassa. Det mesta af degen lägges i en tårtform, degen jämnas och mandelmassan lägges därpå samt öfverströs med chokladen. Remsor af degen läggas i rutor öfver tårtan, som gräddas i medelvarm ugn; ytan skyddas med papper, ty degen får ej blifva mörk.

Serveras varm eller kall med vaniljsås.

1004. Russinkaka.

6 hela ägg och
6 gulor,
265 gr. socker,
200 gr. smör,
150 gr. hvetemjöl,
50 gr. potatismjöl,
50 gr. förvällda och fiskurna russin,
50 gr. korinter,
25 gr. syltade citron- eller apelsinskal,
35 gr. syltad ingefära,
1 struken tsk. hjorthornssalt.

Under flitig vispning sammanblandas äggen och sockret i en syltkittel, som sättes öfver mycket svag eld, tills massan höjer sig, då aflyftes kitteln, men vispningen fortsättes, tills massan kallnat. Kitteln sättes ånyo öfver elden, så att smeten blir varm, aftages då och får under fortsatt vispning kallna. Först iröres det skirda smöret, därefter alla kryddorna och hjorthornssaltet upplöst i litet vatten, sist mjölet. Gräddas i ej för varm ugn. Kakan kan gräddas utan alla kryddorna. Blir utmärkt i tunna bottnar.

1005. Adèlekaka.

Deg af sockerkaka med smör utbredes på en plåt omkr. 1 cm. tjockt, öfverströs med ägghvita, som beströs med förvällda sönderskurna russin och hackad mandel. Gräddas i medelvarm ugn och skäres i rutor.

1006. Rulltårta.

Sockerdeg med smör (se sockerkaka med smör!) tillsatt med bakpulver tillredes. En plåt smörjes och belägges med smordt papper, härpå bredes degen ut och sättes i varm ugn att gräddas. Kakan stjälpes upp på sockradt papper och öfverstrykes med upplöst vinbärsgelé och hoprullas; får kallna. Rullen skäres i 1 cm. tjocka skifvor.

1007. Snarkaka.

Två äggulor och 2 hela ägg vispas med 2 skedar socker, tills det blir hvitt. Då iröres litet citronskal eller bittermandel samt en rågad sked potatismjöl. Gräddas i smord form.

1008. Berlinerkaka.

6 ägg,
200 gr. socker,
4 msk. skirdt smör,
4 msk. grädde,
125 gr. klufven sötmandel,
200 gr. mjöl.

Gulorna röras med sockret, därefter smöret och grädden; mjölet tillsättes jämte de till skum slagna hvitorna, och sist mandeln. Gräddas i smord form.

1009. Aristokratkaka.

100 gr. smör,
6 ägg,
50 gr. socker,
6 msk. grädde,
50 gr. syltade apelsinskal,
400 gr. mjöl blandadt med bakpulver,
kanel.

Smöret röres till skum, gulorna tillsättas en i sänder jämte sockret, grädden och kryddorna. Därpå iröres mjölet och sist de till skum slagna hvitorna. Gräddas i varm ugn.

1010. Biskopskaka.

6 ägg,
200 gr. socker,
100 gr. smör,
100 gr. korinter,
helt litet muskotblomma och kardemumma,
300 gr. mjöl,
en knifsudd hjorthornssalt.

Hela äggen vispas med sockret, smöret jämte det öfriga tillsättes; gräddas och användes till kaffe och te.

1011. Mannatårta.

8 ägg, 3 dl. mannagryn,
3 dl. socker, 12 à 16 bittermandlar.

Gulorna vispas med sockret, tills massan tjocknar, mandeln drifves genom kvarn och tillsättes jämte grynen, sist nedröras de till skum slagna hvitorna. Gräddas antingen i smord och brödbeströdd form i medelmåttig ugnsvärme omkr. 1 tim., glaseras och serveras till kaffe eller gräddas i 3 bottnar och serveras med sylt emellan som enklare efterrätt.

1012. Sockertårta.

Äggens vikt i socker, hälften af sockrets vikt i mjöl.

Äggen röras med sockret, hvarefter mjölet nedröres. Gräddas till bottnar. Uppläggas med sylt emellan, glaseras eller garneras efter smak.

1013. Potatismjölstårta.

9 äggulor och 65 gr. potatismjöl,
3 hvitor, 25 gr. bitter- och
75 gr. socker, 50 gr. sötmandel.

Ägg och socker vispas väl, mjöl och mandel tillsättas. Gräddas i medelvarm ugn.

1014. Pöstårta.

4 ägg, 4 msk. grädde,
200 gr. socker, 2 tsk. hjorthornssalt,
400 gr. mjöl, citronskal eller
1 dl. smält smör, bittermandel.

Äggen vispas med sockret, grädden och kryddorna tillsättas, smöret röres; hjorthornssaltet blandas med något af mjölet och röres till det öfriga, hvarefter mjölet tillsättes och degen får stå i kallt rum att stelna. Utkaflas till tunna bottnar, som läggas på hvarandra med gräddskum och sylt emellan.

BAKNING

1015. Sockerkaka med bakpulver.

4 ägg,
225 gr. socker,
300 gr. mjöl,
1 kkp. mjölk,
4 msk. smör,
3 rågade tsk. bakpulver,
citronskal eller
bittermandel.

Äggen röras tillsammans med sockret, tills massan tjocknar. Det smälta smöret, mjölken och kryddorna tillsättas. Mjölet blandas väl med bakpulvret och nedröres. Smeten slås i brödbeströdd form och gräddas i ganska varm ugn. Skall kakan användas till efterrätt, bör den gräddas i två formar, emedan kakan höjer sig mycket. Till enklare efterrätt kan kakan genomdränkas med en varm saftblandning och serveras med gräddskum.

1016. Mjuk pepparkaka.

3 dl. sur grädde,
425 gr. brunt farinsocker,
200 gr. smör,
3 ägg,
1 tsk. stötta kardemummor,
1 d:o nejlikor,
2 d:o kanel,
2 d:o ingefära,
50 gr. sötmandel,
425 gr. hvetemjöl,
2 tsk. bikarbonat.

Smöret röres, gulorna inblandas jämte sockret och kryddorna. Bikarbonaten inblandas väl i mjölet, som tillsättes, sedan grädden är nedrörd. Hvitorna slås till skum och nedröras. Mandeln, skuren i strimlor, ilägges, och kakan gräddas i låg form Tål att stå $^3/_4$ tim. i ugnen.

1017. Fin mjuk pepparkaka.

6 äggulor,
6 hela ägg,
200 gr. socker,
1 msk. ingefära,
4 msk. syltade apelsinskal,
knappt 1 tsk. hjorthornssalt,
2 dl. sirap,
225 gr. mjöl,
mandel och
korinter efter smak.

Äggen och sockret vispas väl, innan det öfriga tillsättes. Gräddas i svag ugn omkr. 1 tim.

1018. Fransk mjuk pepparkaka.

12 ägg (hvaraf 4 hvitor borttagas),
3 dl. sirap,
50 gr. socker,
250 gr. mjöl,
½ msk. kanel,
½ d:o rifna pomeransskal,
1 tsk. kardemumma.
1 d:o ingefära och nejlikor,
skalet af ½ citron.

De tolf gulorna och 2 hvitor vispas mycket väl, därefter tillsättes sockret, och vispningen fortsättes, tills massan tjocknar. Då ihälles sirapen långsamt under flitigt arbete, hvarefter kryddorna tillsättas, och smeten arbetas 1 tim., innan mjölet isiktas. De 6 ägghvitorna slagna till skum nedröras, tills allt är väl blandadt. Gräddas i låga formar i mycket svag ugn omkr. 1 tim.

1019. Tysk mjuk pepparkaka.

1 l. sirap,
15 gr. kanel,
1 tsk. nejlikor,
1 d:o kardemumma,
½ msk. ingefära,
det rifna skalet af 1 citron,
1 msk. skurna, syltade pomeransskal,
7 ägg,
225 gr. hackad sötmandel,
1 dl. skirdt smör,
700 gr. hvetemjöl,
15 gr. pottaska,
1 tsk. hjorthornssalt, upplöst i en sked vatten.

Sirapen och kryddorna blandas i en panna och få långsamt uppkoka under omröring, få svalna. Då ilägges mandeln, smöret, de vispade äggen jämte pottaskan och mjölet. Gräddas som föregående. Degen vinner på att stå 1—2 dagar, innan den gräddas och kan gömmas 14 dagar. Kakorna hålla sig länge mjuka.

Bakelser.

1020. Äppelmunkar.

Smördeg af lika vikt smör och mjöl, äpplen.

Äpplena skalas, och kärnhusen urtagas. Är frukten mogen och lös, begjutes den med en blandning af vin och socker. Halfmogen eller hård fruktsort lägges i en pajform, öfverströs med socker; formen täcks med lock och insättes i ugn, tills frukten något mjuknat.

Smördegen utkaflas till omkr. $^1/_2$ cm. tjocklek, utskäres med bakelsesporre i fyrkanter; ett äpple lägges på hvarje fyrkant, hålet fylles med socker enbart, eller sammanblandadt, med mandel, kanel eller citronskal. Degens hörn vikas öfver äpplet och hoptryckas. Munkarna penslas med ägg, beströs med groft socker och gräddas i het ugn.

1021. Smörbakelse.

Smördeg af lika vikt smör och deg utkaflas centimetertjockt. Bäst är att profgrädda en bakelse och därefter beräkna, hur tjock degen bör utkaflas, då smördeg vid gräddningen höjer sig olika allt efter större eller mindre skicklighet vid degens beredning. Degen utsporras i den form man önskar: snedt fyrkantiga rutor, kvadrater, som uppskäras i hörnen, hvars flikar invikas och tilltryckas mot hvarandra, runda kakor, som dubbelvikas. Gräddas i het ugn och öfverstrykas med vattenglasyr, då de tagas ur ugnen.

Om smördegsremsor rullas kring bleckrör och gräddas, erhållas rörformiga bakelser, som sedan fyllas med gräddskum eller någon kräm.

1022. Napoleonstårtor.

Smördeg af lika vikt smör och deg, sylt.

Smördegen utkaflas till $^1/_2$ cm. tjocklek och utskäres till runda kakor. På ena halfvan af kakan lägges såsfri (helst hallon-) sylt och den andra hälften vikes öfver, hvarpå degkanterna sammantryckas. Kanten skäres med sporre i uddar. Bakelserna gräddas i het ugn och öfverstrykas med sockerglasyr, medan de ännu äro heta.

Kunna serveras som enklare efterrätt.

1023. Äppeltårtor.

Smördeg af lika vikt deg och smör, äpplen af någon lös sort.

Smördegen utkaflas till en fyrkant af cirka 1 cm. tjocklek. Äpplena skalas och befrias från kärnhus samt skäras i tunna skifvor, som läggas på ena hälften af degen och beströs med socker. Den andra hälften vikes öfver; kakan penslas med ägg och beströs med socker, gräddas i het ugn. Medan den ännu är varm, skäres den i aflånga bitar. Serveras varm med vaniljsås eller gräddskum.

1024. Kanapéer.

Smördeg af lika vikt smör och deg utkaflas omkr. 2 cm. tjock, häraf skäras en knapp cm. breda remsor 10 cm. långa som ställas på kant på plåten med den ena skurna sidan nedåt och den andra uppåt; 10 cm. mellanrum mellan hvarje, ty kanapéerna breda ut sig i stället för att höja sig, emedan degen gräddas på motsatt håll. De gräddas i het ugn och vändas, så att bakelserna få gulbrun färg på båda sidor; öfversiktas rikligt med socker och inställas en stund i ugnen, så att de bli glaserade.

Serveras två och två hoplagda med sylt emellan.

1025. Mörbakelser.

1 ägg,
275 gr. mjöl,
150 gr. af:
smör, socker och mandel.

En mördeg beredes på vanligt sätt. Härmed beklädas små krusiga formar, ej för tunt, som gräddas i medelmåttig ugnsvärme. De gå äfven under namn af sandbakelser.

1026. Fylld mörbakelse.

6 äggulor,
2 hvitor,
2 dl. grädde,
1 msk. mjöl,
1 msk. socker,
citron.

Små bakelseformar beklädas med mördeg (se mördeg), litet äppelkompott eller hallonsylt lägges i hvarje form. De ofvanstående ingredienserna sammanblandas och fyllas i formarna, som gräddas i medelvarm ugn, stjälpas ur och öfversockras.

Andra fyllningar med samma beredning:

Mandelfyllning: 75 gr. sötmandel, 4 st. bittra, 150 gr. socker, 3 ägg. Äggen och sockret jämte den rifna bittermandeln röras väl samman; sötmandeln hackas och tillblandas.

Eller: 100 gr. mandel, 100 gr. socker, 50 gr. smör, 1 ägg. Ägget, sockret och mandeln stötas till en massa, smöret röres och tillsättes.

Krämfyllning: $1/_2$ l. grädde, vaniljsocker, 4 äggulor, 1 tsk. potatismjöl. Krämen sammanvispas öfver elden, och vispningen fortsättes, tills krämen kallnat.

Mörbakelserna garneras med remsor af deg, med marängmassa eller glaseras.

1027. Mandelformar.

150 gr. smör,
100 gr. mandel,
75 gr. socker,
150 gr. mjöl,
1 äggula.

Behandlas som rörd mördeg (se mördeg). Bakelseformar beklädas tunt med degen och gräddas i ej för varm ugn. Stjälpas ur formarna, då mesta hettan afgått.

Andra proportioner till degen:

200 gr. smör, 300 gr. brunt socker, 25 gr. söt- och 25 gr. bittermandel, 1 äggula, 1 msk. vatten.

200 gr. mandel, 200 gr. socker, 75 gr. smör, 100 gr. mjöl.

Dessa degar arbetas på bordet med så mycket hvetemjöl, att de bli smidiga; få därpå hvila ett par timmar, utkaflas tunt och fasttryckas i formarna.

1028. Mjuka mandelformar.

9 ägg, 300 gr. socker,
80 gr. söt- och 120 gr. potatismjöl.
40 gr. bittermandel,

Gulorna och hvitorna vispas hvar för sig under $^1/_2$ tim., hvarefter de blandas och tillsättas med socker och mandel, samt sist med mjölet. Bakelseformarna fyllas till hälften och gräddas i medelvarm ugn.

1029. Mandelmusslor.

Till hvarje ägghvita:

50 gr. af: samt citronskal och
smör, mandel, saft efter smak.
socker och mjöl,

Smöret röres väl, däri nedarbetas länge sockret, den genom kvarn drifna mandeln jämte ägghvitorna; sist nedröres mjölet. Massan gräddas i bakelseformar i god ugnsvärme.

Deg som till mandeltårta kan också användas.

1030. Crusenstolpar.

Mördeg: Fyllning:
400 gr, smör, 100 gr. oskalad mandel,
100 gr. socker, 400 gr. socker så groft
3 ägg, som små gryn,
1 tsk. hjorthornssalt, 2 ägghvitor.
mjöl.

Mördegen beredes som kaflad mördeg, tryckes i bakelseformar och halfgräddas. Mandeln stötes med ägghvitorna, sockret iblandas och, om så behöfs, mera ägghvita. Blandningen ifylles, och bakelsen färdiggräddas.

BAKNING

1031. Tarteletter.

Mördeg utkaflas tunt, härmed beklädas små bakelseformar. För att degen under gräddningen ej skall falla tillsammans, fyllas formarna med ärtor. Gräddade, kunna de användas på många sätt; till kompott kokta äpplen, klyfvas, i tarteletterna lägges litet sylt och därpå en äppelhalfva, som omgifves med små pärlor af maräng och torkas i ugn; fyllas med någon kräm eller med fruktkompott och täckas med gräddskum.

Tarteletter kunna äfven göras af smördeg och användas då helst fyllda med någon ragu.

1032. Halfmånar.

Mördeg och fyllning som till Oskar Fredriks tårta.

Mördegen utkaflas till runda bottnar, på ena halfvan lägges fyllning; kanten penslas med litet vatten, och den andra deghalfvan vikes öfver och tilltryckes. Bakelsen öfverpenslas med ägg och beströs med groft socker samt gräddas i medelvarm ugn.

1033. Lika-mycket-bakelser.

3 dl. mjölk, 3 dl. smält smör, 3 dl. söndervispade ägg och 3 dl. mjöl vispas tillsammans och hällas sedan i bakelseformar, som gräddas i varm ugn.

1034. Glaserade bakelser.

Skifvor af någon lätt sockerkaka (se sockerkaka!) gräddad i små släta pastejformar, glaseras med sockerglasyr tillsatt med någon saft, som ger färg. Torkas i öppen lindrigt varm ugn.

1035. Sockerspån.

4 ägg,
200 gr. socker,
100 gr. smör,
150 gr. mjöl,
citronskal.

Smöret skiras och röres; äggen och sockret röras, hvarefter smöret tillsättes och sist mjölet. Massan lägges på plåten i ett par cm. breda och 10 cm. långa ränder, som beströs med hackad mandel och groft socker samt gräddas. Med detsamma de tagas ur ugnen, vridas bakelserna försiktigt i spiralform och få kallna på bakelsegaller. Massan kan gräddas i plättpanna, och bakelsen böjes öfver en käpp.

1036. Brun mandelspån.

200 gr. brun farin, 1 msk. hvetemjöl,
200 gr. mandel, 3 à 4 ägghvitor.

Sockret torkas och siktas genom fin sikt, mandeln finhackas och rostas, hvitorna vispas till hårdt skum och nedröras hastigt till de sammanblandade torra ingredienserna. En jämn plåt bestrykes med matolja eller skirdt smör. Härpå utbredes massan tunt i långa ränder omkr. 10 cm. breda, och plåten inställes i ej för varm ugn. Spånen skola hafva högbrun färg, då de äro färdiga. Plåten drages ut i ugnsmynningen; spånen afskäras i hvad storlek man önskar och tagas från plåten med en i hett vatten doppad knif. De krökas eller rullas omedelbart de tagas från plåten, ty eljest går spånen sönder.

1037. Mandelspån.

150 gr. mandel, oblat,
150 gr. socker, glasyr,
2 ägghvitor, syltade apelsinskal,
1 msk. vatten, mandel.

Mandeln skalas och drifves genom kvarn, stötes i mortel med tillspädande af vatten; sockret nedblandas och därefter hvitorna. Om massan är för hård att med lätthet kunna utbredas, tillsättes litet mera ägghvita. Degen utbredes på oblatark, som läggas på slät plåt, och med en hvass knif skäras spån i den storlek man önskar. Plåten insättes i ej för varm ugn.

Då bakelserna äro ljusgula, utdrages plåten, men får kvarstå i ugnsmynningen; spånen lossas med en knif och böjas samt läggas öfver en kafvel eller annat rundt föremål. Bestrykas med sockerglasyr och beströs med finskurna apelsinskal och mandel.

1038. Hamburgerbakelser.

400 gr. mandel, 2 ägghvitor,
400 gr. socker, 1 msk. vatten.

Mandeln skalas, torkas på linne och stötes med ägghvitorna; vattnet samt något af sockret tillsättes så småningom, så att mandeln ej oljar sig. Då mandeln är fin, inarbetas sockret. Bakbordet beströs med sammanblandadt 1 msk. mjöl och 2 msk. socker; plåten belägges med skrifpapper och däröfver strös en del af sockret och mjölet från bordet. Massan utkaflas till $1/_2$ cm. tjocklek, små bakelser uttagas i hvad form man önskar, smörjas med sockerglasyr och beströs med pistacie, vanilj eller mandel; plåten insättes i så svag ugn, att bakelserna ej få färg. Lossas från papperet, då de blifvit kalla.

1039. Uppblåsta sockerbakelser.

7 gr. gummidragant, 1 hvita.
400 gr. siktadt socker,

Gummit lägges öfver natten i 2 msk. vatten tillsatt med ett par droppar essens, kramas därefter genom en duk i stenmortel; ägghvitan och sockret tillsättas, och massan arbetas med stöten till en smidig deg. Plåten belägges med skrifpapper och beströs med en blandning af 2 msk. socker och 1 msk. mjöl, resten häraf strös på bakbordet. Degen utkaflas 1 cm. tjock, och små bakelser uttagas med mått, ställas på plåten och insättas i så svag ugn, att de ej få färg, utan endast torka. Äro färdiga, då de kännas torra och ha höjt sig. Resterna af degen omarbetas med litet mer ägghvita.

Massan bör vara så lös man kan utkafla den.

1040. Goränsbakelser.

10 äggulor, 1 dl. skirdt smör,
100 gr. socker, 250 gr. mjöl.

Äggulorna vispas med sockret, smöret röres och tillsättes jämte mjölet, hvarefter degen får stelna i kallt rum. Utkaflas tunt och tryckas i bakelseformar, naggas för att undvika blåsor, gräddas ljusgula i svag ugn. Slås ur formarna, innan de kallna.

1041. Gräddbakelser.

$^1/_2$ l. grädde, 90 gr. mjöl,
5 ägg, citronskal eller
50 gr. socker, bittermandel.

Grädden vispas till skum, likaså hvitorna. Sockret, äggulorna och kryddorna röras väl, och däri nedröras skummet af grädden och hvitorna, hvarefter mjölet siktas öfver massan och försiktigt nedröres. Bakelseformar smörjas med skirdt smör och beströs med mjöl, massan ilägges. Bakelserna gräddas ljusgula i ej för varm ugn.

1042. Petits-choux.
(Spritsdeg).

100 gr. smör, 3 dl. vatten,
200 gr. mjöl, 6 ägg.
1 msk. socker,

Vattnet, smöret och sockret uppkokas, mjölet ivispas, och smeten röres, tills den deg som bildas, är fullkomligt genomvarm och släpper pannan. Då mesta hettan afgått, iröres en gula, degen får åter svalna och en gula iröres, så fortsätter man att iröra alla gulorna en i sänder. Hvitorna slås till skum och nedröras sist. Med en sked lägges bollar af ett hönsäggs storlek på smord plåt, som insättes i ej för varm ugn. Ugnsluckan får ej öppnas de 10 första minuterna. Plåten ställes ej direkt på bottnen, ty na måste skyddas för undervärme. Då de kallnat, .:s toppen, och de fyllas med kräm eller gräddskum. Bakelserna kunna glaseras med socker eller choklad-.syr och beströs med mandel.

1043. Vindböjtel.

Då petit-choudegen är färdig, spritsas den genom en grof stjärna i hvad form man önskar, raka eller s-formiga, gräddas som föregående och serveras till buljong eller te.

Proportionerna till denna slags bakelse kunna variera betydligt. Till samma vatten- och smörmängd som i föregående kunna tagas endast 3 ägg och 100 gr. mjöl. Äggen kunna äfven tillsättas, utan att gulorna och hvitorna skiljas

1044. Marängmassa.

Till hvarje ägghvita 40 gr. (en rågad matsked) finaste socker.

Ägghvitorna fullkomligt skilda från gulor, slås till hårdt skum, och vispningen fortsättes omkr. 10 min., hvarefter sockret försiktigt iblandas, bäst sker detta genom en sikt. Gräddning af maräng sker i mycket svag ugn, så att bakverket endast torkar och ej får färg. Skyddas för undervärme.

1045. Maränger.

Marängmassan tillsättes med ett par droppar citronsaft. Med en sked läggas ovala bullar af ett hönsäggs storlek på väl smord eller med papper belagd plåt, beströs med socker och gräddas i mycket svag ugn.

1046. Marängkransar.

Marängkransar spritsas i kransar på papper eller oblat, beströs med mandel och gräddas i svag ugn.

Småbröd.

1047. Biskvier.

Till hvarje ägghvita: 75 gr. mandel, 100 gr. socker.

Mandeln, däribland ett par bittra, skållas och drifves genom kvarn samt stötes med något af ägghvitan jämte sockret i stenmortel till en fin massa; resten af ägghvitorna slås till skum och blandas till mandelmassan. Upplägges till små kakor och gräddas i mycket svag ugn.

1048. Drottningbröd.

8 äggulor,
2 hvitor,
425 gr. mandel,
425 gr. socker,
smak af citron eller apelsin.

Mandeln skållas, torkas på linne och drifves genom mandelkvarn. Sedan stötes den väl i mortel och tillsättes äggen och äggulorna samt smaken af citron eller apelsin och sist det siktade sockret. Då massan är väl arbetad, lägges den på bordet och delas i 4 delar, hvarefter hvarje del skäres i mindre bitar, som utrullas och vändas i groft socker samt tillplattas något. Plåten beklädes med papper. Gräddas i lagom ugnsvärme. Då de höjt sig och hafva en vacker gul färg, uttagas de, lossas från papperet, då de kallnat. Kunna förvaras länge i täckt kärl.

1049. Äkta kanelbröd.

Om till ofvanstående deg i stället för citronskal, tagas 15 gr. kanel och i stället för 6 gulor 3 hela ägg och af degen göras långa bröd erhållas s. k. äkta kanelbröd.

1050. Makroner af sötmandel.

200 gr. sötmandel,
400 gr. socker,
2 gulor och 1 hvita.

BAKNING

Mandeln skalas och drifves genom kvarn, stötes därefter med äggen i mortel, hvarefter sockret instötes. Degen uppplägges på bordet och utbakas i sammanblandadt mjöl och socker, lika mycket af hvarje, till små bollar, som läggas på oblat och gräddas i mycket svag ugn.

1051. Makroner af bittermandel.

175 gr. mandel,   300 gr. socker,
hälften bitter,   3 ägghvitor.

Beredning som i föregående. Båda sorterna kunna äfven gräddas på jämna med skirdt smör bestrukna plåtar.

1052. Mandelberg.

200 gr. mandel,   3 ägghvitor.
100 gr. siktadt socker,

Mandeln skäres i strimlor och torkas på linne ett par timmar. Hvitorna slås till skum, hvarefter sockret tillsättes och mandeln försiktigt nedröres. Massan lägges på väl smord plåt eller oblat i höga toppiga kakor, gräddas i mycket svag ugn och lossas från plåten, som de komma ur ugnen.

1053. Vaniljbröd.

3 ägg,   80 gr. socker,
30 gr. vaniljsocker,   130 gr. mjöl.

Äggen röras, tills massan tjocknar, då nedröres sockret jämte 1 tsk. vatten. När man arbetat smeten en stund, iröres mjölet, och degen öfvertäckes samt får stå $1/_2$ tim.

Upplägges på plåtar i hvad form man önskar och gräddas i ej för varm ugn, lossas från plåten, medan de ännu äro varma. Om bröden läggas på plåten, dagen innan de gräddas och få stå i kallt, men dragfritt rum, blifva de högre. Ugnen kan då vara något varmare. Kunna användas till glassbröd.

1054. Glassbröd.

Af deg som till sockerkaka läggas på papper små kakor 2 och 2 tätt till hvarandra, så att de likna en åtta, beströs med pistacie- eller vanlig mandel. Kunna äfven glaseras, sedan de äro gräddade.

1055. Sockerbröd.

6 ägg,
90 gr. socker,
90 gr. hvetemjöl.

Äggulorna röras med sockret, tills massan höjer sig, då mjölet nersiktas däri, och sist tillsättas 3 af hvitorna slagna till skum. På smord plåt läggas med en sked små runda eller aflånga bröd, som genast insättas i ugnen. Då de äro gräddade, böjas de öfver kafvel.

1056. Sockerplättar.

4 ägg,
175 gr. socker,
135 gr. potatismjöl,
citronskal.

Hvitorna vispas till hårdt skum, däri nedröras gulorna en i sänder, sockret och citronskal tillsättas och därefter mjölet, som försiktigt nedröres. Upplägges i runda plättar med detsamma degen är färdig och gräddas genast.

1057. Citronbröd.

200 gr. smör,
200 gr. socker,
4 ägg,
1 citron,
400 gr. mjöl, blandadt med en 1 tsk. bakpulver eller 1 tsk. hjorthornssalt.

Smöret röres för sig, ägg och socker tillsammans, hvarefter båda delarna blandas, och man tillsätter skal och saft af citronen jämte mjölet.

Degen utbakas och gräddas i varm ugn.

BAKNING

1058. Finska bröd.

5 ägg,
425 gr. socker,
425 gr. mjöl, blandadt
med 1 tsk. hjort-
hornssalt,

8 à 10 nejlikor,
pomeransskal och
kanel efter smak.

Ägg och socker röras väl, därefter kryddorna och mjölet, utbakas och gräddas i ej för varm ugn.

1059. Farinbröd.

200 gr. smör,
200 gr. gul farin,
2 ägg,

kanel eller
rifven bittermandel,
300 gr. mjöl.

Smöret röres och arbetas samman med sockret och kryddor, hvarefter äggen iblandas jämte mjölet, som kan blandas med 1 tsk. bakpulver. Degen får hvila ett par tim., utkaflas ganska tunt och uttages med mått. Kakorna bestrykas med ägg och beströs med groft socker, blandadt med mandel eller kanel.

1060. Mandelkubbar.

6 äggulor,
100 gr. söt- och
25 gr. bittermandel,
130 gr. socker,

80 gr. smör,
160 gr. mjöl,
1 tsk. hjorthornssalt.

Gulorna röras med sockret därefter mandeln, smöret och sist mjölet. Degen får stelna i kallt rum, hvarefter den uttrillas i längder, som afskäras i mindre bitar. Gräddas i ej för varm ugn. Af ägghvitorna kan göras ett annat slags kubbar: till hvarje hvita 70 gr. mandel och 70 gr. socker, smak af citronskal eller kanel. Mandeln drifves oskalad genom kvarn, hvitorna slås till skum, sockret tillsättes först, därefter mandeln, gräddas i svag ugn.

1061. Dresdenerbröd.

400 gr skirdt smör,
300 gr. socker,
6 äggulor,
300 gr. korinter,
1 tsk. kanel,
600 gr. mjöl,
1 tsk. hjorthornssalt eller
2 tsk. bakpulver.

Smöret röres med sockret, tills det blir som vispad grädde, då iröras gulorna en i sänder, korinter och kanel jämte mjölet. Degen ställes att stelna ett par tim., hvarefter den utrullas till smala bröd, som bestrykas med ägg och doppas i en blandning af mandel och socker.

1062. Spanska korintbröd.

8 ägg,
200 gr. socker,
100 gr. mandel,
skalet af 1 citron,
4 msk. skirdt smör,
425 gr. mjöl,
korinter.

Äggen vispas med sockret, smöret röres och tillsättes jämte citronskal, och massan arbetas väl, innan mjölet nedröres. Smeten lägges på plåten i ovala plättar, som tätt öfverströs med korinter, hvilka skållats och torkats på linne. Så snart bröden äro gräddade, tagas de från plåten.

1063. Prästgårdsbröd.

3 ägg,
200 gr. socker,
200 gr. mjöl, tillsatt med
1 tsk. bakpulver.
kanel- eller
bittermandel,
syltade pomeransskal.

Beredas och gräddas som vanlig sockerdeg. De färdiga bröden beläggas med strimlor af syltade pomeransskal.

1064. Kumminbröd.

1 äggula,
300 gr. skirdt smör,
200 gr. socker,
600 gr. mjöl och
litet kummin.

Degen beredes som dresdenerbröd, utbakas i form af små knäckekakor.

BAKNING

1065. Möra äggkakor.

4 äggulor, 100 gr. smör,
100 gr. siktadt socker, 100 à 125 gr. mjöl.

Gulorna röras mycket väl med sockret, smöret tvättas och röres till skum, då det blandas till äggulorna, och mjölet tillsättes, hvarefter degen får stelna. En plåt smörjes och mjölbeströs. Degen utkaflas till ½ cm. tjock kaka helst i snibkig fyrkant, som bestrykes med ägg och beströs med hackad mandel och groft socker. Då den är gräddad, skäres den i små sneda rutor.

1066. Berlinerbröd.

5 ägg, 425 gr. mjöl,
250 gr. oskalad mandel, 2 tsk. bakpulver.
425 gr. socker,

Socker och ägg röras väl. Mjölet blandadt med bakpulvret tillsättes och därefter den skurna mandeln. Smeten upplägges på plåtar i 3 cm. breda längder, som bestrykas med ägg och gräddas i varm ugn, samt, medan de ännu äro varma, skäras på snedden till smala bröd.

1067. Kanelbröd.

6 ägg, 25 gr. bittermandel,
25 gr. kanel, 425 gr. socker,
200 gr. sötmandel, 400 gr. mjöl.

Äggen vispas väl, sockret tillsättes så småningom under flitig vispning och röres, tills det tjocknar, då mandeln och mjölet nedröras. Bröden rullas ut i socker till aflånga smala bröd.

1068. Mördeg till småbröd.

Till hvarje ägg:

60 gr. af smör och 100 gr. mjöl,
socker, ½ tsk. bakpulver.

Mjölet blandas med bakpulvret, hälften af mjölet inarbetas med smöret, utklappas till en kaka. Ägg och socker sammanröras och blandas med litet af mjölet, hvarefter detta lägges på kakan, degen vikes och sammanlägges, tills det utgör en smidig deg, som får stelna i kallt rum. Degen utkaflas tunt och kakor uttagas och gräddas i ej för varm ugn.

Degen kan gifvas smak af citron, vanilj m. m. Kakorna kunna beströs med mandel och socker, eller två och två hopläggas med marmelad eller mandelmassa emellan. Innan kakorna gräddas, kan sylt läggas på ena hälften af en kaka och den andra öfvervikas och hoptryckas. Efter hvars och ens smak kunna dessa kakor variera på många sätt.

1069. Mandelstjärnor.

Till hvarje ägg:

100 gr. socker,
100 gr. smör,
10 gr. bittermandel,
2 msk. grädde,
omkr. 250 gr. mjöl,
1 tsk. bakpulver.

Degen beredes som föregående. Kakor uttagas med uddigt mått, bestrykas med ägg och doppas i mandel och groft socker, gräddas i ej för varm ugn.

1070. Mandelstänger.

2 äggulor,
65 gr. socker,
250 gr. smör,
25 à 30 gr. bittermandel,
400 gr. mjöl.

Smöret röres väl, däri nedarbetas först sockret, så mandeln och gulorna samt sist mjölet. Degen ställes att stelna. Utrullas därefter i stänger, som doppas i sammanblandadt mandel och groft socker. Gräddas i ej för varm ugn.

1071. Mandelsprits.

1 ägg,
275 gr. smör,
200 gr. socker,
75 gr. söt- och
25 gr. bittermandel,
400 gr. mjöl.

BAKNING

Smöret röres väl och de öfriga ingredienserna tillsättas. När degen är väl arbetad, trycks den genom sprits i hvad form man önskar. Kakorna gräddas i ej för varm ugn.

1072. Mörkringlor.

4 hårdkokta och
4 råa äggulor,
100 gr. socker,
4 msk. skirdt smör,
200 gr. mjöl,
kanel och
citronskal efter smak.

De fullständigt hårdkokade gulorna söndermalas och gnidas med något af sockret, därefter tillsättas de råa gulorna, en i sänder, kryddorna och resten af sockret, hvarefter mjölet tillsättes. Degen ställes att stelna ett par tim. Utbakas till kringlor, som bestrykas med ägg eller beströs med mandel, gräddas i svag ugn. Degen kan naturligtvis bakas ut i hvilken form man önskar; likaså kan hvilken annan af föregående degar bakas till kringlor.

1073. Pepparkakor.

7 dl. brun sirap,
425 gr. socker,
2 msk. rifna pomeransskal,
1 msk. kanel,
1 d:o ingefära,
1 tsk. nejlikor,
200 gr. smör,
6 ägg,
2 dl. grädde,
25 gr. pottaska,
2 tsk. hjorthornssalt,
1 kg. 400 gr. hvetemjöl.

Sirapen kokas med sockret och kryddorna, då mesta hettan afgått ilägges smöret, därefter äggen, grädden, pottaskan och hjorthornssaltet upplöst i ett par skedar vatten, hvarefter mjölet nedarbetas. Degen bör stå ett par dagar. Utkaflas och gräddas i varm ugn.

1074. Små mjuka pepparkakor.

$^1/_2$ l. sirap,
75 gr. socker,
2 msk. finskurna pomeransskal,
kanel,
ingefära och
nejlikor efter smak,
2 dl. smält smör,
3 dl. grädde,
5 äggulor,
700 gr. hvetemjöl,
4 tsk. bakpulver.

Sirapen, sockret och kryddorna uppkokas, hällas upp och få kallna. Smöret tillsättes jämte ägg och grädde. Mjölet blandas väl med bakpulvret och iröres. Degen utlägges genast med en sked i små plättar på plåt, som insättes i varm ugn.

1075. Rågmjölspepparkakor.

1 l. brun sirap,	3 tsk. ingefära,
3 tsk. pomeransskal,	3 msk. smör,
3 d:o kanel,	40 gr. pottaska,
1 tsk. peppar, hälften hvit- och hälften kryddpeppar,	3 ägghvitor, rågmjöl.

Alla ingredienserna blandas kallt med så mycket rågmjöl, att det blir en lös deg, och sist de till skum slagna hvitorna. Då degen stått några dagar utkaflas den tunt, kakor uttagas och gräddas i varm ugn.

1076. Pepparkakor med mandel.

Deg som till tysk mjuk pepparkaka men med 200 gr. mera mjöl väl inarbetade i degen. Degen utbredes på väl smord plåt i längder af den bredd man önskar och 1 cm. tjocka, öfverströs med mandel, hackad eller skuren i strimlor, gräddas i varm ugn. Medan kakorna äro varma, bortskäras kanterna med en hvass knif och skäras därefter i bitar.

1077. Karlsbader pepparkakor.

Af deg som föregående rullas små bullar, som läggas på rundklippta oblatbitar och tillplattas, så att de blifva 1 cm. tjocka, men ej gå ut på oblaten. Skifvor af suckat eller syltad melon läggas på hvarje kaka och omgifvas med klufven mandel. Gräddas på plåt belagd med papper i ej för varm ugn, öfverstrykas med vattenglasyr, då de tagas ur ugnen.

Zetterstrand, Kokbok.

1078. Honungspepparkakor.

3 dl. skirdt smör,   1 msk. ingefära,
4 dl. honung,   15 gr. pottaska,
65 gr. socker,   hvetemjöl.
4 ägg,

Honungen uppkokas med ingefäran och får kallna, smöret röres och blandas med socker och ägg, den uppblötta pottaskan och så mycket mjöl tillsättas, att det blir en fast deg, som får stå i kallt rum, innan den utbakas.

1079. Ingefärspepparkakor.

5 äggulor,   2 msk. ingefära,
400 gr. socker,   15 gr. pottaska,
8 msk. tjock grädde,   hvetemjöl.
6 msk. smör,

Grädde, ägg och socker vispas, hvarefter de öfriga ingredienserna tillsättas och behandlas som föregående.

1080. Hvita pepparkakor.

3 dl. grädde,   1 msk. ingefära,
850 gr. siktadt socker, 1 tsk. nejlikor,
3 ägg,   1,3 kg. mjöl,
75 gr. smör,   2 tsk. hjorthornssalt.

Beredning som föregående. De utkaflade kakorna fuktas med vatten och öfverströs med groft socker.

Käx.

1081. Hvetekäx.

100 gr. potatismjöl,   2 msk. tjock grädde,
1 tsk. jästpulver,   100 gr. smör,
250 gr. hvetemjöl,   2 msk. socker.
15 cl. vatten,

Smöret söndersmulas i hälften af hvetemjölet. De öfriga torra ingredienserna siktas därtill; grädde och vatten blandas och tillsättas. Degen arbetas på bordet, tills den är smidig. Ställes kallt att blifva fast. Degen utkaflas så tunt som möjligt, naggas tätt, uttages i ej för små kakor. Rätt varm ugn.

1082. Käx af ångpreparerade hafregryn.

500 gr. hafregryn,
500 gr. hvetemjöl,
$1/_2$ l. mjölk,
200 gr. smör,
2 msk. hjorthornssalt,
2 msk. socker.

Grynen läggas i mjölk kvällen förut. Smöret röres och blandas jämte sockret med grynen. Hjorthornssaltet upplöst i 1 msk. vatten tillsättes, hvarefter mjölet inarbetas på bordet till en smidig deg. Utkaflas tunt. Gräddas i varm ugn.

1083. Hafrekäx.

125 gr. hafremjöl,
175 gr. hvetemjöl,
100 gr. smör,
1 ägg,
1 dl. vatten,
4 tsk. bakpulver,
salt.

Litet af hvetemjölet undantages, mjölsorterna blandas, och smöret söndersmulas däri. Socker, salt och bakpulver tillsättas, hvarefter ägg och vatten blandas och nedröras. Degen arbetas med resten af mjölet. Utkaflas ej för tunt.

1084. Grahamkäx.

200 gr. grahammjöl,
(sammanmalet, osiktadt hvetemjöl),
50 gr. hvetemjöl,
75 gr. smör,
2 ägg,
5 cl. mjölk,
1 msk. socker,
2 tsk. bakpulver.

Ingredienserna blandas som i föregående, utkaflas ej för tunt.

Drycker.

1085. Kaffe.

Kaffets rostning är af stor betydelse för erhållande af godt kaffe; den bästa kaffesort fördärfvas genom dålig rostning. Det bör ej rostas för hårdt, men ej heller vara rått inuti. Färgen på väl rostadt kaffe bör vara densamma äfven inuti bönorna, som malas fint strax, innan kaffet tillredes.

Om hur kaffe skall kokas, äro meningarna delade, och hvar och en anser sin metod för den bästa. Men om den, som kokar sitt kaffe 5 minuter, litet reflekterade öfver den intensiva kaffelukt detta förehafvande sprider, borde hon kunna räkna ut, att det vore mer ekonomiskt och välsmakande, om denna aromatiska doft stannat kvar i drycken. Detta åstadkommes genom att ej låta kaffet koka utan endast stå och draga. Vattnet uppkokas och det finmalda kaffet pålägges, hvarefter pannan eller pumpan, hvilket man nu använder, ställes så att kaffet hålles väl varmt, men ej kokar, omkr. 5 min.

Ett annat sätt med samma resultat är att använda filtrerapparat. Då det kokande vattnet endast rinner igenom kaffet, är detta sätt mindre ekonomiskt, emedan därtill fordras mera kaffe än på förstnämnda sätt. Men det har den fördel, att apparaten måste rengöras mellan hvarje gång den användes, och härpå beror detta kaffes förträfflighet. Att åstadkomma samma resultat med en vanlig kaffepanna är således ganska lätt. Rengöres pannan med sodalut, torkas och sköljes på samma sätt som hvarje annan panna, blir kaffet fullkomligt lika bra tillredt i panna. Den, som af sparsamhetsskäl så önskar, kan ju göra ett afkok på det i pannan kvarvarande kaffet och använda det i stället för vatten vid nästa kaffeberedning.

1086. Te.

Tekannan bör vara af porslin eller lergods och fylles med kokande vatten, så att den blir genomhet. Tevattnet uppkokas, men får ej stå kokande i flera minuter; kannan tömmes, och teet lägges däri; det kokande vattnet påhälles, hvarefter kannan ställes i det vatten, hvarmed man förut värmt densamma att hållas varm, ett par minuter, innan det serveras. Är man ej förvissad om, att teet skall serveras omedelbart, bör det silas från bladen, sedan det dragit högst 5 min. och kan så hållas varmt utan att förvandlas till dekokt på garfsyra.

1087. Choklad.

Choklad tillredes med vatten eller mjölk. Kakaopulver blandas med socker, och kokande vatten tillsättes, hvarefter chokladen röres, tills den är smidig, då så mycket vatten tillsättes som hvar och en önskar. Serveras med gräddskum.

Då blockchoklad användes, brytes den i bitar, uppslammas i vatten eller mjölk öfver sakta eld; under ständig vispning tillsättes mjölk, och chokladen får ett uppkok, hvarefter den ställes i vattenbad $1/_2$ tim. Socker tillsättes, och den får en kraftig vispning, innan den serveras.

Jästa drycker.

De i alla landsändar befintliga bryggerierna hafva till stor del utträngt hembrygden, som numera sällan förekommer. Oafsedt det stora arbetet vid brygden, tillkom svårigheten att bevara den färdiga varan från att surna, då ju icke så stora kvantiteter, som vanligen bryggdes, gärna kunde buteljeras.

Däremot finns en hel del drickssorter, som ännu användas, synnerligast sommartiden, de äro lätta att bereda och kunna göras i helt små mängder. Ehuru de räknas till de jästa dryckerna, är alkoholhalten så liten, att den ej stort öfverstiger det skattefria ölets.

1088. Enbärsdricka.

Väl mogna och rensade enbär torkas i svag ugn och malas groft, så att ej fröna krossas, ty drickat får då en besk smak. Bären få ligga i vatten 12 tim., därefter urlakas de flera gånger med kallt vatten. Man använder härtill lika mycket vatten, som bären utgjorde, innan de torkades. Enbärslagen uppkokas, skummas och får kallna; pressjäst upplöses i litet ljumt vatten och ilägges (omkr. 50 gr. jäst till 10 l. dricka), hvarefter drickat får långsamt jäsa. Efter ett dygn tappas det på ankare och efter 3 dygn på buteljer, som förvaras i källare.

1089. Sockerdricka.

6 l. vatten, 1 butelj bäjerskt öl.
200 gr. socker,

Sockret upplöses i vattnet och ölet tillsättes; blandningen öses flitigt, hvarefter det tappas på buteljer. Det är färdigt efter 1 à 2 veckor; kan tillsättas med smak af citron. Om ett russin lägges i hvarje butelj, bornerar drickat kraftigare.

1090. Ingefärsdricka.

8 l. vatten, 40 à 50 gr. ingefära,
700 gr. farinsocker, 25 gr. cremor tartari,
1 citron, 40 gr. jäst.

Ingefäran krossas, citronen skäres i skifvor och befrias från kärnorna, samt lägges i en stenkruka med ingefära, sockret och cremor tartari. Vattnet uppkokas och påhälles, omröres; krukan öfvertäckes och får stå 24 tim. Jästen upplöses i ljumt vatten och tillsättes; drickat omröres väl och får åter stå 24 tim. Jästskorpan aftages, drickat silas, buteljeras och kan serveras efter 3 dagar och håller sig godt 2 à 3 veckor.

1091. Honungsdricka.

20 l. vatten, 40 gr. jäst.
450 gr. honung,

Honung och vatten kokas en timme; det vatten som afdunstar, ersättes genom tillspädning. Upphälles och får afsvalna, då jästen tillsättes. Får stå omkring 12 tim., hvarefter det buteljeras.

1092. Mjöd.

3 l. honung, 100 gr. jäst,
24 l. vatten, 1 $1/_2$ l. guldvifvor.
2 händer fulla med humle,

Honungen och 18 liter vatten hällas i en panna; djupet mätes med en sticka och vid vattenhöjden göres en skåra, sedan ditslås de öfriga 6 l. vatten. Pannan kokas upp och skummas; kokningen fortsättes, tills så mycket återstår, som märket på stickan utvisar, då ilägges humlen. När detta kokat en stund, uppsilas lagen och får afsvalna till 25° à 30°, då den i ljumt vatten utrörda jästen tillsättes. Af guldvifvorna tagas endast de gula blomkronorna utan foder, de stötas i en mortel med något af lagen och tillsättas samtidigt med jästen samt omröras väl. Kärlet täckes väl med linne och öfverbindes samt lämnas att jäsa. Efter 9 dygn borttagas jästskorpan, och mjödet silas i en ankare, helst en i hvilken det förut varit hvitt vin. Nu ilägges 15 gr. kanel, det gula skalet af 4 och saften af 2 citroner. Ankaren sprundas väl och förvaras i källare 14 dagar; mjödet aftappas, silas och förvaras på starka buteljer, som efter korkningen öfverbindas med ståltråd och hartsas.

DRYCKER

1093. Svartbrödsdricka. Kvass.

Kvass är en rysk nationaldryck, och en framstående svensk läkare, nykterhetsvän och hygieniker som besökt Ryssland, anser, att denna dryck förtjänar att blifva känd i Sverige.

1 kg. surbröd eller 750 gr. socker,
skånsk limpa, 15 à 20 gr. jäst.
15 l. vatten,

Brödet sönderskäres och torkas fullständigt i svag ugnsvärme. Vattnet slås kokhett därpå, får stå utan att omröras 12 à 24 tim. i vanlig rumstemperatur. Vattnet afsilas, och sockret upplöses däri; jästen utröres med litet ljumt vatten, tillsättes och omröres; tappas genast på buteljer, som få stå öppna, tills skumbildningen börjar eller omkr. 2 tim. Därpå korkas buteljerna, öfverbindas med ståltråd och ställas genast i kall källare. Efter ett dygn är drycken färdig, men håller sig ej många dagar.

På annat sätt. Till samma proportioner vatten, bröd och jäst, tages $1/_2$ kg. socker, en handfull blad af pepparmynta och några russin.

Brödet behandlas som föregående. Kokande vatten slås på bladen, som frånsilas; infusionen jämte jästen tillsättes, då vattnet är siladt från brödet. Detta får stå 12 tim. i rumstemperatur väl öfvertäckt; därefter silas det, sockret tillsättes, och drycken blandas väl, samt fylles på buteljer i hvilka läggas 2 à 3 russin i hvarje flaska. De korkas väl och få stå 6 tim., hvarefter de förvaras kallt. Kvassen är färdig efter 4 dagar; kan förvaras 2 à 3 veckor.

Vinberedning.

Ett enkelt och tillförlitligt sätt att bereda vin af bär, frukter eller rabarber är följande:

Man anskaffar från något apotek två väl rengjorda dame-jeanner. En sådan plägar rymma 64 à 66 liter. Till

30 liter frukt, bär eller rabarber göres en sockerlag af 10 à 12 kilo krossocker (helst rörsocker), den större kvantiteten socker beräknad till bär eller frukter, som äro sura. Till sockerlagen användes ej mera vatten (okokt), än som åtgår till sockrets lösande, hvarefter lagen hälles i dame-jeannen. Genom en vanlig, mindre fruktpress (fås i järnbodar) urpressas saften ur frukten, hvilken dessförinnan bör vara väl sönderstött i en stenmortel eller i träkärl. Pressmassan påspädes 3 à 4 gånger med litet vatten, hvilket utpressas. Pressaften hälles genom en sil i dame-jeannen. Sedan pressningen är slut, tillsättes så mycket vatten, att dame-jeannen fylles till halsen.

Korkningen tillgår så: Dame-jeannens kork genomborras och därigenom trädes ett smalt böjt glasrör (a)*.

Öfver dettas ända trädes ett s. k. profrör (b). Dame-jeannens hals tätas med en blandning af vaselin och vax (c). Profröret fylles med vatten. Det hela nedsättes i källare eller svalt rum, där det snart börjar jäsa. Under jäsningen tillses noga, att vatten ej fattas i profröret. Genom vattnet hindras den yttre luftens tillträde, medan detta däremot tillåter kolsyran att under jäsningen bubbla ut genom röret.

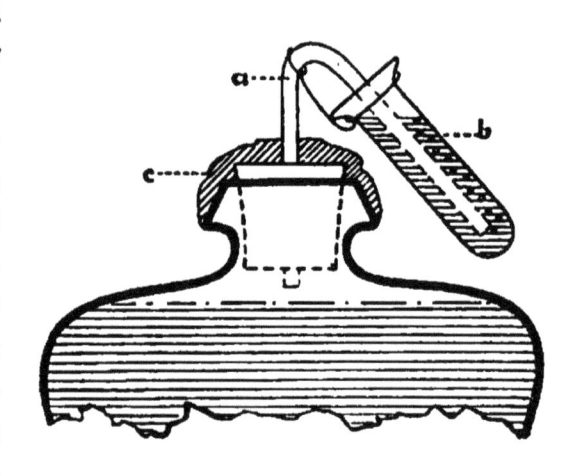

Då jäsningen efter några månader upphör, aftappas vinet på den andra dame-jeannen genom en häfvert, hvilken bör nedsättas så, att den ej når ned till den bildade bottensatsen. Sedan vinet stått i den nya dame-jeannen,

---

* Ett rakt rör kan man själf böja genom att upphetta det öfver en ljuslåga.

tillsluten och rörförsedd såsom den förra, till dess hvarje spår af jäsning försvunnit, kan man, om så önskas, tillsätta vinet med 1 à 1 $^1/_2$ % sprit, hvarefter det buteljeras. Till korkens bestrykning anses lim bättre än harts. Kapsyler fås i vinhandeln. Med ett starkt snöre, fäst i en krok, klämmas de till.

Obs.! Begagnar man tranbär, blåbär eller lingon, tillsättas efter pressningen 10 à 12 russin för att få jäsningen i gång.

Bärviner.

Bär- och fruktviner äro jästa drycker, hvarigenom efterjäsningen eller s. k. lagring sprithalten ökats i så betydande mängder, att drycken därigenom blir hållbar för längre tid.

I de fruktrika länderna användes i stor utsträckning den utpressade saften af äpplen till en dryck kallad cider. I vårt land, där frukttillgången är mindre och mycket ojämn, användas hufvudsakligen bär till vinberedning.

Att den yttersta renlighet vid tillverkningen måste iakttagas, faller af sig själf; alla kärl skola vara väl urlakade med kokande vatten och de ankaren, som begagnas vid förvaringen, böra helst vara sådana, på hvilka det förut varit vin.

1094. Krusbärsvin.

Till hvarje kg. bär:

1 l. vatten, $^1/_2$ kg. farinsocker.

Mogna, ljusgröna krusbär pressas eller stötas i en så med trästöt, hvarefter kärlet öfvertäckes och får stå i varmt rum att jäsa. Efter 6 à 8 dagar vrides saften väl ur massan genom en gles duk, och den återstående bärmassan genomarbetas med något vatten, vrides ånyo samt slås till den förut erhållna saften; häri ilägges sockret och omröres, tills det är upplöst.

Vattnet uppkokas och får kallna, hvarefter det hälles på en ankare tillika med saften, hvaraf omkr. $^1/_5$ undantages och förvaras väl öfvertäckt. Ankaren fylles ej mer, än att den undantagna saften kan få rum däri. Sedan påsättes sprundtappen löst, och kärlet förvaras i rumstemperatur 8 à 14 dagar, beroende på hur jäsningen förlöper. Så länge ett susande ljud höres i kärlet, får det kvarstå, men då det upphört, ihälles den undantagna saften och sprundet igensättes och hartsas omsorgsfullt. Därpå nedsättes ankaren i god källare, där ingenting annat jäsande bör förvaras, emedan vinet då lätt kan komma i ny jäsning. Ankaren bör ligga på en hylla eller annan ställning, så att den icke rubbas; får ligga till nästa vår, då vinet på en gång aftappas och buteljeras; buteljerna korkas, öfverbindas med ståltråd och hartsas.

Aftappningen sker med vanlig kran eller med häfvert och forsättes så länge vinet rinner klart.

På återstoden i ankaren den s. k. dräggen kan ett enklare vin erhållas, om man ditslår en sockerlag af omkr. 7 l. vatten. 1 $^1/_2$ kg. socker och låter det ånyo jäsa, hvarefter det får ligga omkr. 2 mån. innan det aftappas.

1095. Körsbärsvin.

Bären sönderstötas, så att äfven de flesta af kärnorna krossas, ställas att jäsa 4 à 6 dagar. Beredning för öfrigt som föregående, utom det att körsbärsvinet ej bör lagras så länge som krusbärsvinet, utan bör tappas redan i okt. eller nov. och användas på vintern.

1096. Vinbärsvin.

12 kg. vinbär,   6 à 7 kg. socker.
4 l. vatten,

Enbart hvita eller röda vinbär eller båda sorterna blandade repas från stjälkarna och sönderstötas. Vattnet uppkokas och får svalna, tills det är ljumt, då det hälles öfver de krossade bären; kärlet täckes mycket väl och får stå att jäsa omkr. 4 dygn. Saften urpressas utan vidare tillsats af vatten och blandas med sockret samt tömmes genast på ankare och får kvarstå i varmt rum 10 à 12 dygn eller så länge det jäser (se krusbärsvin!). En gång om dagen urtages tappen under loppet af några minuter, hvarefter sprundet ånyo tillslutes. Då det »tystnat» i ankaren, tillslutes den noga, hartsas och nedlägges i källare samt behandlas som vid krusbärsvin. Kan tappas nästkommande vår, men blir betydligt bättre, om det lagras ännu ett år, hvilket kan ske, om man har god källare med jämn temperatur; i annat fall tappas det och får lagras vidare på buteljer.

Alla försiktighetsmått, som äro nämnda vid beredning af krusbärsvin, böra äfven nu iakttagas och öfver hufvud taget vid hvarje vinberedning.

1097. Björkvin.

På våren, då björken börjar knoppas, kan af dess sockerhaltiga saf beredas vin. Innan det redogöres för tillagningen häraf, måste allvarligen påpekas att hvarje hål, som göres för urtappandet af saf måste noga igensättas och endast helt litet tagas af hvarje träd. I annat fall tynar trädet bort och dör. Är tiden för fällandet af en björkskog bestämd, bör man ej försumma att på våren tillvarataga safven. Genom barken borras små hål, och ett smalt, i hålet passande, rör insättes; den utrinnande safven tillvaratages, och hålet igensättes med förut gjorda pluggar af torrt trä.

25 liter björksaf, 4 kg. farinsocker, det gula skalet och saften af 6 citroner kokas och skummas väl; får koka, till dess en tredjel inkokat (kan mätas som vid kokning af mjöd). Innan det uppslås, kan lagen klaras med ägghvitor (se klarning af gelé!) silas och får afsvalna. Som den kokta lagen endast långsamt kommer i jäsning, påskyndas

denna genom tillsats af 20 à 30 gr. jäst upplöst i litet ljumt vatten, som tillsättes den ljumma lagen jämte 2 à 3 l. hvitt franskt vin. Kärlet öfvertäckes väl. Efter 1 à 2 dagar, då vinet kommit i jäsning, afskummas noga den kaka, som bildats ofvanpå, och vinet silas försiktigt, så att bottensatsen ej medföljer. Vinet slås på ankare, som igensättas väl och hartsas, samt läggas i god källare. (Se krusbärsvin!) Får ligga omkr. 1 månad, tappas på starka buteljer, som ej fyllas fullständigt; de korkas, öfverbindas med ståltråd och hartsas. Förvaras i källare och är färdigt nästa år.

1098. Smultronvin.

En stark butelj lägges full med friska väl mogna smultron, hvarefter renadt brännvin påhälles och buteljen öfverbindes med tyg och ställes i solskenet 4 à 5 veckor eller mer, tills susningen i buteljen upphört, hvarefter den korkas och förvaras till våren, då vinet silas på mindre flaskor, som korkas och förvaras i källare. Tillsättes med socker vid serveringen.

1099. Smultronlikör.

Smultron, $1/8$ l. vinsprit.
1 l. sockerlag,

Sockerlagen kokas, tills den trådar sig (se sockerkokning); får kallna. Fullt mogna smultron iläggas så mycket som får rum däri och omskakas, men röres ej. Får stå 2 dagar på sval plats, så att de ej komma i jäsning; afsilas och blandas mycket väl med spriten, filtreras därefter helst genom filtrerpapper. Buteljerna korkas och hartsas.

Hälften af sockret kan läggas torrt på bären, och endast den andra hälften kokas till lag.

1100. Hallonlikör.

Beredes som föregående. Af kraftig söt hallonsaft blandad med sprit kan blifva en bra likör, ehuru hallonen förlora mycket af sin friskhet genom kokningen.

1101. Mandellikör.

125 gr. söt-, 250 gr. socker,
25 gr. bittermandel, 1 l. vinsprit.

Mandeln skalas och stötes fin med en msk. vatten; sockret kokas till en tjock lag och blandas med mandeln. Sättes till spriten och fylles på buteljer, som ställas varmt 2 à 3 veckor och omskakas ofta, silas därefter genom sil och sist genom filtrerpapper, fylles på flaskor och utspädes sedan efter smak med sockerlag till likör.

1102. Marasquinlikör.

15 gr. kardemumma, $1\ ^1/_3$ l. vinsprit.
300 gr. socker,

Kardemumman krossas groft. Beredning för öfrigt som föregående.

1103. Nalifka.

Frostbitna rönnbär läggas på butelj och öfvergjutas med brännvin eller ännu bättre med vinsprit; buteljerna korkas löst, hvarefter de få stå i sol eller värme närmare ett år. Saften silas och väges; af samma vikt socker och litet vatten kokas en lag, som, innan den fullständigt kallnat, blandas med den afsilade spritsaften och öses flitigt, så att det blir väl blandadt. Buteljerna korkas och hartsas.

På samma sätt kan förfaras med åkerbär, som tagas med blombottnen; häraf blir en utmärkt likör.

1104. Arrakspunsch.

1 kg. toppsocker, 1 l. arrak.
8 dl. vatten,

Sockret hugges i bitar och lägges i vattnet, uppkokas och skummas, silas genom tät duk och får kallna. Arraken tillsättes, och punschen öses flitigt eller slås ur ett kärl i ett annat, så att den blir väl blandad, och får stå en stund, innan den silas, hvilket helst bör ske genom filtrerpapper.

Ett villkor för att punschen skall bli bra, är att den flitigt öses och får ligga på buteljer någon tid, innan den användes.

1105. Kumminbrännvin.

1 rågad sked kummin och 75 gr. socker öfverslås med 1 l. brännvin och får stå på varm plats 3 veckor, hvarefter det filtreras.

1106. Brylå.

1 l. konjak, 150 gr. fina russin,
$^1/_2$ kg. socker, samt några mandlar och
6 à 10 kardemummor, fikon.
10 gr. kanel,

Konjaken slås i en kastrull, och kryddorna iläggas, hvarefter pannan lindrigt värmes. Ett galler lägges öfver pannan och därpå sockret, hvarefter konjaken antändes; sockret öfveröses med den brinnande konjaken, och då det är smält, borttages gallret och lågan släckes med ett lock.

Kanske litet vatten tillsatt skulle höja effekten.

1107. Glödgadt vin.

Rödvin tillsättes med hälften vatten samt socker, mandel, kardemumma och nejlikor, allt efter smak, detta värmes öfver elden, tills sockret är löst.

Glödgadt vin kan serveras utan kryddor med endast citronskifvor.

DRYCKER

1108. Scherrycobbel.

Ett stort glas fylles till något mer än hälften med is, vin och socker tillsättas; blandningen hälles några gånger ur glaset i ett annat. Kan tillsättas med skifvor af citron ananas eller annan frukt.

Då drycken serveras, böra glasrör eller halmstrån medfölja med hvilka den drickes.

1109. Mandelmjölk.

200 gr. söt- och 3 l. vatten,
25 gr. bittermandel, 300 à 350 gr. socker.

Den skalade mandeln stötes med litet vatten och allt sockret, tills den är fin; vattnet tillsättes, och, när det stått några timmar, silas mandelmjölken och är färdig att serveras, men vinner på att först stå på is.

1110. Lemonad.

Med lemonad förstås en dryck afsedd att användas för tillfället. Ursprungligen var citron, som namnet antyder, den frukt som användes härtill. Men äfven saft af friska bär och frukter kan med fördel brukas, likaså den som ofta blir öfver, då fruktkompott serveras, den aromatiska fruktsaft, man erhåller vid frukts och bärs inläggning i konjak och ännu bättre den steriliserade bärsaften (se lemonadsaft), som i smak bibehållit bärens hela friskhet.

Af citron:

4 citroner, 3 l. vatten,
300 à 400 gr. socker, vin efter smak.

Det gula skalet af 1 citron jämte sockret och vattnet får stå 10 min.; citronsaften ihälles, och lemonaden silas och ställes på is; serveras med eller utan tillsatts af vin.

Af friska bär. Friska bär sönderpressas och beströs med litet socker samt få stå ett par timmar. Öfverhällas med vatten, som frånsilas och tillsättes med socker efter smak.

KONSERVERING.

Syltning.

Iakttagelser vid syltning.

Innan den hermetiska konserveringen uppfanns, var syltning det enda sätt, på hvilket frukt och bär kunde förvaras till vinterbehof. Syltningens fördel framför hermetisk konservering är, att man utan vidare kan öppna burken och använda af innehållet så mycket eller litet man önskar och därefter åter tillsluta denna, utan att innehållet därigenom tillspillogifves, hvilket icke är förhållandet vid den hermetiska konserveringen, då innehållet måste begagnas åtminstone de närmaste dagarna, efter det burken öppnats. Däremot är den stora sockermängd, som måste användas vid syltning icke fördelaktig för bibehållande af fruktens och bärens naturliga smak. Likaledes bidrager den ofta långvariga hopkokningen, som måste företagas, då bären innehålla mycket vatten, ingalunda härtill.

För att vid syltets beredning erhålla bästa resultat i detta afseende, är den största renlighet nödvändig, emedan syltet lätt tager till sig den minsta främmande smak från kärl och redskap. Dessa få aldrig vara af tenn eller bleck, emedan detta inverkar menligt på syltets färg och smak.

Till skumning användes helst en silfversked eller en skumslef af emaljeradt järn.

Syltgrytan bör hafva rund botten, bäst är den af emaljeradt järn; användes oförtennt koppar, bör den före användandet blankskuras. Syltet får ej kvarstå, utan upphälles genast som pannan tages af elden.

Socker bör vara af bästa slag, toppsocker är bäst renadt; till enklare sylt kan användas krossocker.

SYLTNING

Frukt och *bär* till syltning böra vara af bästa beskaffenhet, mogna men ej öfvermogna. Efter sköljning uppläggas bären på linne att väl afrinna. All syltning bör ske på sakta eld och ej i för stora kvantiteter, så att bären förblifva så hela som möjligt.

Vanligen tages lika vikt socker som bär vid syltning, tages mindre, håller sig syltet vanligen icke med undantag af lingon och de litet använda berberisbären.

Salicylsyra är ett säkert antiseptiskt hjälpmedel vid syltning, och hittills har det ansetts lika ofarligt som säkert, men som det ej varit användt så särdeles länge, kan nog annan mening därom uppstå. Och på ett område så stadt i utveckling som det kemiska, upptäckes nog andra medel, som man bör ägna uppmärksamhet. Ett medel, hvilket kan som medicin intagas i så stor dosis som salicylsyra, torde dock icke kunna vara skadligt i så små mängder, som förekomma vid syltning.

Salicylsyra kan tillsättas sylt och fruktmos, till hvilka man endast användt socker efter smak, med 1 gr. till hvarje kg.; salicylsyran upplöses då i litet kokt vatten eller bärsaft och nedröres, då syltet är färdigt.

Upplöst i konjak (1 sk. till 1—2 dl.) kan äfven salicylsyra användas som skyddsmedel för sylt. Ett rundklippt pergamentpapper doppas i lösningen och lägges omedelbart på det kallnade syltet, innan burken öfverbindes, eller ock hälles något af lösningen öfver syltet.

Förfaringssättet vid syltning är i de flesta fall detsamma; det vägda sockret upplöses i vatten (2 à 3 dl. till hvarje kg.), bringas till kokning, först sedan sockret är fullständigt upplöst, får koka, tills det trådar sig mellan fingrarna och skummas under tiden. Bären iläggas, och syltet får koka upp, lyftes af, skakas och skummas. Det sättes öfver elden, och då det åter kokar, upprepas samma tillvägagående, vanligen behöfver syltet 4 à 5 uppkokningar eller så länge, att bären äro klara och lagen simmig. Förefaller lagen tunn, hvilket kan vara en följd af vattenmängden i bären, frånsilas dessa, då de äro färdiga, och lagen hopkokas för sig, bären iläggas att få ett uppkok, innan syltet upphälles. Syltet skakas, tills den mesta hettan afgått.

Burkarna, väl rengjorda och torra, upphettas, innan syltet ilägges och få kallna, innan de öfverbindas.

Pergamèntpapper så väl som garn för ombindning böra doppas i kokhett vatten och aftorkas, hvarefter det ännu fuktigt användes. Efterhand som det torkar, spännes papperet och burken tillslutes bättre.

Oxblåsa, förut väl rengjord, lägges i kokhett vatten, innan den användes.

Korkar måste vara oskadade och mjuka, läggas i kokhett vatten och aftorkas, innan de användas.

Harts upphettas och blandas med litet vax; häri neddoppas halsen på de buteljer som skola hartsas, detta upprepas, sedan hartsen stelnat på buteljerna, emedan vanligen blåsor bildas.

Gips utröres i kallt vatten till en tjock välling, och häri doppas buteljhalsen ett par gånger.

Bommull af finaste slag är förträffligt till öfverbindning af syltburkar. Öfver det ännu varma syltet bindes en tjock urklippning af bommull, som, sedan syltet kallnat, skyddas för damm genom ett öfverbundet papper.

Förvaringen af sylt är af stor betydelse isynnerhet den första tiden efter syltningen, då under den varma eftersommaren syltet lätt kan komma i jäsning. Om möjligt bör det förvaras på ett torrt, svalt och luftigt ställe, skyddadt för ljus. Är förvaringsrummet ej tillfredsställande, kan syltet med fördel behandlas med i konjak upplöst salicylsyra (se salicylsyra).

Efterbehandling af sylt. Har sylt börjat jäsa, tillsättes litet socker och syltet kokas hastigt upp, hvarvid allt skum borttages. Om sylt börjat mögla borttages detta noga, burkens kant torkas ren och litet salicylsyrelösning påhäl-

SYLTNING

les; har möglet trängt ned i syltet, måste det omkokas. Då sylt sockrar sig, tillsätter man vatten (omkr. 1 dl. till hvarje liter sylt), kokar hastigt upp det eller enklare, ställer burken i vatten och upphettar detta, tills syltet är genomvarmt och blandadt med det tillsatta vattnet.

1111. Syltade jordgubbar.

Till 1 kg. jordgubbar:

1 kg. socker, 3 dl. vatten.

Socker och vatten kokas till en tjock lag. Då mesta hettan afgått, slås lagen öfver bären i ett fat, som ställes i ett svalt rum till påföljande dag och omskakas några gånger, för att fruktsaft och sockerlag må blandas.

Bären tagas ur lagen med en hålslef och läggas på ett fat. Lagen röres om och silas genom hårsil i syltgrytan, kokas upp, skummas väl och får koka en stund. Bären iläggas att sakta koka, grytan skakas, och skummet borttages väl. Då bären äro kokta, upptagas de försiktigt och läggas i sina burkar, hvarefter lagen ytterligare hopkokas och hälles öfver bären. Burkarna öfverbindas, då syltet kallnat.

På samma sätt förfares med *Finare hallonsylt*.

1112. Syltade trädgårdshallon.

Till 1 kg. hallon:

1 kg. socker. 3 dl. vatten.

Socker och vatten kokas till en tjock lag. Bären iläggas, grytan skakas, och syltet skummas. Efter 4 à 5 uppkok, eller då bären se klara ut, är syltet färdigt att slås upp i burkar, hvilka öfverbindas, då syltet kallnat.

Björnhallon syltas som trädgårdshallon.

1113. Syltade skogshallon.
Till 1 kg. hallon:

1 kg. socker, 2 dl. röd vinbärssaft
3 dl. vatten, (pressad ur färska bär).

Syltas som trädgårdshallon. Istället för vatten kan till sockerlagen tagas röd vinbärssaft, som ökar syltets färg och syrlighet.

1114. Carl XV:s sylt.
Till 1 l. blåbär:

2 l. hallon, 1 $1/_2$ kg. socker,
1 l. smultron, 3 dl. vatten.

Blåbär och vatten kokas och silas. Den erhållna saften och sockret kokas till en tjock lag, hvari hallon och smultron läggas att koka. Grytan skakas, skummas, och då bären se klara ut, är syltet färdigt att läggas i burkar, hvilka öfverbindas, då sylten kallnat.

1115. Syltade röda vinbär.
Till 1 kg. röda vinbär:

1 kg. socker, 3 dl. vatten.

Stora mogna röda vinbär klippas försiktigt från stjälkarna och sköljas. Socker och vatten kokas till en tjock lag, bären iläggas och få ett uppkok; upptagas, innan de börja koka sönder samt läggas i burkar. Lagen hophokas, skummas och hälles kokande öfver bären. Burkarna öfverbindas, när syltet kallnat.

Hvita och ljusröda vinbär syltas på samma sätt.

1116. Syltade svarta vinbär.
Till 1 kg. svarta vinbär:

1 kg. socker, 3 dl. vatten.

Bären repas från stjälkarna, snoppas och sköljas väl. Socker och vatten kokas till en ej för tjock lag. Bären iläggas, kokas, grytan skakas och skummas upprepade gånger, och då bären äro klara, upphälles syltet i glasburkar, som öfverbindas, när syltet är kallt.

Som en rundlig tid åtgår till bärens snoppning, kan detta godt underlåtas till enklare sylt.

1117. Syltade blåbär.

Till 1 kg. blåkär:

$^3/_4$ kg. strösocker.

Bären läggas hvarftals med sockret i syltgrytan, som sakta får koka upp. Syltet skakas, skummas och är färdigt efter 4 à 5 uppkok, eller då bären se klara ut. Öses i varma burkar, som öfverbindas när syltet svalnat.

1118. Syltade krusbär.

Till 1 kg. krusbär:

1 kg. socker, 3 dl. vatten.

Halfmogna röda syltbär snoppas och sköljas. Sockret och vattnet kokas till en tjock lag, hvari bären läggas att sakta koka. Skakas och skummas, och då bären äro klara, upphälles syltet i burkar, som öfverbindas när syltet svalnat.

1119. Syltade bigarråer.

Till 1 kg. urkärnade bigarråer:

1 kg. socker, 1 dl. hvit vinbärs- eller
3 dl. vatten, krusbärssaft
(pressad ur färska bär).

Sockret och vattnet kokas till en tjock lag, hvari bären och bärsaften läggas. Får sakta koka under upprepad skakning och skumning, tills bären blifvit klara men ej rynkiga, då de upptagas med hålslef och läggas i glasburkar. Lagen hopkokas och hälles varm öfver bären. Öfverbindas på vanligt sätt.

1120. Syltade klarbär.

Till 1 kg. urkärnade klarbär:

1 kg. socker, 3 dl. vatten.

Stenarna krossas, och kärnorna tillvaratagas. Socker och vatten kokas till en tjock lag, hvari bären läggas att sakta koka under flitig skakning och skumning. Då bären äro klara, iläggas kärnorna att få ett uppkok, hvarefter bären upptagas med hålslef och läggas i burkar. Lagen hopkokas, tills den blir tjock och hälles het öfver bären. Öfverbindas på vanligt sätt.

Körsbär och moreller syltas som klarbär.

1121. Syltade mullbär.

Till 1 kg. bär:

$^3/_4$ kg. strösocker.

Mullbär och socker läggas hvarftals i en skål och få stå ett dygn. Kokas 4 à 5 min., hvarefter bären upptagas med hålslef. Lagen hopkokas, skummas och hälles het öfver bären. Öfverbindas på vanligt sätt.

1122. Syltade lingon.

Till 1 kg. lingon:

$^3/_4$ kg. socker, 3 dl. vatten.

Lingon sköljas i vatten, upptagas med durkslag och läggas på linne att torka. De bär, som sjunka och se klara ut, få ej tagas till syltet, men kunna med fördel användas till lingonpäron o. d., då endast saften skall användas.

Sockret och vattnet kokas till tjock lag, bären iläggas, grytan skakas och skummas, och när bären äro klara, upphälles syltet i burkar, som öfverbindas på vanligt sätt.

Önskar man någon tillsatt smak på syltet, kan därtill användas vanilj, kanel, citron- eller pomeransskal.

1123. Hvardagslingon.

Till 3 kg. lingon:

    1 kg. socker,   1 $^1/_2$ l. vatten.

Lingonen sköljas och få afrinna. Socker och vatten kokas till tunn lag, bären iläggas, få sakta koka, skakas och skummas. Då bären se klara ut, upphälles syltet i burkar, som öfverbindas, när syltet kallnat.

1124. Lingon med sirap.

Till 3 kg. lingon:

    1 kg. sirap.

Lingonen sköljas och få afrinna. Sirapen kokas och skummas, bären iläggas, skummas och få sakta koka, tills de äro klara, då syltet upphälles och öfverbindas på vanligt sätt.

1125. Syltade hjortron.

Till 1 kg. hjortron:

    1 kg. socker,   saften ur en mindre citron.
    3 dl. vatten,

Till syltning måste hjortronen vara väl mogna, så att de äro klara, men ej skämda.

Sockret, vattnet och citronsaften kokas och skummas, tills lagen är tjock, då bären iläggas att få 4 à 5 uppkok, hvarunder grytan skakas och skummas väl. Då bären äro klara och lagen tjock, upphälles syltet i burkar, hvilka öfverbindas, när syltet kallnat.

1126. Syltade aprikoser.

Till 1 kg. aprikoser:

    1 kg. socker, $^1/_2$ l. vatten.

Ej fullt mogna aprikoser förvällas i kokande vatten och klyfvas; stenarna krossas, och kärnorna tillvaratagas.

Sockret och vattnet kokas till en tunn lag, som hälles öfver aprikoserna och kärnorna. Följande dag frånhälles lagen, kokas, skummas, hvarefter aprikoserna iläggas att få ett uppkok. De upptagas och läggas i glasburkar; lagen hopkokas, tills den blir tjock, då den hälles öfver frukten. Burkarna öfverbindas, då syltet kallnat.

Persikor syltas på samma sätt som aprikoser.

1127. Syltade ränklor.

Till 1 kg. ränklor:

1 kg. socker,   eller något färsk
1 matsked spenatfärg   spenat.

Fullvuxna, ej mogna ränklor stickas med silfvergaffel, läggas i kallt vatten, upptagas och nedläggas jämte spenaten i kokande vatten att förvällas, tills de flyta upp, då de läggas i kallt vatten och fullständigt afkylas, upptagas och få afrinna.

Hälften af sockret kokas med något vatten till en tjock lag, som upphälles att svalna. Frukten ilägges, får ett hastigt uppkok och uppslås i ett fat. Följande dag frånsilas lagen, får ett uppkok, upphälles att svalna, och frukten ilägges åter och får stå till nästa dag. Detta upprepas ännu en tredje gång. Fjärde gången kokas lagen med resten af sockret till en tjock lag, hvari frukten lägges att få ett uppkok. Upphälles i burkar, som öfverbindas, då syltet svalnat.

1128. Syltade gula plommon.

Till 1 kg. urkärnade plommon,

1 kg. socker,   3 dl. vatten.

Mogna gula plommon läggas i kokt vatten, tills skalen börja lossna, då de upptagas, skalas, och kärnorna urtagas. Sockret och vattnet kokas till en tjock lag, däri kokas plommonen på sakta eld, skummas och upptagas efter 15 à 20 minuter och läggas i burkar. Lagen hopkokas ännu en gång, om den tunnar sig och hälles varm i burkarna, som öfverbindas, då syltet svalnat.

1129. Syltade päron.

Till 1 kg. päron,
    ³/₄ kg. socker,   1 dl. vatten.
    1 dl. ättika,

En tunn lag kokas af sockret, ättikan och vattnet. Häri läggas de skalade päronen (hela eller klufna) att mycket sakta koka, tills de blifva mjuka, hvarefter de upptagas och läggas i en kruka. Lagen hopkokas, tills den trådar sig mellan fingrarna och hälles het öfver frukten. Burkarna öfverbindas, då syltet kallnat.

1130. Päron med ingefära.

Till 1 kg. skalade päron,
    ³/₄ kg. socker,   3 dl. vatten,
    1 dl. ättika,   50 gr. hel ingefära.

Socker, vatten, ättika och ingefära kokas till ej för tjock lag, päronen kokas mycket sakta däri, tills de kännas mjuka, då de upptagas med hålslef och läggas i en kruka; lagen hopkokas och hälles varm öfver frukten. Öfverbindes på vanligt sätt. Ingefäran krossas och inknytes i en lapp af tunnt tyg.

1131. Lingonpäron.

Till 2 kg. päron,
    1 kg. lingon,   ½ l. vatten.
    ½ kg. socker,

Lingonen sköljas, kokas med vattnet och silas. Päronen förvällas, skalas, stjälkarna skrapas, och ett kors skäres i hvarje päron.

Saften och sockret kokas och skummas, päronen iläggas att sakta koka, tills de kännas mjuka, då de nedläggas i krukor, saften hopkokas och hälles varm öfver päronen. Öfverbindes, då frukten kallnat.

1132. Lingonäpplen.

Till 2 kg. äpplen,

1 kg. lingon, $1/2$ l. vatten.
$1/2$ kg. socker,

Äpplena skalas, klyfvas, och kärnhuset borttages. Socker och vatten kokas till lag, lingonen iläggas, kokas halffärdiga och skummas, hvarpå äppelhalfvorna iläggas. Får sakta koka, tills äpplena kännas mjuka. Upphälles i krukor, som öfverbindas, när syltet kallnat.

Tagas sötäpplen, kan sockermängden minskas.

1133. Fint äppelmos.

Syrlig frukt af en sorts äpplen skalas och befrias från kärnhuset. Äpplena påsättas med så litet kallt vatten, som de möjligen kunna kokas med, få långsamt koka upp, och, då frukten är mjuk, drifves den genom sikt, om så fordras. Moset väges, och hälften af dess vikt i socker tillsättes, sedan moset kallnat, uppkokas och får långsamt koka omkring 10 min. eller, tills det blir stadigt utan att blifva som pasta. Moset förlorar i smak på att hopkokas, hvarför vattenmängden från början noga afpassas. Upphälles varmt i burkar, helst ej större än att hela mängden kan användas på en gång. Sedan moset kallnat, hälles därpå en sked konjak med salicylsyra (se salicylsyra), och burkarna öfverbindas väl.

Äppelskalen kunna afkokas för tillfällig användning.

1134. Enkelt äppelmos.

Fallfrukt och enklare fruktsorter duga till mos.

Frukten sköljes, befrias från stjälk och blomfnas, skäres i fyra delar, men skalas ej. Så mycket vatten påhälles, att det står jäms med frukten, hvilken långsamt får koka, tills den kännes mjuk. Massan drifves genom sikt och väges; en fjärdedel af dess vikt i socker tillsättes och moset får koka, tills det är stadigt. Då ilägges en tesked salicylsyra till hvarje kg. mos, hvilket väl nedröres, sedan pannan tagits från elden.

1135. Syltad melon.

Till 1 kg. skalad melon:

1 kg. socker, 3 dl. vatten,

Ej fullt mogen melon skalas, skäres i bitar och förvälles i rikligt med kokande vatten. Då den kännes mjuk, upplägges den att afrinna. En tunn lag kokas af sockret och vattnet och hälles kall öfver melonen. De 2 följande dagarna afhälles lagen, kokas, skummas och hälles fortfarande kall öfver frukten, men tredje gången få frukt och lag tillsammans ett uppkok, hvarefter melonen nedlägges i de afsedda burkarna. Lagen hopkokas ännu en gång och hälles varm öfver frukten. Öfverbindes, då syltet kallnat.

1136. Syltad rabarber.

Till 1 kg. rabarber:

1 kg. strösocker.

Rabarbern skäres i bitar och sköljes. Lägges hvarftals med sockret i en skål och får stå 1—2 dygn. Saften afsilas och hopkokas; rabarberbitarna iläggas och få koka högst 15 minuter, hvarunder grytan skakas och skummas. Bitarna upptagas med hålslef och läggas i burkar, lagen hopkokas ännu en gång och hälles varm öfver rabarbern. Öfverbindes, då syltet svalnat.

1137. Syltade apelsinskal.

Skalen läggas 1 dygn i vatten. Påsättas i rikligt med vatten och få koka, tills en vispkvist med lätthet går igenom dem, läggas i kallt vatten, upptagas och få afrinna.

Läggas med den gula sidan uppåt och genomstickas tätt med en spetsig silfvergaffel.

En sockerlag kokas på vanligt sätt och slås kokhet öfver skalen. Följande dag afhälles lagen, mera socker tillsättes, kokas upp och slås ånyo het öfver skalen. Detta upprepas ännu en gång, om det behöfs d. v. s., om lagen tunnar sig. Sista gången lagen hopkokas, slås den kall öfver skalen i de afsedda burkarna.

Om skalen skola användas som konfekt, uppläggas de att afrinna, öfverströs rikligt med socker och lufttorkas.

1138. Syltade torra pomeransskal.

Skalen böra vara ljusa och ej för tunna, de läggas i rikligt med vatten, som ombytes några gånger under loppet af ett dygn. Behandlas därefter som föregående.

Torkade kunna skalen användas i stället för suckat till bakverk och garnering.

1139. Syltade valnötter.

Till 1 kg. kokta valnötter:

1 kg. socker,   3 dl. vatten.

Gröna omogna valnötter pickas med en gaffel och nedläggas i kallt vatten, hvilket dagligen ombytes under 14 dagar. De kokas sedan i vatten, tills de äro så mjuka, att man med lätthet kan sticka en vispkvist genom dem. Valnötterna upptagas och läggas på linne att afrinna. Socker och vatten kokas till en tunn lag, som slås varm öfver nötterna och får stå ett par dagar. Lagen frånhälles, hopkokas väl, och valnötterna få ett uppkok däri, hvarefter de uppläggas i burkarna. Sockerlagen hopkokas ytterligare och slås varm öfver valnötterna. Syltet kan efter smak tillsättas med någon krydda såsom vanilj, kanel eller nejlikor, då det kan användas som sallad till stek.

1140. Syltade kastanjer.

Till 1 kg. kastanjer:

1 kg. socker, saften af 3 citroner.
3 dl. vatten,

Det bruna skalet på kastanjerna afskalas, hvarefter de läggas några minuter i kokande vatten, då det inre skalet med lätthet kan borttagas. Kastanjerna förvällas, tills de äro mjuka, då de upptagas att afrinna. Sockret, vattnet och citronsaften kokas till en lag, hvari kastanjerna få ett uppkok. Uppslås i en kruka och får stå till följande dag, då lagen frånsilas, kokas och hälles het öfver kastanjerna. Då lagen för tredje gången hopkokats, iläggas kastanjerna i den kokande lagen och fyllas därefter på burkar, som öfverbindas på vanligt sätt.

1141. Frukt i konjak.

Fruktens vikt i socker, fin konjak eller rom.

Plommon och annan sommarfrukt samt bär såsom hallon, jordgubbar, åkerbär, m. fl. sorter kunna förvaras på detta sätt. Stenfrukten klyfves och urkärnas, persikor, äpplen och päron skalas; om stjälken skall kvarsitta skrapas den ren. Frukt och bär få ej sköljas.

Frukt, bär eller båda sorterna tillsammans nedläggas med socker i en glasburk och konjaken öfverhälles, hvarefter burken öfverbindes väl. Ännu bättre är att använda en burk med skruflock.

Burkarna förvaras på kall plats; frukt inlagd på detta sätt håller sig hela vintern.

Saftning.

Den ur bär pressade saften, mer eller mindre utspädd med vatten, har en mångsidig användning i hushållet t. ex. till soppor, krämer, läskedrycker m. m. Dessutom kan den, väl beredd, fylla ännu en uppgift, nämligen att tillsatt med vatten tjäna som dryck i stället för vin och öl.

Saft till förvaring kan beredas på olika sätt. Man torde lämpligast kunna indela dem i tre afdelningar:

Att helt enkelt koka de friska bären med vatten, frånsila bären och åter uppkoka saften.

Att krossa bären, ställa massan några dagar att jäsa, frånsila och uppkoka saften samt

att krossa bären, frånsila saften, upphetta den *under* kokpunkten, låta den afsätta bottensats och åter upphetta saften på de flaskor, i hvilka den skall förvaras.

Dessutom kunna vissa bärslag helt enkelt förvaras i vatten, och detta utdrager då saften ur bären samt utgör en förträfflig saft.

Beskrifning öfver de olika tillvägagångssätten finnes i det följande.

Iakttagelser vid tillredning af saft.

Till saft böra bären vara väl mogna, men hela så att all saft i dem finnes kvar.

För saftning kan användas krossocker.

Kokningen bör ske hastigt, eljest stelnar saften lätt till gelé (jämför gelékokning).

För att saften skall blifva klar, bör den få rinna genom linne; påsen upphänges, tills all saft är afrunnen. Den bottensats, som finnes på den urrunna saften medtages ej, utan kan användas omedelbart till annat ändamål.

Saft kan buteljeras varm eller kall, det senare dock endast med saft kokt med socker; sur saft uppkokas och slås het på buteljerna, som genast korkas och hartsas. (Se vidare iakttagelser vid syltning).

1142. Hallonsaft.

Till hvarje 1. bär: Till 1 l. saft:
2—3 dl. vatten. $1/_2$ kg. socker.

De rensade bären sättas öfver elden med kallt vatten, få sakta koka omkr. 10 minuter. Slås upp i påse eller silduk och få väl afrinna. Följande dag kokas saften med socker på frisk eld under noggrann skumning, tills den är klar. Buteljeras.

1143. Jäst hallonsaft.

Till 1 l. saft:
650 gr. socker.

Väl mogna hallon stötas sönder och läggas i en kruka att jäsa 4 à 6 dagar, hvarefter jästkakan borttages och massan vrides. Saften silas och noga tillses, att bottensatsen ej medföljer. Sockret löses i saften, som därefter sättes öfver elden att koka under noggrann skumning, tills den är klar. Buteljeras.

1144. Saft af hallon och röda vinbär.

Lika delar hallon och röda vinbär.
Till 1 l. saft:
650 gr. socker.

Väl mogna trädgårdshallon pressas och ställas öfver natten att själfrinna. Vinbären sättas öfver elden med så mycket vatten, att det står jäms med bären och få koka, tills bären gå sönder. Den heta vinbärsmassan hälles öfver hallonmoset i silduken och får fullständigt afrinna. Saften kokas med sockret under noggrann skumning, tills den är klar. Buteljeras, då saften är kall.

1145. Röd vinbärssaft.

Till hvarje 1. bär:　　　Till 1 l. saft:

　2—3 dl. vatten.　　　　750 gr. socker.

De rensade bären sättas öfver elden med kallt vatten att sakta koka omkr. 10 min. Slås upp i påse eller silduk och få väl afrinna. Följande dag kokas saften med socker på frisk eld under noggrann skumning, tills den är klar. Buteljeras.

1146. Svart vinbärssaft.

Till hvarje 1. bär:　　　Till 1 l. saft:

　1 l. vatten.　　　　　$^3/_4$ kg. socker.

Den sura saften behandlas som föregående. Den silade saften påsättes att hastigt koka, då ilägges sockret, och saften kokas omkr. 20 min. under flitig skumning. Buteljeras. Ilägges sockret genast i den kalla saften, bildas gelé under vinterns lopp.

1147. Blåbärssaft.

Till hvarje 1. bär:　　　Till 1 l. saft:

　2—3 dl. vatten.　　　　$^1/_2$ kg. socker.

Bären kokas med vattnet 10—15 minuter. Upphällas i silduk att självfrinna. Följande dag kokas saften med sockret, skummas väl, och, då saften är klar, upphälles den att kallna. Buteljeras.

1148. Körsbärssaft.

Till 1 l. saft:

　650 gr. socker.

Bären med kärnorna stötas i stenmortel, få stå till följande dag, då saften frånsilas och kokas med den uppgifna sockermängden, skummas och är färdig efter 20 minuter. Får kallna; buteljeras.

1149. Körsbärssaft på annat sätt.

Till hvarje 1. bär: Till 1 l. saft:

3 dl. vatten. 650 gr. socker.

Körsbären befrias från stjälkarna och kokas tillsammans med vattnet. Upphälles i silduk att afrinna. Kokas med sockret, skummas och är färdig efter 10 à 15 minuter. Saft af *klarbär* och *bigarrder* beredes på samma sätt.

1150. Körsbärssaft i kruka.

Mogna bruna körsbär, hälften vikt strösocker.

Bären och sockret läggas hvarftals i en stenkruka, hvarpå ställes en tallrik, som igensmetas med rågmjölsdeg. Krukan får stå ett dygn och kokas sedan i hö i en kittel med vatten under 4 timmar. Kitteln påspädes, när så behöfves med kokande vatten. Saften frånsilas och buteljeras.

Bären användas till soppa antingen torkade eller förvarade i kruka, öfvergjutna med sockerlag eller sirap.[1]

1151. Krusbärssaft.

Till hvarje 1. bär: Till 1 l. saft:

$1/_2$ l. vatten och 650 gr. socker.
2 citronskifvor.

Vattnet hälles kokande öfver bären och citronen i en kruka. Öfvertäckes med en hopvikt handduk och en tallrik och får stå i fem dygn, då saften afhälles. Kokas med sockret 15—20 min., skummas väl. Buteljeras.

1152. Apelsinsaft.

Till hvarje kg. socker:

1 l. vatten, 4 à 6 apelsiner.
15 gr. vinsyra,

Frukten tvättas i vatten och aftorkas, sockret hugges i bitar, mot hvilka det gula på apelsinerna afrifves, hvarefter saften urpressas. Sockret, apelsinsaften och den stötta vinsyran öfvergjutas med vattnet, omröras emellanåt och få stå 2 dygn eller, tills sockret är upplöst, silas och buteljeras.

1153. Apelsinsaft på skal.

Apelsinskal, socker,
konjak eller vatten,
sprit, citronsyra.

Apelsinskal skäras i tärningar och läggas på en butelj, konjak eller sprit påhälles; får stå i 6 veckor. En lag kokas af 1 l. vatten till 1¼ kg. socker, i den varma lagen inblandas 25 gr. citronsyra. Då sockerlagen är fullständigt kall, tillsättes 1 dl. af apelsinextrakten. Buteljeras.

1154. Slånbärssaft.

Till 1 l. saft:

1 kg. socker.

Bären plockas sedan de blifvit frostbitna, läggas i en kruka, öfvergjutas med så mycket kokande vatten, att det står väl öfver bären. Efter ett par dagar frånsilas saften och kokas med sockret ungefär 15 min., hälles varm på buteljer.

1155. Rabarbersaft.

Till 1 kg. rabarber: Till 1 l. saft:

½ l. vatten. 600 gr. socker.

Rabarbern och vattnet få koka och självrinna. Saften och sockret kokas tillsammans under 20 minuter, skummas och upphållas att svalna. Buteljeras.

1156. Sur saft.

Vill man tillreda sur saft att under vintern användas till soppor och krämer, är det bäst att blanda flera sorter såsom t. ex. lika delar hallon, svarta och röda vinbär.

Bären blandas i en syltkittel, vatten påhälles så, att det står väl öfver bären, och det hela får koka, tills bären börja spricka, då massan upphälles i silduk att själfrinna. Den erhållna saften kokas, skummas och hälles het på torra varma buteljer. Korkas och hartsas genast. Denna saft håller sig naturligtvis bäst och bör förvaras längst.

Den afrunna bärmassan lägges åter i syltkitteln, vatten påhälles så, att det står öfver massan och detta får koka under jämn omröring 10—15 minuter. Saften urvrides, kokas och skummas väl och behandlas som föregående. Denna saft håller sig ej så bra och bör användas först.

På samma sätt behandlas bärmassan, som erhålles efter söta safter och geléer.

1157. Sur krusbärssaft.

Fullvuxna, omogna, gröna krusbär sköljas och få afrinna, stötas i stenmortel, nedläggas i en kruka och få stå 14 dagar att jäsa, tills en tjock kaka bildat sig ofvanpå; denna borttages och saften vrides. Silas genom fin silduk och buteljeras, kokas och hartsas.

1158. Sur äppelsaft.

Fallfrukt af äpplen, ju surare dess bättre, krossas och får stå ett par dygn i en kruka. Sedan pressas eller vrides den, och saften hälles på ankare, som ej får fyllas ända upp. Förvaras i källare.

Följande nyår afsilas saften, då noga bör tillses, att bottensatsen ej medföljer. Buteljeras, korkas och hartsas.

1159. Sur berberissaft.

Till hvarje 1. bär:

$3/4$ 1. vatten.

Bären och vattnet kokas, tills bären gå sönder, då massan upphälles i silduk att själfrinna. Buteljeras. Användes till röd glasyr och färgning af efterrätter. Då saften skall användas till gelé, bör endast hälften så mycket vatten tagas till bären.

1160. Lingonsaft.

Då man förvarar friska lingon i enbart vatten, afser man ju, att på vintern servera bären; önskar man däremot erhålla saft af bären, bör något socker tillsättas, hvilket dock ej göres i afsikt att konservera, utan för att ur bären utdraga saften.

Mogna men ej frostbitna lingon läggas på lämpligt kärl, ankare, stenkruka med ej för vid öppning eller buteljer. Friskt källvatten, tillsatt med omkr. 1 dl. socker till hvarje liter, hälles öfver bären; kärlen tillslutas och förvaras kallt. Tidigt på våren silas saften på buteljer och utgör en förträfflig sommardryck.

Svarta vinbär behandlas på samma sätt. Bären kunna dock ej med fördel förvaras annat än på ankare eller buteljer, och saften bör aftappas tidigare.

1161. Lemonadsaft.

Såväl bär- som fruktsaft förlorar betydligt af sin ursprungliga smak vid kokning; om saften endast upphettas till 80°, har det visat sig, att den blir fullt hållbar med bibehållande af sin friska smak.

För att erhålla en klar saft, måste den upphettas två gånger. Genom upphettningen öfvergår nämligen en del ämnen i saften i fast form, och dessa måste bortsilas eller saften afsätta bottensats, innan den andra gången upphettas. (Se kokning af kompott!).

Såväl odlade som vilda bärsorter användas lika. Bären krossas, och saften urvrides omedelbart; återstoden tillsättes med litet vatten och genomarbetas samt vrides ånyo, hvilket kan upprepas, tills all saft är pressad ur bären. Den tillsättes med socker och får stå två timmar, afhälles därefter i en kruka, som ställes i en panna med kokande vatten, för att saften ej skall komma i beröring med pannans botten. En termometer anbringas i saftkärlet, så att gradtalet kan afläsas; pannan ställes öfver elden att långsamt uppvärmas. Då termometern visar 75°, drages pannan från elden. Temperaturen får långsamt stiga till inemot 80°, vid hvilken värmehöjd vattnet hålles 15 à 20 min. Krukan upptages och öfverbindes med bomull samt får stå några dagar i svalt rum, tills de fasta beståndsdelarna sjunka till bottnen. Saften afhälles försiktigt och tappas på rena torra buteljer, med patentkork. Buteljerna nedställas, om tillräckligt hög panna finnes därtill, i annat fall kunna de läggas hvarfvis med rena dukar emellan, så att de ej stöta mot hvarandra. För att buteljerna ej skola vidröra pannans botten, belägges denna med en genomborrad plåt eller ett ståltrådsgaller. Vatten påhälles, så att det står öfver flaskorna, en termometer nedsättes och vattnet upphettas till 75° men ej fullt 80° och hålles vid denna temperatur i 15 min. Då vattnet något svalnat, upptagas flaskorna.

Hallon, körsbär, krusbär, blåbär och röda vinbär lämna på detta sätt en utmärkt saft. Af lingon och svarta vinbär kan sur saft på enklare sätt beredas; se därom lingonsaft! Den sockermängd, som skall tillsättas saften, beror på smak och bärens olika halt af syra samt på den vattenmängd, som användes vid bärsaftens urpressning.

Fruktgeléer.

Beredning af fruktgeléer är i hög grad beroende af sakta kokning, att den saft hvaraf gelé beredes är tillsatt med obetydligt vatten, och att frukt eller bär ej få vara öfvermogna, snarare icke fullt mogna, men först och sist, långsam kokning.

1162. Rödt vinbärsgelé.

Till hvarje liter bär: Till 1 l. saft:
   1 dl. vatten.   1 kg. strösocker.

De sköljda och repade bären kokas med vatten på mycket svag eld omkring 15 minuter. Upphällas att själfrinna utan pressning, dock bör man tillse, att det som sist rinner ur påsen medtages, ty detta är rikare på det ämne, som gör att geléet stelnar. Saften mätes, och sockret tillsättes i den kalla saften; omröres, tills sockret är i det närmaste löst. Bringas långsamt till kokning, skummas noga och får mycket sakta koka 10—20 minuter, hvarunder allt skum borttages. Man bör undvika att röra i geléet under kokningen. Geléet hälles genast upp i koppar af porslin, ur hvilka det lätt kan uppslås.

Med kraftig saft kan sockret minskas till $^3/_4$ kg.

På samma sätt beredas gelé af:

   Krusbär,   *Hvita vinbär,*
   Tranbär,   *Hallon.*
   Lingon,

1163. Svart vinbärsgelé.

Till hvarje liter bär: Till 1 l. saft:
   2—3 dl. vatten.   1 kg. socker.

Tillvägagångssätt lika med föregående.

1164. Äppelgelé.

³/₄ à 1 kg. socker till hvarje kg. äppelsaft.

Saftiga sura äpplen af hvad slag som helst rentorkas, stjälk och blomfnas borttagas. De skäras oskalade i klyftor och läggas i syltkitteln, vatten påhälles, så att det står jäms med frukten, lock pålägges, och kitteln bringas långsamt till kokning. Med en hålslef omröres försiktigt i frukten, så att den ej går sönder. Då frukten är fullt mjuk, slås den upp i silduk att afrinna, så länge någon saft droppar från duken. Får stå att sjunka till nästa dag, då bottensatsen fråntages. Behandlas som rödt vinbärsgelé.

Det kvarvarande äppelmoset kan användas till rysk marmelad.

1165. Plommongelé.

Frukten öfverhälles med kokande vatten, tills skalen lätt kunna aftagas, hvarefter den urkärnas. Beredning som föregående.

1166. Gelékokning på annat sätt.

I stället för att som i föregående blanda saft och socker vid gelékokning, finnes ett tillvägagående, som under längre tid varit bortglömdt, men som åter börjat användas.

Saft kokt och kallnad som till föregående beredning och samma vikt socker uppvägas.

Sockret löses fullständigt i vatten, innan det bringas till kokning, skummas och får koka till bräcksocker (se sockerkokning). I samma ögonblick sockret håller profvet, tillsättes saften, och geléet får några uppkok, hvarunder allt skum noga borttages.

Gelé, beredt på detta sätt, säges bättre bibehålla fruktsmaken.

1167. Okokt gelé.

Kan beredas af smultron, vinbär eller lingon.

Fullt friska bär krossas, och saften får afrinna genom silduk. Saften väges, och samma vikt finsiktadt socker ilägges; detta arbetas utan uppehåll i 2 timmar med en silfversked. Får stå i två dagar, innan det öfverbindes. Till saft af vinbär tages dubbelt så mycket socker som saft.

Marmelader.

1168. Äppelmarmelad.

Till 1 kg. äpplen:

2 dl. vatten, $^1/_4$ kg. socker.
1 kg. äppelmos,

Äpplen skäras i 4 delar, kärnhuset borttages. Äpplen och vatten kokas på sakta eld under lock, tills äpplena äro sönderkokta, då de passeras. Moset och sockret kokas under jämn omröring, tills marmeladen erhållit lagom fasthet, då den uppslås i burkar, som öfverbindas, då marmeladen kallnat.

1169. Päronmarmelad.

Till 1 $^1/_2$ kg. päronmos:

$^1/_2$ kg. strösocker.

Päron, som ej kunna förvaras, skalas, urkärnas och läggas i vatten, tillsatt med något ättika. Kokas med så mycket vatten, att det står jäms med frukten, tills päronen äro mjuka, då de passeras. Fruktmoset och sockret hopkokas till en tjock mos, som hälles på burkar och öfverbindes, när den kallnat.

MARMELADER

1170. Plommonmarmelad.

Till 1 kg. plommon:

$^1/_2$ kg. strösocker, 2 dl. vatten.

Frukten skalas och urkärnas. Plommon, socker och vatten läggas i syltkitteln, få sakta koka under jämn omröring, tills massan ser jämn och fast ut, då den upphälles i burkar, som öfverbindas, då marmeladen kallnat.

1171. Hallonmarmelad.

Till 1 kg. hallon:

1 kg. strösocker.

Väl mogna hallon passeras. Hallonmoset och sockret få sakta koka under jämn omröring, tills marmeladen är fast, då den upphälles; öfverbindes, då den är kall.

1172. Jordgubbsmarmelad.

Till 1 kg. jordgubbar:

$^3/_4$ kg. strösocker.

Jordgubbar och socker kokas på sakta eld till tjockt mos, som upphälles i burkar, hvilka öfverbindas, när de kallnat.

Smultronmarmelad tillredes på samma sätt.

1173. Krusbärsmarmelad.

Till 1 kg. bär:

$^1/_2$ kg. strösocker.

Krusbären läggas i en stenkruka, som nedsättes i kokande vatten och få koka, tills bären kännas alldeles mjuka, då upptagas och passeras de. Massan hopkokas med sockret till önskad fasthet, hälles i burkar, som öfverbindas, då marmeladen kallnat.

1174. Blandad marmelad.

Till 3 kg. blandadt mos:

    1 kg. strösocker.

Mos kokas af äpplen, päron och plommon, hvarför sig. Passeras och kokas tillsammans i en syltgryta. Då moset kokat en stund, tillsättes sockret. Marmeladen får sakta koka under jämn omröring, tills den är fast, då den upphälles i burkar. Öfverbindes, när marmeladen är kall.

1175. Apelsinmarmelad.

    4 apelsiner,   1 citron, lika vikt socker,
    2 pomeranser,

Frukten väges, rentorkas och skalas. Skalen påsättas i kallt vatten, och få koka, tills en vispkvist lätt går igenom dem. Frukten sönderskäres i små bitar och påsättes i det vatten, hvari skalen förvällts, kokas i 10 min. men får ej sönderröras, slås upp och får kallna. Skalen befrias från det hvita och skäras i fina strimlor samt läggas till fruktmassan, som bör utgöra fruktens ursprungliga vikt. Sockret tillsättes, och marmeladen kokas långsamt omkring 15 min., skummas och lyftes af elden. En sked af marmeladen får väl kallna; skulle den vara för lös, fortsättes kokningen en stund, dock vinner ej marmeladen på att kokas länge.

1176. Pomeransmarmelad.

    4 pomeranser,   lika vikt socker.
    2 citroner,

Frukten skalas. Hälften af skalen tagas till marmeladen och förvällas i syltkitteln, tills ett knappnålshufvud lätt går igenom dem. Det hvita bortskäres, och skalen skäras i mycket fina strimlor. Köttet skäres i bitar och får ligga i vatten öfver natten och kokas sedan 10 minuter, hvarefter massan passeras och silas genom flanellduk. Härtill tages af det vatten, hvari skalen förvällts, så att saften ut-

MARMELADER

gör ³/₄ af den råa fruktens vikt, och skalen iläggas. Till detta tages lika mycket socker, som den råa frukten vägde, och tillsättes den kalla saften, under flitig omröring. Kokas långsamt och skummas väl.

På detta sätt kokas äfven apelsinmarmelad, då 4 apelsiner, 1 pomerans och 1 citron bilda en god blandning.

1177. Morotsmarmelad.

Till ¹/₂ kg. kokta morötter:

¹/₂ kg. socker,   3 citroner.
2 dl. vatten,

Morötterna skrapas och skäras i fina strimlor, som kokas i vatten, tilts de äro klara, då de upptagas att afrinna. På citronerna afskäres det tunna gula skalet, som kokas i litet vatten, tills de äro mjuka, då de skäras i lika strimlor med morötterna. Socker och vatten kokas till lag, hvari morots- och citronstrimlorna samt citronsaften läggas. Marmeladen kokas sakta, tills den blir lagom tjock, hälles på burkar, som öfverbindas.

1178. Rabarbermarmelad.

Till 1 kg. rabarber:

1 kg. strösocker,   skalet af 1 citron.
40 gr. bittermandel,

Rabarbern skäres i bitar och nedlägges hvarftals med sockret. Får stå öfver natten. Den rifna mandeln och citronen tillsättas, och det hela får sakta koka, tills marmeladen är fast, då den upphälles, får kallna och öfverbindes.

1179. Enkel marmelad.

Flera sorters bär blandade eller en sort, hvaraf man har mycket t. ex. krusbär, kokas med ¹/₄ sirap under jämn omröring till marmelad; den håller sig väl, är mycket dryg och användes med mjölk till enklare måltider.

Inläggning utan socker.

1180. Krusbär på buteljer.

Små omogna krusbär snoppas och sköljas. Litet i sänder lägges i ett durkslag och hålles 1 min. i kokande vatten, eller så länge att bären se förvällda ut, men ej spruckna. Bären utbredas att fullständigt torka på linne och stoppas sedan på rena torra buteljer, som korkas och hartsas.

1181. Blåbär på buteljer.

Väl rensade blåbär kokas utan vatten 15—20 minuter; hällas heta på varma buteljer. Korkas och hartsas.

1182. Rabarber på buteljer.

Rabarbern skäres i små bitar, stoppas på buteljer, och friskt vatten påhälles. Korkas och hartsas.

1183. Svarta vinbär på buteljer.

Fnas och stjälkar bortklippas försiktigt, så att bären bli fullkomligt hela. Stoppas på buteljer, som fyllas med friskt vatten; korkas och hartsas.

På samma sätt kunna inläggas:

Körsbär, *Krusbär,*
Lingon, *Blåbär.*

1184. Inlagda hjortron.

Mogna och halfmogna hjortron skiljas åt. De mogna bären vridas genom en gles duk, och den erhållna saften hälles öfver de halfmogna bären, så att saften står öfver bären. Fyllas på konservburkar, som igenskrufvas och förvaras på kallt ställe.

Frukt och grönsaker inlagda till sallad.

1185. Salladskrusbär.

Till 1 kg. krusbär;

    800 gr. socker,   3 dl. vatten.
    1 dl. vinättika,

Fullvuxna men omogna gröna krusbär rensas och pickas; förvällas hastigt i lindrigt saltadt vatten och uppläggas på linne. Då bären svalnat, läggas de i en kruka. Af socker, ättika och vatten kokas en tjock lag, som slås het öfver bären, hvarefter burken öfvertäckes med dubbelt linne. Efter 2 dagar afsilas lagen, kokas och skummas. Om bären kännas hårda, slås lagen het öfver dem, men kännas de mjuka, bör lagen påhällas kall. Denna uppkokning förnyas 2—3 gånger eller så länge lagen tunnar sig, men bör då påhällas kall. Burken öfverbindes och förvaras på svalt ställe.

1186. Ättikskörsbär.

Till 2 l. körsbär:

    1 l. vinättika,   nejlikor,
    425 gr. socker,   kanel.

Körsbären med stjälkarna kvarsittande, nedläggas i en kruka. Ättikan, sockret, några nejlikor och en bit kanel kokas. Då lagen är kall, slås den på bären, burken öfverbindes och får stå 3 à 4 dagar, hvarefter lagen fransilas, hopkokas och slås åter kall öfver bären. Öfverbindes och förvaras på svalt ställe.

1187. Sallad af gula plommon.

Till 2 l. plommon:

    1 kg. socker,   kryddor: kanel,
    2 dl. vinättika,   nejlikor, muskotblomma,
    1 dl. konjak,   citronskal efter smak.

Plommonen pickas med silfvergaffel och nedläggas i en burk, som ställes i varmt vatten, för att den ej skall spricka. Socker, ättika, konjak och kryddor kokas till en lag, som hälles het öfver frukten. Burken öfvertäckes med dubbelt linne.

Efter 2 dagar afhälles lagen; den kokas, skummas och hälles kall öfver plommonen. Detta förnyas efter 3 à 4 dagar. Burken öfverbindes, och förvaras i kallt rum.

På samma sätt beredes sallad af:

Röda plommon.   Krikon och Mirabeller,
Ränklor,   Vindrufvor.

1188. Paradisäpplen med ättika.

Till 1 l. frukt:

$1/_2$ l. ättika,   250 gr. socker.

Frukten aftorkas, putsas och nedlägges i en burk. En lag kokas af ättikan och sockret och slås het öfver äpplena. Öfverbindes, då frukten kallnat.

1189. Paradisäpplen med kryddor.

Till 1 kg. frukt:

1 kg. socker,   10 nejlikor,
3 dl. vatten,   1 bit kanel.

Frukten nedlägges i en burk. Socker, vatten och kryddor kokas till en tjock lag, som slås varm öfver frukten. Efter 2 dagar afsilas lagen, hopkokas, och äpplena iläggas att få ett uppkok. Om några dagar afsilas åter lagen, hopkokas väl och slås varm öfver äpplena. Öfverbindes, då frukten kallnat.

1190. Senapspäron.

Mogna päron,   senap,
ättika,   nejlikor,
socker,   körsbärslöf.

Päronen förvällas och läggas på linne. Lika mycket päronspad och ättika kokas med litet socker och nejlikor,

Zetterstrand, Kokbok.

skummas väl och får svalna, då så mycket senap iröres, att lagen får en skarp smak. Päronen nedläggas hvarfvis med körsbärslöfven och öfvergjutas med lagen, som bör stå väl öfver frukten. Ett lock och en tyngd påläggas. Efter några veckor äro päronen färdiga.

1191. Salladsmelon.

Melon, vinättika.
socker,

Ej fullt mogna meloner skalas, urkärnas, skäras i skifvor, nedläggas i ättika och få stå 4 dagar, då ättikan afhälles och melonen nedlägges i en burk. En sockerlag kokas, tills den trådar sig mellan fingrarna och hälles varm öfver frukten. Efter 3 à 4 dagar eftersees, om lagen tunnat sig, i hvilket fall den frånsilas och hopkokas med mera socker, men hälles då kall öfver melonen. Öfverbindes och förvaras på svalt ställe.

1192. Sallad af gröna tomater.

Till 2 l. tomater:

1 kg. socker, $1/4$ skida spansk peppar,
3 dl. matättika, 30 nejlikor.
3 dl. vinättika,

Gröna, omogna tomater pickas med silfvergaffel och förvällas i kokande vatten, tills de äro mjuka, då de uppläggas på linne att kallna. Af sockret, ättikan och kryddorna (inknutna i en linnelapp) kokas en lag, hvilken het slås öfver frukten, som därefter öfvertäckes väl. Efter några dagar frånsilas lagen, uppkokas och hälles åter öfver frukten. Härmed fortsättes med längre mellanrum (första och andra gången slås lagen het öfver frukten), tills lagen ej längre tunnar sig. Lagen bör hela tiden stå öfver frukten, och, om så behöfves, tillsättes mera socker och ättika vid uppkokningen.

När lagen erhållit önskad kryddsmak, borttagas kryddorna.

1193. Salladslingon.

Lingon. Till 1 kg. socker: 3 dl. vatten.

Socker och vatten kokas till en tjock lag. Stora urplockade lingon nedläggas i en burk, och sockerlagen hälles het öfver bären. Öfverbindes och förvaras.

1194. Syltgurkor.

Stora, hvita gurkor, ättika,
socker, nejlikor.

Gurkorna skalas, skäras itu på längden, och kärnhuset borttages. Läggas några ögonblick i sakta kokande vatten, upptagas och läggas på linne.

Ättika och socker som till gröna tomater samt några nejlikor kokas till en tjock lag, som hälles varm öfver de i en kruka nedlagda gurkorna. Krukan öfvertäckes väl. Efter 3 à 4 dagar frånsilas lagen, hopkokas och hälles kall öfver gurkorna. Detta fortsättes med längre mellanrum, tills lagen ej vidare tunnar sig. Om så behöfves, tillsättes mera socker. Öfverbindes och förvaras i svalt rum.

1195. Asiagurkor.

Till hvarje l. ättika (helst vinättika):

10 gr. hel hvitpeppar, några dillkronor,
50 gr. senap, 4—6 nejlikor,
1 skida spansk peppar, 100 gr. socker.

Gurkor, som äro för kärnfulla att inläggas på annat sätt, kunna härtill användas.

De skalas, klyfvas och urkärnas med en silfversked, beströs med fint salt och få ligga några timmar eller till följande dag. Saltet bör då vara upplöst, i annat fall aflägsnas det, som möjligen är kvar, och gurkorna torkas på linne.

Ättikan sättes på elden med kryddorna, senapen inknuten i en tunn lapp, och då ättikan kokar, slås den het öfver gurkorna, som täckas och få stå till följande dag. Ättikan afhälles och uppkokas, och gurkorna iläggas att blifva fullt genomvarma, tills ättikan åter uppkokar, då gurkorna upptagas med hålslef och läggas i burkar. Ättikan får koka en stund och hälles het öfver gurkorna. Senapen lägges öfverst i burken, som öfvertäckes och öfverbindes, då gurkorna äro kalla.

1196. Ättiksgurkor.

Små gröna gurkor,
små hvita förvällda lökar,
vinättika,
kryddor efter smak:
spansk peppar,
hvitpeppar,
ingefära,
muskotblomma,
dragon,
lagerblad,
nejlikor.

Gurkorna nedläggas i en lake af 3 dl. salt på 1 liter vatten till följande dag, då de upptagas och läggas på linne att afrinna.

Gurkorna nedläggas hvarftals med löken, pepparen och de kryddor man önskar, samt öfvergjutas med kokande vinättika. Öfvertäckas med dubbelt linne och en tallrik. Efter 14 dagar afhälles lagen, kokas, skummas och slås het på gurkorna. Detta upprepas efter 14 dagar.

Burken öfverbindes, då gurkorna svalnat.

1197. Saltgurkor.

Ej för stora hvita eller gröna gurkor,
pepparrot skuren i tärningar,
dillkronor,
stött vinsten och alun,
blad af körsbär,
svarta vinbär och ek,
salt,
vinättika.

Gurkorna skakas i en handduk med groft salt och aftorkas. Af löfven lägges ett tjockt lager i bottnen på en bytta, därpå ett lager gurkor, några dillkronor, pepparrot, litet vinsten och alun och så åter löf. Sålunda fortsättes, tills byttan är full. En lage kokas af 1 dl. salt och 2 dl. ättika till hvarje liter vatten; vatten och salt kokas först, ättikan tillsättes, och lagen får endast ett uppkok. Lagen hälles varm öfver gurkorna, som genast öfvertäckas med dubbelt linne och en tallrik. Följande dag pålägges en press, och gurkorna förvaras på svalt ställe.

1198. Vesteråsgurkor.

Små gröna gurkor,
2 dl. salt,
$1/_2$ l. ättika till 1 l. vatten,
blad af körsbär och svarta vinbär,
pepparrot,
dillkronor,
vinsten och alun.

Gurkorna läggas ett dygn i vatten att jäsa, hvarefter de uppläggas på linne att afrinna. Nedläggas på samma sätt som saltgurkor. En lage kokas af salt, ättika och vatten och hälles svalnad öfver gurkorna. En press pålägges, och gurkorna förvaras på svalt ställe.

1199. Falska oliver.

Små gröna omogna plommon läggas 3 dagar i en saltlake af 2 dl. salt på 1 l. vatten. Uppläggas på linne att afrinna. Sättas öfver elden i kall kryddättika att upphettas utan att koka. Förvaras i burkar, som öfverbindas, då plommonen kallnat.

Nyttjas som riktiga oliver till såser och garneringar, eller färserade till smörgåsbordet.

1200. Falsk kapris.

Af indiansk krasse afplockas de små gröna frukterna, medan de äro späda; stjälkar och blomfnas borttagas, och fröna läggas en stund i saltadt vatten, upptagas att afrinna och nedläggas i en burk. Kryddättika uppkokas och slås het öfver krassen, som öfverbindes, då den är kall.

De små gröna blomknopparna af krasse äro ännu finare än fröna och inläggas på samma sätt.

SALLADER

1201. Pickels.

Späda morötter, små turkiska bönor,
blomkål, späda gurkor,
sockerärtor, paradisäpplen.

Morötter och små klyftor af blomkål rensas, tvättas väl och förvällas i saltadt vatten, läggas på linne och därefter i en burk med varm kryddättika.

Sockerärter, bönor och gurkor läggas 2 dagar i en saltlake af 1 dl. salt till 1 l. vatten, uppläggas på linne att afrinna samt få ett uppkok i kryddättika.

Paradisäpplen läggas genast i varm kryddättika. Då sålunda alla sorter äro färdiga, afhälles ättikan och kokas, grönsakerna läggas blandade i burkar, och ättikan slås varm öfver. Öfverbindes och förvaras. I brist på kryddättika, kan man själf bereda sådan: till hvarje liter stark ättika tages 10 gr. peppar, 10 gr. ingefära, 1 skida spansk peppar, några nejlikor, muskotblomma och lagerblad. Kokas i emaljerad gryta med lock och silas.

1202. Syltlök.

Till 1 kg. små hvita lökar:

1 l. vinättika, 100 gr. socker.

Löken lägges ett dygn i saltvatten, skalas. Ättika och socker uppkokas, löken ilägges att koka en stund, tills en vispkvist lätt går igenom. Upptages med hålslef, lägges i burkar och öfverslås med ny kall vinättika. Den som önskar kan tillsätta muskotblomma, nejlikor eller hvitpeppar, men detta bör göras med försiktighet, ty löken blir mörk af kryddor.

Öfverbindes och förvaras.

Hermetisk konservering.

Med konservering förstå vi alla de sätt, hvarpå vi söka förvara våra födoämnen kortare eller längre tid. De enklaste sätten äro som bekant: torkning, saltning, rökning, tillsättning af ättika eller socker i tillräckliga mängder. Några födoämnen bevaras genom sin egen rikliga mängd af syra, i några fall tillsättas s. k. antiseptiska ämnen, som verka utvecklingshämmande på de bakterier, som äro orsaken till, att våra födoämnen ej hålla sig. Dessutom underkastas somliga produkter en sådan behandling, att därigenom uppstå ämnen, som verka skyddande mot bakterierna.

Det mest verksamma af alla de sätt på hvilka detta kan ske är onekligen *hermetisk konservering,* kokning i slutna kärl, då de bakterier, som medföljt, dödas genom kokningen, och nya hindras att inkomma, hvilket sätt nog ännu ofta räknas som lyx. Utgiften för burkar och flaskor är nog rätt betydande, men inköpta med urskillning och behandlade med omsorg, kunna de användas år efter år.

Den mångfald af konservburkar, som i oafbruten följd tillkommit, gör nog valet svårt. Hvilken sort man än använder, visar den sig fylla sitt ändamål de första gångerna, men efter någon tids begagnande fungera icke de fjädrar eller andra metalldelar, som hålla burkarna slutna, och felet har många gånger visat sig svårt att afhjälpa.

På de senare åren har förts i handeln en konservburk, hvars tillslutning är grundad på det kända förhållandet, att alla kroppar utvidga sig vid uppvärmning och sammandraga sig vid afkylning. Burken är mycket enkelt konstruerad. På såväl burkens som lockets kant äro planslipade ytor, emellan hvilka lägges en gummiring, hvarefter en medföljande bygel af stålplåt spännes öfver, medan kokningen försiggår. Burken nedsättes i vatten, som bör stå öfver densamma. Då nu vattnet upphettas, utvidgas vätskan i burken (som naturligtvis ej får vara alldeles fylld), och en del vatten öfvergår till ånga, som snart fyllt rummet öfver ytan af burkens innehåll. Denna ånga utlränger mellan burk och lock på grund af att bygeln, som fasthåller locket, är gjord så, att den fjädrar sig vid tryck inifrån. Då burkens innehåll är färdigkokt, lyftes pannan från elden, och då mesta hettan afgått, tages burken upp. Vid afsvalnandet sammandrager sig åter vätskan inne i burken till den volym den intar vid vanlig temperatur; då uppstår i burken en luftförtunning, som den yttre påträngande luften vill utjämna, men hvarifrån den hindras genom locket, som sitter pressadt mot gummiringen och lockets kant. Det är således lufttrycket, som håller burken tillstängd. Då burkens innehåll är kallt, kan bygeln saklöst borttagas. Den egentliga orsaken, hvarför denna burk ej fått tillbörlig marknad, är nog, att den ej åtföljes af någon som helst förklaring öfver sättet att använda den.

I sylt, som tillredes af vanligen lika viktmängd bär och socker, dödas vid kokningen de bakterier, som medföljt; de bakterier som efter kokningen inkomma ur luften finna icke i den koncentrerade sockerlösningen lämpliga lefnadsvillkor, utan kan syltet väl förvaradt, hålla sig i åratal.

Till kompottering använda vi endast så mycket socker, som smaken fordrar, och denna svaga sockerlösning vore för bakterierna en förträfflig tillflyktsort, därför måste vi hermetiskt tillsluta kärlen, så att inga bakterier vidare inkomma. Samma är förhållandet vid hvilken som helst konservering i slutna kärl, vare sig af kött, fisk eller grönsaker: vi döda genom kokning de bakterier, som medföljt, och utestänga de i den kringvarande luften befintliga.

Det har vid upprepade försök visat sig, att sterilisering (sterilisera = befria från lefvande frön) ej behöfver ske vid 100°, utan äfven försiggår vid en temperatur af 80°—90°.

Fördelen häraf är att frukten icke allenast bibehåller sitt utseende utan äfven sin friska smak. Burkar, som igenslutas på samma sätt som en kolsyrevattenflaska, äro härtill lämpliga och ännu bättre de i det föregående nämnda burkarna.

Fruktsorterna, som användas till sterilisering vid lägre temperatur, måste vara mjuka, hårdare sorter böra kokas. Hårdare bärsorter upphettas endast längre tid än mjuka, men ej vid högre temperatur.

Anvisning vid konservering af frukt- och bärkompotter.

Till konservering af frukt och bär användas burkar och flaskor af glas.

Frukten bör vara mogen, men icke öfvermogen, och fullkomligt felfri.

Sockerlagen kan tillredas kall eller kokas, beroende på proportionerna af socker och vatten; då mer än 400 gr. socker skall lösas i en liter vatten, kokas lagen och får kallna. Sockermängden rättas efter fruktens syrlighet och varierar mellan lika vikt socker och vatten till endast $1/_4$ kg. socker på en liter vatten. Frukten ordnas och nedlägges i burkarna, som fyllas till omkr. 3 cm. från kanten. Lagen hälles kall öfver frukten och bör stå öfver den. Burkarna tillslutas, och man tillser noga, att de verkligen äro slutna. Användas flaskor med kork, öfverbindes korken med ståltråd eller starkt segelgarn. Burkar eller flaskor omsvepas med dukar eller viras med hö för att ej stöta mot hvarandra under kokningen, och nedsättas i en kittel med platt botten på ett underlag, som hindrar burkarna att stå omedelbart på pannans botten, t. ex. ett passande ståltrådsgaller eller en fyrdubbel grof duk. Kallt vatten hälles på, tätt slutande lock pålägges, och pannan ställes öfver elden att koka upp och får sedan sakta koka, olika länge efter burkarnas innehåll (se recepten). Tiden för kokningen räknas från den stund vattnet uppkokar. Då frukten kokat den bestämda tiden, tages pannan från elden. Burkarna upptagas, då mesta hettan afgått.

För flaskor med kork gäller, att då de upptagas ur vattnet, öfvertäckas korkarna med ett stycke bommull, tills korken blifvit torr, hvarefter flaskorna hartsas, då man noga bör tillse, att de blifva fullt tillslutna.

Äfven med oxblåsa kunna burkarna öfverbindas till kokning. Efter att vara ytterst väl rengjord, lägges blåsan i vatten, tills den skall användas, den aftorkas då och bindes öfver burken med starkt garn, som måste sluta tätt till, ifall konserveringen skall lyckas.

1203. Körsbärskompott.

Sura, bruna körsbär, 1 l. vatten.
750 gr. socker,

Bären befrias från stjälkarna, urkärnas och nedläggas i burkarna. Socker och vatten kokas till en lag, som hälles kall öfver bären. Burkarna tillslutas och nedsättas i en kittel med kokande vatten. Kokas 20 min. eller upphettas till 80° $1/2$ tim.

På samma sätt beredes kompott af *Klarbär*.

1204. Bigarråkompott.

Bigarråer, 1 l. vatten.
350 gr. socker,

Bären befrias från stjälkarna, urkärnas och nedläggas i burkarna. Sockret löses i vattnet och hälles öfver bären. Burkarna tillslutas och nedsättas i en kittel med vatten.

Kokas 20 min. eller upphettas till 80° ½ tim.

Af andra söta körsbärssorter tillredes kompott på samma sätt.

1205. Krusbärskompott.

Halfmogna röda eller   750 gr. socker,
gröna krusbär,   1 l. vatten.

Bären snoppas, sköljas och nedläggas i burkarna. Socker och vatten kokas till en lag, som hälles kall öfver bären. Burkarna tillslutas, nedsättas i en kittel med vatten och kokas 20 min. eller upphettas till 80° ½ tim.

1206. Vinbärskompott

Röda eller   800 gr. socker,
hvita vinbär,   1 l. vatten.

Bären sköljas, repas från stjälkarna med en silfvergaffel och nedläggas på burkarna. Socker och vatten kokas till en lag, som hälles kall öfver bären. Burkarna tillslutas, nedsättas i en kittel med vatten och kokas 15 min. eller upphettas till 80° 20 min.

1207. Blåbärskompott.

1 kg. blåbär,   ¼ kg. socker.

Blåbär och socker läggas hvarfvis i burkarna, som tillslutas, nedsättas i en kittel med vatten och kokas 20 min. eller upphettas till 80° ½ tim.

1208. Äppelkompott.

Mogna, tasta äpplen,   300 gr. socker till
   1 l. vatten.

Äpplena skalas, klyfvas eller behållas hela, urkärnas och nedläggas genast i burkarna samt öfvergjutas med sockerlösningen. Burkarna tillslutas, nedsättas i en kittel med vatten och kokas 20 min. eller upphettas till 80° ½ tim.

1209. Päronkompott.

Syltpäron, 350 gr. socker till
1 l. vatten.

Päronen skalas, klyfvas, doppas i vatten och nedläggas genast i burkarna med sockerlösningen. Burkarna tillslutas, nedsättas i en kittel och kokas 40 min.

Gråpäron och andra 250 gr. socker till
mjuka sorter. 1 l. vatten.

Päronen skalas, och stjälkarna skrapas. Frukten doppas i vatten och nedlägges genast med sockerlösningen i burkarna, som nedsättas i en kittel med vatten och kokas 25 min. eller upphettas till 90° 35 min.

1210. Kompott af gula plommon.

Mogna plommon, 500 gr. socker till
1 l. vatten.

En lag kokas af socker och vatten. Frukten sköljes, nedlägges i burkarna och öfvergjutes med den kalla sockerlagen. Burkarna tillslutas, nedsättas i en kittel med vatten och kokas 15 min. eller upphettas till 80° 20 min.

På samma sätt beredes kompott af:

Röda plommon.
Mirabeller.
Krikon.

1211. Ränklokompott.

Omogna ränklor 1 l. vatten.
650 gr. socker,

Frukten sköljes, pickas och nedlägges i burkarna. Socker och vatten kokas till en lag, som hälles kall öfver frukten. Burkarna nedsättas i en kittel med vatten och kokas 20 min. eller upphettas till 80° $1/2$ tim.

1212. Persikekompott.

Persikor, 500 gr. socker,
1 l. vatten.

Frukten skalas, klyfves och urkärnas, nedlägges i burkar och öfvergjutes genast med den kokta, kallnade sockerlagen. Burkarna tillslutas, nedsättas i en kittel med vatten och kokas 20 min. eller upphettas till 80° $^1/_2$ tim.

Aprikoskompott beredes som persikekompott.

1213. Jordgubbskompott.

Röda jordgubbar, 600 gr. socker,
1 l. vatten.

Bären rensas, sköljas och nedläggas försiktigt i burkarna, som få stå ett par timmar att packa ihop sig, hvarefter de åter fyllas. Socker och vatten kokas till lag, som hälles kall öfver bären. Burkarna tillslutas och nedsättas i en kittel med vatten att sakta koka upp. Kokas 20 min. eller upphettas till 80° 25 min.

På samma sätt tillredes kompott af:
Hallon.
Björnhallon.
Hjortron.
Mullbär.

Hermetisk konservering af grönsaker.

Alla grönsaker till konservering böra vara de bästa, som kunna erhållas, helst nyss skördade.

De rensas och sköljas väl, förvällas 5—10 min. i lindrigt saltadt vatten. Förvällningen kan uraktlåtas vid konservering af mycket späda grönsaker, men då bör kokningstiden något ökas. Att förvälla grönsakerna har äfven den fördelen med sig, att de taga mindre plats i burkarna.

KONSERVERING

Grönsakerna nedläggas i burkar, dock ej högre, än att ett par cm. från öfre kanten återstå, lindrigt saltadt vatten, 1 full tesked på hvarje liter, påhälles så, att det står jäms med grönsakerna. Burkarna tillslutas, hvarefter de kokas och behandlas som vid konservering af kompott (se anvisning vid konservering af frukt- och bärkompott), blott med den skillnaden, att vid konservering af grönsaker vattnet bringas så fort som möjligt till kokning. Efter verkställd kokning afkylas burkarna så hastigt som möjligt med iakttagande af nödig försiktighet, att burkarna icke spräckas. Då pannan tagits från elden, kan vattnet så småningom tillspädas med kallt, under det man bortöser något af det varma vattnet.

Ställ aldrig varma burkar obetäckta i kallt eller dragigt rum! de kunna sprängas, och mer än en gång har det förorsakat olycka.

Koktiden för grönsakerna angifves vid de olika recepten.

1214. Sparris.

Stor nyskördad sparris skrapas, skäres jämn och lägges 1 tim. i kallt vatten. Sparrisen hopbuntas, nedsättes med knopparna upp i en kittel med kokande, saltadt vatten, dock ej mer än att vattnet går upp på halfva sparrisen; ett lock pålägges, och sparrisen förvälles under några minuter. Sparrisen upptages, afsköljes i kallt vatten och ställes försiktigt i burkar med knopparna nedåt och öfvergjutes med friskt vatten, tillsatt med 1 tesked salt till hvarje liter. Burkarna tillslutas, nedsättas i en kittel med vatten och kokas 1—1$^1/_2$ tim. (Se ofvan!)

1215. Soppsparris.

Sparrisen skrapas, skäres i bitar, lägges i kallt vatten, förvälles några minuter och öfversköljes med kallt vatten.

Lägges i burkar och öfvergjutes med friskt vatten, tillsatt med 1 tesked salt till hvarje l. Burkarna tillslutas, nedsättas i en kittel med vatten och få koka 1—1$^1/_2$ tim.

1216. Blomkål.

Blomkålshufvuden delas i klyftor eller bibehållas hela och läggas några timmar i kallt vatten. Lindrigt saltadt vatten upphettas nästan till kokning, blomkålen ilägges, och vattnet bringas till kokning, hvarefter pannan genast aflyftes. Blomkålen får kvarligga 5—10 min., då den upptages och öfvergjutes med kallt vatten. Nedlägges i burkar, och vatten, tillsatt med 1 tesked salt till hvarje liter, påhälles, kokas $^1/_2$ à $^3/_4$ tim., beroende på burkarnas storlek.

1217. Gröna bönor.

Små gröna bönor rensas, sköljas och förvällas några min. i starkt kokande, saltadt vatten. De upptagas, öfverspolas med kallt vatten, nedläggas i burkar och öfvergjutas med friskt vatten, tillsatt med 1 tesked salt till hvarje l. Burkarna tillslutas och nedsättas i en kittel samt kokas 1$^1/_2$ tim. Se hermetisk konservering af grönsaker!

Vaxbönor konserveras på samma sätt.

1218. Sockerärter.

Sockerärter behandlas som gröna bönor men med kortare kokningstid, $^3/_4$ à 1 tim. beroende på burkarnas storlek.

1219. Spritärter.

Ärterna spritas, förvällas några min. i saltadt vatten och afsköljas. Nedläggas i burkar, öfvergjutas med vatten, tillsatt med 1 tesked salt på hvarje liter. Burkarna tillslutas, nedsättas i en kittel med vatten och kokas 1$^3/_4$ tim.

Spritärter kunna äfven konserveras på buteljer med s. k. patentkork (kolsyrevattenflaskor) och behandlas i öfrigt lika som föregående.

1220. Morötter.

Små runda morötter tvättas väl och förvällas i saltadt, kokande vatten. Därefter aftages skalet lätt med fingrarna, och morötterna öfverspolas med kallt vatten. Nedläggas i burkar, öfvergjutas med vatten tillsatt med 1 tesked salt på hvarje liter vatten, hvarefter burkarna tillslutas och kokas i en kittel med vatten 1 tim. Se hermetisk konservering af grönsaker!

1221. Blandade grönsaker.

Härtill tagas spritade ärter, späda morötter, små bönor, skurna i bitar, fint skuren selleri etc. Hvar sort förvälles för sig, blandas sedan och nedlägges i burkar. Öfvergjutes med friskt vatten tillsatt med 1 tesked salt på hvarje liter. Burkarna tillslutas, nedsättas i en kittel med vatten och kokas 1 $^1/_2$ tim.

Användes till grönsoppor eller som garnering till kötträtter.

1222. Spenat.

Spenaten rensas, sköljes och förvälles i saltadt vatten, får afrinna, hackas fint och fylles på burkar, hvilka tillslutas, nedsättas i en kittel med vatten och kokas $^1/_2$ tim. Se hermetisk konservering af grönsaker!

1223. Kronärtskockor.

Kronärtskockorna putsas, de yttersta bladen borttagas, taggarna på bladen bortklippas, och kronärtskockorna nedläggas 2 tim. i kallt vatten. De upptagas, förvällas i saltadt vatten 20 min., öfverspolas med kallt vatten, få afrinna och nedläggas tätt i stora konservburkar med vida halsar. Friskt vatten, tillsatt med 1 tesked salt på hvarje liter, påhälles. Burkarna tillslutas, nedsättas i en kittel med vatten och kokas 2 tim.

1224. Kronärtskocksbottnar.

Kronärtskockor förvällas, och bottnarna frånskiljas. Dessa kokas 20 min. i saltadt vatten, öfverspolas med kallt vatten, få afrinna, nedläggas i burkar och öfvergjutas med friskt vatten tillsatt med 1 tesked salt på hvarje liter. Burkarna tillslutas, nedsättas i en kittel med vatten och kokas 1 $1/_2$ tim. Se hermetisk konservering af grönsaker!

1225. Tomatpuré.

Röda, mogna, fullt friska tomater sönderskäras och läggas i en vid låg panna, som möjliggör hastig afdunstning, jämte en eller ett par nejlikor och en liten bit lök. Pannan ställes öfver frisk eld, och tomaterna omröras, tills det vatten de innehålla till största delen afdunstat. Tomaterna drifvas genom sikt och puréen fylles på flaskor med patentkork (kolsyrevattenflaskor) och kokas i en kittel med vatten 15—25 min. Förvaras kallt.

1226. Konservering af kött.

Kött af alla slag kan konserveras lika väl som grönsaker, men ett oeftergifligt villkor är, att det måste vara färskt. Fågel, som varit frusen, duger ej att konservera, ty äfven om smaken ej skulle framträda och varna, kan det under konserveringen bildas för hälsan skadliga ämnen däri. Det, som skall konserveras, färdigstekes på vanligt sätt, men får ej blifva för mjukt, då det äfven mjuknar något under konserveringen, spädes med vatten eller buljong, ej med mjölk. Härefter sker sönderstyckning, och de ben, som saklöst kunna borttagas, aflägsnas. På fågel borttages hela benstommen utom lårbenen, styckena nedläggas ännu varma i burkarna, köttskyn silas och utspädes, om så behöfves, med buljong och slås öfver. Fettet borttages ej, man tillser endast, att det ej kommer på gummipackningen. Bur-

Zetterstrand, Kokbok.

karna tillslutas och sättas i varmt vatten, kokas 1 $1/_2$—2 tim., allt efter burkarnas storlek. Afkylas så fort ske kan. Se hermetisk konservering af grönsker!

1227. Konservering af fisk.

För fisk gäller detsamma som för kött, att den skall vara fullt färsk. Endast de fiskslag, som hafva fast kött, lämpa sig för konservering. Lax och ål blifva bäst. Fisken kokas ej fullt färdig, ryggbenen borttagas, fisken nedlägges varm i burkarna och spadet, tillsatt med litet ättika, öfverhälles. Burkarna igensättes och kokas $1/_2$—1 tim. Afkylas så fort ske kan.

Torkning.

All torkad frukt lägges några timmar i kallt vatten, innan den användes.

1228. Torkade päron.

Saftiga päron förvällas, få afrinna och skalas; stjälken skrapas, och där blomman suttit skäres ett kors. De torkas i svag ugnsvärme på torkollor eller med papper belagda plåtar. Uttagas, få svalna, insättas åter i ugnen, tills de äro torra. Större päron skäras i fyra delar, sedan de äro förvällda och skalade. Skalen af päronen afkokas med vatten, som hopkokas till sirap, i hvilken den torra frukten doppas och därefter åter får torka. Sirapen kan också förvaras uppslagen i burk och tillsättes, då päronen användas.

1229. Torkade äpplen.

Mogna äpplen skalas, urkärnas och skäras i skifvor samt insättas på torkollor, först i något varm ugn, men få ej bli bruna, och sedan i mycket svag ugn att torkas; de uttagas och insättas flera gånger, tills de äro torra. — Små väl mogna äpplen kunna torkas hela; kärnhuset urtages, och de skalas.

För att frukten ej skall mörkna, lägges den, genast den är skalad, i lindrigt saltadt vatten, som får väl afrinna.

1230. Torkade plommon.

Mogna plommon klyfvas och befrias från kärnorna, läggas med skalsidan på torkollor i en bakugn 1 à 2 dygn efter brödbak, uttagas att svalna och insättas i ugnen flera gånger, tills de äro halftorra, då de öfverhällas med uppkokt sirap eller öfverströs med farinsocker. Vanligen råka plommonen i jäsning efter någon tid, men förstöras ej därigenom, men sockret i dem förbrukas, så att de bli mindre söta.

1231. Torkade bär.

Mogna men ej öfvermogna bär insättas i svag ugnsvärme och behandlas som föregående samt lufttorkas efteråt. De bärsorter, som bäst lämpa sig för torkning, äro:

Krusbär.   Blåbär.
Körsbär.   Svarta vinbär.

1232. Torkade ärter.

Nyss spritade ärter af god sort, ej fullt utvuxna, läggas i en panna utan tillsatts af vatten; ställas öfver svag eld och omröras försiktigt, tills de äro genomheta och torra; insättas därefter i svag ugnsvärme några gånger, hvarefter de lufttorkas, tills de äro fullständigt torra. Litet socker eller salt kan tillsättas, då de upphettas.

1233. Torkade sockerärter.

Späda sockerärter rensas och uppträdas på trådar, förvällas några minuter i kokande saltadt vatten, hvarefter trådarna uppspännas på luftigt ställe, så att ärterna torka.

1234. Torkade turkiska bönor.

Behandlas som i föregående nummer, eller som torkade ärter.

1235. Torkad spenat.

Späd, ljusgrön spenat rensas väl, men får ej sköljas. Bakplåtar smörjas med skirdt smör, och därpå utbredes spenaten; de införas i mycket svag ugn och tillses noga. Efter en stund uttages plåten, spenaten lossas med knif och upplägges på linne att torka.

1236. Torkade nässlor.

Nässlorna sköljas mer än väl, uppläggas på såll att afrinna, skakas i handduk (se grön sallad!) och uppläggas på linne, tills de äro fullständigt torra, hvarefter de torkas i mycket svag värme, annars förlora de sin gröna färg.

1237. Torkad persilja och dill.

Hvar sort för sig utbredes, utan att sköljas, på papper och torkas i öppen ugn några minuter.

Alla torkade grönsaker förvaras bäst i papperspåsar och läggas några timmar i kallt vatten, innan de kokas.

Saltning af grönsaker.

Alla grönsaker kunna nedsaltas, blott detta sker med tillräckligt med salt. Då grönsakerna skola användas, sköljes detta väl bort, innan de läggas i vatten.

Turkiska bönor saltas hela såväl som skurna.

Sockerärter saltas endast hela, blifva rätt bra och kunna om vintern med fördel användas till grönsoppa.

Blomkål delas i större klyftor; små hufvuden saltas hela.

Spenat till saltning bör vara storbladig sort med hög färg.

Dill och persilja saltas äfven, ehuru detta ej är att rekommendera.

1238. Förvaring af gurkor.

Friska gurkor, som hafva få kärnor, skalas och skäras i tunna skifvor och beströs med mycket salt, som är finstött, samt pressas en stund mellan fat, hvarefter all lake väl afhälles. De pressade gurkorna nedläggas hvarftals i en glasburk, med finstött salt mellan hvart hvarf, och öfverströs med salt. Sedan lägges en porslins- eller glastallrik därpå med en liten tyngd; burken öfverbindes och förvaras kallt. Då gurkorna skola användas, urvattnas de väl och tillredas som färska.

Saltning o. d.

1239. Saltning af kött.

Köttets konservering genom saltning sker på bekostnad af dess näringsvärde; då saltet intränger i köttet, intager det den utträngda köttsaftens plats; denna köttsaft innehåller ofta hälften af köttets närande beståndsdelar och bortslås utan ringaste nytta. Likväl äger ju metoden sitt berättigande, då det onekligen är det enklaste och mest tidsbesparande sätt att konservera kött och fläsk. Dessutom företages saltning för smakens skull, då det salta köttet utgör ett ofta välkommet ombyte till det färska.

För ingnidning af 20 kg. kött beräknas omkr. 1 l. salt, $1/_2$ l. socker, 3 msk. kalisalpeter. Vid saltning med endast salt förlorar köttet sin röda färg, hvilket motverkas af tillsats med salpeter. (Man tillser noga, att man får *kali*salpeter.) Socker tillsättes för att minska köttets hårdnande och göra det mera välsmakande.

För lake till ofvanstående mängd kött: 10 l. vatten, 2 1/2 kg. groft salt, 75 gr. kalisalpeter, 500 gr. socker. Saltlaken kokas, skummas och får fullständigt kallna.

Köttet styckas, och alla körtlar bortskäras sorgfälligt; styckena ingnidas med socker, salt och salpeter blandade och få ligga så ett dygn. Köttet upplägges att afrinna, nedlägges därefter tätt i ett passande kärl; den kalla laken slås öfver och bör fullständigt täcka köttet.

Efter några dagar tillses, om köttlaken blifvit röd af blod, som trängt ut ur köttet, den uppkokas, skummas och silas och bör vara fullkomligt kall, innan den åter hälles öfver köttet.

Då träkärl användas för saltning, böra de vara ytterst väl rengjorda med kokhett vatten och invändigt gnidas med fint salt.

Allt slags kött eller fläsk saltas lika; saltmängden kan rättas efter den längre eller kortare tid köttet skall förvaras.

1240. Saltning af oxtunga.

Oxtungor kunna ej med fördel saltas under den varma årstiden. Vid saltning tages 1/4 socker mot salt, för öfrigt saltas de som vanligt kött, och kunna med fördel rökas.

1241. Rimsaltadt kött.

Oxbringa, fårkött och refbensspjäll lämpa sig väl för rimsaltning. Köttet ingnides med hälften socker mot salt och litet salpeter, får ligga ett par dagar och vändes under tiden. Till hvarje liter vatten tagas 2 dl. salt, 1 dl. socker och obetydligt med salpeter, uppkokas och får kallna, hvarefter det slås öfver köttet; då detta är rödt alltigenom, är det färdigt att användas. Kan, om köttet ej står för kallt, vara saltadt på 4 à 6 dagar.

1242. Snabbsaltning.

1 dessertsked kali-
salpeter,
2 ½ dl. socker,
1 l. salt,
3 l. vatten.

Det som skall saltas, kött eller tunga, genomstickes ganska tätt med en späcknål, ingnides med sammanblandt socker och salpeter samt får ligga öfver natten. Salt och vatten uppkokas och få kallna, hällas i ett kärl, som ej får vara vidare, än att laken står öfver köttet, då detta nedlägges. Får ligga 3—4 dagar, hvarefter det kokas i samma lake, då saltet fullkomligt genomtränger köttet.

1243. Behandling af skinkor till rökning.

Då skinkor skola saltas till rökning, bör man, för att få dem fort genomsaltade, införa en smal spetsig knif invid benet, vrida om den ett halft hvarf, och i öppningen nedstoppa socker, salpeter och salt, innan skinkan ingnides därmed. Ett annat sätt är att urtaga benet med en uddhvass knif, så att intet kött medföljer. Svålen jämte köttet lossas kring läggen, knifven införes från motsatta sidan, benet kringskäres, hvarefter det kan utryckas. Skinkan lindas med snören och saltas på vanligt sätt 2 à 3 veckor eller längre tid, beroende på temperaturen, upptages ur laken och får torka någon dag, innan den sändes till rökning.

1244. Rökt gåsbröst.

Endast unga gäss böra användas till rökning.

De utskurna brösten gnidas med salt, socker och litet kalisalpeter. De läggas med den feta sidan nedåt i lämpligt kärl, socker och salt påströs, och nästa hvarf lägges med fetsidan uppåt. Härpå lägges en tyngd, och sålunda

SALTNING o. d. 456

få de stå 5 à 6 dagar, men böra dagligen omplockas, så att de öfversta komma under i laken. Då brösten skola rökas, hopsys de, så att de bli runda och insys i gles väf, hvarefter de kallrökas 5 à 6 dagar. Förvaras upphängda i luftigt rum.

1245. Saltning af kött till rökning.

Till rökning lämpa sig stycken af ytterlår, de böra ej saltas längre tid, än som åtgår för deras genomsaltning, ungefär 2 eller 3 veckor.

1246. Rökning af kött.

Smärre stycken fläsk eller kött kunna rökas på det sätt, som angifves för rökning af fisk med iakttagande af, att tunnan eller lådan göres något högre, så att afståndet mellan elden och det, som rökes, blir större. På de flesta äfven de mest aflägsna platser finnes möjlighet att få varor rökta af därtill vana personer, som till sitt förfogande hafva rökugnar eller rökstugor så ordnade att röken först afkyles, innan den kommer i beröring med det, som skall rökas, s. k. kallrökning.

Röksmak kan bibringas kött på följande sätt: på 425 gr. kimrök slås 3 l. kokande vatten som ofta omröres; efter 2 à 3 dagar afhälles vattnet försiktigt och silas, om så fordras. Fläsk eller kött nedlägges häri och vändes ofta under loppet af 1 à 2 dagar allt efter styckenas storlek. Aftorkas på linne och upphängas på varm luftig plats att torka.

1247. Torkning af kött.

I stället för att rökas kan saltadt kött, i synnerhet fårkött, torkas. De saltade fårlåren upptagas ur laken, aftvättas väl och torkas, inlindas i dukar och få ligga öfver natten. Upphängas därefter några dagar i en spisel ej för nära eldstaden, hvarefter de flyttas till en mindre varm plats, dock så att de torka, hvilket bör ske på 2 à 3 veckor. Saltad korf torkas på samma sätt men kortare tid.

1248. Saltning af fisk.

Lax. Till 6 kg. lax:

200 gr. socker, 50 à 70 gr. kalisalpeter.

Sedan laxen är urtagen, torkas den utan att sköljas; hufvud, fenor och ryggben borttagas, hvarefter laxen skäres i stycken, hvilka ingnidas med en blandning af ofvanstående ingredienser. De nedläggas i en bytta med köttsidorna mot hvarandra och rikligt med salt mellan hvarfven. Byttan nedställes genast i källare. Ryggbenen saltas för sig i ett annat kärl. Hufvudet och fenorna användas färska.

Ål. Ålen öfverströs med salt och bestänkes med ättika; efter en stund gnides slemmet bort med sand, hvarpå fisken sköljes. Buken uppskäres, inälfvorna borttagas, och ålen torkas med linne och ingnides med salt, tillsatt med obetydligt med salpeter. Efter 5 à 6 dagar upptages ålen, laken afstrykes, och ålen nedlägges i ett kärl med rikligt med salt mellan hvarfven; en botten med tyngd pålägges. Förvaras i källare.

Sill fjällas, hufvudet afskäres, och fisken behandlas för öfrigt som föregående.

På liknande sätt saltas:

Makrill.   *Braxen.*
Strömming. *Id.*
Sill.   *Vimmor.*

1249. Förvaring af salt fisk.

Då den salta fisken mot våren visar tecken att börja härskna, bortskummas noga allt det feta på ytan af laken. Till hvarje liter uppkokt mjölk tillsättes 1 dl. salt, då mjölken kallnat, slås öfver fisken, så att den blandas med laken. Den bildade osten stannar på ytan och betäcker fisken.

1250. Lutning af fisk.

Spirlånga är bäst härtill, färdiglutad förekommer den i handeln under namn af bernfisk. Gråsida blir ej så hvit men kan vara god i smaken. Den torra fiskens färg bör närma sig skärt och ej gult, då den hålles mot dagern. Fisken hugges i stycken, som läggas i vatten 7 à 8 dygn under hvilken tid vattnet dagligen bytes. Den vattnade fisken nedlägges med skinnsidan upp och öfverhälles med lutvatten som bör stå öfver fisken. Luten beredes af: till 25 liter vatten 4 liter sållad björkaska och 75 cl. kalk, som tillsättas, då luten kokar; luten får kallna och silas därefter på fisken, en tyngd pålägges; den tillses och omplaceras under loppet af 6 à 7 dygn, upptages och urvattnas i flera vatten, hvilka flitigt ombytas.

Lutning kan också ske med soda, då man till hvarje kg. fisk beräknar 75 gr. soda, som finstött strös mellan fiskstyckena, vatten påhälles och får stå på svalt ställe. Blir färdig på 2 à 3 dygn; urvattnas som föregående. Sodan kan också upplösas i vattnet, innan det hälles öfver fisken.

1251. Rökning af fisk.

En bottenlös tunna eller dito lår omkring 1 m. hög beslås upptill med slåar, på hvilka de spjälor skola ligga, som fisken är uppträdd på under rökningen. Af tegelstenar lägges en tät kant, på hvilken tunnan ställes; en mindre öppning lämnas, där bränslet skall anbringas. Fisken som skall rökas, uppträdes på spjälor, som läggas så att de hvila stadigt på slåarna, hvarefter tunnan täckes med gamla säckar. Nu införas i tegelstensöppningen några glödande kol, däröfver täckes med enris eller murken ek-

är ett synnerligen lätt och bekvämt sätt för den, som själf har höns.

Med fett. En del vax och två delar matolja värmas, tills vaxet smälter. Innan äggen öfverstrykas härmed, måste de rengöras och läggas omkr. 10 min. i någon desinfektionsvätska t. ex. salicylsyrelösning, aftorkas och ingnidas väl med fett.

Då ägg skyddas för luftens mikroorganismer genom ingnidning med fett, är det af vikt att tillse, att de först genom desinfektion befrias från sådana och att det fett, hvarmed de ingnidas, är fullkomligt friskt, så att det ej inom kort tid härsknar.

För öfrigt finnas många sätt att konservera ägg; hvar och en kan ju försöka de olika sätten, då hur få ägg, som helst kunna tjäna till prof. Man må endast taga i betraktande, att äggskalet är poröst och att ägget skall skyddas för luftens tillträde.

1256. Förvaring af färkst kött.

Stekt och i synnerhet kokt kött kan förvaras ett par veckor, sedan det är tillredt, om det förvaras på sval plats.

Det kokta köttet lägges i en kruka, spadet hvari det kokats silas, tillsättes med gelatin och klaras med äggh vita, hvarefter det upphettas till kokning. Köttet ilägges att blifva genomvarmt, hvarefter allt sammans uppslås i en kruka och får kallna; geléet bör väl täcka köttet. Flott smältes och får svalna något, hvarefter det varsamt hälles öfver geléet i krukan; då det stelnar bildar det en skyddande botten däröfver. Om vintern bör flottet för att ej spricka vara af lösare beskaffenhet, om sommaren af fastare, beredes då helst af får eller oxe.

Krukan öfverbindes och förvaras på kall plats.

1257. Förvaring af smör.

De kärl, hvari smör skall förvaras till vinterbehof, kokas väl, urlakas och beströs med fint salt. Smöret nedpackas tätt, och den lake, som härunder blir på smöret, tillvaratages och hälles öfver smöret, då detta är nedpackadt. Då laken efter några dagar nedträngt i smöret, lägges öfver detta en i vatten doppad duk, som tryckes tätt efter smöret, och härpå strös ett tjockt lager smörsalt och tätt lock pålägges. Byttan förvaras på kall plats, där smöret ej är utsatt för att mögla.

1258. Förvaring af champinjoner.

Utom att champinjoner inkokas på konservburkar, kunna de inkokas i smör, hvilket har den fördelen, att sedan man tagit af champinjonerna, återstoden kan förvaras; burken upphettas då, tills smöret smälter och får sedan åter kallna. Champinjonerna, ju mindre ju bättre, men äfven större kunna användas, rensas, skäras i bitar, om så behöfs, sköljas och få afrinna på linne. Till 1 l. champinjoner fordras $^1/_4$ kg. smör, som smältes och noga skummas och befrias från salt. Det klara smöret hälles i en annan panna och champinjonerna läggas däruti att koka på sakta eld under flitigt omrörande. Medan champinjonerna bli mjuka, skall vattnet hinna afdunsta. De kokas, tills smöret åter blir fullständigt klart, då allt upphälles i värmda burkar. Man tillser noga, att smöret täcker svampen. Burkarna öfverbindas och förvaras på kall plats.

1259. Förvaring af blomkål.

Om blomkål skall kunna förvaras någon tid, böra de gröna bladen vikas öfver hufvudet. Sen blomkål, som knappt satt hufvud, kan, då frostnätter befaras, upptagas och sättas i en lår eller bytta; jorden packas väl omkring rötterna, och låren insättes i källaren. Hufvudena växa ut under vintern. Bladen vikas öfver, så att kålen ej blir fläckig. Den kan hålla sig till jul.

Några anvisningar för nybörjaren.

Första villkoret för att lyckas vid matlagning är att sörja för, att man har till sitt förfogande en god spisel med jämn, aldrig försummad eld och tillgång till varmt vatten.

De benämningar, som förekomma i en kokbok, blir man gifvet snart på det klara med; dock kanske några förklaringar kunde vara välkomna för en debutant på området.

Med en *redning* afser man att minska tunnheten hos en soppa, sås l. d. Detta sker hufvudsakligast på tvenne sätt: smöret smältes i pannan, mjölet ivispas, pannan tages från elden, och, det som skall redas, tillspädes och uppkokas under vispning, hvarefter det får sakta koka några minuter; äggulor vispas öfver elden med det, som skall redas, utan att detta får komma i kokning.

En *stufning* består af en redning, i hvilken lägges förut kokt eller stekt, sönderskuret kött, fisk eller grönsaker.

Griljering kallas, då kött eller fisk doppas i söndervispadt ägg och rullas i rifvebröd samt därpå stekes i hett smör eller flottyr.

Preparering af formar sker genom att dessa bestrykas med kallt eller smält smör och därefter beströs med rifvebröd, hvilket göres för att underlätta uppstjälpandet af formens innehåll.

På alla ställen i denna bok, där endast mjöl angifves, förstås hvetemjöl.

Då redan färdig mat skall uppvärmas eller hållas varm, bör detta helst ske uti vattenbad och ej i ugn, där den endast torkar, innan den blir varm.

Använd för öfrigt alltid den egna omdömesförmågan, hvilket är många gånger bättre än andras råd.

HUSMODERSSKOLAN.

Innehafvarinna: Fru CARLINA LILLJEKVIST.

Skolan grundad 1898.

Lokal: Drottninggatan 67, 1 tr. — Tel. Brunkeberg 8 39.

Prospekt tillhandahållas äfven genom Fredrika Bremerförbundet.

Skolan har till uppgift att klargöra den husmoderliga verksamhetens olika riktningar och att vara en vägledning för utöfvandet af en husmoders plikter. Undervisningen sker till största delen samtalsvis under de rent teoretiska lektionerna, som ställas i omedelbart samband med de praktiska öfningarna, hvilka således blifva lättare att uppfatta.

Husmodersskolan är afsedd både för dem som bereda sig för skötandet af ett eget hem och för dem, som nyss afslutat skolan. Undervisningen omfattar följande ämnen:

Födoämneslära: födoämnena, deras olika betydelse för människokroppen, deras sammansättning och beredning samt näringsvärde äfven i förhållande till deras handelspris. Den teoretiska undervisningen afser hufvudsakligast att göra eleven uppmärksam på företeelserna vid det praktiska arbetet och utgöra ett svar på frågan: »Hur skall vår föda vara sammansatt för att fylla det kraf kroppen ställer på den?»

Praktisk matlagning: i samband med den teoretiska undervisningen och med tillämpning däraf, födoämnenas tillgodogörande vid såväl enklare som finare matlagning, bakning, syltning och konservering, uppköp af matvaror, ekonomiskt användande af bränsle.

Hälsolära: kort elementär redogörelse för människokroppens byggnad och fuktioner samt hygien, bostadens ventilation och uppvärmning, iakttagelser vid barnens vård och näring. Undervisningen skötes af utexaminerad lärarinna på området.

REGISTER.

Innehållsförteckningen i början af boken torde observeras.

A.

	Sid.
Abborrar, blå portens	131
Abborre, kokt	130
» med ostron	131
» stufvad	131
Abborrfiléer, stekta	131
Adelékaka	363
Afredning med bryntsmör och mjöl	146
» » potatismjöl	147
» » smör och mjöl	146
» » äggulor	147
Aladåbberedning	169
» på anka	171
» » gris	170
» » gås	171
» » hummer	172
» » höns	171
» » kalkon	171
» » konserverad hummer	172
» » kyckling	171
» » lax	172
» » tunga	170
» » vildt	171
» » ål	173
» » ägg	173
Ananas-gelé	301
» glass	318
» pudding	287
And	95
Andungar	95
Anka	106
Anka, aladåb på	171
Ansjovis, inläggning af	459
» låda	262
» rätt, kall	261
» » varm	262
Anvisningar, några för nybörjare	463
» vid behandling af fisk	117
Anvisning vid bakning	329
» » konservering af frukt och bärkompotter	441

	Sid.
Användning af rester	260
Apelsin-glass	319
» kompott	312
» kräm	305
» marmelad	429
» pastiljer	325
» saft	420
» » på skal	421
» skal, syltade	414
Aprikoser, syltade	410
Aprikos-glass	318
» kompott	445
Aristokratkaka	364
Arma riddare	220
Aromatisk ättika	165
Arraks-kräm	306
» punsch	399
Asiagurkor	435
Asp	123

B.

Bakelse, mör-, fylld	370
» med mandelfyllning	370
» » krämfyllning	370
» smör-	368
Bakelser	368
» glacerade	372
» goråns-	375
» grädd-	375
» Hamburger-	374
» lika mycket-	372
» mör-	369
» socker-, uppblåsta	374
Bakning	329
» af sötigt mjöl	332
» anvisning vid	329
Bakpulver	333
Bakverk, finare	352
» i flottyr	191
Bechamelsås	148
Beckasin	94
Behandling af fågel före anrättandet	89

Zetterstrand, Kokbok.

	Sid.
Behandling af skinkor till rökning	455
» » sky till steksås	147
Beignetskransar	192
» äppel-	192
Berberissaft, sur	422
Beredning af aladåb	169
» » sås	146
Berlinerbröd	382
» kaka	364
» munkar	193
Bierfisk	122
Biff af ren	85
» i biffkokare	50
» kalf-, späckad	59
» paj	197
» rost-	43
» » kall	44
» rund-	52
» stek	49
» » halstrad	49
Bigarråer, syltade	408
Bigarråkompott	442
» saft	420
Biskopskaka	364
Biskvier	377
» pudding	288
Bittermandel, makroner af	378
Björkvin	396
Björnhallonskompott	445
» syltade	406
Blanc-manger	308
» med mandel	309
» » choklad	309
Blandad charlotte	295
» kompott	312
» marmelad	429
Blandade grönsaker	250, 448
» sallad af	259
Blekselleri	236
Blodkorf	179
» pudding	270
Blomkål	447
» brysselkål med	240
» färserad	114
» förvaring af	462
» gräddstufning med	127
» konserverad	241
» med kräftsås	240
» » smör	240
» som sallad	257
» stufvad	241
Blomkålspuré	16
» svamp	255

	Sid.
Blåbär på buteljer	431
Blåbärskompott	443
» saft	419
» syltade	408
Blåkål, stufvad	239
Blå portens abborrar	131
Blås- eller flyktsocker	321
Bläcksvamp	253
Boeuf à la mode	45
Bohvetegröt	34
Bolltårta	358
Bondbönor	249
» soppa på	23
Bouchéer	200
Braunschweigerkaka	347
Braxen, inkokt	122
» kokt	122
» med vin	122
» ugnstekt	122
Bress, kalf-	62
» » stekt	62
» » stufvad	62
Bringa, får-, färserad	70
» » griljerad	69
» » kokt	69
» Hamburger-, kokt	52
» kalf-, färserad	57
» » gratin på	61
» » kokt	60
» » med grönsaker	61
» » stekt	57
» ox-, kokt färsk	51
» rimsaltad, kokt	52
Brinnande sås	161
Broccoli	241
Brockfågel	94
Brun champinjonsås	147
» mandelspån	373
» mandeltårta	359
Bruna bönor	248
» » med fläsk	249
Brylé, kräm	309
» pudding	310
Brylå	399
Brynt brysselkål	240
» kålhufvud	238
» smör	154
» surkål	239
Brynta kålrötter	233
» jordärtskockor	286
Brysselkål, brynt	240
» med blomkål	240
» stufvad	240

REGISTER.

	Sid.
Bräckkorf	176
Bräcksocker	321
Brända mandlar	324
Brännvin, kummin-	399
Bröd	338
» Berliner-	382
» citron-	379
» crôutons	37
» Dresdener-	381
» drottning-	377
» farin-	380
» finska	380
» franskt	344
» gammalt, uppfärskning af...	332
» glass-	379
» grahams-	345
» » med bakpulver	351
» kanel-	382
» » äkta	377
» klimp	36
» knäcke-, fint	338
» » med kli	338
» korint-, spanska	381
» kummin-	381
» kuvert-	344
» mat-, finare	344
» med bakpulver	351
» » mandelmassa	348
» mörkt	343
» njur-	63
» palt-	339
» prästgårds-	381
» pudding	289
» » med sylt	289
» randigt	348
» rostadt	37
» rågsikts-	341
» saffrans-	346
» siraps-	341
» små-	377
» » mördeg till	382
» socker-	379
» sommar-	343
» spis-, groft	338
» stekt i ugn	38
» » ägg på	211
» vanilj-	378
» vört-	342
» Wiener-	348
Buljong, allmänna regler för kokning af	1
» enkel	4
» fisk-	20

	Sid.
Buljong, får-	4
» höns-	5
» Julienne-	3
» kalf-	4
» klar, af oxkött	2
» mörk	3
» redning af klar	3
Bullar af kokt kött	264
» kött-	112
» potatis-, enkla	225
» sill-	264
» skorp-, med bakpulver	352
» svamp-	256
Burgunderriddare	221
Bär, friska, lemonad af	400
» glass	319
» kompott	312
» och fruktkompotter, anvisning vid konservering af	441
» saft, gelé af	301
» soppa	26
» torkade	451
» viner	394
Bönor, bond-	249
» » soppa på	23
» bruna	248
» » med fläsk	249
» » puré på	16
» gröna	447
» hvita	248
» » med smör	248
» » puré på	248
» rosen-	248
» turkiska	247
» » saltade	247
» » stufvade	247
» » torkade	452
» » torra	247
» vax-	447
» välska	249

C.

Carl XV:s sylt	407
Carré, fläsk-	74
» » marinerad	74
Champinjoner, förvaring af	462
» konserverade	252
» kroketter af	189
» kyckling med	97
» rapphöns »	91
» stufvade	252
» till garnityr	252

REGISTER.

	Sid.
Champinjonsoja	163
» soppa	24
» sås, brun	147
» ljus	153
Charlotte, blandad	295
» äppel-	295
Chartreuse	205
» med höns	206
» » kål	206
Chateaubriand	49
Choklad	389
» glass	317
» glasyr med	336
» kakor, små	323
» praliner	323
» pudding 308,	285
» soufflé	298
» sås	159
» tårta	362
Citronbröd	379
» gelé	300
» glass	319
» kräm	306
» lemonad af	400
» pastiljer	325
» pudding	308
» rördt smör med	157
» soufflé	297
» » med äpplen	297
» sås	159
» tårta	360
Colbertsås	149
Croûtons, bröd-	37
» ost-	37
Crusenstolpar	371
Curry, ål med	124

D.

Dekoreringsbård	83
Dill och persilja, torkad	452
Dolma, kål-	112
Dragonättika	164
Dresdenerbröd	381
Dricka, enbärs-	390
» honungs-	391
» ingefärs-	390
» socker-	390
» svartbröds-	392
Drickskallskål	28
» pannkaka	220
» soppa	29
» soppslimpor	341

	Sid.
Drottningbröd	377
» soppa	6
Drycker	388
» jästa	389
Dubbel lammstek	67
Dufva, skogs-	93
Dufvor som vildt	106
» stekta	106

E.

Efterrätter	281
Enbärsdricka	390
Endiviasallad	257
Engelsk märgpudding	290
» plumpudding	291
» pudding	310
Engelskt oxkött	50
Enkel marmelad	430
» skumsås	160
» äppelkaka	294
Enkelt köttgelé	162
» äppelmos	413
Enkla plättar och pannkakor	219
» potatisbullar	225
» rån	224
» våfflor	222
Enklare pastejdeg	195
Essenser	335

F.

Falsk fiskfärs	274
» fågelfärs	265
» gräddkaka 292,	217
» hare	111
» holländsk sås	152
» kapris	437
» majonnäs	155
» omelett	214
» ostkaka	217
» sköldpadda	64
Falska oliver	437
Farinbröd	380
Fasan	90
» med tryffel	91
Fikonpudding	286
Filbunke	32
» kokt	32
Filéer, abborr-, stekta	131
» af flunderfisk	134
Filé, får-	69
» järp-, med färs	92
» höns-, med färs	98
» kalf-	59

REGISTER.

	Sid.
Filé, kalkon-, med färs	102
» ox-	46
» » i gryta	47
Filmjölk	32
Fin hvetedeg	347
» mjuk pepparkaka	366
» äppelkaka	293
Finare bakverk	352
» hallonsylt	406
» matbröd	344
Finska bröd	380
Finsk paj	198
Fint knäckebröd	338
» äppelmos	413
Fisk	117
» buljong	20
» flunder-, filéer af	134
» färs	140
» » falsk	274
» » hård	140
» gratin med	261
» konservering af	450
» kroketter	188
» lutning af	458
» mjölspudding	272
» några anvisningar vid behandling af	117
» och kötträtter, såser till	150
» pastej på	195
» puré	20
» rökning af	458
» sallad af	259
» salt, förvaring af	457
» saltning af	457
» saltvattens-	132
» soppor och soppor utan buljong	19
» såser till	152
» timbal med	205
Flottyr	185
» bakverk i	191
» kokning i	186
» potatis, kokt i	229
Flunderfisk, filéer af	134
Flundra	132
» hälle-, kokt	135
» » stekt	135
» » stufvad	135
Fläsk, bruna bönor med	249
» carré	74
» » marinerad	74
Fläskhare	76
Fläskkorf	175

	Sid.
Fläskkorf med oxkött	175
» korf » potatis	176
» kotletter	76
» med äpplen och plommon	75
» pannkaka	215
» rygg med klimp	79
» stekt	76
Flykt eller blåssocker	321
Forell	121
Fransk mjuk pepparkaka	367
» omelett	213
» potatis	230
» spenatsoppa	23
Franskt bröd	344
» sätt, gädda på	127
Frasgelé	301
» omelett	214
» pannkaka	219
Frikadeller af fågel	35
» » hönskött	35
» » kokt kött	35
» » vildt	35
» klimp m. m. till soppor	35
» kött-	35
Frikassé, höns-	99
» kalf-	61
» lamm-	70
» på kanin	88
» sås	149
Friska bär, lemonad af	400
Frityrdeg	191
Fruktgeléer	425
» glasering af	322
» glass	317
» gräddskum med	304
» i konjak	416
» kaka	292
» kandering af	323
» kompott	313
» maräng	313
» och bärkompotter, anvisning vid konservering af	441
» » grönsaker inlagda till sallad	432
» » vinsoppor	24
» puré, gräddglass med	316
» risgrynskaka med	281
» rätter	311
» soufflé	298
» sås	160
» torkad, kompott af	312
» » soppa på	27

REGISTER.

Frysning af glass 315
Fylld gris 77
» gås............................. 104
» kålrabbi...................... 241
» mörbakelse 370
» rörsopp 254
» stekt gös 128
» växtmärg 250
Fyllda kålrötter 233
» riddare..................... 221
» rofvor...................... 232
Fågel 89
» frikadeller 35
» färs af 109
» » falsk 265
» krams- 93
» krams-, i gelé 93
» kött, kokt, färs af 110
om behandling af, före anrättandet 89
» sjö- 95
Fåglar, tama 96
Fårbringa, färserad 70
» griljerad 69
» kokt 69
Fårbuljong 4
» filé 69
» grytstek af 68
» hackis af 265
» hjärna 70
» hufvud 71
» » soppa på 10
» i kål 13
» kotletter 68
» » halstrade 68
» kött 66
» lefver 70
» med grönsaker och ris 69
» njure 71
» sadel 66
» » half 67
» som vildt 68
» soppa på sur grädde 10
» stek i ugn 66
» ticka 254
» tungor, griljerade 71
» » stufvade 71
Färger till glasering 337
Färs 107
» af fågel 109
» » höns 109
» » kalfkött 108
» » kokt fågelkött 110

Färs af oxkött 107
» » svinkött 109
» » vildt 110
» fisk- 140
» » falsk....................... 274
» fylld gurka................... 114
» » lök 113
» fylldt kålhufvud 112
» » selleri 113
» fågel-, falsk 265
» hönsfilé med 98
» järpfilé » 92
» kalf-, timbal med 204
» kalkonfilé med 102
» kött-, i form 111
» » i ugn 111
» panad till 107
» randig 109
» till pastejer 108
» timbal med 203
Färserad blomkål 114
» fårbringa 70
» gädda 126
» gös 129
» kalfbringa 57
Färserade ägg 209
Färseradt kalflår 57
Färsk kokt oxbringa 51
» » tunga 53
» sill 138
» stekt skinka 72
Färska gurkor 257
» spritärter 245
» ärter, soppa på 22
Färskt kött, förvaring af 461
Förlorade ägg 210
» i gelé 173
Förrätter, puddingar till 270
Förskärning och uppläggning ... 80
Förvaring af: blomkål 462
» » champinjoner 462
» » färskt kött 461
» » gurkor 453
» » salt fisk 457
» » smör 461
Fötter, gris-, griljerade 80
» » kokta 80

G.

Galantin på gris 78
» » gås 105
» » höns 100

REGISTER.

	Sid.
Galantin på kalkon	102
Gammalt bröd, uppfärskning af	332
Garnityr, champinjoner till	252
» oliver till	249
Gelatin, klarning af	302
Gelé	299
» af bärsaft	301
» » Moire's pulver	302
» bård	173
» citron-	300
» fras-	301
» förlorade ägg i	173
» gräddskum med	304
» hallon-	425
» järpar i	171
» järpe i	92
» kokning på annat sätt	426
» kramsfåglar i	93
» krusbärs-	425
» kött-	162
» » enkelt	162
» » i	173
» lingon-	425
» okokt	427
» plommon-	426
» pudding med sockerkaka	302
» » sockerkaka till	361
» randigt	301
» sås	157
» tranbärs-	425
» vin-	300
» vinbärs- hvitt	425
» » rödt	425
» » svart	425
» äppel-	426
Geléer, frukt-	425
Glaserad tunga	53
Glaserade bakelser	372
» kastanjer	251
» morötter	234
» rofvor	232
» vinbär	313
Glasering af frukt	322
» färger till	337
Glass	315
» af nötter	317
» » pistacie	317
» ananas-	318
» apelsin-	319
» aprikos-	318
» bröd-	379
» bär-	319
» citron-	319

	Sid.
Glass, choklad-	317
» frukt-	317
» grädd- med fruktpuré	316
» kräm	320
» mandel-	317
» punsch-	319
» päron-	318
» skum-	320
» tårta	360
» vanilj-	316
Glassens frysning	315
Glasser, grädd-	316
» vatten-	317
Glasyr med choklad	336
» » smör	336
» » vatten	336
» » violrot	336
» » ägghvita	336
Glödgadt vin	399
Goränsbakelser	375
Graflax	120
Grafvad strömming	262
Grahamsbröd	345
» med bakpulver	351
» käx	387
Gratin	260
» af grönsaker	261
» med fisk	261
» » kött	261
» på kalfbringa	61
» » potatis	231
Grefvar, panerade	220
» ris-	220
Griljerad fårbringa	69
» lök	237
» ål	124
Griljerade fårtungor	71
» grisfötter	80
» kålrötter	233
Griljeradt kött	265
Gris, aladåb på	170
» fylld	77
» fötter, griljerade	80
» » kokta	80
» galantin på	78
» helstekt	77
Groft spisbröd	338
Gryn, ris-, kokta	277
» ris, timbal af	203
Grytstek af får	68
» » kalf	56
» » oxe	44
Gråpäron, kompott af	444

	Sid.
Gråärter	246
Gräddbakelser	375
» glasser	316
» glass med fruktpuré	316
» kaka	216, 291
» » falsk	217, 292
» » i form	291
» » med vin	216
» kringlor, mjuka	350
» munkar	221
» skum	303
» » med frukt	304
» » » gelé	304
» » » pistacie	304
» » » vanilj	304
» tårta	292
» våfflor	222
Gröna bönor	447
» tomater, sallad af	434
» torra ärter	246
Grönkål	14
» stufvad	239
Grönsaker, blandade	250
» » konservering af	448
» » sallad af	259
» gratin af	261
» hermetisk konservering af	445
» höns med	99
» kalfbringa med	61
» och frukt inlagda till sallad	432
» » ris, får med	69
» pudding af	275
» saltning af	452
Grönsoppa	22
» passerad	19
Gröt, bohvete-	34
» hafregryns-	33
» krossgryns-	32
» mannagryns-	33
» risgryns-	32
» rågmjöls-	34
» sjuskinns-	34
» smör-	33
» snar-	33
» stekt	34
Gula plommon, kompott af	444
» » sallad af	432
» » syltade	411
Gurka, färsfylld	114
Gurkor, asia-	435
» färska	257

	Sid.
Gurkor, förvaring af	453
» salt-	436
» sylt-	435
» Västerås-	437
» ättiks-	436
Gås, aladåb på	171
Gåsbröst, rökt	455
» fylld	104
» galantin på	105
» kokt	104
» korf	178
» krås, ragu på	105
» lefver	105
» » järpe med	172
» med kastanjer	104
» stekt	103
» » i gryta	104
» sylta	105
» vild-	95
Gädda, färserad	126
» kokt	125
» med fågelsås	127
» på franskt sätt	127
» stekt	128
» ugnstekt	126
Gäddkotletter	128
» stufning med blomkål	127
Gärs	132
Gös, färserad	129
» kokt	128
» med kräftsmör	129
» som kallrätt	129
» stekt fylld	128
» ugnstekt	129

H.

Hackis af får	265
» » kalf	266
Hackkorf	177
Hafregrynsgröt	33
Hafrekäx	387
» mjölsvälling	30
» soppa	28
Hafstunga	133
Half färsadel	67
Halfmånar	372
Hallon, björn-, kompott af	445
» » syltade	406
» gelé	425
» kompott	445
» likör	398
» marmelad	428
» och röda vinbär, saft af	418

REGISTER.

	Sid.
Hallonsaft,	418
» jäst	418
Hallon, skogs-, syltade	407
» sylt, finare	406
» trädgårds-, syltade	406
Halstrad biffstek	49
» sill	139
» ål	124
Halstrade fårkotletter	68
Hamburgerbakelser	374
» bringa, kokt	52
Hare	84
» falsk	111
» fläsk-	76
» med vin	84
» ox-	45
» » marinerad	48
» pastej på	197
Harr	121
Helstekt gris	77
» lax	119
» lök	237
Hermetisk konservering	439
» af grönsaker	445
Hetvägg	31
Hjort	87
» sadel	87
» som kalops	87
Hjortron inlagda	431
» kompott	445
» syltade	410
Hjärna, får-	70
» kalf-	64
Hjärnkorf	177
Holländsk sås	152
» » falsk	152
Honungsdricka	391
» pepparkakor	386
Hotch-Potch	9
Hufvud, får-	71
» kalf-, kokt	64
» kål-, färsfylldt	112
» ox-, sylta af	54
» sallad med olja	256
» » » ägg o. grädde	257
» svin-	79
» vildsvins-	88
Hummer, aladåb på	172
» eller kräftor, kroketter af	189
» kokt	141
» konserverad, aladåb på	172
» med sås	141
» pudding	274

	Sid.
Hummersallad	142
» smör	142
» sås	157
» timbal med	205
Husmodersskolan	464
Hvardagslingon	410
» omelett	212
Hvetedeg, fin	347
» käx	386
» skorpor	345
Hvita bönor	248
» » med smör	248
» » puré på	248
» pepparkakor|	386
Hvitkål med mjölk	23
» stufvad	238
Hvitkålssoppa, brynt	13
Hvitling	138
» sås	154
Hvitt vinbärsgelé	425
Hårdkokta ägg	209
» stufvade ägg	209
Hälleflundra, kokt	135
» stekt	135
» stufvad	135
Hästkött	55
Höns	96
» aladåb på	171
» buljong	5
» chartreuse med	206
» filé med färs	98
» färs af	109
» frikadeller	35
» frikassé	99
» galantin på	100
» kokt	98
» kroketter	188
» med grönsaker	99
» » ris	100
» puré	7
» pärl-	100
» timbal med	204

I.

Iakttagelser vid syltning	403
» » tillredning af saft	417
Id	123
Inbakadt kött	266
Indiansk krasse	257
Ingefära	335
» päron med	412
Ingefärsdricka	390
» pepparkakor	386

	Sid.
Ingefärsrofvor	231
Inkokt braxen	122
» strömming	262
» ål	125
Inlagda hjortron	431
Inlagd sill	263
Inläggning af ansjovis	459
» utan socker	431
Italiensk timbal	202
Italienskt sätt, kalflefver på	63

J.

Jordgubbar, syltade	406
Jordgubbskompott	445
» marmelad	428
Jordärtskockor	236
» brynta	236
» kanin med	89
» med ost	237
Jordärtskockspuré	15
Julienne	3
Järpar i gelé	171
» ox-	48
Järpe	92
» i gelé	92
» kalf-	60
» med gåslefver	172
Järpfilé med färs	92
Jäsmjölk	32
» munkar	221
Jästa drycker	389
» våfflor	223
Jäst hallonsaft	418
Jästkaka med korinter	289

K.

Kabeljo	137
» pudding	273
Kabinettspudding	288
Kaffe	388
Kaka, Adéle-	363
» aristokrat-	364
» Berliner-	364
» biskops-	364
» Braunschweiger-	347
» frukt-	292
» grädd-	216, 291
» » falsk	217, 292
» » i form	291
» » med vin	216
» jäst- med korinter	289

	Sid.
Kaka, korf-	270
» mandel-	286
» mannagryns-	283
» » kall	283
» ost-	217
» » falsk	217
» peppar- mjuk	366
» » fin	366
» » fransk	367
» » tysk	367
» plommon-	286
» risgryns-	281
» » med frukt	281
» russin-	363
» snar-	364
» socker-	360
» » gelépudding med	302
» » med bakpulver	366
» » med smör	361
» » till gelépudding	361
» äppel- enkel	294
» » fin	293
» » ljus	294
» » mormors	294
» » svensk	293
Kakor, choklad-, små	323
» kropp-	224
» » Ölands	225
» peppar-	384
» » honungs	386
» » hvita	386
» » ingefärs	386
» » Karlsbader	385
» » med mandel	385
» » rågmjöls-	385
» » små mjuka	384
» ägg- möra	382
Kalfbiff späckad	59
» bress	62
» » kroketter	188
» » stekt	62
» » stufvad	62
» bringa färserad	57
» » gratin på	61
» » kokt	60
» » med grönsaker	61
» » stekt	57
» buljong	4
» dans	218
» filé	59
» frikassé	61
» färs, timbal med	204
» grytstek af	56

REGISTER

	Sid.
Kalf, hackis af	266
» hjärna	64
» hufvud kokt	64
» järpe	60
» kalops	60
» kotletter	58
» kyckling	60
» kött	55
» » färs af	108
» lefver på italienskt sätt	63
» » stekt	63
» lår, färseradt	57
» ost	218
» rullader	59
» sadel	56
» stek i ugn	55
» sylta	65
Kalkon, aladåb på	171
» filé med färs	102
» galantin på	102
» i gryta	101
» kokt	102
» på spett	101
» stekt i ugn	100
» tryfferad	102
Kall ansjovisrätt	261
» mannagrynskaka	283
» pepparrotsås	158
» rostbiff	44
» rätt, gös som	129
Kalla såser	155
Kallskål	27
» dricks-	28
» saft-	27
» vin-	27
Kallun	55
Kalops	47
» hjort som	87
» kalf-	60
Kanapéer	369
Kandering af frukt	323
Kanelbröd	382
» äkta	377
» snäckor	349
Kanin, frikasse på	88
» med jordärtskockor	89
» pastej på	197
» stekt	88
Kantareller	252
Kapris, falsk	437
Kapucinerkrasse	257
Kapun stekt i ugn	96
» ångstekt	97

	Sid.
Karamell	321
Karameller, lösa	325
Kardoner	243
Karlsbaderpepparkakor	385
Karp	123
Kastanjer, glaserade	251
» gås med	104
» puré på	251
» rostade	250
» soppa på	17
» stufvade	251
» syltade	416
Katrinplommonkompott	312
Katrinplommonsoufflé	297
Kaviar, svensk	460
Kejsarsoppa	18
» tårta	357
Klar äppelkräm	314
» äppelsoppa	26
Klarbärskompott	442
» saft	420
Klarning af gelatin	302
Klenät	193
Klimp, bröd-	36
» fläskrygg med	79
» kokt	225
» mannagryns-	36
» m. m. till soppor	35
» sprits-	36
Knipa	96
Knäck, siraps-	326
» socker-	326
Knäckebröd, fint	338
» med kli	338
Kocksoppa	11
Kokning i flottyr	186
» socker-	320
Kokt abborre	130
» braxen	122
» filbunke	32
» fågelkött, färs af	110
» fårbringa	69
» färsk oxbringa	51
» » tunga	53
» gås	104
» gädda	125
» gös	128
» Hamburgerbringa	52
» hummer	141
» hälleflundra	135
» höns	98
» kalfbringa	60
» kalfhufvud	64

	Sid.
Kokt kalkon	102
» klimp	225
» kött, bullar af	264
» » frikadeller af	35
» » pudding af	271
» lax	118
» lutfisk	137
» metvurst	175
» och stekt skinka	72
» piggvar	133
» potatis	229
» rimsaltad bringa	52
» stufvad potatis	230
» » » med lök	231
» rödspotta	134
» salt tunga	53
» sill	138
» torsk	136
» ål	123
Kokta grisfötter	80
» kronärtskockor	243
» risgryn	277
» stufvade ägg	209
» ägg	209
Kolja	137
Kompott af gråpäron	444
» » gula plommon	444
» » krikon	444
» » mirabeller	444
» » röda plommon	444
» » syltpäron	444
» » torkad frukt	312
» apelsin-	312
» aprikos-	445
» bigarrå-	442
» björnhallon-	445
» blandad	312
» blåbärs-	443
» bär-	312
» frukt-	313
» hallon-	445
» hjortron-	445
» jordgubbs-	445
» katrinplommon-	312
» krusbärs-	443
» körsbärs-	442
» mullbärs-	445
» persike-	445
» plommon-	311
» pudding	293
» päron-	311, 444
» ränklo-	444
» vinbärs-	443

	Sid.
Kompott, äppel-	311
» » omelett med	214
Konfekt, mandel-	324
Konjak, frukt i	416
Konserverad blomkål	241
» hummer, aladåb på	172
» sparris	242
Konserverade champinjoner	252
» ärter	245
Konservering af fisk	450
» » kött	449
» » ägg	460
Konservering, hermetisk, af grönsaker	445
Korf,	174
» blod-	179
» bräck-	176
» fläsk-	175
» » med oxkött	175
» » » potatis	176
» gås-	178
» hack-	177
» hjärn-	177
» kött-	174
» lefver-	178
» lung-	179
» » af svin	179
» prins-	176
» risgryns-	178
» sviskon-	176
Korintbröd, spanska	381
Korinter	335
Korngrynssoppa	28
Kotletter, fläsk-	76
» får-	68
» » halstrade	68
» gädd-	128
» kalf-	58
» lax-	120
» utskurna, af rådjur	86
» wiener-	58
Krabbor	143
Kramsfågel	93
Kramsfåglar i gelé	93
Kransar, beignets-	192
» maräng-	376
» vridna	351
Kranstårta af smördeg	355
Krasse, indiansk	257
» kapuciner-	257
Kricka	95
Krikon, kompott af	444
» och mirabeller, sallad af	433

REGISTER.

	Sid.
Kringlor, grädd-, mjuka	350
» mör-	384
» socker-	350
» sudna-	350
Kroketter	186
» af champinjoner	189
» » hummer eller kräftor	189
» fisk-	188
» höns-	188
» kalfbress-	188
» kött-	187
» njur-	187
» potatis-	189
» söta	190
Kronärtskockor	448
» kokta	243
Kronärtskocksbottnar	449
» panerade	243
Kroppkakor	224
» Ölands	225
Krossgrynsgröt	32
Krusbär på buteljer	431
» sallads-	432
» syltade	408
Krusbärsgelé	425
Krusbärskompott	443
» kräm	314
» marmelad	428
» saft	420
» » sur	422
» vin	394
Krustader	191
Kryddor, paradisäpplen med	433
Kryddlimpor	340
» sill	459
» skorpor	345
» ättika	165
Kräftor	142
» eller hummer, kroketter af	189
Kräftsmör	143
» gös med	129
» soppa	21
» sås, blomkål med	240
Krämer och krämpuddingar	303
Kräm, apelsin-	305
» arraks-	306
» brylé	309
» citron-	306
» fyllning, mörbakelse med	370
» glass-	320
» krusbärs-	314
» mandel-	305
» marmorerad	307

	Sid.
Kräm, pistacie-	305
» plommon-	314
» pudding	307
» rabarber-	314
» saft-	313
» sago-	314
» smultron-	306
» smördegstårta med	354
» vanilj-	305
» vol-au-vent med	355
» ägghvits-	306
» äppel-, klar	314
Kulört socker	337
Kumminbrännvin	399
» bröd	381
Kunglig pannkaka	219
Kuvertbröd	344
Kvass	392
Kyckling, aladåb på	171
» kalf-	60
» med champinjoner	97
Kycklingar stekta	97
Kål	238
» blom-	447
» » färserad	114
» » konserverad	241
» » med kräftsås	240
» » med smör	240
» » som sallad	257
» » stufvad	241
» blå-	239
» bryssel-, brynt	240
» » med blomkål	240
» » stufvad	240
» chartreuse med	206
» dolma	112
» får i	13
» grön-	14
» » stufvad	239
» hvit-, med mjölk	23
» » stufvad	238
» hufvud, brynt	238
» » färsfylldt	112
» nässel-	14
» rabbi, fylld	241
» » stufvad	241
» rotspudding	275
» röd-	238
» rötter, brynta	233
» » fyllda	233
» » griljerade	233
» » stufvade	233
» » ugnstekta	233

REGISTER.

Kål, savoj- 239
» sjö- 241
» sockertopps- 238
» sparris- 241
» spets- 238
» strand- 241
» sur- 14
» » brynt 239
Kärnmjölkslimpor 340
Käx 386
» af ångpreparerade hafregryn 387
» hafre- 387
» hvete- 386
» graham- 387
Körfvelrofvor 231
Körsbär på buteljer 431
» syltade 409
» ättiks- 432
Körsbärskompott 442
» saft 419
» » i kruka 420
» på annat sätt 420
» vin 395
Kött, behandling af 41
» bullar 112
» extrakt 6
» frikadeller 35
» » af kokt 35
» får- 66
» färsbård 110
» färs i form 111
» » ugn 111
» » paj af 198
» » pudding 271
» » sockel 111
» färskt, förvaring af 461
» gelé 162
» » enkelt 162
» » soja och ättika 162
» gratin med 261
» griljeradt 265
» häst- 55
» i gelé 173
» inbakadt 266
» kalf- 55
» » färs af 108
» kokt, bullar af 264
» pudding af 271
» konservering af 449
» korf 174
» kroketter 187
» lamm-, marineradt 70
» med ris 266

Kött- och fiskrätter, såser till ... 150
» » ris, pudding af 271
» ox-, engelskt 50
» » färs af 107
» rimsaltadt 454
» rätter, såser till 147
» rökning af 456
» sallad 259
» saltning af 453
» svin- 72
» » färs af 109
» till rökning, saltning af ... 456
» torkning af 456
Köttet och dess behandling 41

L

Lactuca augustana 242
Lake 129
» stufvad 130
Lammfrikassé 70
» kött, marineradt 70
» stek-, dubbel 67
Lax, aladåb på 172
» graf- 120
» helstekt 119
» kokt 118
» kotletter 120
» marinerad 119
» pudding 273
» salt 121
» soppa på 20
» öfverblifven 120
» öring 121
Lefver, får- 70
» gås- 105
» » järpe med 172
» kalf-, stekt 63
» » på italienskt sätt ... 63
» korf 178
» pastej 198
» stekt af rådjur 86
Lemonad 400
» af citron 400
» » friska bär 400
» saft 423
Lika mycket 361
» bakelser 372
Likör, hallon- 398
» mandel- 398
» maraquin- 398
» pudding 307
» smultron- 397

	Sid.
Limpor dricksopps-	341
» krydd-	340
» kärnmjölks-	340
» sötsura	339
Lingongelé	425
» hvardags-	410
» med sirap	410
» på buteljer	431
» päron	412
» saft	423
» sallads-	435
» syltade	409
» äpplen	413
Lins med smör	246
» stufvad	246
Ljus champinjonsås	153
» äppelkaka	294
Lungkorf	179
» af svin	179
» mos	65
Lutfisk, kokt	137
Lutning af fisk	458
Långa	136
Lår kalf-, färseradt	57
» kött, salt	52
Löja sik-	121
Lök, färsfylld	113
» griljerad	237
» helstekt	237
» kokt stufvad potatis med	231
» soppa	24
» stufvad	237
» sylt-	438
Lösa karameller	325
Löskokta ägg	209

M.

Majonnäs	155
» falsk	155
Majsmjölspudding	283
Makaroni	276
» pudding	276
» soppa	19
» timbal med	204
Makrill	138
Makroner af bittermandel	378
» » sötmandel	377
Mandel	334
» berg-	378
» bitter-, makroner af	378
» formar	370
» » mjuka	371

	Sid.
Mandelfyllning, mörbakelse med	370
» glass	317
» kaka	286
» konfekt	324
» kräm	305
» kubbar	380
» massa, bröd med	348
» mjölk	400
» musslor	371
» likör	398
» pepparkakor med	385
» pudding	285, 308
» rostad	334
» sprits	383
» spån	373
» » brun	373
» stänger	383
» stjärnor	383
» sås	158
» söt-, makroner af	377
» tårta	358
» » brun	359
Mandlar, brända	324
Mannagrynsgröt	33
» kaka	283
» » kall	283
» klimp	36
» välling	29
Mannatårta	365
Marasquinlikör	398
Marinadsås	156
Marinerad fläsk-carré	74
» lax	119
» oxhare	48
» ål	124
Marineradt lammkött	70
» rådjur	86
Marmelader	427
Marmelad apelsin-	429
» blandad	429
» enkel	430
» hallon-	428
» jordgubbs-	428
» krusbärs-	428
» morots-	430
» plommon-	428
» pomerans-	429
» pudding af	287
» päron-	427
» rabarber-	430
» rysk	324
» smultron-	428
» äppel-	427

REGISTER.

	Sid.
Marmorerad kräm	307
Maränger	376
Maräng frukt-	313
» massa	376
» mjölk	30
» mörtårta med	356
» kransar	376
» omelett med	215
» pyramid	287
Maskrossallad	257
Matbröd, finare	344
Melon, syltad	414
» sallads-	434
Metvurst	174
» kokt	175
Mirabeller, kompott af	444
» och krikon, sallad af	433
Mjuk pepparkaka	366
» fin pepparkaka	366
» fransk »	367
» tysk »	367
Mjuka gräddkringlor	350
» mandelformar	371
» små pepparkakor	384
Mjöd	391
Mjölk fil-	32
» jäs-	32
» mandel-	400
» maräng-	30
» soppor och gröt	28
» stek	47
» ägg-	31
Mjölrätter	215
Moire's pulver, gelé af	302
Morceller	325
Moreller, syltade	409
Moripa	93
Morkulla	93
Mormors äppelkaka	294
Morotsmarmelad	430
Morotspuré	234
Morötter	448
» glaserade	234
» puré af	16
» stufvade	234
Mos lung-	65
» rot- med potatis	234
» troll-	313
» äppel-, enkelt	413
» » fint	413
Mullbär, syltade	409
Mullbärskompott	445
Munkar Berliner-	193

	Sid.
Munkar, grädd-	221
» jäs-	221
» äppel-	368
Murkelsås	148
Murklor	255
Musseroner	253
Målla	244
Märgpastej, stor	198
» pudding	290
» » engelsk	290
» pumpa	250
» växt-, fylld	250
» » stufvad	250
Möra äggkakor	382
Mörbakelser	369
Mörbakelse, fylld	370
» med krämfyllning	370
» » mandelfyllning	370
Mördeg	353
Mördegsbottnar	356
Mördeg till småbröd	382
Mörkringlor	384
Mörtårta	356
» med maräng	356
Mörkt bröd	343
Mört	123

N.

Nalifka	398
Napoleonstårtor	368
Nejonögon	125
Njurbröd	63
Njure får-	71
Njurkroketter	187
» pudding	271
» stufning	263
Nobeltårta	359
Nogg	326
Nors	132
Nougat	325
Nudeldeg	190
Nyponsoppa	26
» sås	161
Några anvisningar för nybörjare	463
» vid behandling af fisk	117
Nässelkål	14
Nässlor, torkade	452
Nötter, glass af	317

O.

Okokt gelé	427
Oliver, falska	437

REGISTER.

	Sid.
Oliver till garnityr	249
Olivsås	148
Olja, hufvudsallad med	256
» sill med	263
Om behandling af fågel före anrättandet	89
Omelett	212
» falsk	214
» fransk	213
» fras-	214
» hvardags-	212
» med maräng	215
» » äppelkompott	214
» sylt-	214
» tysk	213
Orre, stekt	92
Oskar Fredriks tårta	357
Ostbollar	37
» croûtons	37
» jordärtskockor med	237
» kaka	217
» » falsk	217
» » sås till	161
» kalf-	218
Ostron	144
» aborre med	131
» panerade	145
» pulver	145
» soppa på	21
» stekta	144
» sås	153
Ostsoufflé	299
Oxalis, ätlig	232
Oxbringa, kokt, färsk	51
Oxe, grytstek af	44
Oxfilé	46
» i gryta	47
Oxgommar	54
Oxhare	45
» marinerad	48
Oxhufvud, soppa på	9
» sylta af	54
Oxjärpar	48
Oxkött engelskt	50
» fläskkorf med	175
» färs af	107
Oxrullader	48
Oxsvanssoppa	8
Oxtunga, rökt	53
» saltning af	454
Oxtungsvamp	255

P.

	Sid.
Paj af köttfärs	198
» biff-	197
» finsk	198
» rabarber-	296
» äppel-	295
Palsternackor, stekta	284
» stufvade	285
Palt	180
» bröd	339
Panad till färs	107
Panerade grefvar	220
» kronärtskocksbottnar	243
» ostron	145
Pannkaka, dricks-	220
» fläsk-	215
» fras-	219
» kunglig	219
» råmjölks-	218
» ugns-	215
» äppel-	216
Pannkakor och plättar, enkla	219
» tunna, och plättar	218
Paradisäpplen med kryddor	433
» » ättika	433
Passerad grönsoppa	19
» äppelsoppa	26
Pastej	194
» deg	195
» » enklare	195
» lefver-	198
» märg-, stor	198
» på fisk	195
» » hare	197
» » höns	196
» » kanin	197
» » stek	265
» » vildt	196
» utan form	199
Pastejer, färs till	108
» och andra rätter med deg	194
» små	200
» » utan form	199
» ägg-, små	200
Pastiljer	325
» apelsin-	325
Patientia	244
Pepparkaka, mjuk	366
» » fin	366
» » fransk	367
» » tysk	367

Zetterstrand, Kokbok.

	Sid.
Pepparkakor	384
» honungs-	386
» hvita	386
» ingefärs-	386
» Karlsbader	385
» med mandel	385
» rågmjöls-	385
» små mjuka	384
Pepparrotsås, kall	158
Persikekompott	445
Persikor, syltade	411
Persilja och dill, torkad	452
» rördt smör med	157
Petits-choux	375
Pickels	438
Piggvar, kokt	133
» ugnstekt	133
Pikant sås	149
Pirog	198
Pistacie	334
» glass af	317
» gräddskum med	304
» kräm	305
Plommongelé	426
» gula, kompott af	444
» » sallad af	432
» » syltade	411
» kaka	286
» kompott	311
» kräm	314
» marmelad	428
» röda, kompott af	444
» » sallad af	433
» soppa	27
» torkade	451
Plumpudding, engelsk	291
Plättar och pannkakor, enkla	219
» tunna pannkakor	218
» socker-	379
» äppel-	220
Polkagrisar	326
Pomeransmarmelad	429
» skal	335
» » torra, syltade	415
Portlaka	244
Potatisbullar, enkla	225
» fläskkorf med	176
» fransk	230
» gratin på	231
» grynsvälling	29
» kokt	229
» » i flottyr	229
» » stufvad	230

	Sid.
Potatis, kokt, stufvad med lök	231
» kroketter	189
» massa, timbal af	203
» » » med	205
» mjölstårta	365
» pudding	275
» puré	231
» rotmos med	234
» råstufvad	230
» sallad	258
» smör	230
» soppa	17
» ugnstekt	229
Poulardes med tryffel	99
Praliner choklad-	323
Pressylta	79
Prinskorf	176
Profiteroler	38
Prästgårdsbröd	381
Pudding af grönsaker	275
» » kokt kött	271
» » kött och ris	271
» marmelad-	287
» ananas-	287
» biskvi-	288
» blod-	270
» brylé-	310
» bröd-	289
» » med sylt	289
» choklad-	308
» citron-	308
» engelsk	310
» fikon-	286
» fiskmjöls-	272
» gelé-, med sockerkaka	302
» » sockerkaka till	361
» hummer-	274
» kabeljo-	273
» kabinetts-	288
» kompott-	293
» kräm-	307
» kålrots-	275
» köttfärs-	271
» lax-	273
» likör-	307
» majsmjöls-	283
» makaroni-	276
» mandel-	285, 308
» märg-	290
» » engelsk	290
» njur-	271
» potatis-	275
» plum-, engelsk	291

REGISTER.

	Sid.
Pudding, rismjöls-	283
» rom-	274
» sago-, röd	283
» sill-	273
» » med sur grädde	273
» sillmjölks-	274
» soufflé	284
» sprits-	284
» stockfisk-	272
Puddingar	269
» kräm- och krämer	303
» till förrätter	270
Puffar	192
Pulver bak-	333
» Moire's-, gelé af	302
» ostron-	145
Punsch arraks-	399
» glass	319
Puré af ärter	246
» » vildt	18
» blomkåls-	16
» fisk-	20
» höns-	7
» jordärtskocks-	15
» morots-	234
» potatis-	231
» på bruna bönor	16
» » hvita »	248
» » kastanjer	251
» » morötter	16
» rof-	233
» rot-	234
» selleri-	236
» sparris-	16
» tomat-	249, 449
» ärt-	12
Pytt i panna	265
Pärlhöns	100
Pärlsocker	321
Päronglass	318
» grå-, kompott af	444
» kompott	311, 444
» lingon-	412
» marmelad	427
» med ingefära	412
Päron, senaps-	433
» syltade	412
» sylt-, kompott af	444
» torkade	450
Pöstårta	365

Q.

Queneller	35

R.

	Sid.
Rabarberkräm	314
» marmelad	430
» paj	296
» på buteljer	431
» saft	421
» soppa	27
» syltad	414
Ragu	180
med hare, fågel, höns och ärter, kalfbress och champinjoner, njure, kött, sparris och kräftstjärtar, fiskfärs och sparris, fisk, skinka och makaroni, hummer	180—182
» på gåskrås	105
Randig färs	109
Randigt bröd	348
» gelé	301
Rapphöns	91
» med champinjoner	91
Refbensspjäll	75
Remuladsås	156
Ren, biff af	85
» stek	84
Rester, användning af	260
Riddare, arma	220
» burgunder	221
» fyllda	221
Rimsaltad kokt bringa	52
Rimsaltadt kött	454
Ripa, mo-	93
» snö-	93
Ris à l'Italienne	282
» grefvar	220
» gryn, kokta	277
» » timbal af	203
» grynsbård	277
» » gröt	32
» » kaka	281
» » » med frukt	281
» » korf	178
» » välling	29
» höns med	100
» kött »	266
» med saft	282
» mjölspudding	283
» och kött, pudding af	271
» skinka med	266
» äppel-	282
Riskor	253

	Sid.
Risoller	190
Rofva, surklöfver-	232
Rofvor, fyllda	232
» glaserade	232
» ingefärs-	231
» körfel-	231
Rofpuré	233
Romersk spenat	244
Rompudding	274
Rosenbönor	248
Rostad mandel	334
Rostade kastanjer	250
Rostadt bröd	37
Rostbiff	43
» kall	44
Rostbiffsrester	264
Rotfrukter	229
» mos med potatis	234
» puré	234
Ruda	123
Rullader af slaksida	51
» kalf-	59
» ox-	48
Rulltårta	363
Rundbiff	52
Russin	334
» kaka	363
Rysk marmelad	324
» sallad	258
Ryska ärter	245
Rådjur, marineradt	86
» stekt lefver af	86
» utskurna kotletter af	86
Rådjursstek	85
» sadel	85
Rågmjölsgröt	34
» pepparkakor	385
» siktsbröd	341
Råmjölk, strufvor af	194
Råmjölkspannkaka	218
Rån	223
» enkla	224
» och våfflor	222
» tunn-	223
» » med svagdricka	224
» vatten-	224
Råstufvad potatis	230
Räkor	144
Ränklokompott	444
Ränklor, sallad af	433
» syltade	411
Rätter och pastejer med deg	194
Röda plommon, kompott af	444

	Sid.
Röda plommon, sallad af	433
» vinbär och hallon, saft af	418
» » syltade	407
Rödbetor	235
Röding	121
Rödkål	238
Röd sagopudding	283
» vinbärssaft	419
Rödspotta, kokt	134
» stekt	135
Rödt vinbärsgelé	425
Rökning af fisk	458
» » kött	456
» behandling af skinkor till	455
Röksvamp	255
Rökt gåsbröst	455
» oxtunga	53
Rörd smörsås	154
Rördt smör	157
» » med citron	157
» » » persilja	157
» » » tomatpuré	157
Rörsopp, fylld	254
Rörsoppar	254
Rötter, kål-, brynta	233
» » fyllda	233
» » griljerade	233
» » stufvade	233
» » ugnstekta	233
» mo-	448
» » glaserade	234
» » stufvade	234
» socker-	235

S.

	Sid.
Sadel, får-	66
» » half-	67
» hjort-	87
» kalf-	56
» rådjurs-	85
Saffran	335
Saffransbröd	346
Saft af hallon och röda vinbär	418
» apelsin-	420
» » på skal	421
» berberis-, sur	423
» bigarrå-	420
» blåbärs-	419
» bär-, gelé af	301
» hallon-	418
» » jäst	418
iakttagelser vid tillredning af	417

REGISTER.

	Sid.
Saftkallskål	27
» klarbärs-	420
» krusbärs-	420
» » sur	422
» kräm	313
» körsbärs-	419
» » i kruka	420
» » på annat sätt	420
» lemonad	423
» lingon-	423
» rabarber-	421
» ris med	282
» slånbärs-	421
» sur	421
» sås med ägg	160
» vinbärs-, röd	419
» » svart	419
» äppel-, sur	422
Saftning	417
Sagokräm	314
» pudding, röd	283
» soppa	25
Sallad af blandade grönsaker	259
» » fisk	259
» » fågel eller vildt	259
» » gröna tomater	343
» » gula plommon	432
» » krikon och mirabeller	443
» » ränklor	433
» » röda plommon	433
» » vindrufvor	433
» blomkål som	257
» endivia	257
» frukt o. grönsaker inlagda till	432
» hufvud-, med olja	256
» » med ägg och grädde	257
» hummer-	142
» kött-	259
» maskros-	257
» potatis-	258
» på selleri	258
» rysk	258
» sill-	260
» » sås till	156
» sås	156
» sparris-	242, 258
» tomat-	258
Sallader	256
» bland. med kött eller fisk	259
Salladskrusbär	432
» lingon	435
» melon	434

	Sid.
Salt fisk, förvaring af	457
» gurkor	436
» kokt tunga	53
» lax	121
» lårkött	52
» sill	139
» torsk	136
» vattenfisk	132
» ål	125
Saltade turkiska bönor	247
Saltning af fisk	457
» » grönsaker	452
» » kött	453
» » » till rökning	456
» » oxtunga	454
» snabb-	455
Sandwiches	38
Savarin	349
Savojkål	239
Scherrycobbel	400
Selleri	235
» blek-	236
» färsfylldt	113
» puré	236
» sallad på	258
» stufvadt	236
Semlor	346
Senapspäron	433
Sik	121
» löja	121
Sillbullar	264
» färsk	138
» halstrad	139
» inlagd	263
» i papper	139
» kokt	138
» krydd-	459
» med olja	263
» mjölke	263
» mjölkspudding	274
» pudding	273
» » med sur grädde	273
» sallad	260
» » sås till	156
» salt	139
» stekt	139
Simpor	130
Sirap, lingon med	410
Sirapsbröd	341
» knäck	326
Siskonkorf	176
Sjuskinnsgröt	84
Sjöfågel	95

	Sid.
Sjökål	241
Skal, apelsinsaft på	421
» pomerans-	335
» djur	141
Skarpsås	158
Skinka, färsk stekt	72
» kokt stekt	72
» med ris	266
» med vin och tryffel	73
» som vildsvin	74
» vildsvins-	88
Skinkor till rökning, behandling af	455
Skogsdufva	93
Skogshallon, syltade	407
Skorpbullar med bakpulver	352
Skorpor, hvete-	345
» krydd-	345
Skotsk tårta	357
Skummglass	320
» sås	159
» » enkel	160
Sky till steksås, behandling af	147
Sköldpadda, falsk	64
» paddsoppa	11
» » falsk	12
Slaksida, rullader af	51
Slånbärssaft	421
Släpärter	245
Slätvar	134
Slätvälling	30
Smultronkräm	306
» likör	397
» marmelad	428
» vin	397
Små aladåber på ägg	173
» bröd	377
» » mördeg till	382
» chokladkakor	323
» mjuka pepparkakor	384
» pastejer	200
» utan form	199
» rätter och användning af rester	260
» äggpastejer	200
Smält smör	153
Smör	333
» bakelse	368
» brynt	154
» deg	352
» » kranstårta af	355
» degsstänger	37
» » tårta med äppelmos	354
» » » » kräm	354

	Sid.
Smördegstårta, gräddad med fyllning	355
» förvaring af	461
» glasyr med	336
» gröt	83
» hummer-	142
» hvita bönor med	248
» kräft-	143
» potatis	230
» rördt	157
» » med citron	157
» » » persilja	157
» » » tomatpuré	157
» smält	153
» spenat med	244
» sås	154
» sås, rörd	154
Snabbsaltning	455
» soppa	25
Snargröt	33
» kaka	364
Snäckor	261
» kanel-	349
Snöbädd, ägg i	210
Snöripa	93
Sockel af bröd	83
» » ris	83
Sockerbakelser, uppblåsta	374
» bröd	379
» dricka	390
» kaka	360
» » gelépudding med	302
» » med bakpulver	366
» » » smör	361
» » till gelépudding	361
» kokning	320
» knäck	326
» kringlor	350
» kulört	337
» plättar	379
» rötter	235
» spunnet	321
» spån	372
» strufvor	193
» toppskål	238
» tårta	365
» våfflor	222
» ärter	247, 447
» » torkade	451
Sofvelsås	263
Soja	163
» champinjon-	163
Sommarbröd	343

	Sid.
Soppsparris	446
Soppa af falsk sköldpadda	12
» » gula ärter	12
» » hotch-potch	9
» » sköldpadda	11
» bär-	26
» champinjon-	24
» dricks-	29
» grön-	22
» » passerad	19
» hafre-	28
» hvitkåls-, brynt	13
» kejsar-	18
» korngryns-	28
» kräft-	21
» lök-	24
» makaroni-	19
» nypon-	26
» plommon-	27
» på bondbönor	23
» » fårhufvud	10
» » färska ärter	22
» » kastanjer	17
» » lax	20
» » ostron	21
» » oxhufvud	9
» » potatis	17
» » spenat med mjölk	23
» » torkad frukt	27
» » ål	20
» » ärter	17
» rabarber-	27
» sago-	25
» snabb-	25
» spansk-	18
» spenat-, fransk	23
» äppel-, klar	26
» » passerad	26
» vin-	24
» vinskums-	25
Soppor utan buljong	22
Sorbet	319
Soufflé, choklad-	298
» citron-	297
» » med äpplen	297
» frukt-	298
» katrinplommon-	297
» ost-	299
» pudding	284
» ägg-	296
» äppel-	297
Spansk soppa	18
Spanska korintbröd	381

	Sid.
Sparris	242, 446
» konserverad	242
» kål	241
» puré	16
» sallad	242, 258
» sopp-	446
» stufvad	242
» sås	150
» ärter	246
Spenat	243, 448
» med smör	244
» romersk	244
» soppa, fransk	23
» » med mjölk	23
» torkad	244, 452
Spetskål	238
Spisbröd, groft	338
Spritsklimp	36
» pudding	284
Spritärter	447
» färska	245
Spunnet socker	321
Späckad kalfbiff	59
Stek får-, i ugn	66
» gryt-, af får	68
» » » kalf-	56
» » » oxe	44
» kalf-, i ugn	55
» lamm-, dubbel	67
» mjölk-	47
» pastej på	265
» ren-	84
» rådjurs-	85
» sur-	46
» sås, behandling af sky till	147
Stekt bröd i ugn	38
» fläsk	76
» fylld gös	128
» färsk skinka	72
» gröt	34
» gås	103
» » i gryta	104
» gädda	128
» hel-, lax	119
» hälleflundra	135
» kalfbress	62
» kalfbringa	57
» kalflefver	63
» kalkon i ugn	100
» kanin	88
» kapun i ugn	96
» lefver af rådjur	86
» och kokt skinka	72

	Sid.
Stekt orre	92
» rödspotta	135
» sill	139
» tjäder	91
Stekta abborrfiléer	131
» dufvor	106
» kycklingar	97
» ostron	144
» palsternackor	234
» äpplen	313
» ägg-	211
Stockfiskpudding	272
» stufvad	137
Stockholmstårta	362
Stor märgpastej	198
Strandkål	241
Strufvor af råmjölk	194
» socker-	193
» ägg-	194
Strömming	140
» grafvad	262
» i låda	262
» inkokt	262
Stufvad abborre	131
» blomkål	241
» blåkål	239
» brysselkål	240
» grönkål	239
» hvitkål	238
» hälleflundra	135
» kalfbress	62
» kokt potatis	230
» » » med lök	231
» kålrabbi	241
» lake	130
» lins	246
» lök	237
» sparris	242
» stockfisk	137
» syra	244
» växtmärg	250
Stufvade champinjoner	252
» fårtungor	71
» hårdkokta ägg	209
» kastanjer	251
» kålrötter	233
» morötter	234
» palsternackor	235
» turkiska bönor	247
Stufvadt selleri	236
Stufning, gädd-, med blomkål	127
Stänkvälling	29
Sudna kringlor	350

	Sid.
Sur berberissaft	422
» grädde, sillpudding med	273
» klöfverrofva	232
» krusbärssaft	422
» kål	239
» » brynt	14
» saft	421
» stek	46
» äppelsaft	422
Sutare	123
Svagdricka, tunnrån med	224
Svamp	251
» blomkåls-	255
» bläck-	253
» bullar	256
» oxtung-	255
» rök-	255
» tagg-	255
Svan	95
Svartbrödsdricka	392
» soppa	7
» » af gris- eller kalfblod	8
» vinbärsgelé	425
» vinbärssaft	419
Svarta vinbär på buteljer	431
» » syltade	407
Svensk kaviar	460
» äppelkaka	293
Svinhufvud	79
» kött	72
» » färs af	109
» lungkorf »	179
» vild-	87
Sylt, Carl XV:s	407
» gurkor	435
» hallon-, finare	406
» lök	438
» omelett	214
» sås	161
Sylta af oxhufvud	54
» gås-	105
» kalf-	65
» press-	79
Syltad melon	414
» rabarber	414
Syltade apelsinskal	414
» aprikoser	410
» bigarråer	408
» björnhallon	406
» blåbär	408
» gula plommon	411
» jordgubbar	406
» hjortron	410

REGISTER. 487

	Sid.
Syltade kastanjer	416
» klarbär	409
» krusbär	408
» körsbär	409
» lingon	409
» moreller	409
» mullbär	409
» persikor	411
» päron	412
» ränklor	411
» röda vinbär	407
» skogshallon	407
» svarta vinbär	407
» torra pomeransskal	415
» trädgårdshallon	406
» valnötter	415
Syltning, iakttagelser vid	403
Syra, stufvad	244
Sås bechamel-	148
» beredning af	146
» brinnande	161
» champinjon-, brun	147
» » ljus	153
» choklad-	159
» citron-	159
» colbert-	149
» frikassé-	149
» frukt-	160
» gelé-	157
» holländsk	152
» » falsk	152
» hummer-	157
» » med	141
» hvit-	154
» kräft-	153
» mandel-	158
» marinad-	156
» murkel-	148
» nypon-	161
» oliv-	148
» ostron-	153
» pepparrot-, kall	158
» pikant	149
» remulad-	156
» saft-	160
» » med ägg	160
» sallad-	156
» skarp-	158
» skum-	159
» » enkel	160
» smör-	154
» » rörd	154
» sofvel-	263

	Sid.
Sås, sparris-	150
» sylt-	161
» till ostkaka	161
» » sillsalad	156
» tomat-	150
» tryffel-	148
» vanilj-	158
» vin-	149
» ört-	164
Såser, kalla	155
» till fisk	152
» » » och kötträtter	150
» » kötträtter	147
» söta	158
Söta kroketter	190
» såser	158
Sötigt mjöl, bakning af	332
Sötmandel, makroner af	377
Sötsura limpor	339

T.

Taggsvamp	255
Tajmen	121
Tama fåglar	96
Tarteletter	372
Tartuffe-ägg	210
Te	389
Tillredning af saft, iakttagelser vid	417
Timbal	201
» af potatismassa	203
» » risgryn	203
» beredning af	202
» italiensk	202
» med fisk	205
» » färs	203
» » hummer	205
» » höns	204
» » kalffärs	204
» » makaroni	204
» » potatismassa	205
Tjäder, stekt	91
Tomater gröna, sallad af	434
Tomatpuré	249, 449
» rördt smör med	157
Tomatsallad	258
» sås	150
Torkad frukt, kompott af	312
» » soppa på	27
» persilja och dill	452
» spenat	244, 452
Torkade bär	451
» nässlor	452
» plommon	451

	Sid.
Torkade päron	450
» sockerärter	451
» turkiska bönor	452
» äpplen	450
» ärter	451
Torkning	450
» af kött	456
Torra gröna ärter	246
» pomeransskal, syltade	415
» turkiska bönor	247
Torsk, kokt	136
» salt	136
» ugnstekt	136
Tranbärsgelé	425
Trollmos	313
Tryffel	251
» fasan med	91
» poulardes med	99
» skinka med vin och	73
» sås	148
Tryfferad kalkon	102
Trädgårdshallon, syltade	406
Tunga, aladåb på	170
» färsk kokt	53
» glaserad	53
» hafs-	133
» ox-, rökt	53
» » saltning af	454
» » salt, kokt	53
Tungor får-, griljerade	71
» » stufvade	71
Tunna pannkakor och plättar	218
Tunnrån	223
» med svagdricka	224
Tuppkammar	100
Turkiska bönor	247
» » saltade	247
» » stufvade	247
» » torkade	452
» » torra	247
Tysk, mjuk pepparkaka	367
» omelett	213
Tårta, boll-	358
» choklad-	362
» citron-	360
» glass-	360
» grädd-	292
» kejsar-	357
» krans-, af smördeg	355
» mandel-	358
» » brun	359
» manna-	365
» mör-	356

	Sid.
Tårta, mör-, med maräng	356
» Nobel-	359
» Oskars Fredriks	357
» potatismjöls-	365
» pös-	365
» rull-	363
» skotsk-	357
» smördegs-, gräddad med fyllning	355
» smördegs-, med kräm	354
» » » äppelmos	354
» socker-	365
» Stockholms-	362
» valnöts-	359
» Wiener-	362
Tårtor Napoleons-	368
» äppel-	369

U.

Ugnspannkaka	215
Ugnstekta kålrötter	233
Ugnstekt braxen	122
» gädda	126
» gös	129
» piggvar	133
» potatis	229
» torsk	136
» ål	123
Uppblåsta sockerbakelser	374
Uppfärskning af gammalt bröd	332
Uppläggning och förskärning	80
Utskurna kotletter af rådjur	86

V.

Vala	121
Valnötstårta	359
Valnötter, syltade	415
Vaniljbröd	378
» glass	316
» gräddskum med	304
» kräm	305
» sås	158
Varm ansjovisrätt	262
Vattenglasyr	336
» rån	224
Vaxbönor	447
Vildgås	95
Vildsvin	87
Vildsvinshufvud	88
Vildsvin, skinka som	74
Vildsvinsskinka	88

REGISTER.

	Sid.
Vildt, aladåb på	171
» dufvor som	106
» eller fågel, sallad af	259
» färs af	110
» pastej på	196
» puré af	18
Vinberedning	392
» björk-	396
» braxen med	122
» drufvor, sallad af	433
» gelé	300
Vin, glödgadt	399
» gräddkaka med	216
» hare med	84
» kallskål	27
» krusbärs-	394
» körsbärs-	395
» och fruktsoppor	24
» » tryffel, skinka med	73
» skum	307
» skumssoppa	25
» smultron-	397
» soppa	24
» sås	149
» vinbärs-	395
Vinbär, glaserade	313
» röda och hallon, saft af	418
» » syltade	407
» svarta, på buteljer	431
» » syltade	407
Vinbärsgelé, hvitt	425
» rödt	425
» svart	425
» kompott	443
» saft, röd	419
» » svart	419
» vin	395
Vindböjtel	376
Vinterendiva	257
Violrot, glasyr med	336
Vol-au-vent	200
» med frukt	355
» » kräm	355
Vridna kransar	351
Våfflor, enkla	222
» grädd-	222
» jästa	223
» socker-	222
» ägg-	223
Välling, hafremjöls-	30
» mannagryns-	29
» potatisgryns-	29
» risgryns-	29

	Sid.
Välling, slät-	30
» stänk-	29
Välska bönor	249
Västeråsgurkor	437
Växtmärg, fylld	250
» stufvad	250
Vörtbröd	342

W.

Wienerbröd	348
» kotletter	58
» schnitzel	58
» tårta	362
Wirsing	239

Å.

Ål	123
» aladåb på	173
» griljerad	124
» halstrad	124
» inkokt	125
» kokt	123
» marinerad	124
» med curry	124
» salt	125
» soppa på	20
» ugnstekt	123
Ångstekt kapun	97
Årta	95

Ä.

Ägg	333
» formar	212
» färserade	209
» förlorade	210
» förlorade, i gelé	173
» hvita, glasyr med	336
» hvitskräm	306
» hårdkokta	209
» hårdkokta, stufvade	209
» i snöbädd	210
» kakor, möra	382
» konservering af	460
» löskokta	209
» mjölk	81
» och grädde, hufvudsallad med	257
» pastejer, små	200
» på fat	210
» » stekt bröd	211

	Sid.
Äggröra	211
» saftsås med	160
» små aladåber på	173
» soufflé	296
» stannning	211
» stekta	211
» strufvor	194
» tartuffe-	210
» våfflor	223
Äkta kanelbröd	377
Älg	87
Äppelbeignets	192
» charlotte	295
» gelé	426
» kaka, enkel	294
» » fin	293
» » ljus	294
» » mormors	294
» » svensk	293
» kompott 443,	311
» » omelett med	214
» kräm, klar	314
» marmelad	427
» mos, enkelt	413
» » fint	413
» » smördegstårta med	354
» munkar	368
» paj	295
» pannkaka	216
» plättar	220
» ris	282
» saft, sur	422
» soppa, klar	26
» » passerad	26
» soufflé	297
» tårtor	369
Äpplen, citronsoufflé med	297
» lingon-	413

	Sid.
Äpplen och plommon, fläsk med	75
» paradis-, med ättika	433
» » » kryddor	433
» stekta	313
» torkade	450
Ärter, färska, soppa på	22
» grå-	246
» gula	12
» konserverade	245
» puré af	246
» ryska	245
» släp-	245
» socker- 447,	247
» » torkade	451
» » soppa på	17
» sparris-	246
» sprit-	447
» » färska	245
» » torkade	451
» torra gröna	246
Ärtpuré	12
Ätlig oxalis	232
Ättika	164
» aromatisk	165
» dragon-	164
» krydd-	165
» paradisäpplen med	433
Ättiksgurkor	436
» körsbär	432

Ö.

Öfverblifven lax	120
Ölands kroppkakor	225
Ölost	31
Örtsås	164
Örval	121